完善原产地规则，维护我国海洋权益

徐进亮　樊智强　马连浩　著

对外经济贸易大学出版社
中国 · 北京

图书在版编目（CIP）数据

完善原产地规则，维护我国海洋权益 / 徐进亮，樊智强，马连浩著. -- 北京 : 对外经济贸易大学出版社, 2025. 2. -- ISBN 978-7-5663-2679-9

Ⅰ. D996；D993.5

中国国家版本馆 CIP 数据核字第 2025T5C489 号

完善原产地规则，维护我国海洋权益

徐进亮　樊智强　马连浩　**著**

责任编辑：汪　洋

出版发行：对外经济贸易大学出版社　　邮政编码：100029

社　　址：北京市朝阳区惠新东街 10 号　　邮购电话：010－64492338

网　　址：www.uibep.com　　发行部电话：010－64492342

资源网址：www.uibepresources.com　　E-mail：uibep@126.com

成品尺寸：185mm×260mm　　印　　刷：北京九州迅驰传媒文化有限公司

印　　张：18.75　　版　　次：2025 年 2 月北京第 1 版

字　　数：376 千字　　印　　次：2025 年 2 月第 1 次印刷

ISBN 978-7-5663-2679-9　　定　　价：59.00 元

前　言

2022年10月16日，习近平总书记代表第十九届中央委员会在中国共产党第二十次全国代表大会上做的报告《高举中国特色社会主义伟大旗帜　为全面建设社会主义现代化国家而团结奋斗》中明确指出：发展海洋经济，保护海洋生态环境，加快建设海洋强国；国家安全是民族复兴的根基；中国始终坚持维护世界和平、促进共同发展的外交政策宗旨，致力于推动构建人类命运共同体；中国坚持在和平共处五项原则基础上同各国发展友好合作，推动构建新型国际关系，深化拓展平等、开放、合作的全球伙伴关系，致力于扩大同各国利益的汇合点；中国积极参与全球治理体系改革和建设。

我国是海洋大国，拥有近三百万平方公里的管辖海域，相当于陆地国土面积的1/3；拥有18 000多公里的大陆岸线，14 000多公里的岛屿岸线，蕴藏着丰富资源。

但过去我国海洋意识较为淡薄，海洋主权和海洋权益一直受到一些国家的侵犯，其中尤以我国与周边海上邻国的权益争端最为严重，因此我国是海洋大国，但还不是海洋强国。为此，党的十八大提出了“建设海洋强国”的战略决策。党的十八大后，2013年7月30日，中共中央政治局就建设海洋强国进行第八次集体学习时，习近平总书记指出：“海洋是战略资源的重要基地，世界海洋资源开发潜力巨大。21世纪，人类进入了大规模开发利用海洋的时期。海洋在国家经济发展格局和对外开放中的作用更加重要，在维护国家主权、安全、发展利益中的地位更加突出，在国家生态文明建设中的角色更加显著，在国际政治、经济、军事、科技竞争中的战略地位也明显上升。纵观历史，大国发展莫不与海洋息息相关。”党的十九大报告提出了“坚持陆海统筹，加快建设海洋强国。”习近平总书记对于海洋事业高度重视。

党的十八大提出要“统筹双边、多边、区域次区域开放合作，加快实施自由贸易区战略，推动同周边国家互联互通。”党的十九大提出要“促进自由贸易区建设，推动建设开放型世界经济”。李克强总理在2019年政府工作报告中提出：“加快构建高标准自贸区网络，推进区域全面经济伙伴关系协定、中日韩自贸区、中欧投资协定谈判，继续推动中美经贸磋商。”

截至2022年9月底，我国已与26个国家和地区达成了19个自贸协定，正在开展11个自贸协定谈判或升级谈判，以及8个自贸协定可行性研究或升级联合研究。此外，实施《亚太贸易协定》第四轮关税减让谈判成果，深化了我国与南亚国家的经贸合作。

2022 年 1—8 月，我国货物进出口总额 273 026 亿元，同比增长 10.1%。其中，出口 154 831 亿元，增长 14.2%；进口 118 195 亿元，增长 5.2%。其中对东盟出口 23 738 亿元，增长 20.2%，占全部出口比重 15.3%；自东盟进口 17 164 亿元，增长 6.4%，占全部进口比重 14.5%。[①]自由贸易区的特点是区内各成员之间减免关税，但各成员对外则保持各自独立的关税水平，此时就必须制定优惠性原产地规则，以防止非成员方货物以自贸区内对外关税税率最低的成员为跳板，再转口至区内其他拥有较高对外关税税率的成员方。例如 A、B 两国之间签订了自由贸易区协定，约定彼此之间的关税税率为零，同时两国对外保持独立的关税政策，A 国对某产品的最惠国关税税率为 30%，B 国则为 10%。此时如果没有制定相应的优惠性原产地规则，区外 C 国出口商就可先将该商品出口到 B 国，再以 B 国为跳板零关税转口到 A 国，从而规避 20%的进口关税。因此，充分享受中国所涉自贸区带来的优惠，就需要认真研究相关自贸区原产地规则的具体规定，以及现存问题并提出相关对策建议。

习近平总书记海洋外交相关讲话、报告，总结归纳其思想核心内涵主要包括维权海洋、和谐海洋、合作海洋。这对我国海洋事业发展具有重要意义，也对制定坚持原则性和灵活性相结合的自贸区原产地规则来“维护”乃至“扩大”我国海洋权益提供了重要指引。

但过去我国忽略了原产地规则在“建设海洋强国”战略中所“原本”理应可以发挥的重要作用。这是因为，我国在制定原产地规则时缺乏对来源于海洋的海产品、矿产品等原产地判定标准的系统性思考和研究，这不仅体现在所制定的相关原产地标准不合理，而且还表现在未能从“维护”乃至“扩大”我国海洋权益的角度设计相关原产地规则。

目前我国和国外尚无从维护国家海洋权益的角度来研究自贸区原产地规则的论文和专著。例如，通过查询知网，截至 2022 年 10 月 9 日，以“原产地规则+海洋权益维护”为篇名和关键词的文献为 0 篇。因此，本专著不仅对弥补国内外该领域的研究空白具有重要学术价值，而且还对修改和完善我国现行的相关原产地规则具有重要的应用价值和社会效益。

为此，经过多年的研究和调研，我们撰写完成了《完善原产地规则，维护我国海洋权益》这部专著。

本专著分为以下六章内容：

第一章　绪论；

第二章　完全原产的若干判定原则；

第三章　维护我国海洋权益背景下的中国所涉自贸区原产地规则的构建；

① 中华人民共和国海关总署统计月报：2022 年 8 月进出口商品国别（地区）总值表（人民币），载于 http://www.customs.gov.cn/customs/302249/zfxxgk/2799825/302274/302277/302276/4582784/index.html，2022 年 10 月 9 日访问。

第四章　扩大我国海洋权益背景下的中国所涉自贸区原产地规则的构建；

第五章　中国所涉自贸区原产地规则的缺陷与完善建议；

第六章　中国所涉自贸区原产地规则研究。

本专著的最终成果填补了我国乃至国外利用自贸区原产地规则来维护国家海洋权益领域的研究空白，并在十二个大方面作出重要创新和贡献。这些重要观点和对策建议大都可以直接应用到修改和完善我国现行相关原产地规则的立法中，并可据此有针对性地在我国将来签署的自贸区协定中争取加入对我国有利的原产地规则条款。

本专著的重要观点及其对策建议主要包括：

一、将维护国家海洋权益与原产地规则相结合，为制定非优惠性和自贸区优惠性原产地规则提供新的对策建议

随着我国经济实力和国际地位的逐步提升，我国要逐渐从国际规则的被动“接受者”向国际规则的积极“制定者”转变。罗马法的一句格言就是：“谁有立法权，谁就有权解释法律。”

尽快制定并完善我国在争议海域的原产地规则和中国地理名称的原产地标识，并将在我国专属经济区和大陆架内捕捞/开采的海产品/矿产品的原产地判定为中国，有利于宣示和行使我国对相关海域的主权和海洋权益。

另外，相对于岛屿归属、海洋划界等敏感的主权纠纷而言，渔业捕捞、海洋环境保护、水下文化遗产保护等领域均属于低敏感问题。这些低敏感问题的纠纷具有低敏感性、常态性、利益多元化、个体差异性等特点。因此，通常被视为经济领域的原产地规则，尤其是自贸区原产地规则，可以在这些低敏感问题领域发挥重要作用，而原产地规则在维护渔业权益、矿业权益及其他海洋权益方面的作用却一直为学术界和政府部门所忽略。[①]

现行的“产销国”国别贸易统计标准要求原产地必须判定为某一国家或者单独关税区，但是“产销国”国别贸易统计中的出口贸易伙伴统计所采用的是非优惠性原产地规则判定的原产国，而不是采用自贸区优惠性原产地规则。因此，与非优惠性原产地规则相比，自贸区原产地规则可以将原产地判定为自贸区甚至是自贸区内部的某一地理来源，而不必然是一个国家。因此，与非优惠性原产地规则相比，可以更灵活地制订自贸区优惠性原产地规则，来切实维护我国海洋权益。也就是说，自贸区优惠性原产地规则在维护我国海洋权益方面原本可以发挥很大的作用。

例如，WTO 允许自贸区的优惠待遇不通过最惠国待遇扩展到非自贸区成员，因此可以在我国加入的自贸区原产地规则中将专属经济区和大陆架内捕捞/开采的海产品/矿产

① 王秀卫：《南海低敏感领域合作机制初探》，《河南财经政法大学学报》2013 年第 3 期。

品的原产品判定为沿海国，非自贸区成员并不能通过最惠国待遇得以援引和适用这些规定，也不构成与中国现行的非优惠性原产地规则相冲突。而且我国可以争取在所加入的不同自贸区原产地规则中就海产品/海底矿产品的原产地标准做出不同规定，以最大限度维护我国海洋权益。例如，我国可以在与我国没有任何海洋权益纠纷的国家如冰岛签署的中国—冰岛自贸区协定原产地规则中规定将在国外专属经济区/大陆架内捕捞/开采的海产品/矿产品的原产地以船籍国/开采国为准，这样就可以将中国国籍的渔船/中国企业在国外专属经济区/大陆架内捕捞/开采的海产品/矿产品的原产地在中国—冰岛自贸区下确定为中国，从而将尽可能多的中国国籍的渔船/中国企业在国外专属经济区/大陆架内捕捞/开采的海产品/矿产品以优惠待遇出口到冰岛。

需要指出的是，虽然《世界贸易组织（WTO）原产地规则协定》早已启动了非优惠性原产地规则协调工作，但是截至目前世贸组织仍然未实施一致的非优惠性原产地标准。

二、建议及时更新海产品的完全原产判定标准

我国现行的非优惠性和优惠性原产地规则仅区分了领海和公海，即将领海以外的海域都视为公海，从而将领海内捕获的海产品的原产地确定为领海主权国，而将在领海以外的海域捕获的海产品的原产地“一概”确定为以船籍地为准。

而按照《联合国海洋法公约》的规定，国家管辖范围不仅包括了本国享有主权的领陆、领海和领空，而且也包括了国家有权行使部分主权权利的专属经济区和大陆架。国家管辖范围外的地区仅包括了公海和国际海底区域。

因此，随着《联合国海洋法公约》的出台，改变了领海以外都是公海的划分，即将领海以外的海域又区分为一国的专属经济区（Exclusive Economic Zone，简称 EEZ）和公海。具体讲，《联合国海洋法公约》按照海域路径，将海洋划分为内水、领海、毗连区、专属经济区、公海（海底则还包括大陆架及国际海底区域）。[①]此后各国不断完善和巩固关于建立专属经济区（EEZ）或是专属渔业区（Exclusive Fishery Zone，简称 EFZ）的实践。而南极的地位目前属于未定状态。因此，领海、专属经济区、大陆架拓展了我国的海洋国土和管辖海域；专属经济区、大陆架及国际海底区域等制度的确立，则使得海洋资源的来源地也扩展到了更加广阔的区域。为此笔者建议，可以依据我国的具体情况，依据《联合国海洋法公约》的最新规定，在我国加入的所有自贸区中相应扩大我国管辖范围海域内海产品的原产地地理范围，并分别针对在如下八个不同海域内捕捞的海产品制定不同的原产地标准：

1. 将在内水捕获的海产品的原产地确定为以内水主权国为准；
2. 将群岛水域内捕获的海产品的原产地确定为以群岛水域主权国为准；

---

① 〔德〕沃尔夫冈·格拉夫·魏智通：《国际法》，吴越，毛晓飞译，北京，法律出版社，2002 年。

3. 将领海内捕获的海产品的原产地确定为以领海主权国为准；

4. 将在一国的专属经济区捕捞的海产品的原产地确定为以沿海国（即管辖国）为准，而不再以船籍国为准；

5. 将在“历史性水域”内捕获的海产品的原产地确定为此历史性权利的国家；

6. 将在公海捕获的海产品的原产地确定为以船籍地为准，并对船籍地加以明确定义；

7. 将（中国）企业或个人在挪威斯瓦尔巴特群岛、领海及《联合国海洋法公约》赋予的200海里范围内的“虚拟”专属经济区内捕捞的海产品的原产地，“就相关自贸区协定而言”，视同船籍国或捕捞者个人的国籍（中国）或判定为斯瓦尔巴特群岛，从而确保享受在中国所签订的自贸区内以优惠关税出口到自贸区内其他成员方的待遇。

8. 对于自按照《南极条约》暂时冻结主权要求的南极等海域捕捞的海产品等，则应该判定其原产地为船籍地，借此表明我国所持的“公海的自由竞争为主”的立场，以维护中国作为世界第一捕鱼大国的利益。

这样，就改变了早已过时的将在领海以外的海域一概简单视为公海且将在此海域捕捞的海产品原产地一概以船籍国为准的现行单一原产地标准。

在中国专属经济区内捕捞的海产品非优惠性原产地也可以视情况判定为中国，因此这些海产品进入中国销售时不应该被征收进口关税。另外，由于中国目前是世界第一捕捞大国，因此中国也应该在国际场合建议采取上述原产地标准和免征进口关税待遇，这样就可以将中国渔船在国外专属经济区捕捞的海产品（过洋鱼）判定为专属经济区所在的沿海国，从而得以享受免关税待遇直接进入该沿海国销售。

三、建议及时更新海洋矿产品的完全原产判定标准

如前所述，随着《联合国海洋法公约》的出台，就“海底”矿产品开采而言，改变了领海以外都是公海的划分，即将领海以外的海域又区分为一国的大陆架和国际海底区域，而国际海底区域是全人类共同继承的“共享”遗产。

为此，笔者建议分别针对在如下七个不同海域内开采的矿产品制定七个不同的原产地标准：

1. 将在内水开采的矿产品的原产地确定为以内水主权国为准。

2. 将群岛水域内开采的矿产品的原产地确定为以群岛水域主权国为准。

3. 将领海内开采的矿产品原产地确定为以领海主权国为准。

4. 将在一国的专属经济区和大陆架的海床和底土采得的矿产品的原产地明确确定为以沿海国（即大陆架的所属国）为准，而不再以现行的“从领海以外的海底或海底底土中采得的产品，且该国对海底及其底土拥有单独开采的权力的国家”为准。

5. 将在国际海底区域的海床和底土采得的矿产品的原产地“独创性”地确定为“国际海底区域”，而不再将在国际海底区域的海床和底土采得的矿产品的原产地确定为以被联合国国际海底管理局授予“专属”开采权的国家为准。这样，就能够更加体现《联合国海洋法公约》早已确定的“国际海底区域”的矿产品为全人类共同继承的遗产这一原则。

中国目前是被联合国国际海底管理局授予在国际海底区域“专属”开采权最多的国家。而按照联合国国际海底管理局的要求，在国际海底区域被授予“专属”开采权的国家必须将由此获得的一部分收益上缴给代表全人类的联合国国际海底管理局，以便后者“分享”给世界其他各国。因此，笔者建议我国目前应该在国际范围内主张将在国际海底区域的海床和底土采得的矿产品的原产地“独创性”地修改为“国际海底区域”，并且建议世界各国均取消对进口的在国际海底区域的海床和底土采得的原产地为“国际海底区域”的矿产品的进口关税。这一建议有助于中国开采的这些矿产品以零关税出口到世界其他国家，因此符合我国作为世界矿产品开采和消费大国的利益。

6. 将（中国）企业在挪威的斯瓦尔巴特群岛及《联合国海洋法公约》赋予的“虚拟”大陆架地域内开采的矿产品，“就相关自贸区协定而言”，视同为开采国（中国）或判定为斯瓦尔巴特群岛，从而确保享受在中国所签订的自贸区内以优惠关税出口到自贸区内其他成员方的待遇。

7. 对于产自按照《南极条约》体系暂时冻结主权要求的南极等地区的矿产品，如果上述产品是从南极地区的陆地上获取的，则应该判定其原产地为南极；如果上述产品是从南极地区的海床和底土上获取的，则应该判定原产地为“国际海底区域”，借此表明我国所持的“南极地区为全人类共同继承的遗产”的立场。

四、建议确定“共同渔区”/“共同油气开发区”原产地判断标准

针对目前虽有划界和管辖争议，但是在相关国家达成了暂时“共同渔区”/“共同油气开发区”内获取的海产品/矿产品，笔者建议可以判定为相关“共同渔区”/“共同油气开发区”原产地，并就此提出了有差别的不同关税待遇，以达到“搁置争议，共同开发”的目的，为全球海洋治理提供“中国方案”和“中国经验”。

与非优惠性原产地规则相比，自贸区原产地规则可以将原产地判定为自贸区甚至是自贸区内部的某一地理来源，而不必然是一个国家。

这一建议有助于落实习近平总书记提出的“主权属我、搁置争议、共同开发”的方针，推进互利友好合作，寻求和扩大共同利益的汇合点。

五、建议尽早构建“一个中国”下的海峡两岸暨香港、澳门自贸区及其原产地规则。

笔者建议在内地与香港 CEPA、内地与澳门 CEPA、香港与澳门 CEPA 以及大陆与台湾 ECFA 这四个自贸区协议中允许海峡两岸暨香港、澳门进行完全原产地累积，以加强海峡两岸暨香港、澳门之间的经贸合作，从而促进海峡两岸暨香港、澳门之间的日益融合，为祖国的最终和平统一创造更加有利的经济氛围。目的是最终建立海峡两岸暨香港、澳门的“一个中国”自贸区，并在相关自贸区下签发“一个中国”自贸区原产地证书。此后，便可以“一个中国”自贸区的名义与世界上其他国家达成自贸区协议，让港澳台共享这些自贸区的优惠待遇。

六、利用原产地规则，“扩大”我国海洋权益

（一）建议我国弥补大陆架上定居种生物的原产地标准立法空白

我国现行的自贸区优惠性原产地规则和非优惠性原产地规则均遗漏了大陆架上定居种生物的原产地判定标准。《联合国海洋法公约》规定一国有对其大陆架上寄居生物的专属权。因此在一国大陆架上获取的定居种生物的原产地应该为该沿海国，而与在该国大陆架上获取这些寄居生物的船籍无关。

（二）建议弥补挪威斯瓦尔巴特群岛相关产品原产地标准的立法空白

截至目前我国一直忽略了世界历史上第一个“搁置争议，共同开发”的成功典范——挪威斯瓦尔巴特群岛（即斯匹茨卑尔根群岛）相关产品的原产地判定，致使人为地缩小了我国海洋权益。

按照《斯匹茨卑尔根群岛条约》的规定，挪威对该岛屿及其周边海域仅拥有“有条件的主权”，而没有专属经济权。包括中国和冰岛在内的条约签署国对挪威的该岛屿及其领海均有平等的开发权。

为此，笔者建议：应该在中国—冰岛等自贸区原产地规则中，将中国和冰岛两国在挪威斯瓦尔巴特群岛及其海域内开采的矿产品和捕捞的海产品原产地，“就中国—冰岛等自贸区协定而言”，分别视同为开采国（例如中国/冰岛）和船籍国（例如中国/冰岛）或判定为斯瓦尔巴特群岛，从而确保享受在自贸区内以优惠关税出口到对方国家的待遇。

这样，就能够鼓励中国企业积极前往挪威斯瓦尔巴特群岛及其海域内进行渔业捕捞和矿业开采活动，以进一步维护和扩大我国的海洋权益，并有助于我国“借力”冰岛，积极介入北极相关事务中，以显示我国在北极相关海洋权益中的“存在”。

（三）建议依据不同目的，除了传统的现行注明原产国的原产地证书以外，还可以将原产地证书的原产地地域标识种类扩展为十六种

例如，为扩大原产地证书在渔业管理和养护中的作用和用途，笔者建议我国可以创设“鱼源国”原产地证书，以加强保护我国作为“鱼源国”的相关鱼种资源（例如中华鲟）。

按照目前大多数非优惠性和自贸区优惠性原产地规则的规定，外国渔船（例如日本渔船）在中国专属经济区和公海捕捞的对源自我国河流的溯河产卵种群（例如中华鲟），原产地通常被判定为渔船的国籍地（例如日本），但此类溯河产卵种群的“鱼源国”和“原出生地”却是中国，此时就会出现“来源地”与“原产地”不同的情况。为此，我国应该明确规定溯河产卵种群的原产地为“鱼源国”。

（四）建议我国在海洋基因资源等最新发展领域及时制定原产地标准

基于我国整体上属于遗传资源的来源地大国，且我国目前的自贸区原产地规则及非优惠性原产地规则均缺乏对生物及其遗传资源勘探和采集、开发的原产地判定标准，因此笔者建议我国应该结合自身技术能力的发展做好准备，提早分别就我国领海、专属经济区、大陆架、公海、国际海底区域和南极地区，制定生物遗传资源的起源地、来源地和原产地标准以填补立法空白，以维护和扩大我国海洋权益。

基于我国作为发展中国家的现实并结合《生物多样性公约》和《名古屋议定书》的相关规定，笔者建议将在国际海底区域、公海和南极地区生物勘探并提取的海洋基因资源的原产地分别判定为“国际海底区域”、公海和“南极”，以达到符合中国等发展中国家利益的国际海底区域等属于“人类共同遗产”并适用利益分享机制的目的。同时，笔者建议将在一国领海、专属经济区、大陆架海域进行生物勘探并提取的海洋基因资源的原产地判定为沿海国。

（五）建议弥补公海人工养殖海产品原产地判定标准的空白，以扩大我国的海洋权益

中国缺乏对公海人工养殖海产品的原产地判定标准。在公海等大洋深处进行人工养殖海产品是一项新型的海洋产业创新，挪威、英国和美国已经在公海进行了三文鱼的人工养殖。为此，我国可以在公海和国际海底区域设立“人工养殖区”，以进一步扩大我国的海洋权益。但是，按照目前我国非优惠性和自贸区优惠性原产地规则的规定，在公海捕捞的海产品以渔船的国籍地作为原产地。笔者认为这并不适合在公海进行的人工养殖海产品的原产地判定，原因是我国尚未前瞻性地考虑到公海人工养殖海产品的问题。

例如，A 国在公海人工养殖的海产品，由 A 国授权被 B 国的渔船所捕捞，此时笔者认为所捕捞的这些在公海人工养殖的海产品的原产地应该被判定为 A 国，而不宜将原产地判定为船籍国 B 国。这是因为，A 国在公海人工养殖的海产品的主要利益是被 A 国所获得，A 国授权 B 国渔船捕捞 A 国在公海人工养殖的海产品的通常前提，是要求 B 国渔船向 A 国缴纳许可费等利益。

七、中国所涉自贸区原产地规则的其他缺陷与完善

中国现行自贸区原产地规则的问题体现在多个方面，如累积原产地规则不够严谨且存在漏洞，由此导致了关税规避和贸易扭曲；领海以外海产品的原产地标准不严谨，有可能使区外企业控股的渔船获取优惠待遇；不退还多缴纳的进口关税，限制了对优惠关税的享受；僵化且各异的原产地标准，增加了企业享受自贸区优惠待遇的成本；“微小含量”条款不够细化，未能体现纺织品的特点；没有为自贸区内跨境维修货物的进口关税提供免税待遇，影响了区内优惠的广度；将 FORM E 原产地证书中的 HS 编码错误视作非实质差异，致使进出口商易于合谋骗取出口退税和规避关税；尚未开放自贸区内的政府采购市场，阻碍了自贸区一体化的层次等。这些缺陷一定程度上影响了中国所涉

自贸区的进一步深化和相关企业利益，因此亟待通过借鉴其他自贸区的成功做法加以修改完善。

例如，中国—东盟自贸区现行累计原产地规则仅适用于区域价值成分标准，为此应扩大其适用范围。中国—东盟自贸区现行原产地累计规则易导致关税规避和贸易扭曲，为此应加紧制订不适用原产地累计规则的例外敏感产品清单。为加强与南亚其他国家的经济联系，应允许中国—东盟自贸区与中国—巴基斯坦自贸区和亚太贸易协定成员国之间的原产地扩展累计。

八、本专著还首次归纳并总结了完全原产的若干判定原则

另外，本专著还将独创性观点和贡献所依据和引用的一部分国内外法规与国际公约的相关条款摘录也放入了专著正文中，目的是方便有关人员在将来研究和参与制定、完善相关原产地规则时的查询和比对，这样就可以更清晰地从中发现现行相关原产地规则的缺陷和不足。

由于我国自贸区的实践时间不长，有关我国自贸区原产地规则的相关研究尚属崭新课题，因此本专著的有关观点和建议还有待实践和时间的检验和进一步完善。

本专著的作者分别为：徐进亮（对外经济贸易大学教授，博士生导师）；樊智强（中信国安信息产业股份有限公司董事、总经理，北京鸿联九五信息产业有限公司董事长）；马连浩（对外经济贸易大学国际商务硕士）。

徐进亮

2022 年 10 月

目　录

第一章　绪论 1

第一节　研究背景和研究意义 3
第二节　国内外研究现状 7
第三节　研究思路与研究方法 16
第四节　主要研究内容和创新之处 18

第二章　完全原产的若干判定原则 23

第一节　原产地规则概述 25
第二节　完全原产的判定原则 26

第三章　维护我国海洋权益背景下的中国所涉自贸区原产地规则的构建 31

第一节　建议在原产地规则中正确区分领土与领海和内水 33
第二节　建议在原产地规则中正确区分内陆水域与内水 36
第三节　建议及时更新海产品的完全原产判定标准 37
第四节　建议我国及时更新海洋矿产品的完全原产判定标准 55
第五节　建议将我国现行的原产地证书扩展为十六种 63
第六节　建议合理限定“另一国的船舶”的标准 87
第七节　建议杜绝所有加贴涉及我国主张主权和海洋权益的海岛/海域的外国地理名称原产地标识的产品进口入境 91
第八节　建议我国所签订自贸区协议中的缔约方“中方”一词不应排除港澳单独关税区 92
第九节　建议在《海峡两岸经济合作框架协议》（ECFA）中明确“一个中国”的原产地标示 95
第十节　建议尽早构建“一个中国”下的海峡两岸暨香港、澳门自贸区及其原产地规则 97

第十一节　建议降低养殖水产品的原产地标准……102
第十二节　建议将我国非优惠性和优惠性原产地规则尽早与海关政策相衔接……102
第十三节　充分发挥原产地在保护我国消费者权益方面的作用，建立中国水产品的良好原产地形象……111

第四章　扩大我国海洋权益背景下的中国所涉自贸区原产地规则的构建……117

第一节　建议填补公海人工养殖海产品原产地判定标准的空白，以扩大我国的海洋权益……119
第二节　建议我国在海洋基因资源等最新发展领域及时制定原产地标准……120
第三节　建议我国填补大陆架上定居种生物的原产地标准立法空白……123
第四节　建议我国填补挪威斯瓦尔巴特群岛相关产品的原产地标准……123
第五节　建议我国前瞻性地增加北极公海海域冰山的原产地判断标准……125
第六节　建议争取将中国跨境经济合作区纳入中国相关原产地规则的适用范围……126
第七节　建议我国及早填补在相关海域上空和太空中获取的飞禽和物品原产地标准的立法空白……127
第八节　建议我国及早填补沉船沉物和水下文物原产地标准的立法空白……129

第五章　中国所涉自贸区原产地规则的缺陷与完善建议……137

第一节　累积原产地规则的缺陷和完善建议……139
第二节　将 FORM E 原产地证书中 HS 编码错误视作非实质差异的问题与修改建议……142
第三节　原产地证书中显示的价格与企业对策建议……144
第四节　中国所涉自贸区原产地规则的其他缺陷与完善建议……146

第六章　中国所涉自贸区原产地规则研究……157

第一节　中国—东盟自贸区原产地规则研究……161
第二节　亚太贸易协定原产地规则研究……173
第三节　中国—智利自贸区原产地规则研究……181
第四节　中国—巴基斯坦自贸区原产地规则研究……190
第五节　中国—新加坡自贸区原产地规则研究……196

第六节　中国—新西兰自贸区原产地规则研究 …… 201
第七节　中国—秘鲁自贸区原产地规则研究 …… 214
第八节　中国—哥斯达黎加自贸区原产地规则研究 …… 216
第九节　ECFA 原产地规则研究 …… 217
第十节　CEPA 原产地规则研究 …… 219
第十一节　中国—冰岛自贸区原产地规则研究 …… 223
第十二节　中国—瑞士自贸区原产地规则研究 …… 226
第十三节　中国—韩国自贸区原产地规则研究 …… 230
第十四节　中国—澳大利亚自贸区原产地规则研究 …… 238
第十五节　中国—格鲁吉亚自贸区原产地规则研究 …… 247
第十六节　中国—马尔代夫自贸区原产地规则研究 …… 248
第十七节　中国—毛里求斯自贸区原产地规则研究 …… 249
第十八节　中国—柬埔寨自贸区原产地规则研究 …… 250
第十九节　RCEP 原产地规则研究 …… 251
第二十节　中国所涉自贸区原产地规则对比分析 …… 253
第二十一节　企业相关对策研究 …… 262

参考文献 …… 274

第一章

绪　论

第一节 研究背景和研究意义

一、研究背景

2013 年 7 月 30 日，十八届中共中央政治局就建设海洋强国进行第八次集体学习，习近平总书记指出："我国既是陆地大国，也是海洋大国。"①

截至 2021 年末，中国大陆总人口为 141 260 万人②，陆地自然资源人均占有量低于世界平均水平。因此，中国作为一个发展中的沿海大国，国民经济要持续发展，必须把海洋的开发和保护作为一项长期的战略任务。

我国位于太平洋西岸，大陆岸线长 1.8 万公里，面积 500 平方米以上的海岛 6 900 多个，内水和领海面积 38 万平方公里。根据《联合国海洋法公约》有关规定和我国的主张，我国管辖的海域面积约 300 万平方公里。此外，我国在国际海底区域获得了具有专属勘探权和优先开发权的 7.5 万平方公里多金属结核矿区和 1 万平方公里多金属硫化物矿区，在南北极建立了长城、中山、昆仑、黄河科学考察站。③

但过去我国海洋意识比较淡薄，海洋主权和海洋权益一直受到一些国家的侵略和侵犯，其中尤以我国与周边海上邻国的权益争端最为严重，因此我国并不是一个海洋强国。④为此，党的十八大报告提出了"建设海洋强国"的战略决策，"提高海洋资源开发能力，发展海洋经济，保护海洋生态环境，坚决维护国家海洋权益，建设海洋强国"，这充分展示了中国的海洋情怀和海洋强国梦。

党的十八大后，2013 年 7 月 30 日，中共中央政治局就建设海洋强国进行第八次集体学习。习近平总书记指出："海洋是战略资源的重要基地，世界海洋资源开发潜力巨大。21 世纪，人类进入了大规模开发利用海洋的时期。海洋在国家经济发展格局和对外开放中的作用更加重要，在维护国家主权、安全、发展利益中的地位更加突出，在国家生态文明建设中的角色更加显著，在国际政治、经济、军事、科技竞争中的战略地位也明显上升。纵观历史，大国发展莫不与海洋息息相关。有人说'强于天下者必胜于海，衰于天下者必弱于海'……维护国家海洋权益，着力推动海洋维权向统

①《习近平同志在十八届中共中央政治局第八次集体学习时的讲话》，载于 http://www.xinhuanet.com//politics/2013－07/31/c_116762285.htm，2022 年 10 月 9 日访问。

② 国家统计局：《2021 年国民经济和社会发展统计公报》，载于 http://www.stats.gov.cn/xxgk/sjfb/zxfb2020/202202/t20220228_1827971.html，2022 年 10 月 9 日访问。

③ 中华人民共和国自然资源部：《国家海洋事业发展"十二五"规划》，载于 http://www.mnr.gov.cn/gk/ghjh/201811/t20181101_2324845.html，2022 年 10 月 9 日访问。

④ 冯学智：《中国海洋权益争端的国际法分析》，北京，中国政法大学出版社，2013 年。

筹兼顾型转变。”[①]

建设海洋强国是中国特色社会主义事业的重要组成部分。我们要进一步关心海洋、认识海洋、经略海洋，推动我国海洋强国建设不断取得新成就。我们坚持走依海富国、以海强国、人海和谐、合作共赢的发展道路，通过和平、发展、合作、共赢方式，实现建设海洋强国的目标。[②]

党的十九大提出“坚持陆海统筹，加快建设海洋强国。”[③]

经初步核算，2021 年全国海洋生产总值 90 385 亿元，比上年增长 8.3%，对国民经济增长的贡献率为 8.0%，占沿海地区生产总值的比重为 15%。其中，海洋第一产业增加值 4 562 亿元，第二产业增加值 30 188 亿元，第三产业增加值 55 635 亿元，分别占海洋生产总值的 5.0%、33.4%和 61.6%。[④]

我国海洋权益和安全还面临着一系列严重的挑战和威胁：一是黄海、东海、南海与周边国家的海洋划界争端；二是台湾的统一问题，台湾属于中国领土和主权的一部分，台湾作为第一岛链的核心有着重要的战略地位；三是海洋产业发展的权益受到周边国家的影响。[⑤]

中国是陆海兼备的国家，中国的海洋强国建设面临三大问题，即：海上划界；岛屿主权；海洋资源问题。[⑥]例如，南海诸岛自古以来就是中国领土，南海是世界“四大海底储油区之一”，据估计这里的石油天然气地质储量超过 200 亿吨油当量；还有丰富的矿物资源；有海洋生物 2 850 多种，正因如此，南海也成为周边各国关注的热点。[⑦]

二、研究意义

习近平海洋外交相关讲话、报告，总结归纳其思想核心内涵主要包括海洋权益观、和谐海洋观、协作共赢观，这对海洋事业发展具有重要意义，[⑧]也对制定坚持原则性和灵活性相结合的自贸区原产地来维护乃至扩大我国海洋权益提供了重要指引。

---

①《习近平同志在十八届中共中央政治局第八次集体学习时的讲话》，载于 http://www.xinhuanet.com//politics/2013－07/31/c_116762285.htm，2022 年 10 月 9 日访问。

②《习近平同志在十八届中共中央政治局第八次集体学习时的讲话》，载于 http://www.xinhuanet.com//politics/2013－07/31/c_116762285.htm，2022 年 10 月 9 日访问。

③《决胜全面建成小康社会夺取新时代中国特色社会主义伟大胜利——在中国共产党第十九次全国代表大会上的报告（2017 年 10 月 18 日）》。

④ 自然资源部：《2021 年中国海洋经济统计公报》，载于 http://gi.mnr.gov.cn/202204/t20220406_2732610.html，2022 年 10 月 9 日访问。

⑤ 彭立春：《习近平新时代中国特色社会主义海洋思想探析》，《新西部》2018 年第 12 期，第 7～8 页。

⑥ 杨洁勉：《中国特色海洋外交的实践创新和理论探索》，《边界与海洋研究》2017 年第 2 卷第 4 期。

⑦ 詹媛：《南海资源知多少？》，《光明日报》2012 年 7 月 2 日第 13 版。

⑧ 王印红，任青：《习近平海洋外交思想研究》，《山东行政学院学报》2017 年第 6 期。

但我国过去忽略了原产地规则在“建设海洋强国”战略中所“原本”理应可以发挥的重要作用。这是因为，我国在制定原产地规则时缺乏对来源于海洋的海产品、矿产品等原产地判定标准的系统性思考和研究，这不仅体现在所制定的相关原产地标准不合理，而且还表现在未能从“维护”乃至“扩大”我国海洋权益的角度设计相关原产地规则。

本专著的研究意义主要体现在如下十二大方面。

第一，本专著在国内外首次将维护国家海洋权益与原产地规则相结合。

习近平总书记指出：“由于复杂的历史原因，我国周边海域特别是南海是世界上岛屿主权争端最多、海域划界问题最尖锐、资源争夺最激烈、地缘政治形势最复杂的地区之一。我国主张的 300 万平方公里的管辖海域中，有一半以上与邻国存在海域主张的重叠和管辖权的争议。我们维护海洋权益工作面临着十分复杂严峻的形势。解决这个问题，总的要统筹维稳和维权两个大局，坚持维护国家主权、安全、发展利益相统一，维护海洋权益和提升综合国力相匹配，实现稳中求进。”①

作为一种贸易政策的原产地规则不是在政治真空中形成的，不可避免地会受到相关国家政治、外交和军事政策影响，在其他贸易政策工具的使用受到限制的情况下，原产地规则演变成了一国推行政治与经济政策的工具。原产地被形象地称为商品的“经济国籍”，而原产地规则的定义通常是以领土为基础决定一种产品的原产地，即这种产品是否在出口国内或特定的领土内生产和制造。如果该国或该地区的领土主权存在争议或其政府需要获得国际法上的承认，则涉及该国或该地区政府是否有权签发原产地证书。在此背景下，国家或地区如何使用原产地规则就直接影响着该领土或其政府在国际法上的法律地位。

但是，目前我国和国外尚无从维护国家海洋权益与原产地规则相结合的角度，研究自贸区原产地规则的论文和专著。

2012 年中日东海关系紧张，上海市民争买捕获自钓鱼岛的我国原产地的“爱国鱼”，而中国加强对“菲律宾原产地”香蕉的检验检疫也导致其经济受挫。所有上述问题均与原产地相关。而马来西亚对我国的态度比较温和，重要原因在于中国是马来西亚第一大贸易伙伴，这反映出中国经济外交与政治外交密切配合的重要性。

灵活运用原产地规则，可以达到政治、外交目的。例如，在运用原产地规则时，可以对政治上不友好的国家施加压力，从而达到政治目的。再如，利用对某国或地区签发的原产地证书是否接受，表明对该国或该地区当局的政治主张；给予特定国家原产地产品以优惠待遇，以对其提供经济援助，体现该国对其的政治态度。但是这在我国现行的自贸区原产地规则及其适用时并没有得到体现。

①《习近平同志在十八届中共中央政治局第八次集体学习时的讲话》，载于 http://www.xinhuanet.com//politics/2013－07/31/c_116762285.htm，2022 年 10 月 9 日访问。

第二，本研究能够为“维护”我国海洋权益制定非优惠性和自贸区优惠性原产地规则提供一系列独创性重要观点和对策建议。

第三，本研究甚至能够为“扩大”我国海洋权益制定非优惠性和自贸区优惠性原产地规则提供一系列独创性重要观点和对策建议。

第四，本研究能够为在争议海域贯彻“搁置争议，共同开发”方针制定相关自贸区原产地规则提供若干独创性重要观点和对策建议。

党的十八大报告明确提出：“合作共赢，就是要倡导人类命运共同体意识，在追求本国利益时兼顾他国合理关切，在谋求本国发展中促进各国共同发展，建立更加平等均衡的新型全球发展伙伴关系，同舟共济，权责共担，增进人类共同利益。”

习近平总书记指出：“要坚持‘主权属我、搁置争议、共同开发’的方针，推进同东盟国家的互利友好合作，通过加强合作寻求和扩大共同利益的汇合点，为解决海上问题创造条件。”“我们坚持走依海富国、以海强国、人海和谐、合作共赢的发展道路，通过和平、发展、合作、共赢方式，实现建设海洋强国的目标。”①

2013 年秋天，习近平主席在哈萨克斯坦和印度尼西亚提出了共建丝绸之路经济带和 21 世纪海上丝绸之路倡议。

党的十九大呼吁：“各国人民同心协力，构建人类命运共同体，建设持久和平、普遍安全、共同繁荣、开放包容、清洁美丽的世界。要相互尊重、平等协商，坚决摒弃冷战思维和强权政治，走对话而不对抗、结伴而不结盟的国与国交往新路。要坚持以对话解决争端、以协商化解分歧，统筹应对传统和非传统安全威胁，反对一切形式的恐怖主义。”2018 年修正的《中华人民共和国宪法》将“贯彻新发展理念”“坚持互利共赢开放战略”“推动构建人类命运共同体”等写入了序言。

第五，本研究能够为在海洋生物基因资源新兴领域制定维护我国海洋权益的相关自贸区原产地规则提供独创性重要观点和对策建议。

第六，本研究能够为在公海制定维护我国海洋权益的相关自贸区原产地规则提供独创性重要观点和对策建议。

第七，本研究能够通过创设十六种新种类原产地证书来制定维护我国海洋权益的非优惠性和自贸区优惠性原产地规则提供若干独创性重要观点和对策建议。

第八，本研究能够通过构建“海峡两岸暨香港、澳门”的“一个中国”自贸区来为制定促进两岸和平统一的自贸区优惠性原产地规则和原产地累积制度提供若干独创性重要观点和对策建议。

台湾属于中国领土和主权的一部分，台湾作为第一岛链的核心有着重要的战略地位。

---

①《习近平同志在十八届中共中央政治局第八次集体学习时的讲话》，载于 http://www.xinhuanet.com//politics/2013－07/31/c_116762285.htm，2022 年 10 月 9 日访问。

两岸和平统一是维护我国海洋权益的重要组成部分。

第九，本研究能够在将《联合国海洋法公约》这一国际海洋法精神与维护我国海洋权益的原产地规则相结合方面，提供一系列独创性重要观点和对策建议。

习近平总书记有关海洋外交的论述表明，我国不仅要把960万平方公里的陆域当成国家的根基，还要把作为我国领土不可分割组成部分的内海、领海当成自己的家园；不仅要管理好我国有特定主权权利和管辖权的专属经济区、大陆架，也要从“人类命运共同体”的高度“维护”好人类共有共享的包括公海和国际海底区域在内的国家管辖外海域和区域。

第十，本研究有助于发现包括累积原产地规则、将FORM E原产地证书中HS编码错误视作非实质差异、产品特定原产地标准适用滞后的HS版本等在内的中国所涉自贸区原产地规则的诸多缺陷，从而为进一步完善我国相关自贸区原产地规则和我国企业最大程度利用自贸区优惠提供可行性建议。

第十一，本研究就国际商会银行委员会现行的《跟单信用证项下审核单据的国际标准银行实务》（ISBP745）和最新信用证案例中与原产地证书密切相关的若干重大变化予以分析和研究，从而为我国原产地签证机构和外贸企业做好应对准备提供指引和建议。

第十二，本研究首次归纳并总结了完全原产的若干判定原则。

第二节 国内外研究现状

原产地规则是国际贸易中为了确定产品的原产地而实施的法律准则。原产地是指产品的原产国，可以看作商品的“国籍”，是生产或制造某一产品的国家，它是指作为商品加入国际贸易流通的产品的来源地，这里的所谓“国籍”可以是一个国家、一个地区或一个贸易集团。按照WTO《原产地规则协议》的规定，原产地规则是指任何成员方为确定货物原产国而实施的法律、法规及普遍适用的行政命令。制定原产地规则的初衷是为了进行国别贸易统计，随着全球范围内自由贸易区的发展，原产地规则作为自由贸易区的一项核心内容，受到越来越多的重视，原产地规则已从一种统计工具演变为世界各国的重要经济政策工具。

一、国外原产地规则相关文献回顾

国外对原产地规则的研究起步较早。“实质性改变”标准就起源于美国1886年一起涉及清洗并磨光后贝壳的税目分类案件。当货物生产涉及一国以上时，其原产地应视为最终发生“实质性改变”的国家，具体原产地标准主要有税则归类改变标准（CTC）、区域价值成分标准（RVC）和加工工序标准（TP），以及由上述三种标准组合构成的产品特定原产地标准（PSR）。Jong Bum Kim 等人[①]分析了三种原产地标准的利弊。Florencio Lopez de Silanes 等人[②]通过研究北美自贸协定（NAFTA）和国产化标准的经济效应，认为原产地规则过于严格会妨碍自由竞争，减少行业的总体最终产量，从而恶化自贸区福利。Estevadeordal[③]首次提出了“原产地规则限制指数”，Jeremy Tyler Harris[④]在此基础上创设了一种新的用 1 至 21 来表示原产地规则相对严格度的“原产地规则限制指数”，用来测量企业利用原产地规则的成本。Estevadeordal[⑤]论证了墨西哥和美国在 NAFTA 中的政策设计以及原产地规则，指出原产地规则的严格度越高，墨西哥的福利受损程度越高。Olivier Cadot 等[⑥]较为全面地运用计量经济学分析了自贸区原产地规则的经济效应。

Miriam Manchin 等人[⑦]从欧盟经验出发重点分析了东亚地区现有自贸区原产地规则的主要特征。菲律宾学者 Medalla，E.M.[⑧]从区域发展的角度对东盟原产地规则进行了研究，认为制定协调统一的原产地规则将扩大区域内贸易和投资流动，减少跨区域经商成本，同时也研究了微小加工和海关程序等问题。Olivier Cadot 等[⑨]通过抽样和定量分析发现，如果将东盟自贸区增值百分比原产地标准由 40%降低到 30%，将使对优惠关税的利用率增加 2.5%至 8.2%。Won-Mog Choi[⑩]认为累计原产地规则的应用对于优惠原产地规则

① Kim，Jong Bum，Kim，Joongi，2009：“RTAs for Development：Utilizing Territoriality Principle Exemptions under Preferential Rules of Origin”，*Journal of World Trade*（43）.

② Florencio，Lopez，de Silanes，James，R.Markusen，Thomas，F.Rutherford，1993：“Anti-competitive and Rent-shifting Aspects of Domestic-content Provisions in Regional Trade Blocks”，*NBER Working Paper*，Vol.10，No.4512.

③ Estevadeordal，A.，2000：“Negotiating Preferential Access：The Case of the North American Free Trade Agreement”，*Journal of World Trade*.

④ Harris J T.，2007：“ Measurement and Determination of Rules of Origin in Preferential Trade Agreements（PTA's）”，*ProQuest*.

⑤ Estevadeordal，A.，2000：“Negotiating Preferential Access：The Case of the North American Free Trade Agreement”，*Journal of World Trade*.

⑥ Olivier Cadot，Antoni Esteradeordal，Akiko Suwa Eisenmann，Thierry Verdier，2004：“The Origin of Goods—Rules of Origin in Region Trade Agreement”，*Oxford University Press*.

⑦ Manchin M，Pelkmans-Balaoing A.，2007：“Rules of origin and the web of East Asian free trade agreements”，*World Bank Policy Research Working Paper*，（4273）.

⑧ Medalla，E.M.，2008：“Rules of Origin：Regimes in East Asia and ecommendations for Best Practice，in Soesastro，H.（ed.），Deepening Economic Integration-The ASEAN Economic Community and Beyond－”，*ERIA Research Project Report* 2007－1－2，Chiba：IDE-JETRO，pp.269－303.

⑨ Cadot O，De Melo J，Portugal-Pérez A.，2006：“Rules of origin for preferential trading arrangements：implications for the ASEAN Free Trade Area of EU and US experience”，*World Bank Policy Research Working Paper*，（4016）.

⑩ Choi W M.，2010：“Defragmenting fragmented rules of origin of RTAs：a building block to global free trade”，*Journal of International Economic Law*，13（1）：111－138.

具有重要意义，由此建议各自贸区从产品特定原产地规则一致的部门开始，积极推进双边累计和斜边累计。Pamela Bombarda 和 Elisa Gamberoni[①]则定量分析了斜边累计对降低原产地规则贸易保护主义的作用。斯特凡诺·伊那马[②]对已经持续 10 余年的《世界贸易组织（WTO）原产地规则协定》下非优惠原产地规则谈判的状况及其对 WTO 其他协定可能产生的影响进行了全面评述。

Mizuno 等[③]研究了与自由贸易区原产地规则相关的成本不确定性的作用及不确定的生产成本是否与公司相关的情况。Deardorff[④]通过实例研究了自由贸易协定原产地规则可能产生的不利影响，并认为由于受到非歧视性关税的约束越来越多，自由贸易协定可能会降低世界福利。Blyde 等[⑤]利用 129 个国家的贸易数据研究了贸易协定对国际供应链形成的作用，并认为贸易协定对发展跨境供应链具有重要意义。Thang N.Doan 等[⑥]运用随机引力模型来估算越南与主要贸易伙伴的出口效率水平。出口效率定义为实际出口与最大可能量的比率。此外，该研究调查了自由贸易协定和原产地规则对出口效率的影响，重点是越南在 1995—2013 年期间向主要贸易伙伴的出口。实证结果表明，越南的实际出口量远远低于估计的有效水平，并且越南的出口有相当大的增长空间。东盟成员国对该国的贸易效率做出了积极贡献。这些调查结果意味着越南应该与贸易伙伴签订更多的自由贸易协定，并在自由贸易协定谈判中采用宽松的原产地规则；吸引出口导向型外国直接投资和改善出口组合可以大大提高该国的贸易效率。Sung Hee Lee 等[⑦]通过分析跨国公司将其产品出口到多个国家，并在存在多个自由贸易协定的情况下，由于自由贸易协定中的原产地规则要求不仅涉及供应来源，还涉及供应国的环境法规，因此可能涉及根据不同的环境标准调整生产设施和供应商，并由此选择遵守高于原产地规则要求的水平，或者选择不享受新自由贸易协定免税的生产决策。

---

① Bombarda P，Gamberoni E.，2013：“Firm heterogeneity，rules of origin，and rules of cumulation*”，*International Economic Review*，54（1）：307－328.

②〔意〕斯特凡诺·伊那马：《国际贸易中的原产地规则》，海关总署关税征管司译，北京，中国海关出版社，2012 年。

③ Mizuno，Takauchi，2018：“Rules of origin and uncertain compliance cost”，*Asia-Pacific Journal of Accounting & Economics*，25（5）.

④ Deardorff，2018：“Rue the ROOs：Rules of origin and the gains（or losses）from trade agreements”，*The International Trade Journal*，32（5）.

⑤ Blyde，Faggioni，2018：“International supply chains and trade agreements”，*Applied Economics Letters*，25（17）.

⑥ Thang N.Doan，Yuqing Xing，2018：“Trade efficiency，free trade agreements and rules of origin”，*Journal of Asian Economics*，55.

⑦ Sung Hee Lee，Kun Soo Park，Yong Won Seo，2016：“ Multinational Firm's Production Decisions under Overlapping Free Trade Agreements：Rule of Origin Requirements and Environmental Regulation”，*Sustainability*，9（1）.

二、国内原产地规则相关文献回顾

国内学者对原产地规则的研究始于沙地[①]，主要介绍了普惠制原产地规则；张干夫[②]则指出，由于原产地是决定货物关税待遇的重要依据，而国际上又没有统一的原产地标准，因此应重视原产地规则的研究。1994 年北美自由贸易协议（NAFTA）正式生效，国内出现了相关自贸区原产地规则的研究。郭燕[③]探讨了 NAFTA 原产地规则，袁波和金波[④]在研究了中国—东盟自贸区（ACFTA）原产地规则后，发现原产地标准太简单会导致区外的国家更容易避开原产地规则，从而享受自贸区内部的关税优惠政策。

几乎所有的优惠原产地规则对比的文献都涉及对三种实质性改变标准的对比分析、优劣势比较。刘丽娟和徐进亮[⑤]详细探讨了世界主要地区经贸集团如何通过灵活制订原产地规则，达到吸引外资和引进高科技的目的。钟立国[⑥]对比分析了有关自贸区原产地规则的优缺点、主要功能和对贸易及投资的负面效应，由此建议协调各自贸区原产地规则，但没有针对 ACFTA 原产地规则提出相应的修订和完善建议。厉力、刘平和郑冬阳[⑦]介绍了中国所涉 11 个自贸区原产地规则，但并未指出其缺陷与不足。罗先云[⑧]比较研究了美国、日本、中国原产地法律制度的异同，并介绍了欧盟和北美自由贸易区的立法概况，其中提及日本海产品的原产地水域标示要求。

在 ACFTA 原产地规则的缺陷方面，陈琼[⑨]指出主要采用区域价值成分标准，虽具有精确、降低区外国家“免费搭乘”的优点，但该标准也存在很大问题，即：币值和价格的波动会影响计算结果；歧视劳动成本较低的国家。金红梅和赵相忠[⑩]指出 ACFTA 原产地规则的不足之处是：原产地标准偏低，原产地规则不具体，难于操作；简单使用了较为宽松的区域价值成分标准；未提及微小含量等。孟祥锋和刘月芬[11]运用局部均衡法研究

① 沙地：《略谈“普遍优惠制”的产地证明书和原产地规则》，《国际贸易问题》1979 年第 4 期，第 35～40+44 页。

② 张干夫：《国际贸易商品的原产地及原产地规则》，《国际贸易》1987 年第 5 期，第 16～19+1 页。

③ 郭燕：《北美自由贸易协定中的原产地规则》，《国际贸易》1994 年第 11 期，第 15～16 页。

④ 袁波，金波：《“10+6”与“10+3”，孰难孰易——基于东盟 5 个“10+1”FTA 的比较分析》，《国际贸易》2010 年第 12 期，第 41～47 页。

⑤ 刘丽娟，徐进亮：《原产地规则：产生、运用及改革》，北京，中国经济出版社，1998 年。

⑥ 钟立国：《区域贸易协定原产地规则：标准，功能及其协调》，《世界贸易组织动态与研究》2008 年第 2 期，第 34～40+33 页。

⑦ 厉力，刘平，郑冬阳：《原产地规则研究：原理与实践》，北京，法律出版社，2011 年。

⑧ 罗先云：《原产地规则的法律问题研究》，北京，中国政法大学出版社，2014 年。

⑨ 陈琼：《自由贸易区的原产地规则研究——浅议中国—东盟自由贸易区》，《黑龙江对外经贸》2006 年第 9 期，第 4～6 页。

⑩ 金红梅，赵相忠：《CAFTA 原产地规则存在的问题与对策研究》，《特区经济》2007 年第 7 期，第 208～209 页。

⑪ 孟祥锋，刘月芬：《原产地规则在自由贸易区的实践与理论研究——对完善中国—东盟自由贸易区原产地规则的启示》，《经济论坛》2005 年第 20 期，第 35～38 页。

原产地规则在自贸区的作用，得出了原产地规则的存在保护了自贸区利益，并建议ACFTA应借鉴NAFTA原产地规则的做法，对不同产业实行有梯度的原产地规则，以便达到引进高科技、扩大内需、增加就业等目的。孙莉[①]则认为应由区域价值成分标准逐步向税则归类改变标准过渡，并从理论上提出了建立原产地标准动态调整机制的建议。罗亚萍和陈洁[②]建议改变整齐划一的原产地标准，对不同产业应制订差别化的、宽严适度的原产地标准。

孟国碧[③]较为详细地介绍了优惠性原产地规则中的单边累积、双边累积、对角累积、地区累积和完全累积等五种累积原产地规则，并介绍了累积规则的双重作用及其存废之争，但并未指出累积原产地规则的适用前提和反规避对策，未提及ACFTA累积原产地规则在实践中所可能产生的严重问题。赵军华[④]指出ACFTA采用了狭义的区内累积规则，而没有采用不同自贸区之间的广义累积规则。

吕建兴等[⑤]基于2002—2015年产品层面数据，利用PPML估计技术实证分析了中国自贸区（FTA）中原产地规则例外安排对农产品进口的影响。研究表明，利用特定原产地规则对敏感产品进行保护同样能达到如同关税一样的保护效果，而且在贸易谈判中更易获得，是中国FTA战略应该关注的重点。李海莲等[⑥]研究了原产地规则视角下的中国—韩国自由贸易协定建构的利益博弈，基于中国—韩国FTA原产地规则的制度特征，运用有序Probit模型对原产地规则制度选择的影响因素进行实证检验，深入分析中国—韩国FTA制度建构的利益关切与角力，论证对中韩双方可能产生的贸易影响，发现相比韩国对中国—韩国FTA的审慎态度，中国秉持开放理念，更期望以贸易创造和域内贸易转移效应促进区域经济发展，而韩国更倾向以贸易保护来维护其现有贸易格局。从而得出中国的FTA战略目标要综合考量地缘政治与经济目标，从而在全球经济发展中获得应有之利益的结论。秦磊等[⑦]以中国磨憨—老挝磨丁跨境经济合作区为例研究了跨境经济合作区利用原产地规则承接东部加工制造业转移的可能性，并认为老挝是全球最不发达国家

---

① 孙莉：《中国—东盟自由贸易区原产地标准及其完善研究》，《河海大学学报（哲学社会科学版）》2005年第2期，第9～12+92页。

② 罗亚萍，陈洁：《原产地规则在中国—东盟自由贸易区中的适用》，《湖南科技学院学报》2011年第32卷第5期，第114～117页。

③ 孟国碧：《论优惠性货物原产地规则的全球运用及其对中国的借鉴》，《国际经济法学刊》2009年第16卷第2期，第224～249页。

④ 赵军华：《中国自由贸易区原产地规则谈判的进展与思考》，《世界农业》2012年第1期，第33～36页。

⑤ 吕建兴，曾寅初：《中国FTA中原产地规则例外安排对农产品进口的影响》，《国际贸易问题》2018年第11期，第132～144页。

⑥ 李海莲，邢丽：《原产地规则视角下中国—韩国自由贸易协定建构的利益博弈》，《国际经贸探索》2018年第11期，第89～101页。

⑦ 秦磊，熊彬：《跨合区利用原产地规则承接东部加工制造业转移研究——以中国磨憨—老挝磨丁经合区为例》，《学术探索》2018年第6期，第40～46页。

之一，跨境经合区的加工制造业可使用老挝相关原产地规则，规避反倾销和享受多个国家给予的优惠待遇。识别并引入东部地区遭遇反倾销并具有转移趋势的加工制造业，分析经合区产业承接的约束条件和相应策略，是充分利用经合区政策优势和区位优势，推动经合区建设、发挥区域辐射作用的关键。夏范社等[①]认为原产地规则对未来产业布局、价值链与价值区域影响重大。不同贸易协定标准的原产地规则情境下，以会计视角切入的“预留通道”，可实现灵活的制度嵌套与路径探索。

三、国外海洋法及其维护海洋权益方面的文献回顾

国外有关海洋法方面的著述较多，例如 Michael W.Lodge [②]对《联合国海洋法公约》有关第 82 条所涉及的沿海国有义务缴付与开发有关的“费用或实物”的规定，以及在实践中的问题与改革进行了论述。K.L Cochrane[③]对海洋保护区（Marine Protected Areas，简称 MPAs）的经验教训进行了总结，并指出截至 2001 年菲律宾已经设立了 400 多个海洋保护区。Tullio trevs[④]列有对现有的海洋环境保护区域性公约的调查。Jonas Ebbesson[⑤]对《波罗的海公约》有关海洋环境保护的条款和运作机制进行了分析。迈克尔 • W.等[⑥]介绍了澳大利亚大陆架采矿的权利法规。黄硕琳等[⑦]从短期和长期目标探讨了南中国海的渔业共同管理，短期目标是从双边合作入手，适时实现多边合作；长期目标是达成地区渔业合作协定并建立相应的地区渔业管理组织。

四、国内海洋法及其维护海洋权益方面的文献回顾

高健军[⑧]以《海洋法公约》为线索，系统研究和总结了中国在海洋法领域内的实践，包括中国海洋法历史发展，中国在内水、领海、毗连区、专属经济区和大陆架的主要法律制度，以及海洋环境保护法等。其书中对于中国面临的主要海洋权益争端，如军舰无害通过领海的问题，黄海、东海和南海的大陆架、专属经济区划界的问题也做了探讨。

---

① 夏范社，冯巧根：《原产地规则对我国自贸区的影响与会计对策研究》，《华东经济管理》2018 年第 6 期，第 51～58 页。

②〔美〕Michael W.Lodge：《国际海底管理局》，李蕊译，《弗吉尼亚大学海洋法论文三十年精选集》傅崐成，厦门，厦门大学出版社，2010 年。

③〔美〕K.L Cochrane：《作为管理手段的海洋保护区：工具或是玩具》，张相君译，《弗吉尼亚大学海洋法论文三十年精选集》，傅崐成，厦门，厦门大学出版社，2010 年。

④〔美〕Tullio trevs：《海洋环境保护的区域性方法》，谢美荣译，《弗吉尼亚大学海洋法论文三十年精选集》，傅崐成，厦门，厦门大学出版社，2010 年。

⑤〔美〕Jonas Ebbesson：《波罗的海地区海洋环境保护》，谢美荣译，《弗吉尼亚大学海洋法论文三十年精选集》，傅崐成，厦门，厦门大学出版社，2010 年。

⑥〔澳〕迈克尔 • W.等：《西澳矿业法》，北京，法律出版社，2018 年。

⑦ 黄硕琳，郭文路，Zhu Zhuanhua：《南中国海渔业资源的区域化共同管理》，林婉玲译，《弗吉尼亚大学海洋法论文三十年精选集》，傅崐成，厦门，厦门大学出版社，2010 年。

⑧ 高健军：《中国与国际海洋法：纪念〈联合国海洋法公约〉生效 10 周年》，北京，海洋出版社，2004 年。

张海文[1]较为详细地解释了《联合国海洋法公约》相关主要条款。薛桂芳[2]讨论了我国批准《联合国海洋法公约》的利弊权衡。江家栋等[3]将我国的海洋法律与政策同《联合国海洋法公约》以及美国、日本等海洋强国和俄罗斯、韩国等海洋邻国的海洋法律与政策，尤其是在海洋权益维护和领海、毗连区、专属经济区、大陆架制度方面进行了比较分析。蒋满元[4]虽然主要介绍广西矿业权管理工作现状及其发展趋势、广西矿业权规范化管理的对策思路等内容，但是书中略微提及了 1994 年《澳大利亚海上矿产法》及 1953 年美国《外大陆架土地法》。张海文[5]等根据联合国网站公布的亚洲和大洋洲国家依据《联合国海洋法公约》有关规定向联合国秘书处交存的法律文件，结合我国海洋法研究的最新研究和翻译成果，汇编了世界各国海洋立法。中国大洋协会办公室[6]将国际海底“区域”内多金属结核探矿和勘探规章、“区域”内多金属硫化物探矿和勘探规章、“区域”内富钴铁锰结壳探矿和勘探规章、国际海底管理局法律技术委员会相关指南等汇编成册。

张小勇[7]以《生物多样性公约》及其《名古屋议定书》和《粮食和农业植物遗传资源国际条约》作为研究对象，解释并评析它们所确立的主要制度和规则，总结和归纳它们在实施过程中所取得的相关进展。罗婷婷等[8]指出目前并没有专门针对公海保护区的全球性和地区性国际条约，目前关于公海保护区的国家实践历史并不长，尚处于发展阶段，我国尚无专门涉及公海保护区的立法。马英杰等[9]对我国建立起的包括《中华人民共和国海洋环境保护法》《海洋石油勘探开发环境保护管理条例》《海洋自然保护区管理办法》《中华人民共和国海岛保护法》《无居民海岛保护与利用管理规定》等在内的一系列海洋环境保护的法律法规进行了解读。

刘惠荣等[10]主要研究了南极及其生物多样性与遗传资源、南极生物遗传资源的利用与保护、联合国相关文件和会议进程的指导、海洋法公约的相关海洋制度在南极的适用并初步介绍了有关南极的国际条约，例如《南极条约体系》《南极海洋生物资源保护公约》《南极矿产资源活动管理公约》《南极海洋生物资源养护公约》等。颜其德等[11]进行了南极

① 张海文：《〈联合国海洋法公约〉释义集》，北京，海洋出版社，2006 年。

② 薛桂芳：《〈联合国海洋法公约〉与国家实践》，北京，海洋出版社，2011 年。

③ 江家栋，曹海宁，阮智刚：《中外海洋法律与政策比较研究》，北京，中国人民公安大学出版社，2014 年。

④ 蒋满元：《矿业权规范化管理问题研究》，长沙，中南大学出版社，2017 年。

⑤ 张海文，李红云：《世界各国海洋立法汇编：亚洲和大洋洲国家卷》，北京，法律出版社，2012 年。

⑥ 中国大洋协会办公室：《国际海底区域资源探矿和勘探规章》，北京，海洋出版社，2015 年。

⑦ 张小勇：《遗传资源国际法问题研究》，北京，知识产权出版社，2017 年。

⑧ 罗婷婷，万芳芳，范晓婷：《论公海保护区国际法律制度的现状及发展趋势》，高之国，贾宇：《海洋法前沿问题研究》，北京，中国民主法治出版社，2014 年。

⑨ 马英杰，何伟宏：《中国海洋环境保护法概论》，北京，科学出版社，2019 年。

⑩ 刘惠荣，刘秀：《南极生物遗传资源利用与保护的国际法研究》，北京，中国政法大学出版社，2013 年。

⑪ 颜其德，朱建钢：《南极洲领土主权与资源权属问题研究》，上海，上海科学技术出版社，2009 年。

洲领土主权与资源权属问题研究、南极条约体系和我国对南极资源纷争的对策探讨等。华薇娜等[①]汇总了28个南极条约协商国家南极活动能力的统计数据，反映了各国在南极活动方面的差别。邹克渊[②]介绍并探讨了南极的矿物资源制度。刘惠荣等[③]阐述了北极争端及其对海洋法提出的挑战，分析了北极法律秩序走向，并提出了中国的选择和中国在北极的权益空间。

赵亚娟[④]就联合国教科文组织（UNESCO）《保护水下文化遗产公约》的具体条文进行分析，详细介绍公约的内容，并由此澄清该公约与1982年《联合国海洋法公约》的关系；并从我国实践出发，对比分析了《保护水下文化遗产公约》和我国现行相关立法。傅崐成等[⑤]解析了2001年联合国教科文组织《保护水下文化遗产公约》的主要条款以及与《联合国海洋法公约》的关系等。

中国海事局[⑥]对船旗国责任与义务以及国际海事组织公约与船旗国履约等进行了概述。《国际渔业条约和文件选编》[⑦]选录了18份中英文对照的国际渔业条约和重要的国际渔业管理文件，包括《执行1982年12月10日〈联合国海洋法公约〉有关养护和管理跨界鱼类种群和高度洄游鱼类种群的规定的协定》《负责任渔业行为守则》《联合国粮农组织有关渔业管理的国际行动计划》等8份全球性渔业条约和文件，以及10份区域性和单鱼种国际渔业条约。《渔业法学通论》[⑧]在阐明《联合国海洋法公约》构建的现代国际海洋渔业法律框架的基础上，较为全面地论述了联合国和联合国粮食及农业组织有关有效执行《联合国海洋法公约》有关渔业的规定，尤其是《关于预防、制止和消除非法、不报告和无管制捕捞的国际行动计划》《港口国措施协定》，并较为系统地论述中国渔业法的基本原则和基本制度及实施的各项具体原则、规则、制度和标准的背景和要义，以及适用和解释中可能出现的理论和实践问题，其中提出极地渔业和海洋遗传资源开发属于现代渔业发展新领域。戴瑛等[⑨]阐述了渔业法和渔业养殖制度、渔业捕捞制度、渔业资源的养护与管理、渔业水域环境保护与管理等内容，尤其是介绍了渔业资源保护区、水产种质资源保护区、海洋自然保护区、《中华人民共和国管辖海域外国人、外国船舶渔业活动管理暂行规定》《专属经济区渔政巡航管理规定》。

---

① 华薇娜，张侠：《南极条约协商国南极活动能力调研统计报告》，北京，海洋出版社，2012年。

② 邹克渊：《南极矿物资源与国际法》，北京，北京大学出版社，1997年。

③ 刘惠荣，董跃：《海洋法视角下的北极法律问题研究》，北京，中国政法大学出版社，2012年。

④ 赵亚娟：《联合国教科文组织〈保护水下文化遗产公约〉研究》，厦门，厦门大学出版社，2007年。

⑤ 傅崐成，宋玉祥：《水下文化遗产的国际法保护——2001年联合国教科文组织〈保护水下文化遗产公约〉解析》，北京，法律出版社，2006年。

⑥ 中华人民共和国海事局：《船旗国履约》，大连，大连海事大学出版社，2017年。

⑦《国际渔业条约和文件选编》编写委员会：《国际渔业条约和文件选编》，北京，海洋出版社，2015年。

⑧ 华敬炘：《渔业法学通论》，青岛，中国海洋大学出版社，2017年。

⑨ 戴瑛，裴兆斌：《渔业法新论》，南京，东南大学出版社，2017年。

苟海波等[①]介绍了《斯匹茨卑尔根群岛条约》的主要规定和实施现状，并就相关争论进行了介绍。邹克渊[②]指出中国、日本和韩国搁置了在专属经济区划界方面达成双边协定的努力，就渔业临时机制在双边基础上采纳了三份不同的协定。因此，最理想的是三国政府达成一个三方协定来解决重叠区域的渔业问题，以促进合作，更好地养护和管理东中国海北部的渔业资源。冯学智[③]主要介绍了中日东海大陆架划界争端及中日双方的各自主张、日本侵占钓鱼岛的过程、钓鱼岛争端复杂化的原因，及中国政府维护钓鱼岛主权的斗争、南海争端、中菲黄岩岛争端及中越北部湾划界争端，并初步探讨了中国解决海洋权益争端的一些应对措施。《国际海域划界条约集》[④]收集了有关国家管辖海域的国际文件、国际法院关于划界的几个判决书、海域划界的国际仲裁文件和世界各国海域划界方面的条约100多个，其中提到1969年国际法院在北海大陆架案判决中正式提出了共同开发的思想，即："对于适用划界原则所产生的重叠区域，除按照协议的比例在各方之间分割或者在协议不成时由各方平分以外，有关国家可以对重叠区或其中任何部分实行共同管辖、使用或开发制度。"

郭冉[⑤]指出完善共同开发政策是解决南沙之争的必由之路，因为：共同开发以资源共享取代利益争夺，既不影响有关国家的权利主张，又能使双方获得最大经济利益。因此，海上划界是目标，而共同开发是过渡手段，为以后的划界奠定基础。李优坤[⑥]主要从中国走和平发展道路的大背景出发，论述南海问题复杂化的原因。解读中国在走和平发展道路的同时，却必须兼顾南海维权时必须面对的诸多现实困难；讨论中国在继续坚持和平发展道路的背景下，如何更好地维护国家的主权和利益。李建勋[⑦]研究了南海各方为应对在海洋生态环境保护、海洋科学研究、海上搜救、水下文化遗产保护和海洋旅游资源开发等低敏感领域所共同面临的共同威胁，实现区域国家之间的共同发展与共同繁荣，经过协商而创建的一系列具有法律约束力或虽不具有法律约束力但具有法律效果的原则、规范、规则和决策程序；其中第六章梳理了南海渔业资源和油气资源的共同开发法律机制。杨泽伟[⑧]对海上共同开发的相关靠前法原理及已有的海上共同开发的靠前案例进行了研究，对海上共同开发的基础理论、先存权问题、既有石油合同的问题、争端解决、开

① 苟海波，李虎：《斯匹茨卑尔根群岛条约》，高之国，张海文，贾宇：《国际海洋法问题研究》，北京，海洋出版社，2006年。

② 邹克渊：《中日在东中国海的联合渔业管理》，《海洋政策》2003年第27期。

③ 冯学智：《中国海洋权益争端的国际法分析》，北京，中国政法大学出版社，2013年。

④ 国家海洋局政策研究室编：《国际海域划界条约集》，北京，海洋出版社，1989年。

⑤ 郭冉：《中越南沙油气招标的合法性之争及中国的对策》，高之国，贾宇：《海洋法前沿问题研究》，北京，中国民主法治出版社，2014年。

⑥ 李优坤：《和平发展道路视角下中国海洋权益保护研究》，海口，南方出版社，2017年。

⑦ 李建勋：《南海低敏感领域区域合作法律机制研究》，南昌，江西人民出版社，2017年。

⑧ 杨泽伟：《海上共同开发国际法理论与实践研究》，武汉，武汉大学出版社，2017年。

发管理模式、单方面行动、极地的开发等都进行了分析，并对中国的相关实践与路径提出了建议。蔡鹏鸿[①]对共同开发区勘探开发的方式选择及其共同开发的案例进行了剖析，并提出了争议区开发目前的几种模式：（1）超国家管理模式，例如泰国与马来西亚共同开发方案；（2）双方政府共同管理模式，例如澳大利亚印度尼西亚共同开发案；（3）代理制模式，例如 1965 年卡塔尔阿布扎比协定和 1958 年沙特阿拉伯巴林协定；（4）合资机构共同经营模式，例如 1974 年日本韩国共同开发东海大陆架协定。唐建业等[②]分析了《中日渔业协定》实施期间的 2002—2010 年我国渔船允许进入暂定措施水域作业的情况与现存问题。郭文路等[③]就中日韩三国在东海的渔业资源区域合作管理与共同养护提出了构想。

五、国内外研究现状述评

综上所述，国内外已有一定程度的自贸区原产地规则研究，西方学者对原产地规则的经济效应分析较多，而中国国内的研究主要集中于法学理论和贸易政策。对于 ACFTA 原产地规则，西方学者研究较少，中国学者从宏观立法和纯学术角度指出了 ACFTA 原产地规则的不足。但这些已有研究均没有深入剖析 ACFTA 原产地规则实践中遇到的问题，也没有站在中国企业的角度提出具体对策措施。

在对包括《联合国海洋法公约》在内的国际海洋法方面，国外研究已经比较丰富，而我国学者在维护国家权益领域的研究已经开始起步。但是，目前国内外还没有从自贸区原产地规则方面来维护我国海洋权益的研究。例如，**通过查询知网，截至 2022 年 10 月 9 日，以“原产地规则+海洋权益维护”为篇名和关键词的文献为 0 篇。因此，本专著对弥补我国该领域的研究空白具有重要意义。**

第三节　研究思路与研究方法

一、本专著的研究思路

本专著从分析“完善原产地规则，维护我国海洋权益”的研究背景和意义出发，以包括《联合国海洋法公约》在内的国际海洋法和我国相关法规为依据，主要分析和探讨下述问题并提出十二个具体方面的独创性重要观点和可操作性对策建议，其中包括：归

① 蔡鹏鸿：《争议海域共同开发的管理模式：比较研究》，上海，上海社会科学院出版社，1998 年。

② 唐建业，黄硕琳：《〈中日渔业协定〉的回顾与分析》，高之国，贾宇：《海洋法前沿问题研究》，北京，中国民主法治出版社，2014 年。

③ 郭文路，黄硕琳：《东海区渔业资源的区域合作管理与共同养护研究》，高之国，张海文，贾宇：《国际海洋法的理论与实践》，北京，海洋出版社，2006 年。

纳并总结完全原产的若干判定原则；“维护”我国海洋权益背景下的中国所涉自贸区原产地规则的构建；“扩大”我国海洋权益背景下的中国所涉自贸区原产地规则的构建；中国所涉自贸区原产地规则的缺陷与完善建议；中国所涉自贸区原产地规则与企业对策研究；中国所涉自贸区成员参加的其他自贸区原产地规则与企业对策研究等。

具体研究思路如图 1－1 所示：

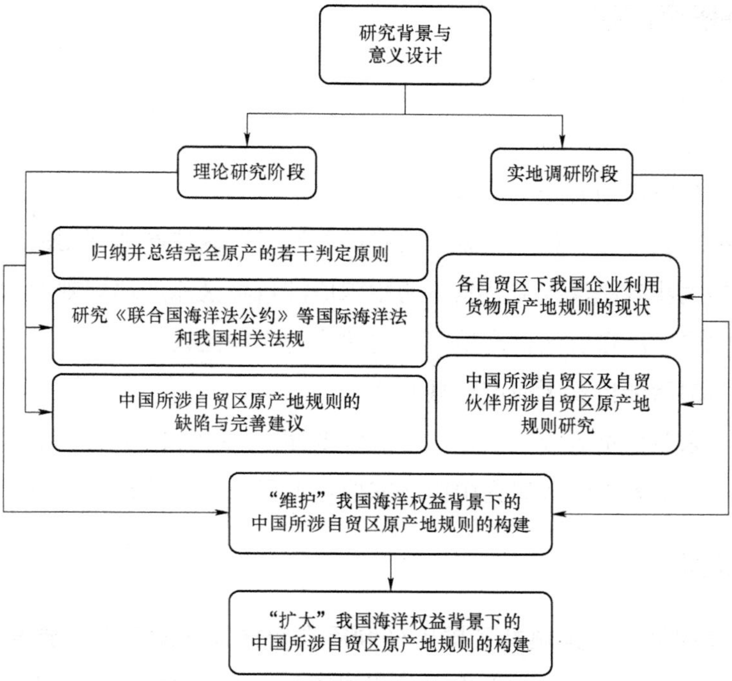

图 1－1　专著研究思路示意图

二、本专著的研究方法

1. 文献梳理与理论研究相结合。本专著在查阅大量国际海洋法文献和我国相关法规的基础上对相关文献进行了梳理，对当前中国所涉自贸区原产地规则进行总结并进行横向和纵向比较，认真分析研究当前已有的理论成果，从而能够提出一系列的独创性重要观点和可操作性的对策建议。

2. 多学科综合研究法。维护我国海洋权益背景下的中国所涉自贸区原产地规则与企业对策的研究涉及多个学科，因此需要综合运用海洋法、政治学、外交学、国际贸易学、世贸组织、自由贸易区和区域经济一体化等诸多学科的综合方法进行研究分析，从而能够为创新性研究奠定坚实基础。

3. 调查研究与统计分析相结合。通过对不同自贸区下企业对现有原产地规则的运用现状，探索企业对原产地规则利用率不高的原因和利用中所面临的问题，为我国企业提出相关对策。

第四节　主要研究内容和创新之处

一、主要研究内容

本专著分为六章：

第一章　绪论。

第二章　完全原产的若干判定原则。

第三章　维护我国海洋权益背景下的中国所涉自贸区原产地规则的构建。

第四章　扩大我国海洋权益背景下的中国所涉自贸区原产地规则的构建。

第五章　中国所涉自贸区原产地规则的缺陷与完善建议。

第六章　中国所涉自贸区原产地规则研究。

鉴于中国—东盟自贸区成员国多达 11 个，同时涉及我国南海主权问题，具有典型研究意义。因此，本专著将深入研究中国—东盟自贸区及其相关自贸区原产地规则。

二、创新之处

本专著研究的最终成果填补了国内外利用自贸区原产地规则来维护国家海洋权益领域的研究空白，并在十二大方面作出重要创新和贡献。这些重要观点和对策建议大都可以直接应用到修改和完善我国现行相关原产地规则的立法中，并可据以有针对性地在我国将来签署的自贸区协定中争取加入对我国有利的原产地规则条款。

本专著研究的最终成果在十二大方面作出如下重要创新和贡献：

第一大创新和贡献：本专著最终研究成果在国内外首次将维护国家海洋权益与原产地规则相结合，并由此提出了一系列独创性观点和对策建议。

随着我国经济实力和国际地位的逐步提升，我国要逐渐从国际规则的被动“接受者”向积极的“制定者”转变。罗马法的一句格言就是：“谁有立法权，谁就有权解释法律。”

尽快制定并完善我国在争议海域的原产地规则和中国地理名称的原产地标识，并将在我国专属经济区和大陆架内捕捞/开采的海产品/矿产品的原产地判定为中国，有利于宣示和行使我国对相关海域的主权和海洋权益。

另外，相对于岛屿归属、海洋划界等敏感的主权纠纷而言，渔业捕捞、海洋环境保护、水下文化遗产保护等领域均属于低敏感问题，其纠纷具有低敏感性、常态性、利益多元化、个体差异性等特点。因此，通常被视为经济领域的原产地规则，尤其是自贸区原产地规则，可以在这些低敏感问题领域发挥重要作用，而原产地规则在维护渔业权益、矿业权益及其他海洋权益方面的作用却一直为学术界和政府部门所忽略。

第二大创新和贡献：本专著最终研究成果为“维护”我国海洋权益来制定非优惠性和自贸区优惠性原产地规则提供了一系列独创性重要观点和对策建议。

现行的“产销国”国别贸易统计标准要求原产地必须判定为某一国家或者单独关税区，但是“产销国”国别贸易统计中出口贸易伙伴所采用的是非优惠性原产地规则判定的原产国，而不是采用自贸区优惠性原产地规则。因此，与非优惠性原产地规则相比，自贸区原产地规则可以将原产地判定为自贸区甚至是自贸区内部的某一地理来源，而不必然是一个国家。因此，与非优惠性原产地规则相比，可以更灵活地制订自贸区优惠性原产地规则，来切实维护我国海洋权益。也就是说，自贸区优惠性原产地规则在维护我国海洋权益方面原本可以发挥很大的作用。

WTO 允许自贸区的优惠待遇不通过最惠国待遇扩展到非自贸区成员，因此可以在我国加入的自贸区原产地规则中将专属经济区和大陆架内捕捞/开采的海产品/矿产品的原产品判定为沿海国，这些规定非自贸区成员并不能通过最惠国待遇得以援引和适用，也不构成与中国现行的非优惠性原产地规则相冲突。而且我国可以争取在所加入的不同自贸区原产地规则中就海产品/海底矿产品的原产地标准做出不同规定，以最大限度维护我国海洋权益。例如，我国可以在与我国没有任何海洋权益纠纷的中国—冰岛自贸区原产地规则中仍然规定将在国外专属经济区/大陆架内捕捞/开采的海产品/矿产品的原产地以船籍国/开采国为准，这样就可以将中国国籍的渔船/中国企业在国外专属经济区/大陆架内捕捞/开采的海产品/鱼产品的原产地在中国—冰岛自贸区下确定为中国，从而将尽可能多的中国国籍的渔船/中国企业在国外专属经济区/大陆架捕捞/开采的海产品/矿产品以优惠待遇出口到冰岛。

需要指出的是，虽然 WTO《原产地规则协定》早已启动了非优惠性原产地规则协调工作，但是截至目前 WTO 仍未实施一致的非优惠性原产地标准。

第三大创新和贡献：本专著研究为“扩大”我国海洋权益来制定非优惠性和自贸区优惠性原产地规则提供了一系列独创性的重要观点和对策建议。

2019 年 4 月 9 日，第二十一次中国—欧盟领导人会晤联合声明中指出：“双方还重申致力于有效落实海洋领域蓝色伙伴关系，包括合作促进可持续渔业发展以及打击非法、不报告和无管制的捕鱼，就包括通过设立南极海洋保护区在内的南极海洋生物资源的养护和可持续利用问题保持交流。”①

1982年12月6日至10日，包括中国在内的117个国家和两个实体签署了《联合国海洋法公约》，该公约自1994年11月16日生效。《联合国海洋法公约》总体对我国是有利的：专属经济区制度的确立有利于维护我国海洋权益和扩大我国海洋管辖权；国际海底区域制度的确立有利于维护我国作为先驱投资者所取得的实际地位和长远利益。②为此，中国给予了《联合国海洋法公约》高度评价，认为该公约是“当代国际社会关于海洋权益和海洋秩序的基本文件，为海洋建立了一种法律秩序，有利于海洋的和平用途、海洋资源的公平而有效的利用，有助于实现公正公平的国际经济秩序”。③

就此，笔者提出了依据不同目的，除了传统的现行注明原产国的原产地证书以外，还可以将原产地证书的原产地地域标识种类扩展为十六种，例如可以创设我国中华鲟的“鱼源国”原产地证书，以加强保护我国作为溯河产卵种群“鱼源国”的相关鱼种资源；提出了我国在海洋基因资源等最新发展领域及时制定原产地标准的对策措施，以维护和扩大我国整体上属于遗传资源来源地大国的利益；在公海等大洋深处进行人工养殖海产品是一项新型的海洋产业创新，挪威、英国和美国已经在公海进行了三文鱼的人工养殖，为此作者提出了弥补我国对公海人工养殖海产品原产地判定标准空白的对策措施，以扩大我国的海洋权益；提出了我国弥补大陆架上定居种生物的原产地标准立法空白的对策措施；提出了我国及早弥补对相关海域上空和太空中获取的飞禽和物品原产地标准立法空白的对策措施，等等。

另外，本专著还就我国在世界上第一个“搁置争议，共同开发”的成功范例挪威斯匹茨卑尔根群岛、领海和南极等相关区域捕捞/开采的海产品/矿产品的原产地提出了创新性的判定标准，从而为“依法”扩大我国海洋权益提出了对策建议。

第四大创新和贡献：本专著研究为在争议海域贯彻“搁置争议，共同开发”方针来制定相关自贸区原产地规则提供了一系列独创性的重要观点和对策建议。

为维护新的国际海洋法律制度和国家海洋权益，全国人大常委会于1996年5月批准了《联合国海洋法公约》，并郑重声明：按照《联合国海洋法公约》的规定，中华人民共和国享有200海里专属经济区和大陆架的主权权利和管辖权；中国将与海岸相向或相邻的国家，通过协商，在国际法基础上，按照公平原则划定各自海洋管辖权界限；中国对《中华人民共和国领海及毗连区法》所列各群岛及岛屿拥有主权。对于中国同邻国在海洋

① 新华网，《第二十一次中国－欧盟领导人会晤联合声明（全文）》（2019年4月9日），http://www.xinhuanet.com/politics/leaders/2019－04/09/c_1124345605.htm，2022年10月9日访问。

② 慕亚平，郑艳：《〈海洋法公约〉生效后的新形势和我国面临的问题与挑战》，《法学评论》1999年第3期，第53～60页。

③ 中国政府代表高风在《联合国海洋法公约》缔约国大会上的发言（1997年11月26日）。见：吴士存：《南海问题汇编》，海南，海南出版社，2001年。

事务方面存在的争议问题，中国政府着眼于和平与发展的大局，主张通过友好协商解决，一时解决不了的，可以搁置争议，加强合作，共同开发。[①]

由于通常原产地被大多数人认为仅仅是经济问题，而与政治问题无关，而且与非优惠性原产地规则不同，由于享受自贸区优惠待遇的前提是产品取得“自贸区原产地”资格，这就为将有关争议海域相关产品的原产地判定为自贸区，而不是将其原产地判定为某一个所涉的争议国家提供了可能性，这就可以避免过多牵涉政治问题，从而为“搁置争议，共同开发”创造更多便利条件。同时，原产地名称及其原产地标记等也是我国可以选择的通过多种方式宣示主权的一个有力方式。

第五大创新和贡献：本专著研究还为在海洋生物基因资源领域制定维护我国海洋权益的相关自贸区原产地规则提供了独创性重要观点和对策建议。

海洋生物遗传物质（包括深海基因资源）的原产地标准在目前我国非优惠性和自贸区优惠性原产地规则中均属于立法空白。导致上述立法空白的部分原因是《联合国海洋法公约》在制定时尚未认识到海洋生物遗传物质。因此，原产地的判定对象应该超前性地由货物扩展到对服务、技术（知识产权）和所采集的生物遗传物质。另外，笔者还建议，应该相应地将包括“中华人民共和国进出口货物原产地规则”和自贸区协议中的“货物原产地规则”这一名称修改为“产品原产地规则”。因为“产品”一词包括货物、服务、技术（知识产权）和生物遗传物质等。

第六大创新和贡献：本专著研究还为在公海人工养殖这一新兴领域制定维护我国海洋权益的相关自贸区原产地规则提供了独创性的重要观点和对策建议。

第七大创新和贡献：本专著研究通过创设十六种新种类原产地证书来为制定维护和扩大我国海洋权益的非优惠性和自贸区优惠性原产地规则提供了若干独创性重要观点和对策建议。

第八大创新和贡献：本专著研究通过构建“海峡两岸暨香港、澳门”的“一个中国”自贸区来制定促进两岸和平统一的自贸区优惠性原产地规则和原产地累积制度提供了若干独创性的重要观点和对策建议。

第九大创新和贡献：本专著研究为将《联合国海洋法公约》这一国际海洋法精神与维护我国海洋权益的原产地规则相结合方面，提供一系列独创性重要观点和对策建议。

第十大创新和贡献：本专著研究在国内外首次发现了包括累积原产地规则、将 FORM E 原产地证书中 HS 编码错误视作非实质差异、产品特定原产地标准适用滞后的 HS 版本等在内的中国—东盟自贸区等自贸区原产地规则的诸多缺陷，从而为进一步完善我国相关自贸区原产地规则和我国企业最大程度利用自贸区优惠提供了可行性建议。

---

① 国务院新闻办公室：《中国海洋事业的发展》（1998 年 5 月），载于 http://www.scio.gov.cn/zfbps/ndhf/1998/Document/307963/307963 htm，2022 年 10 月 9 日访问。

第十一大创新和贡献：本专著研究就国际商会银行委员会现行的《跟单信用证项下审核单据的国际标准银行实务》（ISBP745）和最新信用证案例中与原产地证书密切相关的若干重大变化予以分析和研究，从而为我国原产地签证机构和外贸企业做好应对准备提供了指引和建议。

第十二大创新和贡献：本专著研究首次归纳并总结了完全原产的若干判定原则。

需要指出的是，由于相关基因学知识的高度专业性，因此本专著可能存在生物遗传资源原产地标准建议方面的不全面性，需要今后进一步加强这方面资料的搜集和研究。

第二章

完全原产的若干判定原则

第一节　原产地规则概述

一、原产地的概念

原产地的原意是指来源、由来地。因此货物的原产地是指货物或商品的最初来源，通常是指货物的原产国（地区），亦即根据为适用海关税则、数量限制或有关其他贸易措施而制定的准则所确定的生产或制造货物的一个国家、一个地区或一个国家集团。

二、原产地规则的概念

随着经济全球化和生产国际化的发展，越来越多的产品涉及多个国家或地区参与制作并已成为当今世界生产的潮流。原产地规则已经成为一国或一地区贸易政策的重要组成部分，隐含着巨大的经济利益。

按照 WTO《原产地规则协议》的规定，原产地规则是指任何成员为确定货物的原产地而实行的普遍适用的法律、法规和行政管理决定。据此，原产地规则的核心应该是判定货物的原产地标准。它实际上指出了货物的“经济国籍”，通过对“货物国籍”的认定，施以不同的贸易待遇和措施，如适用关税税率、配额、许可证、货物检验等。因此，原产地规则背后实际上隐含一个相当大的贸易政策含义，对于一国或一地区贸易政策的制定和具体执行、国际投资决策等都有着极为深远的影响。

三、原产地规则的分类

如今国际上原产地规则种类繁多，不同的国家、不同的经济贸易集团都制定有各自的原产地规则。不仅如此，即使一国或一地区，也往往根据不同的目的，制定不同的原产地规则。

按照原产地规则适用的贸易领域可以分为货物原产地规则和服务原产地规则；按货物流向划分，可分为进口原产地规则和出口原产地规则；按照一项原产地规则的实施主体及其所适用客体来划分，可分为国家原产地规则和区域性原产地规则；按照原产地规则的作用不同可以分为优惠和非优惠原产地规则；优惠原产地规则又可以分为单方给惠原产地规则和互惠原产地规则，等等。

WTO《原产地规则协定》对于优惠性原产地规则（preferential rules of origin）和非优惠性原产地规则（non-preferential rules of origin）这两类原产地规则进行了界定。非优惠性原产地规则是指“任何成员为确定货物原产地而实施的普遍适用的法律、法规和行政裁决，只要此类原产地规则与导致给予超出关税及贸易总协定（GATT）1994 第一条第一款适用范围的关税优惠的契约式或自主贸易制度无关”[①]。其适用范围包括：最惠国待遇、反倾销和反补贴税、保障措施、原产地标记要求及任何歧视性数量限制或关税配额、政府采购和贸易统计。优惠性原产地规则是为了确定货物是否有资格享有超出 GATT 1994 第一条第一款的关税优惠[②]，广泛适用于普惠制（Generalized System of Preferences，以下简称 GSP）等单边优惠和自贸区互惠优惠关税的实施。

制定非优惠性原产地规则的主要目的并不是防止出口商规避进口关税，只有优惠性原产地规则才有这种作用和目的。例如自由贸易区的特点是区内各成员之间减免关税，但各成员对外则保持各自独立的关税水平，此时就必须制定优惠性原产地规则，以防止非成员方货物以自贸区内对外关税税率最低的成员为跳板，再转口至区内其他拥有较高对外关税税率的成员方。例如 A、B 两国之间签订了自由贸易区协定，约定彼此之间的关税税率为零，同时两国对外保持独立的关税政策，A 国对某产品的最惠国关税税率为 30%，B 国则为 10%。此时如果没有制定相应的优惠性原产地规则，区外 C 国出口商就极有可能先将该商品出口到 B 国，再以 B 国为跳板零关税转口到 A 国，从而规避 20% 的进口关税。

第二节　完全原产的判定原则

完全原产品是指全部在一指定国家生产的货物。其定义主要是基于 1973 年《京都公约——关于简化和协调海关业务制度的国际公约》附约 D 1（关于原产地规则的附约）中的规定，主要适用于自然产物和完全用该产物制取的货物。[③]

笔者经过归纳总结，发现目前世界范围内对完全原产的判定主要采取如下几个原则。

---

① 见 WTO《原产地规则协定》第一条第一款。

② 见 WTO《原产地规则协定》附件 2《关于优惠原产地规则的共同宣言》第二条。

③《京都公约——关于简化和协调海关业务制度的国际公约》附约 D 1（关于原产地规则的附约）中的规定：全部在一指定国家生产的货物仅指：

1. 从其土地、领海内或从其海底所采集的矿物；
2. 在该国收获或采集的植物产品；
3. 在该国出生或饲养的活动物；
4. 从该国的活动物所取得的产品；
5. 在该国狩猎或捕捞所得的产品；
6. 从事海洋渔业所得的产品以及由该国船只在海上取得的其他产品；
7. 由该国加工船利用上款所列各产品加工所得的产品；
8. 从领海以外的海底或海底底土中采得的产品，且该国对海底及其底土拥有单独开采的权力；
9. 在该国收集并只适于回收其原料的制造，或加工作业用的废碎料及废旧物品；
10. 由该国仅利用上述第 1 至 9 款中所指的各种产物所生产的产品。

一、地理范围原则

以地理范围作为完全原产确定的基本原则适用于大多数货物，这要求货物的种植、饲养、开采、收获、捕捞、猎取、加工、制造、装配等生产过程必须在一个国家（或单独关税区）境内完成，地理空间上不能中断。例如《中华人民共和国进出口货物原产地条例》中规定：

“**第四条**　本条例第三条所称完全在一个国家（地区）获得的货物，是指：

（一）在该国（地区）出生并饲养的活的动物；

（二）在该国（地区）野外捕捉、捕捞、搜集的动物；

（三）从该国（地区）的活的动物获得的未经加工的物品；

（四）在该国（地区）收获的植物和植物产品；

（五）在该国（地区）采掘的矿物；

…………”

在优惠原产地规则中通常体现为要求货物在一个国家（或单独关税区）境内完全获得或者完成实质性改变，《中国—瑞士自由贸易协定》又进一步阐明了本条原则的内涵，即完全获得或者实质性改变必须在一个国家（或单独关税区）境内完成，地理空间上不能中断。

《中国—哥斯达黎加自由贸易协定》规定在缔约一方或双方境内出生并饲养的活动物及动物产品、收获的植物及植物产品、耕种或捕获的货物均为完全获得货物，将完全获得的地理范围要求由一个国家（或单独关税区）部分扩展为自贸区协定成员方内部。

二、所有权原则

所有权原则，是所有人依法对自己财产所享有的占有、使用、收益和处分的权利。

欧盟普惠制原产地规则中规定：“由该国船只在本国海域以外获取的海洋渔业产品和其他产品”和“在该国加工船上完全用上述产品制得的产品”应视为在某个受惠国完全获得。上述原产地规则均对“该国船只”和“该国加工船”进行了限制性规定，不仅对注册地、航行时悬挂的国旗进行了规定，而且对船只的拥有人进行了限制。(i）船只所有权至少有 50%归该受惠国或欧盟成员国国民所有，或（ii）船只由公司拥有：公司总部及其主要办公场所设在该受惠国或欧盟成员国内，且公司所有权至少有 50%归该受惠国或欧盟成员国的国家、公共团体或国民所有。①

再如，《中国—韩国自由贸易协定》第3.3条规定，针对部分特定产品，利用一缔约方的原产材料在特定的“境外加工区”内完成加工后再复出口至该缔约方，当符合一定的增值比例（非原产材料价值不超过40%且该缔约方的原产材料不低于全部材料价值的60%），该成品货物被视为该缔约方原产。②

---

① COMMISSION REGULATION（EU）No 1063/2010of 18 November 2010amending Regulation（EEC）No 2454/93 laying down provisions for the implementation of Council Regulation（EEC）No 2913/92 establishing the Community Customs Code（L 307/8 Official Journal of the European Union 23.11.2010）

“Article 75

1. The following shall be considered as wholly obtained in a beneficiary country:

（a） mineral products extracted from its soil or from its seabed;

（b） plants and vegetable products grown or harvested there;

（c） live animals born and raised there;

（d） products from live animals raised there;

（e） products from slaughtered animals born and raised there;

（f） products obtained by hunting or fishing conducted there;

（g） products of aquaculture where the fish，crustaceans and molluscs are born and raised there;

（h） products of sea fishing and other products taken from the sea outside any territorial sea by its vessels;

（i） products made on board its factory ships exclusively from the products referred to in point（h）;

（j） used articles collected there fit only for the recovery of raw materials;

（k） waste and scrap resulting from manufacturing operations conducted there;

（l） products extracted from the seabed or below the seabed which is situated outside any territorial sea but where it has exclusive exploitation rights;

（m） goods produced there exclusively from products specified in points（a）to（l）.

2. The terms “its vessels” and “its factory ships” in paragraph 1（h）and（i）shall apply only to vessels and factory ships which meet each of the following requirements:

（a） they are registered in the beneficiary country or in a Member State，

（b） they sail under the flag of the beneficiary country or of a Member State，

（c） they meet one of the following conditions:

（i） they are at least 50%owned by nationals of the beneficiary country or of Member States，or

（ii） they are owned by companies:

—which have their head office and their main place of business in the beneficiary country or in Member States，and

—which are at least 50%owned by the beneficiary country or Member States or public entities or nationals of the beneficiary country or Member States.

3. The conditions of paragraph 2 may each be fulfilled in Member States or in different beneficiary countries insofar as all the beneficiary countries benefit from regional cumulation in accordance with Article 86（1）and（5）. In this case，the products shall be deemed to have the origin of the beneficiary country under which flag the vessel or factory ship sails in accordance with point（b）of paragraph 2.

The first sub-paragraph shall apply only provided that the provisions of Article 86（2）（b）and（c）have been fulfilled.

②《中国—韩国自由贸易协定》条款：（转下页）

三、管辖权原则

例如，在公海以对渔船的管辖国——船籍国作为所捕捞海产品的原产地。

《亚太贸易协定》原产地规则中规定：“由该国船只在公海捕捞获得的渔产品和其他海产品”和“在该国的加工船上仅由上述产品加工和（或者）制造所得的产品”应属于完全获得或者生产的产品。①

《中国—澳大利亚自由贸易协定》中在第三条“完全获得货物”中规定：

就本章第二条（一）项而言，下列货物应当视为在一方领土内完全获得或生产：

……

（七）由在一方注册并悬挂该方国旗的船只在公海得到的货物（鱼类、甲壳类动物、植物及其他海洋生物）；

（八）在一方注册并悬挂该方国旗的加工船上从上述本条第（七）项所述货物获得或生产的货物；

……。

（接上页）“第3.3条特定货物处理

一、尽管有第3.2条的规定，对于附件3－B所列货物使用一缔约方的出口材料在缔约方领土之外的地域（以下简称“境外加工区”）上完成加工，并在完成加工后再复出口至该缔约方用于向另一缔约方出口的货物（注：就本章而言，缔约双方同意，本条所述的货物加工区域仅限于本协定签署前在朝鲜半岛上的已运行的工业区），如符合下列条件应被视为该缔约方原产：

（一）非原产材料的总价值不超过申明获得原产资格最终货物FOB价格的40%；以及

（二）货物生产中使用的一缔约方出口的原产材料价值不低于全部材料价值的60%。

二、缔约双方应在联合委员会项下建立境外加工区委员会，以完成下述职责：

（一）监控本条第一款的实施；

（二）向联合委员会汇报工作情况并在必要时提供建议；

（三）审议和指定现有境外加工区的扩大及其他的境外加工区（注：就本款而言，境外加工区应指位于朝鲜半岛的工业区。缔约双方主管当局应讨论并就指定其他境外加工区及境外加工区的扩大事宜达成一致）；以及

（四）讨论联合委员会指定的其他议题。

三、为进一步说明，除本条款另有规定外，本章的其他相关条款应适用于本条第一款所指的货物。”

①《亚太贸易协定》原产地规则条文：

“第二条　完全获得或者生产。第一条第（一）项所称的“在出口参加国完全获得或者生产”是指：

（六）由该国船只（见注释3、4）在公海捕捞获得的渔产品和其他海产品；

（七）在该国的加工船（见注释4、5）上仅由上述第（六）项的产品加工和（或者）制造所得的产品；

（十）在该国生产制造过程中产生的废碎料；

（十一）在该国仅由上述第（一）至第（十）项所列产品加工获得的产品。

注释3　“船只”是指从事商业捕捞作业的渔业船舶，在一成员国注册并由该成员国的一个或多个公民和/或政府经营，其法人或团体的合伙人也应于该成员国注册。该成员国内公民和/或政府所持的该船舶的资产净值至少应为该船舶的60%；或者各成员国的公民和/或政府所持的该船舶的资产净值至少应为该船舶的75%。但根据成员国间租借船只或分享收获的双边协议在专业捕捞船只上获得的产品也应享受优惠待遇。

注释4　由政府机构经营的船只或加工船不应执行悬挂成员国国旗的要求。

注释5　本协定中，“加工船”是指特定用于在船上仅对上款（六）中的产品进行加工和/或生产的船只。”

第三章

维护我国海洋权益背景下的中国所涉自贸区原产地规则的构建

第一节　建议在原产地规则中正确区分领土与领海和内水

中国沿海自北向南有渤海、黄海、东海、南海等四个闭海或半闭海，总面积 473 万多平方千米，其中中国内水和领海约 37 万平方千米。①

一、笔者建议的内容

领土分为领陆、领水（包括内水和领海）和领空 3 个部分（见图 3－1）。境内一般指一个国家或地区管辖边界之内的区域。因此，领土包括领海和内水，因此不应该在完全原产规则中将领土与领海和内水并列。

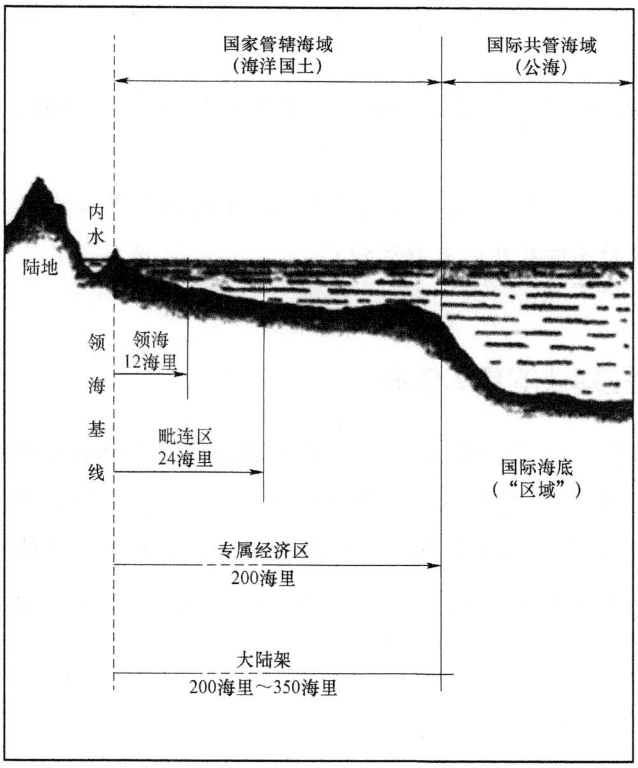

图 3－1　领陆和领水示意图

① 慕亚平，郑艳：《〈海洋法公约〉生效后的新形势和我国面临的问题与挑战》，《法学评论》1999 年第 3 期，第 53～60 页。

二、现行原产地规则的相关错误

在 2013 年 7 月 6 日签署的《中国—瑞士自由贸易协定》中，原产地规则的第 3.3 条“完全获得产品”中的第一款规定“从缔约一**方领土**、**内水**、**领海**、海床或底土提取或得到的矿物产品或其他无生命的天然生成物质”。①

2006 年 11 月 18 日签署的《中国—巴基斯坦自由贸易协定》原产地规则规定：

第十四条 完全获得货物

（五）从一成员方**领土**、**领水**、**海床**或海床底土开采或提取的除上述第（一）至（四）项以外的矿物或其他天然生成物；

……

2015 年签署的《中国—韩国自由贸易协定》原产地规则规定：

第 3.4 条 完全获得或者生产的货物

就第 3.2 条第（一）项而言，下列货物应当视为在一缔约方完全获得或生产：

……

（四）在一缔约方的陆地**领土**、**内水或领海**内狩猎、诱捕、捕捞、水产养殖、采集或捕捉获得的货物；

（五）从一缔约方陆地**领土**、**领水**及其海床或底土提取或得到的，未包括在上述第（一）项至第（四）项的矿物质及其他天然资源；

……

三、笔者所提建议的具体依据

内水的法律地位与内陆水域相同，沿海国对其享有完全和排他的主权。沿海国的领海主权要受外国船舶无害通过这一习惯规则的限制，而这一限制在内水制度中并不存在。但是按照《联合国海洋法公约》第八条的规定，在采用了直线基线后使原来并未认为是内水的区域被包括在内成为内水，则在此种水域内应有本公约所规定的无害通过权。②

① 《中国—瑞士自由贸易协定》

ARTICLE 3.3

Wholly Obtained Products

For the purpose of subparagraph（a）of Article 3.2，the following products shall be considered as wholly obtained in a Party:

（a）mineral products and other nonliving naturally occurring substances extracted or taken from their soil，internal waters，territorial sea，seabed or subsoil;

② 高健军：《中国与国际海洋法：纪念〈联合国海洋法公约〉生效 10 周年》，北京，海洋出版社，2004 年。

（一）《联合国海洋法公约》对领海的规定

《联合国海洋法公约》

第二条 领海及其上空、海床和底土的法律地位

1. 沿海国的主权及于其陆地领土及其内水以外邻接的一带海域，在群岛国的情形下则及于群岛水域以外邻接的一带海域，称为领海。

2. 此项主权及于领海的上空及其海床和底土。

3. 对于领海的主权的行使受本公约和其他国际法规则的限制。

第三条 领海的宽度

每一国家有权确定其领海的宽度，直至从按照本公约确定的基线量起不超过十二海里的界限为止。

第十七条 无害通过权

在本公约的限制下，所有国家，不论为沿海国或内陆国，其船舶均享有无害通过领海的权利。

（二）《中华人民共和国领海及毗连区法》对领海的规定

第一条：

为行使中华人民共和国对领海的主权和对毗连区的管制权，维护国家安全和海洋权益，制定本法。

第二条：

中华人民共和国领海为邻接中华人民共和国陆地领土和内水的一带海域。

中华人民共和国的陆地领土包括中华人民共和国大陆及其沿海岛屿、台湾及其包括钓鱼岛在内的附属各岛、澎湖列岛、东沙群岛、西沙群岛、中沙群岛、南沙群岛以及其他一切属于中华人民共和国的岛屿。

中华人民共和国领海基线向陆地一侧的水域为中华人民共和国的内水。

第三条：

中华人民共和国领海的宽度从领海基线量起为十二海里。

中华人民共和国领海基线采用直线基线法划定，由各相邻基点之间的直线连线组成。

中华人民共和国领海的外部界限为一条其每一点与领海基线的最近点距离等于十二海里的线。

第五条：

中华人民共和国对领海的主权及于领海上空、领海的海床及底土。

第二节　建议在原产地规则中正确区分内陆水域与内水

一、笔者建议的内容

笔者认为，我国现行原产地规则不应该使用“内陆水域”（Inland Waters）一词，而应使用“内水”（Internal Waters）一词，否则就漏掉了我国的“内海”。“内陆流域”一词则包括水域流经的沿岸，例如长江流域。

另外，由于一个国家的领土包括了内陆、内水和领海，所以我国目前的自由贸易区和非优惠性原产地规则均不需要分别针对上述区域制定原产地标准，因为在内陆、内水和领海开采的矿产品和捕捞的水产品的原产地都应该是上述区域所在的主权国家，而不论开采者和渔船的国籍地。

二、现行原产地规则的相关错误

例如，2014 年生效实施的《中国—冰岛自由贸易协定》原产地规则中规定：

第二十三条　完全获得货物

根据第二十二条第一款，下列货物应当视为在一方境内完全获得：

…………

（五）在一方狩猎、诱捕或者在**内陆水域**捕捞所获得的产品；

Article 23

Wholly Obtained Goods

For the purpose of sub-paragraph（a）of Article 22，the following shall be considered as wholly obtained in a Party：

…………

（e）products obtained by hunting，trapping or fishing **in inland waters** conducted in a Party；

……

三、笔者所提建议的具体依据

（一）根据《中华人民共和国领海及毗连区法》，内水并不包括在“内陆水域”中。

第二条

中华人民共和国领海基线向陆地一侧的水域为中华人民共和国的内水。

（二）根据《中华人民共和国海域使用管理法》，内水并不包括在“内陆水域”中。

第二条规定：“本法所称**海域，是指中华人民共和国内水**、领海的水面、水体、海床和底土。**本法所称内水，是指中华人民共和国领海基线向陆地一侧至海岸线的海域**。”

这项规定与领海及毗连区法对内水所作的表述相比，重要的是对海陆分界线作出了界定，它对海域使用管理是有实际意义的，也是在实际操作中必须有的一条界线。[①]可见，内水并不包括在“内陆水域”中。

（三）按照联合国教科文组织制定的《水下文化遗产保护公约》第 28 条的规定，“内陆水域”也不包括“内水”。

其中第 28 条－“内陆水域声明”规定：

任何国家或地区，在批准、接受、赞同或加入本公约之时或其后的任何时候，都可以声明本公约之《规章》适用于**其不具海洋性质的内陆水域**。

（四）《联合国海洋法公约》所指的内水仅指“内海水”。

《联合国海洋法公约》

第八条 内水

1. 除第四部分另有规定外，**领海基线向陆一面的水域构成国家内水的一部分**。

按照《联合国海洋法公约》的上述规定，“领海基线向陆一面的水域”实际上是“内海水”。内水有广义和狭义之分。广义的内水包括国家领土范围内的河流、湖泊、运河和“内海水”；狭义的内水仅指“内海水”（以前也常称为“内海”）。《联合国海洋法公约》所指的内水仅指“内海水”。[②]

（五）我国 1992 年《中华人民共和国领海与毗连区法》和 2001 年《中华人民共和国海域使用管理法》使用的都是狭义的内水概念，即内海。

《中华人民共和国领海与毗连区法》第二条规定：中华人民共和国领海基线向陆地一侧的水域为中华人民共和国的内水。

第三节 建议及时更新海产品的完全原产判定标准

一、笔者建议的内容

笔者建议分别针对在如下九个不同海域内捕捞的海产品制定不同的原产地标准：

1. 将在内水捕获的海产品的原产地确定为以内水主权国为准；

---

① 《中华人民共和国海域使用管理法》释义——海域使用管理的法律依据，载于 http://m.qingdao.gov.cn/n172/n24624151/n24627375/n24627389/n27207614/151117203318652521.html，2022 年 10 月 9 日访问。

② 张海文：《〈联合国海洋法公约〉释义集》，北京，海洋出版社，2006 年。

2. 将群岛水域内捕获的海产品的原产地确定为以群岛水域主权国为准；

3. 将领海内捕获的海产品的原产地确定为以领海主权国为准；

4. 将在一国的专属经济区捕捞的海产品的原产地确定为以沿海国（即管辖国）为准，而不再以船籍地为准；

5. 将在"历史性水域"内捕获的海产品的原产地确定为此历史性权利的国家；

6. 将在公海捕获的海产品的原产地确定为以船籍地为准，并对船籍加以明确定义；

7. 将（中国）企业或个人在挪威斯匹茨卑尔根群岛（即斯瓦尔巴特群岛）、领海及其《联合国海洋法公约》赋予的200海里范围内的"虚拟"专属经济区内捕捞的海产品的原产地，"就相关自贸区协定而言"，视同船籍国或个人的国籍（例如中国）或判定为斯瓦尔巴特群岛（并在相关自贸区原产地规则中规定：就本自贸区原产地规则而言，由自贸区成员方渔船或国民在斯瓦尔巴特群岛及其海域捕捞的海产品视为自贸区成员方），从而确保享受在（中国）所签订的自贸区内以优惠关税出口到自贸区内其他成员方的待遇。

8. 对于捕捞自按照《南极条约》暂时冻结主权要求的南极等海域的海产品等，则应该判定其原产地为船籍地，借此表明我国所持的"公海自由竞争为主"的立场，以维护中国世界第一捕鱼大国的利益。

9. 降低自贸区鱼制品的原产地标准，以便"过洋鱼"经简单加工后能符合相关自贸区原产地资格。

二、现行原产地规则的相关错误

我国现行的非优惠性和优惠性原产地规则仅区分了领海和公海，即将领海以外的海域都视为公海，从而将领海内捕获的海产品的原产地确定为领海主权国为准，而将在领海以外的海域捕获的海产品的原产地确定为以船籍地为准。

需要特别指出的是，《中国—新西兰自由贸易协定》虽然区别了领海、专属经济区和公海，但仍然规定将专属经济区内捕获的海产品的原产地确定为以船籍地为准。

（一）《中国—新西兰自由贸易协定》原产地规则条文摘录

第二十条　完全获得货物

下列货物应视为第十九条第（一）项所指的在一方境内完全获得或生产：

（七）在一方注册或登记并悬挂或有权悬挂其国旗的船只，在该方根据符合其缔结的相关国际协定可适用的国内法确定的领水、领海外的专属经济区或公海得到的货物（鱼类、甲壳类动物、植物及其他海洋生物）。

（二）《中国—巴基斯坦自由贸易协定》原产地规则条文摘录

第十四条　完全获得产品

（七）在一成员方注册或悬挂该成员方国旗的船只在公海捕捞获得的鱼类及其他海产品。

（三）《中国—马尔代夫自由贸易协定》原产地规则条文摘录

第十八条　完全获得或生产的货物

就第十七条第一款而言，下列货物应当视为在缔约一方完全获得或生产：

（七）由在缔约一方注册并悬挂其国旗的船舶在该方领水以外的海域捕捞获得的鱼类及其他海洋产品。

三、笔者建议对维护我国海洋权益的益处

（一）笔者建议，可以依据我国的具体情况，依据《联合国海洋法公约》的最新规定，在我国目前加入的有关自由贸易区中相应扩大我国管辖范围海域内海产品的原产地地理范围。

《联合国海洋法公约》的出台，改变了领海以外都是公海的划分，即将领海以外的海域又区分为一国的专属经济区（EEZ）和公海。国家管辖范围不仅包括了本国享有主权的领陆、领海和领空，而且按照《联合国海洋法公约》的规定，也包括了国家有权行使部分主权权利的专属经济区和大陆架。国家管辖范围外的地区仅包括了公海和国际海底区域。而我国现行的非优惠性原产地规则和目前加入的自贸区原产地规则并没有根据《联合国海洋法公约》的最新规定，相应扩大我国管辖范围海域内海产品的原产地地理范围。

（二）笔者建议，在领海以外海域内捕捞的海产品原产地也应该相应分别确定为：在一国的专属经济区捕捞的海产品的原产地不再以现行的船籍地为准，而是将在一国的专属经济区和领海内捕捞的海产品的原产地一并确定为以专属经济区的沿海国（即所属国）和领海的主权国为准；在公海捕捞的海产品的原产地确定为以船籍地为准。

这样，就改变了早已过时的将在领海以外的海域一概简单视为公海且将在此海域捕捞的海产品原产地一概以船籍地为准的现行单一原产地标准。渔业在我国海洋经济中长期处于重要地位，我国的海洋渔业生产活动不仅涉及公海水域，也涉及其他一些国家的专属经济区和双边渔业协定。

（三）笔者还建议在中国专属经济区内捕捞的海产品的非优惠性原产地也可以视情况判定为中国，因此这些海产品进入中国销售时虽然通常需要接受中国海关的监管，但是不应该被征收进口关税。另外，由于中国目前是世界第一捕捞大国，因此中国也应该在国际场合建议采取上述原产地标准和免征进口关税待遇，这样就可以将中国渔船在国外专属经济区捕捞的海产品（过洋鱼）判定为专属经济区所在的沿海国，从而得以享受免关税待遇直接“出口”至该沿海国。

截至 2016 年底，全国远洋渔业企业 162 家，比 2010 年增长 46%；远洋渔船近 2 900

艘（含在建渔船），作业船数比 2010 年增长 66%；远洋渔业总产量 199 万吨，比 2010 年增长 78%。作业海域涉及 42 个国家（地区）的管辖海域和太平洋、印度洋、大西洋公海以及南极海域。其中，公海作业渔船 1 329 艘，占世界公海作业渔船的 6%，产量 132 万吨，占世界公海渔业产量的 12%，船数和产量均居世界前列。批准建设了 2 个国家远洋渔业基地，远洋渔业海外综合基地建设初具规模，建设投资额 200 万美元以上的基地 29 个。全面深入参与 7 个区域渔业管理组织（RFMO）事务，基本覆盖所有远洋渔业作业区域。坚持互利共赢原则，签订了 8 个政府/部门间渔业合作协议或谅解备忘录，有效地保障了双边渔业合作发展。2016 年我国远洋渔业自捕水产品运回 110 万吨。2016 年我国过洋鱼捕捞量约 67 万吨。①

根据海关统计，2022 年我国水产品累计进口量为 454 万吨，同比增长 20.2%，累计进口金额约 1 327.7 亿元，同比增长 40.6%；水产品累计出口量为 370 万吨，同比减少 1.3%，累计出口金额约 1 505.4 亿元，同比增长 7.9%。②

将中国船籍的渔船在西非国家/印尼专属经济区捕捞的海产品原产地标示为沿海国西非国家/印尼，在销往沿海国市场时也有能够拉近与沿海国消费者的距离，充分利用其爱国热情达到我国渔业公司销售海产品的目的。

由于我国目前已经成为世界第一捕鱼大国，我国当前也到包括西非地区在内的其他国家的专属经济区进行捕捞作业（即过洋渔业），因此笔者建议我国目前亟待在国际范围内主张将在一国的专属经济区捕捞的海产品的原产地确定为以沿海国为准，而不再以船籍地为准。这样，按照笔者的上述建议，就可以将我国渔船到包括西非地区在内的最不发达国家的专属经济区捕捞的海产品（即过洋渔业），通过将原产地由目前的船籍地——中国更改为专属经济区的所属国——最不发达国家，达到不仅有助于加强与“一带一路”共建国家在其专属经济区内进行的“渔业合作”，而且更能够使中国船籍的渔船捕捞的这些“过洋鱼”在出口到美国等发达国家时得以享受零关税待遇。这是因为，《非洲增长与机遇法案》（AGOA）就是美国对非洲实施的贸易与投资政策的最新倡议，经美国总统指定的撒哈拉以南非洲受惠国可享受“超级普惠制优惠”。2006 年，美国就已经对 98%以上的来自《非洲增长与机遇法案》条件的国家的进口商品予以免税。欧共体普惠制方案也给予包括非加太国家在内的发展中国家减税或者免税待遇。③同时，在大力实施“一带一路”倡议和发展“过洋渔”产业的同时，还能够降低中国原产地货物的出口额统计，

① 农业农村部：《“十三五”全国远洋渔业发展规划》，载于 http://www.moa.gov.cn/gk/ghjh_1/201712/t20171227_6128624.htm，2022 年 10 月 9 日访问。

② 《2022 年我国水产品进出口情况：累计进口量额齐增，累计出口量减额增》载于 http://m.163.com/dy/article/HS667VK60514EAHV.html，2023 年 2 月 1 日访问。

③〔意〕斯特凡诺·伊那马：《国际贸易中的原产地规则》，海关总署关税征管司译，北京，中国海关出版社，2012 年。

相应降低中国的贸易顺差统计，从而有助于减缓由此引发的贸易摩擦。

由于《联合国海洋法公约》早已确定“公海”内海产品的取得为先到先得的“自由竞争”原则，这与《联合国海洋法公约》同时确定的“国际海底区域”的矿产品为全人类“共同继承的遗产”这一原则有很大不同。因此，将在公海捕捞的海产品的原产地确定为全人类共有的“公海”并要求世界各国对之给予零关税待遇的理由并不充足。

（四）随着我国远洋渔业的发展和贸易量的增加，为准确实施联合国货物贸易统计标准，完整统计我国的对外货物贸易，笔者建议将我国远洋渔业企业进口自捕水产品中的过洋渔业产品纳入海关贸易统计，并将其原产国分别计入相应的沿海国。

根据联合国国际货物贸易统计标准（IMTS2010），一国（含地区，下同）的进出口货物贸易统计应记录所有因进、出该国经济领土而引起该国物质资源存量增加或减少的货物。包括我国在内的世界各国普遍依据这一原则确定本国的进出口货物贸易统计范围。就进出口货物贸易统计而言，“货物”一词不仅指商业性交易对象的商品，也包括援助、捐赠等未发生买卖关系的货品。《中华人民共和国海关统计条例》（以下简称《海关统计条例》）规定，实际进出境并引起境内物质存量增加或减少的货物，以及超过自用、合理数量的进出境物品，均列入我国进出口货物贸易统计。列入我国进出口货物贸易统计的货物须同时具备两个条件：一是实际进出关境，即跨越我国经济领土；二是改变我国的物质资源存量。

根据国际惯例和我国确定的海关贸易统计范围，对于没有实际进出境或虽然实际进出境但没有引起我国物质资源存量变化的货物，不列入我国进出口海关贸易统计，并根据海关管理需要，分为不列入海关贸易统计但实施单项统计货物和不统计货物两类。其中我国远洋渔业企业进口自捕水产品属于“不统计货物”的范围。

随着我国对外贸易的快速发展，货物贸易结构发生变化，新型贸易业态不断出现。海关会及时根据进出口贸易情况调整进出口货物的统计口径。例如：2014 年起，将免税品的统计口径从单项统计调整为海关贸易统计，将跨境贸易电子商务进出口货物逐步纳入海关贸易统计；2015 年起，将边民互市贸易的统计口径从不统计调整为列入海关贸易统计。2016 年我国进口水海产品的冻鱼共 193 万吨，而未进行贸易统计的我国过洋渔业产量约 67 万吨，数量上已经达到所有进口水海产品的 26%，将此类产品纳入贸易统计，一方面可以减少我国的贸易逆差；另一方面为未来统计和收集有关“鱼货、海底矿物和打捞的财物”的数据并进行贸易统计奠定基础。

按照《2010 年国际商品贸易统计：概念和定义》1.31.鱼货、海底矿物和打捞的财物的规定，一国船舶在另一国国家港口卸下的，或在公海从另一国船舶上获得的这类货物属于《2010 年国际商品贸易统计：概念和定义》规定的出口和进口范围，这类货物若对经济和环境具有重要影响，则应加以记录。应当承认，收集有关这类货物的数据具有挑战性。不过，鉴于对此种数据的重要政策需求，鼓励各国从长远角度制定必要的数据收集和（或）评估程序，包括评估并监测这类贸易和相关活动对环境的影响。

明确关境和领土要素是《2010年国际商品贸易统计：概念和定义》修订的新建议，是各国应遵循的一种标准，其中规定：

2.1 统计领土。一国统计领土指与贸易数据编制有关的领土。统计领土定义能否与一国经济领土或其海关领土相一致，取决于数据来源的可获性和其他方面的考虑。各国应对其统计领土加以详细说明，并将此说明作为其源数据的一部分公开提供，以确保透明地识别其贸易统计中记录的货物流量。

2.2 关境。在多数国家，贸易数据的收集都是基于海关业务制度，其中许多国家都将关境界线用作统计领土界线。关境指一个国家海关法全面适用的地域。不过，越来越多的跨国货物流动（如关税同盟成员国之间的货物流动以及进出海关自由区的船运货物流动）没有或没有充分被海关所掌控。因此，统计领土的定义往往比关境定义更宽泛，贸易统计汇编者有义务采用非海关数据（如非海关行政资料来源和贸易商抽样调查），以进一步将贸易交易与统计领土联系在一起。

2.3 统计领土要素。一国统计当局在界定其统计领土时，可能会列出其经济领土的各种要素，而且通常是参照本国海关立法来说明这些要素。不过，建议各国尽可能采用《经修订的京都公约》附件所含海关术语定义。为便于进行国际比较，建议各国说明本国是否存在如下领土要素，这些领土要素是否包括在其统计领土之内：

（a）岛屿；

（b）领水；

（c）大陆架；

（d）近海和外空设施装置；

（e）商业自由区；

（f）工业自由区；

（g）海关仓库；

（h）进口加工场所；

（i）编制国在其他国家设置的领土飞地；

（j）其他国家在编制国设置的领土飞地。

（五）目前中国海关法并未将中国海关的关境或者海关的管辖范围明确界定为包括我国的专属经济区和大陆架。据此，笔者建议在中国海关法中，将中国海关的关境或者海关的管辖范围明确界定为包括我国的专属经济区和大陆架，以此进一步强化我国的相关海洋权益。

《京都公约》中“关境”一词，指一个国家海关法规全部生效的领域。

《中华人民共和国海关法》第 2 条规定：“中华人民共和国海关是国家的进出关境监督管理机关。”什么是关境呢？我国海关法没有作具体规定；我国其他的法规也没有明确的规定。

基于《中华人民共和国环境保护税法》对“其他海域”未作明确定义，在国家税务总局、国家海洋局发布的《关于海洋工程环境保护税申报征收办法》的公告（国家税务总局公告 2017 年第 50 号）中第二条将其细化为“中华人民共和国内水、领海、毗连区、专属经济区、大陆架以及中华人民共和国管辖的其他海域”。

（六）将中国企业在挪威的斯匹茨卑尔根群岛、领海及《联合国海洋法公约》赋予的 200 海里范围内的“虚拟”专属经济区内捕捞的水产品原产地，“就相关自贸区协定而言”，视同船籍国（例如中国），从而确保享受在中国所签订的自贸区内以优惠关税出口到自贸区内其他成员方的待遇。笔者的这一建议也有助于“扩大”我国的海洋权益。

我国目前的非优惠性和自贸区原产地规则均将在挪威斯匹茨卑尔根群岛、领海内捕捞的水产品原产地确定为挪威。斯匹茨卑尔根群岛（挪威改称为斯瓦尔巴群岛）地处北极圈内，面积约 6 万平方千米，具有重要的科考价值和矿产、油气和渔业资源的开发潜力。斯匹茨卑尔根群岛是荷兰探险家巴伦支于 1596 年 6 月 17 日首先发现的。自 1858 年起，芬兰籍的瑞典探险家请登·肖尔德先后 5 次率探险队去斯瓦尔巴群岛探险考察，并在那里发现了大量煤矿及其他矿产。随着斯匹茨卑尔根群岛地理及资源的发现，一批又一批勇敢的欧洲人乘船渡海去“闯关东”，其中人数最多的是挪威人和俄国人。经过 200 多年的无政府状态，俄国、挪威和瑞典三国逐渐成为该岛上最大的三支势力，三国对该岛实行共管。1920 年 2 月 9 日，英国、美国、丹麦、挪威、瑞典、法国、意大利、荷兰及日本等 18 个国家在巴黎签订了《斯匹茨卑尔根群岛条约》。1925 年，中国、苏联、德国、芬兰、西班牙等 33 个国家也参加了该条约，成为《斯匹茨卑尔根群岛条约》的协约国。《斯匹茨卑尔根群岛条约》将该群岛的主权归属于挪威，但同时作出了如下限制性安排：（1）该群岛的主权归属于一国（挪威），除受条约的某些限制外，这一主权是绝对的；（2）所有缔约国享有利用条约区域内一切资源的自由（包括捕鱼、采矿等）；（3）所有缔约国均享有平等待遇……”因此，应该讲《斯匹茨卑尔根群岛条约》是世界上第一个“主权在我，搁置争议，共同开发”的成功范例。各缔约国的公民可以自由进入斯匹茨卑尔根群岛，在遵守挪威法律的范围内从事正当的生产和商业活动。根据该条约的最后条款，所有国家均可加入该条约，从而获得在群岛活动的平等权利。因此，至今中国公民仍有权自由出入该群岛，并在遵守挪威法律的前提下在那里进行正常科学和生产等活动。[①]

作为《斯匹茨卑尔根群岛条约》的协约国，我国享有在该群岛地区平等从事相关活动的权利。该条约是我国与北极的重要法律连接点，是我国行使北极权益的重要法律依据。[②]

为此，笔者首次独创性地建议将（中国）企业或个人在挪威斯匹茨卑尔根群岛、领海及《联合国海洋法公约》赋予的200海里范围内的“虚拟”专属经济区内捕捞的海产品原产地，“就相关自贸区协定而言”，视同船籍国或者开采企业或个人的国籍（中国），从而确保享受在中国所签订的自贸区内以优惠关税出口到自贸区内其他成员方的待遇，由此可以“扩大”我国的海洋权益。

（七）扩大我国水产品的进出口，争取水产品国际贸易及其制定原产地规则的话语权，建立我国海洋大国及中国水产品的良好原产地形象，这本身就是维护和扩大我国海洋权益的一个重要方面。

为此，笔者建议，我国应该争取降低自贸区鱼制品的原产地标准，以便将在国外专属经济区捕捞的国外原产地的活鱼和鲜鱼运回中国后或者在中国国籍的加工渔船上，经过简单加工（例如分割，切片；鱼的干燥；冷藏；盐渍；包装、灌装；熏制）即可改变原产地，从而取得符合相关自贸区原产地资格，达到得以享受自贸区优惠关税待遇出口到其他自贸区成员的目的，从而抵消笔者上述建议的将中国国籍渔船在其他国家专属经济区捕捞的海产品原产地判定为沿海国所给我国可能带来的一些不利影响。这样，我国国籍渔船在西非等其他最不发达国家专属经济区捕捞的海产品，既可以享受部分发达国家提供给最不发达国家原产地海产品的优惠待遇，也可以将这些海产品运回中国经过简单加工后取得符合相关自贸区原产地规则下的中国原产地资格，从而得以享受自贸区优惠关税待遇出口到其他自贸区成员。如此一来，我国就可以达到“一箭双雕”的目的。

另外，笔者建议，我国应该争取在相关自贸区原产地规则中规定：在其他国家专属经济区和公海的加工船上进行冰冻等符合加工工序等原产地标准后的鲜鱼及其制品，原产地以加工船的国籍地为准，而不是以专属经济区的管辖国为准。笔者这一建议的理由是，按照《联合国海洋法公约》的规定，一国只对其专属经济区的海产品有管辖权等权利，但是一国对其专属经济区并没有主权权利，因此不应该视为该国的领土。依据笔者对这一原产地标准的建议，就可以将我国国籍渔船在西非等最不发达国家专属经济区捕捞的海产品，在中国国籍的加工船上进行冰冻等简单加工，即可取得符合相关自贸区原产地规则的中国原产地资格，从而得以享受自贸区优惠关税待遇出口到其他自贸区成员。

---

① 刘惠荣，刘秀：《南极生物遗传资源利用与保护的国际法研究》，北京，中国政法大学出版社，2013年。

② 苟海波，李虎：《斯匹茨卑尔根群岛条约》，高之国，张海文，贾宇：《国际海洋法问题研究》，北京，海洋出版社，2006年。

表 3-1

各类鱼制品原产地标准对照表

		活鱼 0301	冻鱼 0303	冻鱼肉 0304	熏鱼片 0305	蟹肉 0306	鱼肉糜 1602	鱼香肠 1604	鱼馅饺子 19.02
非优惠原产地标准	中国非优惠原产地规则	品目改变	品目改变	清除内脏和剔骨刺	品目改变	去皮壳和冷冻	品目改变	品目改变	品目改变
	欧盟非优惠原产地规则	The origin shall be the country where the fish of this heading has been captured; or if farmed, the country where the fish has been raised from egg or fry (including fingerling) 原产地应为捕获本品目鱼类的国家；或者如果养殖的话，原产地是从鱼卵或鱼苗（包括鱼种）起饲养的国家			CTHS：从本品目的任何其他拆分品目或从任何其他品目改变至本拆分品目	CTHS：从本品目的任何其他拆分品目或从任何其他品目改变至本拆分品目	章改变	品目改变	子目改变
普惠制原产地标准	欧盟普惠制	生产中使用的鱼必须完全原产	生产中使用的鱼必须完全原产	生产中使用的第 3 章的任何原料必须完全原产	生产中使用的第 3 章的任何原料必须完全原产	生产中使用的第 3 章的任何原料必须完全原产	生产中：—由任何品目项下的原料生产，但第 2 章的肉和食用杂碎、由第 2 章的肉和食用杂碎制成的第 16 章的原料除外 —所使用的第 3 章的所有原料、由第 3 章的鱼、甲壳动物、软体动物及其他水生无脊椎动物制得的第 16 章的原料必须完全原产	生产中：—由任何品目项下的原料生产，但第 2 章的肉和食用杂碎、由第 2 章的肉和食用杂碎制成的第 16 章的原料除外 —所使用的第 3 章的所有原料、由第 3 章的鱼、甲壳动物、软体动物及其他水生无脊椎动物制得的第 16 章的原料必须完全原产	使用本品目以外的原料制成，但以下除外： —第 2、3 和 16 章的原料重量不得超过最终产品重量的 20%，且 —品目 1106 和 1101－1108 项下的原料重量不得超过最终产品重量的 20%，且 —糖和第 4 章的原料的含量分别不得超过最终产品重量的 40%，且 —糖和第 4 章原料的总含量不得超过最终产品重量的 60%

续表

		活鱼 0301	冻鱼 0303	冻鱼肉 0304	熏鱼片 0305	蟹肉 0306	鱼肉糜 1602	鱼香肠 1604	鱼馅饺子 19.02
普惠制原产地标准	日本普惠制	由第 3 章以外的产品制得	由第 3 章以外的产品制得	由第 3 章以外的产品制得	由第 3 章以外的产品制得	由第 3 章以外的产品制得	由第 1、2、3、5、16 章以外的产品制得	由第 1、2、3、5、16 章以外的产品制得	由第 10、11、19 章以外的产品制得
我国参加的自贸区原产地标准	中国—澳大利亚自贸协定	章改变	章改变	品目改变	章改变	章改变；或者经过熏制工艺获得	章改变	章改变	章改变
	中国—新西兰自贸协定	章改变	章改变	品目改变	品目改变	章改变；或者经过熏制工艺获得	章改变	章改变	章改变
	中国—韩国自贸协定	完全获得	完全获得	完全获得	完全获得	完全获得	章改变	RVC 45%	章改变
	中国—瑞士自贸协定	完全获得	完全获得	章改变	章改变	章改变	章改变	章改变且非原产材料价值 60%	章改变
	中国—冰岛自贸协定	完全获得	完全获得	章改变	章改变	章改变	章改变	章改变	章改变
	中国—秘鲁自贸协定	章改变 章注：鱼、甲壳动物、软体动物及其他水生无脊椎动物即使是由非原产的鱼苗或幼体养殖获得，也应视为原产（鱼苗是指处于幼鱼期的未成熟的鱼，包括幼鱼、幼鲑、小鲑鱼和幼鳗），只要它们的重量不超过 50 克，且饲养周期不少于 12 个月。对于小虾和对虾，只要它们的饲养周期不少于 6 个月；对于蟹，只要它们的饲养周期不少于 12 个月；对于金枪鱼、庸鲽鱼和鳟鱼，只要它们的重量不超过 150 克，且饲养周期不少于 12 个月。					章改变，由第 2 章改变至此的除外	章改变	章改变
	中国—哥斯达黎加自贸协定	章改变（第 3 章注释：鱼、甲壳动物、软体动物及其他水生无脊椎动物即使是由非原产的鱼苗或幼体养殖获得，也应视为原产（鱼苗是指处于幼鱼期的未成熟的鱼，包括幼鱼、幼鲑、小鲑鱼和幼鳗），只要它们的重量不超过 50 克，且饲养周期不少于 12 个月。对于小虾和对虾，只要它们的饲养周期不少于 6 个月；对于蟹，只要它们的饲养周期不少于 12 个月；对于金枪鱼、庸鲽鱼和鳟鱼，只要它们的重量不超过 150 克，且饲养周期不少于 12 个月。）					章改变，由第 2 章改变至此的除外	章改变，由品目 03.04 改变至此的除外	章改变

续表

		活鱼 0301	冻鱼 0303	冻鱼肉 0304	熏鱼片 0305	蟹肉 0306	鱼肉糜 1602	鱼香肠 1604	鱼馅饺子 19.02
我国参加的自贸区原产地标准	中国—新加坡自贸协定	RVC 40%	RVC 40%	RVC 40%	RVC 40%	RVC 40%	RVC 40%	RVC40% 或章改变	RVC 40%
	中国—东盟自贸协定	RVC 40%	RVC 40%	RVC 40%	RVC 40%	RVC 40%	RVC 40%	RVC40% 或章改变	RVC 40%
	亚太贸易协定	RVC 45%	RVC 45%	RVC 45%	RVC 45%	RVC 45%	RVC 45%	RVC 45%	RVC 45%
	中国—智利自贸协定	章改变（如货物在一缔约方或缔约双方境内经过烟熏工序加工则无需满足税则归类改变标准）					章改变	章改变	品目改变
	中国—巴基斯坦自贸协定	RVC 40%	RVC40%	RVC40%	RVC40%	RVC40%	RVC40%	RVC40%	RVC40%
	中国—格鲁吉亚自贸协定	章改变	章改变	章改变	章改变	章改变	章改变	章改变	章改变，但从第 11 章转变来的除外
	中国—马尔代夫自贸协定	章改变	章改变	章改变	章改变	章改变	章改变	章改变	品目改变
	内地与港澳 CEPA	在一方从鱼苗起饲养。如鱼类品种为珊瑚鱼（包括龙趸及各种活海斑），鱼苗重量须不超过 150 克，且在一方的饲养期不得少于 12 个月；如属其他品种，则鱼苗重量须不超过 50 克，且在一方的饲养期不得少于 10 个月。				完全获得		品目改变	品目改变
其他自贸协定原产地标准	东盟—日本自贸协定	章改变	章改变	章改变	章改变	章改变	章改变，由第 1、2 章改变至此的除外	章改变，由第 3 章改变至此的除外	章改变
	东盟—韩国自贸协定	完全获得	完全获得	完全获得	完全获得	完全获得			
	美墨加协议	章改变	章改变	章改变	章改变	章改变；或者经过熏制工艺获得	章改变	章改变	章改变

续表

		活鱼 0301	冻鱼 0303	冻鱼肉 0304	熏鱼片 0305	蟹肉 0306	鱼肉糜 1602	鱼香肠 1604	鱼馅饺子 19.02
其他自贸协定原产地标准	全面与进步跨太平洋伙伴关系协定（CPTPP）			在缔约方境内获得的鱼类、甲壳类动物、软体动物或其他水生无脊椎动物，即使此类动物的卵、幼虫、鱼苗、鱼种、幼鲑、小鲑鱼或其他幼虫期后的未成熟鱼源是从非缔约方进口而得。依据鱼的不同种类分别为章改变或品目改变	在缔约方境内获得的鱼类、甲壳类动物、软体动物或其他水生无脊椎动物，即使此类动物的卵、幼虫、鱼苗、鱼种、幼鲑、小鲑鱼或其他幼虫期后的未成熟鱼源是从非缔约方进口而得。依据鱼的不同种类分别为章改变或品目改变	章改变；或者经过熏制工艺获得	章改变	依据鱼的不同种类分别为章改变或章改变，第 3 章除外	章改变

注：本表为笔者整理而来。

四、笔者所提建议的具体依据

（一）按照《联合国海洋法公约》的规定，国家管辖范围不仅包括了本国享有主权的领陆、领海和领空，而且也包括了国家有权行使部分主权权利的专属经济区和大陆架。国家管辖范围外的地区仅包括了公海和国际海底区域。

实际上，随着《联合国海洋法公约》的出台，改变了领海以外都是公海的划分，即将领海以外的海域又区分为一国的专属经济区（EEZ）和公海。具体讲，《联合国海洋法公约》按照海域路径，将海洋划分为内水、领海、毗连区、专属经济区、公海（海底则还包括大陆架及国际海底区域）。①此后各国不断完善和巩固关于建立专属经济区或是专属渔业区（EFZ）的实践。而南极的地位目前属于未定状态。因此，领海、专属经济区、大陆架拓展了我国的海洋国土和管辖海域；专属经济区、大陆架及国际海底区域制度的确立，则使得海洋资源的来源地也扩展到了更加广阔的区域。

而我国现行的非优惠性原产地规则和目前加入的自贸区原产地规则并没有根据《联合国海洋法公约》的最新规定，相应扩大我国管辖范围海域内产品的原产地地理范围。

与主权不完全相同的是，专属权指的是某些前提条件下的权利。权益则指的是基于权利而享有的利益。

《联合国海洋法公约》第五十六条明确规定沿海国对专属经济区内享有如下经济活动的“主权权利”。

沿海国在专属经济区内的权利、管辖权和义务

1. 沿海国在专属经济区内有：

（a）**以勘探和开发、养护和管理海床上覆水域和海床及其底土的自然资源（不论为生物或非生物资源）为目的的主权权利**，以及关于在该区内从事经济性开发和勘探，如利用海水、海流和风力生产能等其他活动的主权权利。

根据《联合国海洋法公约》第六十二条的规定，沿海国对本国专属经济区内的渔业资源享有排他性的主权，有权制定有关养护和管理的规则与措施并实施本国的有关法律法规，并要求外国渔船遵守此类规定。

我国在批准《联合国海洋法公约》的同时声明如下：

一、按照《联合国海洋法公约》的规定，中华人民共和国享有二百海里专属经济区和大陆架的主权权利和管辖权。

专属经济区制度的核心内容是沿海国在渔业开发和管理方面的主权权利，即专属经济区＝专属渔区。“专属经济区是国家管辖范围区域，不是公海的一部分”②事实上，20

---

①〔德〕沃尔夫冈・格拉夫・魏智通：《国际法》，吴越，毛晓飞译，北京，法律出版社，2002年。

①《张炳喜同志在第二委员会非正式协商小组会上驳斥苏修“经济区是公海的一部分”的发言》（1975年4月28日），参见：中国代表团出席联合国有关会议文件集。

世纪80年代之前通过国内立法主张200海里管辖水域的国家，均将渔业管辖权作为主要内容，美国、冰岛、英国、日本等则直接将渔业范围扩大到200海里。美国直接通过国内立法，禁止外国渔船在美国专属经济区作业。①

（二）《中华人民共和国进出口货物原产地条例》有关海产品的完全原产规定。

《中华人民共和国进出口货物原产地条例》（2004年）第四条：本条例第三条所称完全在一个国家（地区）获得的货物，是指：

……

（九）**由合法悬挂该国旗帜的船舶从其领海以外海域获得的海洋捕捞物和其他物品；**

（三）《联合国海洋法公约》有关公海的规定

《联合国海洋法公约》下的“公海”是指各国内水、领海、群岛水域、专属经济区以外不受任何国家主权管辖和支配的海域区域。可以讲，公海=国际海域。但是由于大陆架及其国际海底区域的存在，公海仅涉及上覆水域及其上空，而其上覆水域的资源，也主要是生物资源（即渔业资源）。全球海洋64%都处于国家管辖范围以外的公海和国际海底区域。

《联合国海洋法公约》第八十七条规定了公海自由原则，而公海捕鱼自由是公海自由的传统内容之一，即：

“1. 公海对所有国家开放，不论其为沿海国或内陆国。公海自由是在本公约和其他国际法规则所规定的条件下行使的。公海自由对沿海国和内陆国而言，除其他外，包括：

（e）捕鱼自由，但受第二节规定条件的限制；

第八十九条　对公海主权主张的无效

任何国家不得有效地声称将公海的任何部分置于其主权之下。”

（四）《中华人民共和国专属经济区和大陆架法》第五条规定：“任何国际组织、外国的组织或者个人进入中华人民共和国的专属经济区从事渔业活动，必须经中华人民共和国主管机关批准，并遵守中华人民共和国的法律、法规及中华人民共和国与有关国家签订的条约、协定。”

（五）《中华人民共和国渔业法（2013修正）》

第八条

外国人、外国渔业船舶进入中华人民共和国管辖水域，从事渔业生产或者渔业资源

① 陈德恭：《现代国际海洋法》，北京，海洋出版社，2009年。

调查活动，必须经国务院有关主管部门批准，并遵守本法和中华人民共和国其他有关法律、法规的规定；同中华人民共和国订有条约、协定的，按照条约、协定办理。国家渔政渔港监督管理机构对外行使渔政渔港监督管理权。

（六）《中华人民共和国海关法（2017修正）》

第五十六条

下列进出口货物、进出境物品，减征或者免征关税：（五）**法律规定减征、免征关税的其他货物、物品**；（六）中华人民共和国缔结或者参加的国际条约规定减征、免征关税的货物、物品。

（七）《远洋渔业企业运回自捕水产品不征税的暂行管理办法》

为更好地贯彻执行国家对远洋渔业企业运回自捕水产品的原产地规则，加强对远洋渔业企业的管理，**2000年海关总署和农业部联合制定了《远洋渔业企业运回自捕水产品不征税的暂行管理办法》，对远洋渔业企业在公海或按照有关协议规定在国外海域捕获并运回国内销售的自捕水产品及其加工制品，不征收关税和进口环节增值税。**

第二条　本暂行管理办法所称的贯彻执行国家制定的原产地规定是指，我国远洋渔业企业在公海或按照有关协议规定，在国外海域捕获并运回国内销售的自捕水产品（及其加工制品），视同国内产品不征收进口关税和进口环节增值税。

（八）《中华人民共和国行政复议法》释义

第四十一条　外国人、无国籍人、外国组织在中华人民共和国**境内**申请行政复议，适用本法。

【释义】本条是关于涉外行政复议的规定。

第三，这里的“境内”的“境”，是指“关境”，即我国海关所管辖的“境”，不包括台湾省、香港特别行政区和澳门特别行政区。

（九）《中华人民共和国工会法》释义

第一章　总则

第三条　在中国**境内**的企业、事业单位、机关中以工资收入为主要生活来源的体力劳动者和脑力劳动者，不分民族、种族、性别、职业、宗教信仰、教育程度，都有依法参加和组织工会的权利。任何组织和个人不得阻挠和限制。

【释义】　这一条是对劳动者的工会结社权的规定。

这里所谓的在中国境内的“境内”的“境”，是指“关境”，即我国海关所管辖的“境”，

不包括台湾省、香港特别行政区和澳门特别行政区。中国境内的企业、事业单位、机关的职工因公派驻境外，仍然可以依照本法的规定申请加入中国工会，享有工会会员的一切权利，同时也应履行会员义务。

（十）国家税务总局、国家海洋局关于发布《海洋工程环境保护税申报征收办法》的公告（国家税务总局公告 2017 年第 50 号）

第一条 为规范海洋工程环境保护税征收管理，根据《中华人民共和国环境保护税法》（以下简称《环境保护税法》）、《中华人民共和国税收征收管理法》及《中华人民共和国海洋环境保护法》，制定本办法。

第二条 本办法适用于在中华人民共和国内水、领海、毗连区、专属经济区、大陆架以及中华人民共和国管辖的其他海域内从事海洋石油、天然气勘探开发生产等作业活动，并向海洋环境排放应税污染物的企业事业单位和其他生产经营者（以下简称纳税人）。

关于《国家税务总局国家海洋局关于发布〈海洋工程环境保护税申报征收办法〉的公告》的解读

二、《办法》的主要内容

（一）关于纳税人

基于《环境保护税法》对“其他海域”未作明确定义，与《中华人民共和国海洋环境保护法》相衔接，《办法》第二条将其细化为“中华人民共和国内水、领海、毗连区、专属经济区、大陆架以及中华人民共和国管辖的其他海域”。并与现行海洋工程排污费制度相衔接，明确《办法》适用于上述海域范围内从事海洋石油、天然气勘探开发生产等作业活动，并向海洋环境排放应税污染物的企业事业单位和其他生产经营者。

（十一）《中华人民共和国环境保护税法》

第一章　总则

第一条 为了保护和改善环境，减少污染物排放，推进生态文明建设，制定本法。

第二条 在中华人民共和国领域和中华人民共和国管辖的其他海域，直接向环境排放应税污染物的企业事业单位和其他生产经营者为环境保护税的纳税人，应当依照本法规定缴纳环境保护税。

（十二）笔者建议在《海关法》中，将中国海关的关境或者海关的管辖范围明确界定为我国的专属经济区和大陆架，这将有助于将《海关法》与《关于外商参与打捞中国沿海水域沉船沉物管理办法》相衔接。

这是因为，依据目前我国《关于外商参与打捞中国沿海水域沉船沉物管理办法》第十五条和第十六条的规定，**外商依法在中华人民共和国内海、领海外属中华人民共和国**

管辖的其他海域内捞获的沉船沉物，由参与打捞的中外双方按照合同规定的比例对捞获物或者其折价进行分成，并可以按照国际市场价格由中国政府有关部门收购或者由外商依法纳税并办理海关手续后运往国外。可见，按照《关于外商参与打捞中国沿海水域沉船沉物管理办法》的规定，中国海关的管辖范围应该包括中国的专属经济区和大陆架。

（十三）目前美国等发达国家在普惠制下对最不发达国家原产地的产品给予零关税等优惠的规定。

美国普惠制根据总统授权对从指定的发展中国家和地区进口约 3 500 种产品可以免税进入美国市场，某些其他产品（约 1 500 种产品）仅在从指定为最不发达受惠国（LDBDCs）的国家进口时才允许免税待遇。2005 年 10 月，美国《非洲增长与机遇法案》（Africa Growth and Opportunity Act，以下简称 AGOA）经过美国参众两院批准后正式生效，免除了来自撒哈拉以南非洲国家一篮子产品进入美国市场所需缴纳的关税。

欧盟普惠制规定，对最不发达国家除了武器之外的产品全部实施零关税。

（十四）根据《联合国海洋法公约》第九十二条“船舶的地位”，在公海上的船舶一般情况下仅受船旗国的专属管辖和有关国际法规则的约束，不受任何其他国家的管辖和支配；而且在公海捕捞的海产品的收益为船旗国的渔船所获得。因此，船旗国的“管辖权”和“收益权”使得应该将在公海捕获的海产品的原产地确定为以船籍地为准。

（十五）《联合国海洋法公约》有关历史性水域的规定

历史性水域是指历史性权利所涵盖的海域。[①]1962 年联合国国际法委员会在《历史性水域，包括历史性海湾的法律制度》的文件中认为，主张历史性水域的国家实际上是主张一片按照一般国际法为公海的水域。也就是说，获取历史性水域的权利是一个原本合法的所有者被沿海国取代的过程。这一过程的实现应该满足三个条件：（1）主张此历史性权利的国家对该水域行使权利；（2）该权利应在一段时间内连续行使；（3）该权利的行使为各国所容忍。[②]例如，中国在南海的活动已有 2 000 多年的历史。中国最早发现、命名和开发经营南海诸岛。中国历代政府通过行政区域设置、军事巡航、海难救助等方式，对南海诸岛及其附近海域进行管辖。《开罗宣言》和《波茨坦公告》明确要求日本归还窃取的中国领土。二战结束后，中国据此派军政官员收复西沙、南沙群岛并派兵驻守，恢复对南海诸岛及其附近海域行使主权。[③]

---

① 黄异：《海洋秩序与国际法》，台北，学林文化事业有限公司，2000 年。

② “Judicial Regime of Historic Waters，including Historic Bays”，in *Yearbook of the international Law Commission*，1962，Vol.II

③ 人民日报：菲律宾妄称中国人民在历史上没有在南海活动，载于 http://news.youth.cn/gj/201605/t20160523_8032845.htm，2022 年 10 月 9 日访问。

（十六）《联合国海洋法公约》有关群岛水域的规定

《联合国海洋法公约》第四十九条“群岛水域、群岛水域的上空、海床和底土的法律地位”规定：

1. 群岛国的主权及于按照第四十七条划定的群岛基线所包围的水域，称为群岛水域，不论其深度或距离海岸的远近如何。

2. 此项主权及于群岛水域的上空、海床和底土，以及其中所包含的资源。

（十七）《加拿大—欧盟自贸协定（CETA）》“原产地规则与程序”议定书

其中第 1.3 条—“地理范围的适用范围”规定：

除非另有说明，否则本协议适用：

a. 加拿大：

i. 加拿大的陆地、空域、内水和领海；

ii. **加拿大的专属经济区**，通过其国内法律确定，符合了《联合国海洋法公约》，1982 年 12 月 10 日在蒙特哥湾（“联合国海洋法公约”）完成的；和，

iii. 加拿大大陆架，由其国内法确定，符合《联合国海洋法公约》第六部分；

b. 对于欧洲联盟，适用于《欧洲联盟条约》和《欧洲联盟运作条约》并在这些条约规定的条件下适用的领土。关于货物关税待遇的规定，本协定也适用于本分段第一句未涵盖的欧盟关税区域。

《加拿大—欧盟自贸协定（CETA）》“原产地规则与程序”议定书

第 4 条—完全获得的产品

1. 以下产品应视为在一方完全获得：

j. 从以下海底、底土或海底采集或提取的矿产品和其他非生物自然资源：

i. 1982 年 12 月 10 日在蒙特哥湾（《联合国海洋法公约》）根据国内法并符合《联合国海洋法公约》第五部分确定的**加拿大专属经济区**或欧洲联盟成员国（《联合国海洋法公约》）；

ii. **加拿大大陆**架或欧洲联盟成员国，由国内法确定并符合《联合国海洋法公约》第六部分；要么……

（十八）南锥体共同市场原产地规则的最初文本的第 1 条

南锥体共同市场原产地规则的最初文本的第 1 条也将在专属经济区捕捞/开采的海产品/矿物的原产地判定为沿海国，而不论捕捞船和开采企业的国籍地：“下列产品应被视为是在缔约方的境内生产的：（i）在其领土、领水或专属经济区提取的矿物、收获或采集的植物产品、出生并饲养的动物产品，包括狩猎及捕捞的产品。”①

①〔意〕斯特凡诺·伊那马：《国际贸易中的原产地规则》，北京，中国海关出版社，2012 年。

第四节 建议我国及时更新海洋矿产品的完全原产判定标准

一、笔者建议的内容及其对维护我国海洋权益的作用

笔者建议分别针对在如下七个不同海域内开采的矿产品制定七个不同的原产地标准。

1. 将内水内开采的矿产品的原产地确定为以内水主权国为准；

2. 将群岛水域内开采的矿产品的原产地确定为以群岛水域主权国为准；

3. 将领海内或从其海底所采集的矿产品原产地确定为领海主权国；

4. 将在一国的专属经济区和大陆架的海床和底土采得的矿产品的原产地明确确定为以沿海国（即专属经济区和大陆架的所属国）为准，而不再以现行的“从领海以外的海底或海底底土中采得的产品，且该国对海底及其底土拥有单独开采的权力的国家”为准。这样做的好处是：由于在中国专属经济区和大陆架开采的矿产品的原产地为中国，因此这些矿产品进入中国销售时虽然需要接受中国海关的监管，但是不应该被征收进口关税。

5. 将在国际海底区域的海床和底土采得的矿产品的原产地“独创性”地确定为“国际海底区域”，而不再将在国际海底区域的海床和底土采得的矿产品的原产地确定为被联合国国际海底管理局授予“专属”开采权的国家为准。这样，就能够更加体现《联合国海洋法公约》早已确定的“国际海底区域”的矿产品为全人类共同继承的遗产这一原则。

6. 将中国企业在挪威的斯瓦尔巴特群岛及由《联合国海洋法公约》赋予的“虚拟”专属经济区和大陆架地域内开采的矿产品，“就相关自贸区协定而言”，视同为开采国（例如中国）或判定为斯瓦尔巴特群岛，从而确保享受在中国所签订的自贸区内以优惠关税出口到自贸区内其他成员方的待遇。

7. 对于产自按照《南极条约》暂时冻结主权要求的南极等地区的包括矿产品和生物遗传物质在内的产品等，如果上述产品是从南极地区的陆地上获取的，则应该判定其原产地为南极；如果上述产品是从南极地区的海床和底土上获取的，则可以签发标明原产地为“国际海底区域”的原产地证书，借此表明我国所持的“南极地区为全人类共同继承的遗产”的立场。

由于《南极条约》目前只是暂时冻结主权要求，而不是否定主权要求，因此为了显示中国在南极地区的存在，笔者建议：我国可以对中国企业或者个人在南极陆地上获得物品签发“由中国在南极地区获取”（Produced/Gained in Antarctic by China）的原产地证书。

（一）将在国际海底区域的海床和底土采得的矿产品的原产地“独创性”地确定为“国际海底区域”对维护我国海洋权益的作用。

我国在海底资源勘探开发领域已经取得了重大进展。例如，我国可燃冰试采圆满完成。国土资源部中国地质调查局宣布，我国全球首次试开采可燃冰成功。我国 2017 年 5 月在南海北部神狐海域进行的可燃冰试采获得成功，这标志着我国成为全球第一个实现了在海域可燃冰试开采中获得连续稳定产气的国家。[①]可燃冰是由天然气和水在高压低温的条件下形成的类冰状的结晶化合物，预测资源量相当于已发现煤、石油、天然气等化石能源的两倍以上，**是世界公认的一种清洁高效的未来替代能源**，我国可燃冰开采技术领跑世界。

另外，中国目前是被联合国国际海底管理局授予在国际海底区域“专属”开采权最多的国家。据中国地质调查局公布，中国是世界上第五个登记注册为国际海底先驱投资者的国家，在西太平洋、西南印度洋脊、东太平洋 CC 区拥有多金属结核、多金属硫化物、富钴铁锰结壳等矿种的 4 个矿区，面积总计 16.1 万平方千米。[②]

而按照联合国国际海底管理局的要求，在国际海底区域被授予“专属”开采权的国家必须将由此获得的一部分收益上缴给代表全人类的联合国国际海底管理局，以便后者“分享”给世界其他各国。因此，**笔者建议我国目前亟待在国际范围内主张将在国际海底区域的海床和底土采得的矿产品的原产地“创造性”地修改为“国际海底区域”，并且建议世界各国均取消对进口的原产地为“国际海底区域”矿产品的进口关税。**这一建议有助于中国开采的这些矿产品以零关税出口到世界其他国家，因此上述建议符合我国作为世界矿产品开采和消费大国的利益。

笔者认为，我国可以提出上述主张有充足的依据，即：联合国已经确定“国际海底区域”的矿产品为全人类共同继承的遗产，因此要求在国际海底区域被授予“专属”开采权的国家必须将由此获得的一部分收益上缴给联合国国际海底管理局，以便后者“分享”给世界其他各国，**这些“分享”给世界其他各国的收益应该视同为进口关税。**

我国对涉及 HS25/26/27 章矿产品的最惠国关税平均是 3.6%，最高为 9%，最低为 0。对最不发达国家全部实行 0 关税，我国对自贸协定项下的大部分矿产已经降为 0 关税，未降为 0 关税的主要涉及亚太贸易协定、巴基斯坦、韩国和瑞士。我国主要矿产品的进口关税税率如表 3－2 所示。

---

① 《国土资源部：我国全球首次试开采可燃冰成功》，载于 http://www.sohu.com/a/141955820_698760，2022 年 10 月 9 日访问。

② 张涛：《参与全球海洋治理体现大国责任担当》，《中国国土资源报》2017 年 5 月 17 日第 6 版。

表 3-2　　我国主要矿产品的进口关税税率

主要矿产品	最惠国税率
海水	0
原油	0
天然气	0
矿砂	0

依据国际海底管理局的资料，2010 年至 2014 年，“国际海底区域”矿产资源所含金属所生产的产品净消费量中，中国净消费量累计达到 501 204 600 000 美元，占世界总消费量的 45.3%，居世界首位；“国际海底区域”矿物所含金属所产商品的进口国中，中国也以 408 363 400 000 美元占世界总进口值 30.2%的数据高居榜首。这表明我国对金属的巨大消费和严重的进口依赖，从而对“国际海底区域”的开采提出了迫切的需求。①

目前，为鼓励和支持我国公民、法人或者其他组织在深海海底区域资源勘探、开发和相关环境保护、资源调查、科学技术研究和教育培训等方面进行实质性活动，**笔者建议我国目前应该明确规定我国公民、法人或者其他组织以及受我国公民、法人或者其他组织有效控制的其他主体合法在国际海底区域的海床和底土采得的矿产品，于运回中国国内时给予免关税待遇。**

另外，在世界范围内将在国际海底区域的海床和底土采得的矿产品的原产地独创性地确定为“国际海底区域”，而不再确定为开采国，有助于减少目前作为被联合国国际海底管理局授予在国际海底区域“专属”开采权最多的国家——中国的出口额统计，相应降低中国的贸易顺差统计，从而有助于减缓由此引发的贸易摩擦。

中国应该积极参与联合国海洋法非正式磋商，围绕国际社会关注的蓝色经济、极地、深海等，在全球性和区域性规则制定中发出中国声音、提供中国方案、贡献中国智慧。②

（二）将在南极开采的矿产品的原产地独创性地确定为“南极”对维护我国海洋权益的作用

虽然按照《南极条约》体系的规定，目前南极暂时不允许开矿和旅游等商业活动，但是 2010 年我国海关已经遇到了如何判定获取自南极陆地上的相关物品原产地的窘境，我国海关目前对此判定为“原产地不明”。因此，我国目前亟待填补南极地区物品原产地标准的空白，而不是简单判定为“原产地不明”。

① 项雪平：《一致与特色：比较法视野下的中国“区域”立法》，高之国，贾宇：《中国海洋法年刊（2017）》，北京，中国民主法治出版社，2018 年。

② 沈满洪，余璇：《习近平建设海洋强国重要论述研究》，《浙江大学学报（人文社会科学版）》2018 年第 6 期，第 5～17 页。

2010 年海关总署就南极科考采集的土壤原产地确定问题下发通知，为正确确定在南极条约地区采集的天然土壤的原产地，经商外交部、国家海洋局，现就有关事宜通知如下：1961 年正式生效的《南极条约》（我国于 1983 年加入）实质上冻结了南极条约地区（即南纬 60 度以南地区，包括一切冰架）的领土归属问题，既不承认也不否认对南极条约地区的领土主权要求。为了规范、统一申报，今后从南极条约地区采集进口的天然生成的物品，其原产国暂定为“原产地不明”。有关货物申报进口时原产地申报为“国别不详”（代码 701），并需在报关单“标记唛码及备注栏”注明“南极”字样。

我国《进出口关税条例》规定，进口关税设置最惠国税率、协定税率、特惠税率、普通税率、关税配额税率等税率。原产地不明的货物适用普通税率。

（三）将在一国的专属经济区和大陆架的海床和底土采得的矿产品原产地明确确定为以沿海国（即大陆架的所属国）为准，这样就可以将中国企业在国外专属经济区和大陆架开采的矿产品判定为专属经济区和大陆架所在的沿海国，从而得以享受免关税待遇直接“出口”至该沿海国。

我国深海关键技术已经取得重大突破，初步具备 4 500 米深海探测作业能力，取得了“蛟龙号”载人潜水器、“海马号”4 500 米级遥控潜水器、“海燕号”深海滑翔机等一批重大成果。我国海洋资源已实现近海开发与利用，初步具备深水油气作业能力。我国海洋油气资源开发与利用技术具备了近海勘探开采能力，取得了“海洋石油 981”等一批重大成果。①

（四）将中国企业在挪威的斯瓦尔巴特群岛及由《联合国海洋法公约》赋予的“虚拟”专属经济区和大陆架地域内开采的矿产品，“就相关自贸区协定而言”，视同为开采国（中国）或判定为斯瓦尔巴特群岛，不仅可以确保享受在中国所签订的自贸区内以优惠关税出口到自贸区内其他成员方的待遇，而且还可以扩大我国的海洋权益。

这是因为，1920 年 2 月 9 日的《斯匹茨卑尔根群岛条约》规定所有缔约国享有利用条约区域内一切资源的自由（包括捕鱼、采矿等），因此中国在斯瓦尔巴特群岛及其所涉海域矿产品的开采权并不是“专属”的。

（五）笔者建议中国尤其应该在中国—冰岛自贸区原产地规则中规定：中国企业/冰岛企业在挪威的斯瓦尔巴特群岛及由《联合国海洋法公约》赋予的“虚拟”专属经济区/大陆架地域内捕捞/开采的海产品/矿产品的原产地，“就相关自贸区协定而言”，以渔船/企业的国籍地为准（即视同为中国/冰岛），从而确保享受在中国—冰岛自贸区内以优惠关税出口到对方国家。这样，就可以进一步强化中国在北极的“存在”和进一步扩展中国的海洋权益。

① 沈满洪，余璇：《习近平建设海洋强国重要论述研究》，《浙江大学学报（人文社会科学版）》2018 年第 6 期，第 5～17 页。

（六）国际海底区域资源的所有权归全人类共有，因此其所有权与勘探开发权相互分离。笔者认为现行的原产地规则此处的“独享”开采权的含义不清，因此容易引起不同的解读。

这是因为，“独享”开采权究竟指的是开采的公司中百分之百的股权为该国所有呢，还是指的是只能够由中国企业在开采矿产品呢，还是指的是独有的排他的开采权利呢？如果是第二种含义的话，则与我国希望邀请其他国家石油企业与中国石油企业在中国实际控制的“有争议的”大陆架“共同开发”原油，从而达到争取尽可能多的国家承认我国海洋管辖区域的愿望背道而驰。为此，笔者建议在今后的相关原产地规则中，应该将一国在其大陆架上的“独享”开采权替换为更为精准的《联合国海洋法公约》中所采用的词汇“专属”开采权，即：**如果沿海国不勘探大陆架或开发其自然资源，任何人未经沿海国明示同意，均不得从事这种活动。**这样也有助于吸引其他国家企业与我国企业一起合作在包括争议海域在内的相关专属经济区、大陆架开采矿产品，以更好地贯彻我国提出的“主权归我、搁置争议、共同开发”的方针，落实管控危机和资源共享的基本政策，有利于营造“合作和平和谐之海”的良好局面。

《联合国海洋法公约》有关“专属”权利的具体规定：

第一百三十六条　人类的共同继承财产

“区域”及其资源是人类的共同继承财产。

第一百三十七条　“区域”及其资源的法律地位

1. 任何国家不应对“区域”的任何部分或其资源主张或行使主权或主权权利，任何国家或自然人或法人，也不应将“区域”或其资源的任何部分据为己有。任何这种主权和主权权利的主张或行使，或这种据为己有的行为，均应不予承认。

2. “区域”内资源的一切权利属于全人类，由管理局代表全人类行使。这种资源不得让渡。但从‘区域”内回收的矿物，只可按照本部分和管理局的规则、规章和程序予以让渡。

第七十七条　沿海国对大陆架的权利

1. 沿海国为勘探大陆架和开发其自然资源的目的，对大陆架行使主权权利。

2. 第 1 款所指的权利是专属性的，即：如果沿海国不勘探大陆架或开发其自然资源，任何人未经沿海国明示同意，均不得从事这种活动。

3. 沿海国对大陆架的权利并不取决于有效或象征的占领或任何明文公告。

4. 本部分所指的自然资源包括海床和底土的矿物和其他非生物资源，以及属于定居种的生物，即在可捕捞阶段在海床上或海床下不能移动或其躯体须与海床或底土保持接触才能移动的生物。

第八十一条　大陆架上的钻探

沿海国有授权和管理为一切目的在大陆架上进行钻探的专属权利。

另外，《中华人民共和国专属经济区和大陆架法》第四条规定：“中华人民共和国为勘查大陆架和开发大陆架的自然资源，对大陆架行使主权权利。中华人民共和国对大陆架的人工岛屿、设施和结构的建造、使用和海洋科学研究、海洋环境的保护和保全，行使管辖权。**中华人民共和国拥有授权和管理为一切目的在大陆架上进行钻探的专属权利。**本法所称大陆架的自然资源，包括海床和底土的矿物和其他非生物资源，以及属于定居种的生物，即在可捕捞阶段在海床上或者海床下不能移动或者其躯体须与海床或者底土保持接触才能移动的生物。”

另外，**按照《联合国海洋法公约》的规定，任何国家在国际海底区域的开采活动必须与联合国国际海底管理局的企业部“合作”，开采技术也不能由开采者独享。**因此，错误地要求“独享”的开采权实际上也将我国在国际海底区域开采的矿产品排除在了我国原产地货物的范围内，致使这些矿产品无法享受我国加入的相关自贸区优惠待遇。

按照中国—瑞士自贸区原产地规则第3.3条“完全获得产品”的第八种方式为“在缔约一方领海以外根据该方**依照国际法制定的国内法拥有开发权**的海床或底土提取的产品”。

为此，笔者建议：也可以“酌情”借鉴中国—瑞士自贸区原产地规则的上述规定，在中国已经和将要签署的自贸区原产地规则中做如下修正和规定：“领土以外（而不是中国—瑞士自贸区原产地规则中规定的“领海”以外，因为领海包括在一国的领土范围内），**依国际法制定的国内法**拥有开发权……且为一成员方/成员方企业/成员方自然人所提取……”这样，就可以将我国在国际海底区域、挪威的斯瓦尔巴特群岛及其海域开采的矿产品判定为我国原产地或判定为斯瓦尔巴特群岛或南极，从而得以享受我国加入的自贸区优惠待遇，以切实维护和扩大我国的海洋权益。

二、现行原产地规则的相关错误

现行的原产地规则仅区分了领海和公海，即将领海以外的海域都视为公海，从而将从我国领陆、领海内或从其海底所采集的矿产品的原产地确定为领海主权国——我国，而将在我国领海以外的海底或海底底土中采得的矿产品，且该国对海底及其底土拥有“专有”或者“单独”开采的权力的原产地确定为以开采国为准。

例如，《中华人民共和国进出口货物原产地条例》第四条：本条例第三条所称完全在一个国家（地区）获得的货物，是指：

（十一）从该国**领海以外享有专有开采权**的海床或者海床底土获得的物品。

再如《中国—冰岛自贸协定》第二十三条完全获得货物

根据第二十二条第一款，下列货物应当视为在一方境内完全获得：

（九）在一方的领海以外，该方**独享开发权**的海床或海床底土提取的产品。

三、笔者所提建议的具体依据

实际上随着《联合国海洋法公约》的出台，就海洋矿产品开采而言，改变了领海以外都是公海的划分，即将领海以外的海域又区分为一国的大陆架和国际海底区域，而国际海底区域是全人类共同继承的“共享”遗产，因此也不可能为一国“独享”（或者“专有”）或者“单独”开采权，而应该是“专属”开采权。“全人类共同继承的遗产”是一个革命性的概念，它在性质上不同于传统的海洋自由概念，因此深受中国政府支持。[①]另外，“专有”开采权力的含义既不精准，覆盖面也不广。例如，国际海底区域内资源的一切权利属于全人类，由管理局代表全人类行使。[②]中国企业经国际海底管理局批准在国际海底区域的某一区域的开采权，显然并不为中国所“专有”，但所开采的矿产品的原产地按照现行原产地规则却判定为中国。而“单独”开采权则有排斥不同国家“合作”开采之嫌。

（一）按照《联合国海洋法公约》第七十七条的规定，“专属权”是沿海国对大陆架的权利

按照《联合国海洋法公约》第七十七条的规定，沿海国为勘探大陆架和开发其自然资源的目的，对大陆架行使主权权利，即：“专属权”是沿海国对大陆架的权利。所谓“专属性”是指：如果沿海国不勘探大陆架或开发其自然资源，任何人未经沿海国明示同意，均不得从事这种活动。

《联合国海洋法公约》还硬性设置了350海里或2 500米等深线外100海里的最大宽度标准。

（二）沿海国对大陆架和专属经济区内资源的勘探和开发权利的具体内容并不完全相同

按照《联合国海洋法公约》第五十六条和第七十七条的规定，虽然沿海国对大陆架和专属经济区内资源的勘探和开发都享有主权权利，但两者权利的具体内容并不完全相同。沿海国在大陆架上的主权权利仅限于海床和底土的矿产资源等非生物资源以及定居种的生物，但在专属经济区内的权利则不仅包括200海里区域内大陆架的权利部分，而且还包括上覆水域内的生物资源，以及在区内从事的各种经济性开发和勘探活动；不仅负责自然资源的勘探开发，而且负责其养护和管理。[③]

（三）按照《中华人民共和国矿产资源法》的规定，在中华人民共和国领域及管辖海域的矿产资源属于国家所有

① 高健军：《中国与国际海洋法：纪念〈联合国海洋法公约〉生效10周年》，北京，海洋出版社，2004年。

②《联合国海洋法公约》第137条第2款。

③ 高健军　《中国与国际海洋法：纪念〈联合国海洋法公约〉生效10周年》，北京，海洋出版社，2004年。

第二条 在中华人民共和国领域及管辖海域勘查、开采矿产资源，必须遵守本法。

第三条 矿产资源属于国家所有，由国务院行使国家对矿产资源的所有权。地表或者地下的矿产资源的国家所有权，不因其所依附的土地的所有权或者使用权的不同而改变。

（四）《中华人民共和国对外合作开采海洋石油资源条例》的有关规定

第二条 中华人民共和国的内海、领海、大陆架以及其他属于中华人民共和国海洋资源管辖海域的石油资源，都属于中华人民共和国国家所有。

（五）《联合国海洋法公约》第一百三十六条规定“区域”及其资源是人类的共同继承财产

第一百三十七条 “区域”及其资源的法律地位

1. 任何国家不应对“区域”的任何部分或其资源主张或行使主权或主权权利，任何国家或自然人或法人，也不应将“区域”或其资源的任何部分据为己有。任何这种主权和主权权利的主张或行使，或这种据为己有的行为，均应不予承认。

2. 对“区域”内资源的一切权利属于全人类，由管理局代表全人类行使。这种资源不得让渡。但从“区域”内回收的矿物，只可按照本部分和管理局的规则、规章和程序予以让渡。

第一百三十三条 用语

（a）“资源”是指“区域”内在海床及其下原来位置的一切固体、液体或气体矿物资源，其中包括多金属结核；

（b）从“区域”回收的资源称为“矿物”。

将国家管辖海域外的海底作为“人类共同遗产”是国际经济新秩序的另一项诉求，目的是使不具备技术与资本条件的发展中国家能够公平地分享对非生物自然资源的开发收益。可见，现行的将在领海以外的海底采得的矿产品一概归入领海以外的海域，且一概以“‘独享’开采权”的开采国作为其原产地的做法已经过时。

（六）《中国—韩国自贸协定——原产地规则》有关条文

第 3.4 条 完全获得或者生产的货物

就第 3.2 条第（一）项而言，下列货物应当视为在一缔约方完全获得或生产：

（六）在一缔约方领海以外的水域、海床或底土得到的货物，只要该缔约方有权开发上述水域海床或底土。

（七）《中国—澳大利亚自贸协定——原产地规则》有关条文

第三条 完全获得货物

就本章第二条（一）项而言，下列货物应当视为在一方领土内完全获得或生产：

（六）在该方领海以外的水域、海床或底土提取的，除鱼类、甲壳类动物、植物及其他海洋生物以外的货物，只要该方根据国际法及国内法有权开发上述水域、海床或底土。

（八）《中国—东盟自贸协定——原产地规则》有关条文

规则三：完全获得产品

下列产品应视为规则二（一）所指的“完全在一成员方获得或生产”：

（六）在该成员方领水以外的水域、海床或海床底土获得的产品，但该成员方须按照国际法规定有权开发上述水域、海床及海床底土。

（九）《中华人民共和国深海海底区域资源勘探开发法》有关规定

自2016年5月1日起施行的《中华人民共和国深海海底区域资源勘探开发法》是我国第一部与国际海底区域相关的法律，旨在将我国完全认可的“国际海底区域”的国际法，通过国内立法的方式促使在国内的实施。其中规定：“第二条　**中华人民共和国的公民、法人或者其他组织从事深海海底区域资源勘探、开发和相关环境保护、科学技术研究、资源调查活动，适用本法。**

本法所称深海海底区域，是指中华人民共和国和其他国家管辖范围以外的海床、洋底及其底土。”

第五节　建议将我国现行的原产地证书扩展为十六种

一、笔者建议的内容

目前，就原产地证书标识的原产地地域的种类而言，原产地证书只有一种，即具体到某一国别的原产地证书。为此，笔者建议应该依据不同目的，除了传统的现行注明原产国的原产地证书以外，还应该将原产地证书中原产地地域的标识种类扩展为如下十六种原产地证书：

1. 创建“鱼源国”原产地证书；

2. 创建海产品“地理标志”原产地证书；

3. 创建具体到一个国家内部某一地理区域的“原始起源地”原产地证书；

4. 创建海产品捕捞/采摘的具体水域名称的原产地证书；

5. 虽有划界和管辖争议，但在达成了暂时“共同渔区”/“共同油气开发区”内获取的海产品/矿产品，签发“共同渔区”/“共同油气开发区”原产地证书；

6. 有划界和管辖争议，但在未达成暂时“共同渔区”/“共同油气开发区”内获取的海产品/矿产品，签发中国国别的原产地证书或中国XX地区原产地证书；

7. 中国与有关国家已经划界，但在达成了暂时“共同渔区”/“共同油气开发区”内获取的海产品/矿产品，明确在原产地证书中体现划界后的主权国；

8. 相关自贸区项下的中国—XXX 跨境经济合作区原产地证书；

9. 创设南极原产地证书；

10. 针对在国际海底区域海床和底土采得的矿产品，签发注明原产地为“国际海底区域”的原产地证书；

11. 在涉及动植物卫生检疫措施和防辐射食品安全措施时，可以出具注明原产地“为”或者原产地“不是”某一个国家某一区域的海产品原产地证书；

12. 自贸区政府采购下本国货物和本国服务的原产地证书；

13. 为吸引和鼓励我国居民占岛驻礁，针对偏远的海岛和无人岛等欠发达地区，建议签发相关产品的欠发达地区本国货物和本国服务的原产地证书；

14. 签发中华人民共和国专属经济区和大陆架 XX 海域生态原产地保护区产品原产地证书；

15. 在公海和国际海底区域设立的“人工养殖区”内设立中华人民共和国“海上”生态原产地保护区，将在这些区域内收获和捕捞的海产品授予中华人民共和国生态原产地保护区产品资格；

16. 为切实维护消费者权益，笔者建议对鱼制成品中的重要原材料成分，签发原材料原产地证书。

二、笔者所提建议的具体依据及其对维护我国海洋权益的作用

（一）笔者建议我国创建“鱼源国”原产地证书

具体到我国的海洋权益，为扩大原产地证书在渔业管理和养护中的作用和用途，笔者建议我国设立“鱼源国”原产地证书，以加强保护我国作为“鱼源国”相关鱼种的资源（例如中华鲟）。

此处的“鱼源国”就是“原出生地”，对溯河产卵种群具有“家乡气味”的“思乡”吸引力。按照目前大多数非优惠性和自贸区优惠性原产地规则的规定，外国渔船（例如日本渔船）在中国专属经济区和公海捕捞的对源自我国河流的溯河产卵种群（例如中华鲟），原产地通常被判定为渔船的国籍地（例如日本），但此类溯河产卵种群（例如中华鲟）的“鱼源国”和“原出生地”却是中国，此时就会出现“来源地”与“原产地”不同的情况。

《联合国海洋法公约》考虑到这一种群源自其河流的国家，即“鱼源国”的特殊地位，承认其对溯河产卵种群应有主要利益和责任，即：（1）捕捞溯河产卵种群的渔业活动，在一般情况下，只能在其专属经济区外部界限向陆一面的一切水域，即专属经济区、领海和内水中进行，鱼源国有权也有责任制订在这些水域中捕捞这一种群的适当管理措施，以确保其养护。（2）但如果前述规定引起鱼源国以外的国家经济失调，作为例外，关于

在专属经济区外部界限以外进行的这种捕捞，有关国家应保持协商，以期就这种捕捞的条款和条件达成协议，并适当顾及鱼源国对这些种群加以养护的要求和需要。(3)“鱼源国”与在其专属经济区外部界限以外捕捞这种溯河产卵种群的其他国家进行的协商中，可确定源自其河流的种群的总可捕捞量。[①]

按照《中华人民共和国专属经济区和大陆架法》第六条的规定，我国对源自本国河流的溯河产卵种群，享有主要利益。为此，我国在管理和分配给其他国家的我国作为“鱼源国”的“溯河产卵种群”的总可捕量时，可以借鉴此前美国对纺织品和服装所长期实行的国别配额制度。笔者对此的具体建议是：我国在分配和管理分配给其他国家的我国作为“鱼源国”的“溯河产卵种群”的总可捕量时，应该配套相关的具体管理措施，即：在我国签订的自贸区原产地规则及其进口监管措施中，增加规定以便要求此类种群捕捞国的出口商必须向相关进口国海关提交由我国政府部门授权机构签发的注明中国为“鱼源国”的“鱼源国”原产地证书，以此作为合法捕捞的注明，否则自贸区成员国应予以禁止进口，借此配合我国享有主要利益的源自我国河流的溯河产卵种群的养护和管理措施，切实落实我国就此与相关国家在国际养护领域的合作，并树立和保护我国对相关种群的“鱼源国”形象。

在这方面，国际上已经有了利用原产地证书进行“冲突矿产”和钻石进出口管理的实践，例如金伯利原产地证书制度。

“冲突矿产”一词源自“冲突钻石”，根据联合国的定义，“冲突矿产”指的是产自刚果民主共和国（简称刚果（金））东部以及乌干达、卢旺达、布隆迪、肯尼亚、坦桑尼亚和苏丹的锡、钽、钨、金四种矿产。这些矿产每年能给当地的非政府武装组织带来上亿美元的收入。这些收入有可能成为当地非法武装势力的资金来源，并导致严重的人权侵害及环境破坏。由于涉及冲突，上述国家出产的锡、钽、钨、金受到国际社会的广泛关注，并被一些国家和地区的政府或相关组织提出了加以管制的做法，主要通过公众披露、上游追溯、第三方审核的手段，减少或杜绝在全球矿产供应链中使用来自冲突地区出产的矿产的可能，断绝非政府武装势力的资金来源是社会文明和企业责任的一种体现。

联合国安理会2010年第1952号决议第19条建议所有国家，特别是该区域各国，定期公布包括黄金、锡石、钶钽铁矿石、黑钨矿、木材和木炭等自然资源的全部进出口数据，加强区域信息共享和联合行动，以调查和打击非法开采自然资源的区域犯罪网络和武装团体。

经济合作与发展组织（OECD）制定了《尽职调查指导方针：迈向无冲突矿产供应链》。

---

① 张海文：《〈联合国海洋法公约〉释义集》，北京，海洋出版社，2006年。

美国制定的《多德弗兰克华尔街改革和消费者保护法》（2010 年通过，2013 年正式实施）第 1502 章要求各上市公司需每年向美国证券交易委员会（SEC）以文件披露及报告有关他们产品内所使用的锡、钽（钶钽铁矿）、钨和金情况。涉及的范围包括：所有在美国上市的公司（如 Intel，Apple，中国移动，等等）；各大上市公司的海外子公司；各大上市公司的上游供应链，主要是冶炼厂（smelter）和精炼厂（refiner）必须接受“第三方审核（third-party audit）”，包括中国；冲突地区的矿场。

欧盟 2014 年制定了《关于建立一个供应尽职调查自我认证统一机制防范冲突影响及高风险地区金、钨、锡、钽矿及其矿石进口的建议》。

《金伯利进程国际证书制度》（KimberleyProcess），是指对毛坯钻石进出口贸易所实施的一项监管制度，其目的是根除非洲血钻石的非法贸易，维护非洲地区的和平与稳定。2002 年 11 月，联合国大会第 55/56 号决议通过了《金伯利进程国际证书制度》，2003 年 1 月 1 日起正式实施。这项制度规定，出口国必须为每一批出口的毛坯和半成品钻石封装并由出口国政府主管机构签发金伯利进程证书，进口国政府在验明出口国官方证书无误后，方可准予进口。对未附有金伯利进程成员签发的证明书的毛坯钻石进口以及面向非金伯利进程成员的毛坯钻石的出口都是禁止的。

金伯利进程证书是指带有某种特殊格式的防伪证书，它证明某批毛坯钻石货物符合证书制度的各项规定。证书中：原产国（Country of Origin（mining））是指一批毛坯钻石货物的原采挖国或提取国；来源地（Country of Provenance）是指进口文件上所记载的、一批毛坯钻石货物的最后一个出口地成员；出口（Export）是指从一成员领土的任何部分实际离开和（或）带出；进口（Import）是指实际进入和（或）带入一成员地理领土的任何部分。

从 2003 年 1 月 1 日起，我国将金伯利进程毛坯钻石国际证书制度规定的毛坯钻石列入《实施检验检疫的进出境商品目录》。归类在协调编码制度 7102.10、7102.21、7102.31 项下的毛坯钻石，属于《中华人民共和国货物进出口管理条例》中限制进出口货物，其进出口仅限于金伯利进程成员国之间进行。

金伯利进程已将全球毛坯钻石贸易透明度以及政府的监控达到空前高度。金伯利进程成员国的出产量已经超过了全球总产量的 99.8%。现在要出手冲突钻石已经越来越困难了。非法钻石交易大幅下降，国家税收上升，那些曾经饱受战乱影响的国家逐步控制了他们宝贵的自然资源。

需要注意的是，在金伯利钻石原产地证书制度中，钻石的原产国判定标准并不是非优惠原产地规则，而是专门制定了对应的原产地标准（见表 3–3）和金伯利钻石原产地证书。

表 3-3　　金伯利钻石原产地标准

HS	商品	原产国规定
71.02	未镶嵌的钻石，无论是否经过加工	
7102.10	一未分级	在这个国家中，它们在自然的或未经加工的状态下被获得
7102.21	一工业用： ——未经加工的或经简单锯开、劈开或粗磨的	在这个国家中，它们在自然的或未经加工的状态下被获得
7102.29	一工业用： ——其他	在这个国家中，7102.21 工业用钻被进一步加工（切割或研磨）
7102.31	一非工业用钻： ——未经加工的，或经简单锯开、劈开或粗磨	在这个国家中，它们在自然的或未经加工的状态下被获得
7102.39	一非工业用钻： ——其他	在这个国家中，这些非工业用钻石被切割、研磨或者用其他方式加工以获得最终的形状，无论是否经过抛光

（二）笔者建议我国可以创建海产品“地理标志”原产地证书，并在已经签订和将要签订的自贸区协议中增加自贸区成员方之间保护彼此海产品地理标志产品的义务，从而扩大成员方正宗知名原产地产品的进出口。

地理标志是指将产品或食品标识为源自缔约方领土或该领土内的某一区域或地区的标识，其中产品的特定质量、声誉或其他特征主要归因于其地理来源。鉴于中国历史悠久，为保护我国祖先遗留下来的丰富和宝贵的原产地资源，推进重点水产品的原产地产品保护工作，有效结合对外来水生生物入侵的防治，笔者建议：可以仿照《中国—智利自贸区协议》中相互保护对方国家相关产品地理标志的规定，在中国参加的其他自贸区协议中增加彼此承认和保护对方国家相关海产品地理标志证书，从而扩大成员方国家正宗知名原产地产品的进出口。

例如，大连海参所具有的质量、声誉取决于产地大连的自然因素和人文因素。2005年10月，大连海参经国家质量监督检验检疫总局审核批准以地理名称进行命名，成为我国第一批海产品地理标志产品。大连目前拥有大连海参、大连鲍鱼、大连河豚三个地理标志产品，有29家企业获准使用“大连海参”地理标志产品专用标志。大连海参从最初文化上的崇拜信物，到现今食品中的珍品佳肴，海参跟随大连时代变迁，融入大连人生活，并最终成为大连海产标志之一。①

目前《中国—智利自贸区协定》就明确规定了两国保护彼此的某些地理标志产品清单。

①《中国第一批海产品地理标志产品——大连海参》，载于 https：//new.qq.com/omn/20181023/20181023F0JO2R00？pgv_ref=aio2015&ptlang=2052，2018年11月2日访问。

《中国—智利自贸协定》与地理标志有关的条款：

第十条 地理标志

一、列入附件二（一）中的名称是中国的地理标志，属于《与贸易有关的知识产权协议》（TRIPS）协定第二十二条第一款规定的范围之内。这些名称将在另一缔约方境内按照该国国内法律法规，以与TRIPS协定规定一致的方式作为地理标志受到保护。

二、列入附件二（二）中的名称是智利的地理标志，属于TRIPS协定第二十二条第一款规定的范围之内。这些名称将在另一缔约方境内按照该国国内法律法规，以与TRIPS协定规定一致的方式作为地理标志受到保护。

笔者还建议可以创建具体到一个国家内部某一地理区域的原产地证书，以便将此类原产地证书与地理标志有机衔接，达到更好地保护消费者和企业权益的目的。例如，取得山东“龙口粉丝”地理标志的产品，其原产地并不局限于山东省龙口市，其实“龙口”粉丝的正宗原产地在山东省招远市，只是招远市原产地的粉丝通常由龙口港出运，而被大众误认为是“龙口”原产地的粉丝。为此，受到国家地理标志产品保护的招远市某一企业出产的粉丝，在粉丝包装上加贴我国国家地理标志产品保护标识的同时，再向最终消费者和经销商出示我国原产地证书签发机构签发的注明中国山东省招远市原产地粉丝的原产地证书，这样就可以确保消费者更加准确地了解“龙口粉丝”的真实原产地——招远，从而达到更好地保护消费者和企业权益的目的。

《加拿大—欧盟自贸协定》（CETA）《原产地规则与程序》议定书中与地理标志有关的条款：

C分节–地理标志

第20.16条–定义

就本小节而言：

地理标志是指将产品或食品标识为源自缔约方领土或该领土内的某一区域或地区的指示，其中产品的特定质量、声誉或其他特征主要归因于其地理来源；和

产品类别是指附件20–C中列出的产品类别。

第20.17条–范围

本小节适用于识别属于附件20–C所列产品类别之一的产品的地理标志。

第20.18条–列出的地理标志

就本小节而言：

附件20–A A部分所列的适应于地理标志，其标明产品来自欧盟领土或该领土内的某个地区或地区；和

附件20–A B部分列出的适应于地理标志，用于标识产品来自加拿大境内或该领土内的某个地区或地区。

第 20.19 条–附件 20–A 所列地理标志保护

1. 在审查了另一方的地理标志后，各方应根据本小节规定的保护等级对其进行保护。

2. 各方应为有关各方提供法律手段，以防止：

附件 20–A 所列另一缔约方的地理标志用于附件 20–A 中为该地理标志规定的产品类别的产品，并且：

不属于附件 20–A 中规定的该地理标志的原产地；要么

确实源自附件 20–A 中规定的该地理标志的原产地，但不是根据另一缔约方的法律和法规生产或制造的，如果该产品在另一缔约方消费则适用；

在指定或提供商品时使用任何手段，表明或暗示有关商品来源于真实原产地以外的地理区域，以误导公众对商品的地理来源；和

1967 年 7 月 14 日在斯德哥尔摩完成的《保护工业产权巴黎公约》（1967 年）第 10 条之二所指的不正当竞争行为的任何其他用途。

3. 即使在指明产品的真实来源或地理标志用于翻译或附有诸如“种类”“类型”“风格”“模仿”等表达的情况下，也应提供第 2（a）分段中提到的保护。

……

第 20.20 条–同名地理标志

1. 如果缔约方的同名地理标志属于同一产品类别的产品，则每一缔约方应确定有关同名标志相互区别的实际条件，同时考虑到确保公平的必要性、对有关生产者的待遇以及消费者不会被误导。

（三）笔者建议创建具体到一个国家内部某一地理区域的“原始起源地”原产地证书。

具体到一个国家内部某一地理区域的产品“原始起源地”原产地证书可以有效保护历史悠久的相关产品的最初起源地。例如，安徽省宣城市是宣纸的起源地，随着技术的扩散和发展，现在四川省也能够生产宣纸。这样，对于宣纸的起源地安徽省宣城市企业生产的宣纸签发宣纸的“起源地”原产地证书，就能够在出口到自贸区其他成员国时在国外消费者心目中建立该商品的中国正宗“起源地”形象，有助于更加广泛地树立中国历史文明古国的良好形象，并更加有力地保护我们老祖宗留下的非物质和物质文化遗产，能够达到更好地保护消费者和我国“起源地”企业权益的目的。

（四）笔者建议创建海产品捕捞/采摘的具体水域名称原产地证书。

由于海产品的捕捞地并不一定等于原产地，致使中国目前海产品原产地监管方面存在一定的混乱，造成将捕捞证书误称为原产地证书的情形。

我国农业农村部出具的金枪鱼等产地证书实际上是捕捞证书，其中有“捕捞地”的表述和如下语句：“兹证明....（国家或地区）....号渔船本次进口的上述产品为合法捕捞证明产品”。而捕捞地并不一定是国际贸易中所通常定义的原产地，而且农业农村部相关文

件也“自相矛盾”地规定：“原产地申报按有关规定办理”。我国农业农村部出具的金枪鱼等产地证书上并没有原产地的描述，所以不应该称为原产地证书，实际上只是捕捞证书，与原产地证书并不完全相同。例如，A 国渔船进入 B 国领海捕捞的金枪鱼原产地应该是捕捞地 B 国，而不是船籍国 A。但是，A 国渔船进入公海捕捞的金枪鱼原产地应该是船籍国 A，而不再是捕捞地“公海”，此时就出现了捕捞地并不等于原产地的情况。鉴于此，WTO 原产地规则协议中所定义的原产地的概念非常广泛。为此笔者建议：为了明确和准确起见，我们在起草和制订相关原产地规则时必须加上如下语句：“就本规则而言，原产地是指……”。

签发标明海产品捕捞/采摘的具体水域名称原产地证书可以确保消费者准确知晓海产品的真实地理来源地。例如，日本农林水产省曾在 2004 年 6 月 18 日向 WTO 各成员散发了一项法规名称为《加工食品的质量标签标准修正案概要》的 TBT 通报（通报号为 G/TBT/N/JPN/123），该法规要求包括水产品在内的 20 种加工食品必须标注其主要成分的原产地。主要原料是指在原材料中所占重量比重超过 50%的原材料。对于水产品，当原料是进口水产品时，在原产国国名上需并列写出水域的名称；当原材料为日本国产材料时，要标注“本国国产”，作业（包括采摘及捕捞）水域的名称、卸货港名称、卸货港或主要养殖场所属都道府县名称以外的众所周知的地名。①

（五）针对目前虽有划界和管辖争议，但是在包括我国在内的两个甚至多个有关国家/地区就该争议海域达成了暂时“共同渔区”/“共同油气开发区”内获取的海产品/矿产品，笔者建议可以签发相关“共同渔区”/“共同油气开发区”原产地证书，以达到“搁置争议，共同开发”的目的。这也可以为全球海洋治理提供“中国方案”和“中国经验”。

现行的“产销国”国别贸易统计标准和非优惠性原产地规则通常要求原产地必须判定为某一国家或者单独关税区。

案例分析：一家瑞士企业从不同的欧盟成员方把滚珠轴承出口到美国，将其申报为原产于欧盟，但是美国不接受其按“欧盟原产地”申报。原因是：美国针对滚珠轴承的不同原产国——在本案中分别为意大利、法国和德国——实行不同的国别配额限制。因此，美国主管机构对这家瑞士企业处以 2 万多美元的罚款。②

但是，“产销国”出口贸易伙伴统计中所采用的是非优惠性原产地规则判定的原产国，而不是采用自贸区优惠性原产地规则。因此，与非优惠性原产地规则相比，自贸区原产地规则可以将原产地判定为自贸区甚至是自贸区内部的某一地理来源，而不必然是一个国家。因此，与非优惠性原产地规则相比，可以更灵活地制订自贸区优惠性原产地规则，以切实维护我国海洋权益。

---

① 罗先云：《原产地规则的法律问题研究》，北京，中国政法大学出版社，2014 年。

② （意）斯特凡诺·伊那马：《国际贸易中的原产地规则》，海关总署关税征管司译，北京，中国海关出版社，2012 年。

习近平总书记要求在处理海洋权益争端问题时，要尽量坚持用和平方式和谈判方式解决争端，努力维护和平稳定，要使海洋成为连接亚洲、欧洲、非洲以及美洲国家的和平友好合作之海。习近平总书记关于建设中国海洋外交的战略思想对于维护和延长全面建成小康社会的机遇期具有重大的战略和时代意义。习近平总书记在海洋外交的实践创新和理论探索中提出了“海上丝绸之路”的倡议，在坚决维护国家海洋权益的同时又提倡“以和平合作、开放包容、互学互鉴、互利共赢”为核心的“丝路精神”，并同有关国家和国际组织共奏海洋和平合作的交响曲。①

我们要坚持习近平总书记提出的“主权属我、搁置争议、共同开发”的方针，推进互利友好合作，寻求和扩大共同利益的汇合点。长期以来，中国也始终坚持用和平的方式、谈判的方式解决争端，努力维护和平稳定。我国于2002年签署了《南海各方行为宣言》。

“良好的制度、利益共享的规则和原则，可以有效地引导人们最佳运用其智识，从而有益于社会目标的实现。”②根据《联合国海洋法公约》关于在争议海域“临时安排”的规定，我国分别与越南、韩国、日本签署了双边渔业协定，建立了“共同渔区”等共同开发海域。在已经划定海上界限的共同开发海域，一般实行沿海国管辖原则；在未划定海上界限的共同开发海域，一般实行船旗国管辖原则。沿海国在本国管辖范围内享有立法权、行政管理权、执法权和刑事案件管辖权。③

《联合国海洋法公约》第七十四条规定：“海岸相向或相邻国家间专属经济区界限的划定”的规定：“1. 海岸相向或相邻国家间专属经济区的界限，应在国际法院规约第三十八条所指国际法的基础上以协议划定，以便得到公平解决。2. 有关国家如在合理期间内未能达成任何协议，应诉诸第十五部分所规定的程序。3. 在达成第1款规定的协议以前，有关各国应基于谅解和合作的精神，尽一切努力作出实际性的临时安排，并在此过渡期间内，不危害或阻碍最后协议的达成。这种安排应不妨害最后界限的划定。”

因此，在不同国家之间出现管辖海域争议，在最终达成划界协议之前，这些国家可以签署共同开发争议海域的协议。“共同开发”是指“主权国家基于协议，就跨越彼此间海洋边界或位于争议海域的共同矿藏，以某种合作形式进行勘探或开发的活动。”④

2007年“圭亚那诉苏里南案”的仲裁结果认为：单边的油气开采会危害或者阻碍最终协议的达成，而“共同开发协议”的效力得到《联合国海洋法公约》的认可，符合“共同开发协议”条款的开发活动受到国际法的保护，跨境资源的共同开发受到鼓励。因此，

① 杨洁勉：《中国特色海洋外交的实践创新和理论探索》，《边界与海洋研究》2017第2卷第4期，第5～16+2页。

② （英）哈耶克：《自由秩序原理》，邓正来译，北京，北京三联书店出版社，1997年。

③ 冯江峰：《共同开发海域管辖权研究》，高之国，贾宇：《中国海洋法年刊（2017）》，北京，中国民主法治出版社，2018年。

④ 肖建国：《论国际法上共同开发的概念及特征》，《外交学院学报》2003年第2期，第58～63页。

我国企业应尽可能选择在已达成“共同开发协议”的海上区块进行开发。

据此，笔者建议：

1. 对目前虽有划界和管辖争议，但是在包括我国在内的两个甚至多个有关国家/地区在该争议海域达成了暂时“共同渔区”/“共同油气开发区”内获取的海产品/矿产品，可以签发相关“共同渔区”/“共同油气开发区”原产地证书，以达到“搁置争议，共同开发”的目的。

有学者认为“地区主义代表了一种观念、价值和明确目标的结合，目的是创造、维持和修正地区内安全、财富和发展规范，是志向接近的行为体对于特定地区空间进行组织其活动与关系的渴望。”①南海问题的实质是主权争端，由有关当事国通过直接协商谈判和平解决争端必将是一个长期的艰难过程。

1997 年 11 月 11 日签署的《中华人民共和国和日本国渔业协定》是我国签署的第一份共同开发海域的协定，其中规定：两国政府表示将继续坦诚进行两国关于专属经济区和大陆架划界的磋商，并努力达成双方都能接受的协议；该协定第 7 条第 1 款规定的暂定措施水域的设定，不得认为有损于两国有关专属经济区和大陆架划界的各自立场。同样在未划定专属经济区界限的情况下，我国与韩国于 2000 年 8 月 3 日也签署了《中韩渔业协定》，其中规定：“养护和合理利用共同关心的海洋生物资源，维护海上正常作业秩序，加强和发展渔业领域的相互合作。”②

南海丰富的石油资源将对中国的石油供应产生积极影响。有报道称，经初步估计，整个南海的石油地质储量大致在 230 亿至 300 亿吨之间，约占中国总资源量的 1/3，有“第二个波斯湾”之称。2005 年 3 月 14 日，中国海洋石油总公司、菲律宾国家石油公司以及越南石油和天然气公司签署了为期 3 年的《在南中国海协议区三方联合海洋地震工作协议》，目的是 3 家公司在一个总面积为 14.3 万平方千米的协议区内研究评估石油资源状况。③

另外，南海周边国家共同开发南海油气资源也早已正式启动。例如，1992 年马来西亚与越南签署了《关于勘探开发泰国湾石油的谅解备忘录》，其中规定双方各指派国内的石油公司承担在主权主张重叠的大陆架内勘探与开采石油的任务。④

据此笔者认为，我国应该至少确保争取在包括签署“共同渔区”/“共同油气开发区”

---

① Michael Schulz et al. eds，2001：“Regionalization in a Globalizing World：A Comparative Perspective on Forms，Actors and Processes”，*New York：Zed Books*.

② 冯江峰：《共同开发海域管辖权研究》，高之国，贾宇：《中国海洋法年刊（2017）》，北京，中国民主法治出版社，2018 年。

③《中国菲律宾越南三国搁置争议联合勘探南海石油》，载于 http://news.sina.com.cn/c/2005－03－16/07585371454s.shtml，2022 年 10 月 9 日访问。

④ 李建勋：《南海低敏感领域区域合作法律机制研究》，南昌，江西人民出版社，2017 年。

国家在内的自贸区（例如中国—东盟自贸区）内将中国—越南“共同渔区”内捕捞和开采的水产品/矿产品，在符合中国—东盟自贸区原产地规则的情况下，予以签发中国—东盟项下的中国—越南××“共同渔区”/“共同开发区”原产地证书（或者中国—东盟自贸区原产地证书），从而使这些货物得以享受自贸区优惠待遇出口到中国—东盟自贸区其他国家，这样就可以更好地促进中国与东盟自贸区相关国家的经济合作，同时还可以同时规定：就该“自贸区下享受相关自贸区优惠待遇而言”，相关“共同渔区”/“共同油气开发区”的海产品/矿产品原产地为中国—越南××“共同渔区”/“共同开发区”原产地或该自贸区（例如中国—东盟自贸区原产地），但是这种自贸区原产地的判定并不影响相关成员国就所涉及海域的有关管辖权或主权主张。这样，就能够更好地体现和贯彻我国对有关争议海域所主张的“搁置争议，共同开发”的原则，增强“集体身份认同”和“利益与命运共同体”意识，为南海低敏感领域纠纷提供多元化解决机制。这不仅有利于构建南海和谐的商事环境，而且有利于我国有效管控南海领域的分歧，为最终和平解决南海争端争取时间。同时，这也有利于抵御域外大国介入我国相关海域的争议。这是因为，目前我国海洋权益问题的复杂性不仅在于争端各国出于自身利益的相互博弈，还在于区外国家的介入和干预，这成为我国维护海域权益迫不得已必须面对的国际环境。[①]

笔者认为，上述建议同样可以适用于将来可能达成的涉及三国共同争议海域的“共同渔区”/“油气开发区”，并争取将相关条款纳入到将来签署的中日韩自贸区原产地规则中。

2. 笔者建议可以争取在中国签署的所有其他自贸区（不包括签署上述“共同渔区”/“共同油气开发区”国家在内的自贸区）的原产地规则中增加如下规定：“就本自贸区原产地规则而言”，中国所涉的暂时“共同渔区”/“共同油气开发区”应该视同为中国的相关区域，因此在这些区域内捕捞和开采的海产品/矿产品在符合本自贸区原产地规则的情况下，可以签发本自贸区项下的中国原产地证书。这样，就可以扩大享受该自贸区优惠待遇的中国原产地货物的范围。如果上述建议不能被自贸区其他成员方所接受，则笔者建议我国可以退而求其次，争取如下替代性条款：“就本自贸区原产地规则而言”，中国所涉暂时“共同渔区”/“共同油气开发区”内捕捞和开采的海产品/矿产品的原产地以渔船的国籍地/开采企业的国籍地为准。这样，我国渔船和我国企业在暂时“共同渔区”/“共同油气开发区”内捕捞和开采的海产品/矿产品的原产地仍然可以判定为中国，照样可以扩大享受自贸区优惠待遇的中国原产地货物的范围。

（六）对目前有划界和管辖争议，且有关国家/地区在该争议海域尚未达成暂时“共同渔区”/“共同油气开发区”，就划界和管辖争议海域内获取的海产品/矿产品，笔者建议签发中国国别的原产地证书或中国××地区原产地证书，以显示我国对争议海域的主

① 薛桂芳：《新形势下我国海洋权益面临的挑战及对策建议》，《行政管理改革》2012年第7期，第20～25页。

权主张。

对目前有划界和管辖争议，且有关国家/地区在该争议海域尚未达成暂时“共同渔区”/“共同油气开发区”的，为坚决维护我国主权和海洋权益，并对相关争议国家尽早与我国达成“搁置争议，共同开发”的相关协议形成一定程度的压力，就划界和管辖争议海域内获取的海产品/矿产品，笔者建议可以就此签发明确标识为中国国别的原产地证书，甚至在相关声索国主动挑起争端时，可以进一步考虑签发中国××（争议）地区原产地证书（例如中国钓鱼岛原产地证书），以此借助原产地手段达到明确表明我国相关主权和海洋权益的目的。

（七）如果目前中国与有关国家已经划界，此时就中国与有关国家在该海域达成了暂时 “共同渔区”/“共同油气开发区”内捕捞和开采的水产品/矿产品，笔者建议明确在原产地证书中体现划界后的主权国。

在此情况下，笔者建议：应该在中国签署的所有自贸区原产地规则（包括签署上述“共同渔区”/“共同油气开发区”国家在内的自贸区）下，就“共同开发海域”中的“共同渔区”/“共同油气开发区”的中国一侧水域内捕捞和开采的水产品/矿产品签发中国原产地证书；就“共同开发海域”中的“共同渔区”/“共同油气开发区”中的外国一侧水域内捕捞和开采的水产品/矿产品签发外国原产地证书。只有这样才能够更好地体现我国与有关国家已经划界从而实现无争议海域的现实，因此也就能够更好地维护我国对相关海域的主权和管辖权。

（八）建议创设相关自贸区项下的中国—×××跨境经济合作区原产地证书

中国—韩国自贸区原产地规则中将韩国企业在朝鲜开城工业园内生产的产品视同韩国原产地，从而得以享受以自贸区优惠关税出口到中国的待遇。具体规定如下：

《中国—韩国自贸区原产地规则》

第 3.3 条 特定货物处理

一、尽管有第 3.2 条的规定，对于附件 3-B 所列货物使用一缔约方的出口材料在缔约方领土之外的地域（以下简称“境外加工区”）上完成加工，并在完成加工后再复出口至该缔约方用于向另一缔约方出口的货物（注：就本章而言，缔约双方同意，本条所述的货物加工区域仅限于本协定签署前在朝鲜半岛上的已运行的工业区），如符合下列条件应被视为该缔约方原产：

（一）非原产材料的总价值不超过申明获得原产资格最终货物 FOB 价格的 40%；以及

（二）货物生产中使用的一缔约方出口的原产材料价值不低于全部材料价值的 60%。

二、缔约双方应在联合委员会项下建立境外加工区委员会，以完成下述职责：

（一）监控本条第一款的实施；

（二）向联合委员会汇报工作情况并在必要时提供建议；

（三）审议和指定现有境外加工区的扩大及其他的境外加工区；以及

（四）讨论联合委员会指定的其他议题。

三、为进一步说明，除本条款另有规定外，本章的其他相关条款应适用于本条第一款所指的货物。

附件 3－B 货物清单

一、第 3.3 条适用于本附件清单所列的货物。本清单包括 310 个 6 位税号。

二、在缔约双方一致同意的情况下，可每年对本货物清单进行修订。

中国共产党十八届三中全会提出："加快沿边开放步伐，允许沿边重点口岸、边境城市、经济合作区在人员往来、加工物流、旅游等方面实行特殊方式和政策。" 2013 年 10 月，李克强总理访问越南期间，中越两国达成共识，决定在北仑河的两岸，两国各规划 10 平方千米左右的特殊监管区，建设中国东兴—越南芒街跨境经济合作区，双方共同确定跨境经济合作区的空间布局、产业规划、基础设施安排等，各自负责实施本方区域的开发与建设，实施"两国一区、境内关外、自由贸易、封关运作"的管理模式，实现优势互补、互利共赢。2017 年 5 月 11 日，习近平主席在北京会见越南国家主席陈大光，中越联合公报中明确指出，双方要加快商签《中越跨境经济合作区建设共同总体方案》。2015 年 11 月，在中共中央总书记和越共中央总书记的共同见证下，中国和越南在河内签署了《中国共产党广西壮族自治区委员会与越南共产党广宁省委员会关于建立友好地方组织的交流协议》，提出加快推进中越跨境经济合作区建设。2022 年 2 月 25 日，中国广西与越南高平、广宁、谅山、河江边境四省党委书记新春会晤暨联工委第十三次会晤以线上视频方式举行。各方共同签署了《中国共产党广西壮族自治区委员会与越南共产党高平、广宁、谅山、河江省委员会友好合作备忘录（2022—2026 年）》等系列合作文件，提出加快推进中越跨境经济合作区建设，推动两国早日签署跨境经济合作区建设框架合作协议，为跨境经济合作区建设奠定基础。[①]

为此，笔者建议，可以仿照中国—韩国自贸区原产地规则中的上述规定，争取在中国签署的所有自贸区原产地规则（至少应该在包括跨境经济合作区邻国在内的自贸区）中增加如下规定："就本自贸区原产地规则而言"，对中国东兴—越南芒街等中国与邻国在边境地区建立的跨境经济合作区应该视同为中国关境内的区域，因此跨境经济合作区内生产的货物在符合相关自贸区原产地规则的情况下，应该可以签发相关自贸区项下的中国—×××跨境经济合作区原产地证书（例如中国东兴—越南芒街跨境经济合作区），以便扩大享受自贸区优惠待遇的中国原产地货物的范围。

笔者认为，应该至少确保争取在包括中国所涉的跨境经济合作区的自贸区（例如中

① 广西壮族自治区政府：《2022 年中国广西与越南高平、广宁、谅山、河江四省党委书记新春会晤暨联工委第十三次会晤联合新闻公报》，载于 http://www.gxzf.gov.cn/gxyw/t11331689.shtml，2022 年 10 月 9 日访问。

国—东盟自贸区）内将中国东兴—越南芒街等跨境经济合作区内生产的货物，在符合中国—东盟自贸区原产地规则的情况下，予以签发中国—东盟项下的中国东兴—越南芒街等跨境经济合作区原产地证书，从而使这些货物得以享受自贸区优惠待遇出口到中国—东盟自贸区其他国家，这样就可以更好地促进中国与相关邻国的经济合作。由于中国与邻国在边境地区建立的跨境经济合作区是由中国边境内的一部分地区和邻国边境内的一部分地区共同组成，跨境经济合作区内企业所生产货物的原材料和劳动力等投入品的来源相对较难判定和监管。而且，在该跨境经济合作区所涉及的中国和邻国均为同一个自贸区成员的情况下，为享受自贸区优惠出口到自贸区成员的目的，仅需要判定该跨境经济合作区内所生产的货物是否能够取得“自贸区”原产地资格，而没有必要明确区分该跨境经济合作区内所生产货物的原产地究竟是中国和邻国的哪一国原产地，因此此时注明相关自贸区下的中国—某邻国×××跨境经济合作区原产地证书即可。这样，既有利于相关跨境经济合作区内所生产货物原产地监管和贸易的便利化，也有助于促进我国相关跨境经济合作区的引资和发展。通过大力发展跨境经济合作区，进一步密切与我国海洋权益所涉争议国家（如越南）之间的经贸合作，为缓解和解决有关海洋权益争端争取时间并创造有利条件。

（九）笔者建议对于开采自按照《南极条约》暂时冻结主权要求的南极地域的矿产品，可以创设南极原产地证书，借此表明符合我国利益的“南极地区为全人类共同继承的遗产”的立场。

中国目前的自贸区原产地规则与非优惠性原产地规则均遗漏了来源于南极地区货物的原产地判定标准。为此笔者建议，对于产自按照1961年6月23日生效的《南极条约》暂时冻结主权要求的南极地区的矿产品，如果上述产品是从南极地区的陆地上获取的，则可以签发标明原产地为地球某一地理区域——南极的原产地证书；如果上述产品是从南极地区的海床和底土上获取的，则可以签发标明原产地为“国际海底区域”的原产地证书。借此，可以表明我国所持的“南极地区为全人类共同继承的遗产”的立场。

按照《南极条约》第6条的规定，《南极条约》适用于“南纬60度以南的地区，包括一切冰架；但本条约的规定不应损害或者在任何方面影响任何一个国家在该地区内根据国际法所享有的对公海的权利或行使这些权利。”中国是《南极条约》的协商国。需要指出的是，南极的政治因素会助长对南极资源的勘探和开发，而不是像常人说的“经济”是决定因素。一些国家将勘探和开发南极矿物作为加强其在南极的政治地位的方法。[①]

而对于捕捞自按照《南极条约》暂时冻结主权要求的南极海域的海产品等，则应该判定其原产地为船籍地，借此表明我国所持的“公海自由竞争原则”的立场，以维护中

① 邹克渊：《南极矿物资源与国际法》，北京，北京大学出版社，1997年。

国世界第一捕鱼大国的利益。

（十）针对在国际海底区域的海床和底土采得的矿产品，签发注明原产地为"国际海底区域"的原产地证书，而不再将在国际海底区域的海床和底土采得的矿产品的原产地确定为被联合国国际海底管理局授予"专属"开采权的国家。

笔者这一"独创性"建议能够更加体现《联合国海洋法公约》早已确定的"国际海底区域"为全人类共同继承的遗产这一原则。

我国历来非常重视"国际海底区域"活动。我国是向海底筹备委员会登记的七个先驱投资者之一。2015 年 7 月 20 日，中国五矿集团获得了国际海底多金属结核保留区的勘探权，这是我国首次以国有企业为申请人获取的"国际海底区域"的资源勘探权。中国目前在国际海底区域一共获得了五块具有优先开采权的矿区。[①]

（十一）在涉及动植物卫生检疫措施和防辐射食品安全措施时，可以出具注明原产地是或者原产地不是某一个区域的海产品原产地证书。

例如，鉴于日本福岛核泄漏事故对食品、农产品质量安全的影响范围不断扩大、影响程度不断加重，世界上众多国家和地区也在不断加强防范措施。为确保日本输华食品、农产品的质量安全，国家质量监督检验检疫总局于 2011 年 4 月 8 日发布了《关于进一步加强从日本进口食品农产品检验检疫监管的公告》（总局 2011 年第 44 号公告），公告内容如下：

（1）禁止从日本福岛县、群马县、枥木县、茨城县、宫城县、山形县、新潟县、长野县、山梨县、埼玉县、东京都、千叶县等 12 个都县进口食品、食用农产品及饲料。

（2）进口日本其他地区生产的食品、食用农产品及饲料，报检时应提供日本政府出具的放射性物质检测合格的证明、原产地证明。各地检验检疫机构要对进口的食品、食用农产品及饲料进行放射性物质检测，合格后方可进口；不合格的，要按规定予以公布。

（3）各地检验检疫机构要按规定对所有日本输华食品的境外出口商或代理商实施备案管理。

（4）从日本进口水产品（HS 编码：0302110000－0307999090，1212201010－1212209090，1603000090－1605909090）应事先办理检疫审批手续。

其中食品、食用农产品及饲料的原产地证明格式见"附件 1 日本输华食品、食用农产品及饲料原产地证明样本"，该证书要求注明的产品及其主要加工原料的原产地具体到日本的县，同时需要注明加工原料产地到加工厂的运输路线和方式，加工厂的名称和地址等信息。

① 谢丰泽 《担保国在"区域"勘探和开发中的义务研究》，高之国，贾宇：《中国海洋法年刊（2017）》，北京，中国民主法治出版社，2018 年。

其中对于水产品的原产地证书和放射性物质检测合格证明书格式见“附件 1 日本输华水产品原产地证明书及放射性物质检测合格证明书”，这两种证书均要求注明产品的原产地具体到日本的县，且同时需要注明捕捞区域和 FAO[①]捕捞渔区，以及从捕捞区域到卸货港、发货港、中国进口地的运输方式和路线，加工厂的名称和地址等信息。

（十二）为充分发挥政府采购本国货物（海产品和海底开采的矿产品）在维护我国海洋权益方面的作用，笔者建议可以签发自贸区政府采购下本国货物和本国服务原产地证书。

我国《政府采购法》自 2002 年 6 月 29 日（随后于 2014 年 8 月 31 日第十二届全国人民代表大会常务委员会第十次会议修正）颁布以来，财政部于 2012 年 5 月 22 日发布了《关于加强中央预算单位政府采购管理有关事项的通知》（以下简称《通知》），要求进一步落实政府采购政策功能，中央单位要带头实施政府采购支持节能环保、采购正版软件以及采购本国产品等政府采购政策。但是我国尚未正式出台包括“本国货物”和“本国服务”在内的“本国产品”的具体判定标准。由财政部等四部委联合草拟的《政府采购本国产品管理办法（征求意见稿）》（以下简称《本国产品管理办法》）于 2010 年 5 月 21 日起向社会公开征求意见，由于各方争议较大，该草案仍未实施。该《通知》还进一步明确规定：“原则上国内产业已经成熟的产品，中央单位采购时不得采购进口产品。”笔者认为，由于存在我国货物离开关境后复进口的情况，简单地将“进口产品”等同于“外国产品”是不严谨的。复进口的“本国产品”不应被视为“外国产品”而被排斥在我国政府采购市场之外。

鉴于目前我国签署的多双边自由贸易协定均未开放政府采购市场，在中国所涉自由贸易区下开放彼此间的政府采购市场是自由贸易区内容的进一步丰富和深化，而率先在 CEPA 和 ECFA 框架下开放海峡两岸暨香港、澳门特区政府采购市场不仅具有可观的经济利益，而且还具有重大的政治意义。

党的十七大报告进一步提出要“拓展对外开放广度和深度，提高开放型经济水平”，要求“实施自由贸易区战略”。1983 年 1 月 1 日生效的《澳大利亚和新西兰更紧密经济关系贸易协定》（CER）和 1994 年 1 月 1 日生效的由美国、加拿大、墨西哥三国签署的《北美自由贸易区协定》（NAFTA）均规定了彼此开放政府采购市场。另外，依照 1995 亚太经合组织（APEC）《大阪行动议程》的规定，我国已承诺最迟于 2020 年与其他 APEC 各成员对等开放政府采购市场。

为履行入世承诺，2007 年底我国向 WTO 提交了加入《政府采购协议》（GPA）申请

---

① FAO 指联合国粮食及农业组织，Food and Agriculture Organization of the United Nations.

书，随后启动加入谈判。欧美等国不断向我国施压，要求我国扩大政府采购市场的开放度，我国已提交了多份出价清单。为给我国在合理条件下加入 GPA 创造有利条件，笔者建议我国应该在加入 GPA 谈判的同时，启动并加紧多双边自由贸易协定项下的相互开放政府采购市场的谈判。这样，我们就可以在 WTO 的参加方和那些已与我国签订多双边自由贸易协定的成员方之间挑起竞争，欧美等 GPA 参加方就很可能出于抢先进入我国庞大的政府采购市场的目的而降低要价。

将来对这些多双边自由贸易协定成员方开放政府采购市场时，需要判定所进口的货物是否能够取得对等开放国家或地区的原产地，从而确定其是否有资格进入我国的政府采购市场，此时不应该适用各自由贸易协定中现行的较高的优惠性原产地标准，而应该适用《中华人民共和国进出口货物原产地条例》所规定的较低的非优惠性原产地规则。

2009 年 11 月，中非合作论坛第四届部长级会议上，温家宝总理代表中国政府宣布了中非务实合作新八项举措。其中举措六规定：进一步推动中非贸易健康发展。中国将逐步给予非洲所有与我建交的最不发达国家 95%的产品免关税待遇，2010 年年内首先对 60%的产品实施了免关税。为了给中非合作论坛增添新内容，对非洲最不发达国家的产品进一步提供优惠待遇，同时考虑到非洲最不发达国家的产品竞争力尚不能对我国产品构成冲击，笔者建议：在逐步给予非洲所有与我建交的最不发达国家 95%的产品免关税待遇的基础上，我国可以单方面对这些非洲最不发达国家开放此类零关税产品的政府采购市场。将来对非洲最不发达国家的产品开放政府采购市场时，需要判定所进口的货物是否能够取得非洲最不发达国家的原产地资格，从而确定其是否有资格进入我国的政府采购市场，此时不应该适用《中华人民共和国海关最不发达国家特别优惠关税待遇进口货物原产地管理办法》的优惠性原产地标准，而应该适用《中华人民共和国进出口货物原产地条例》所规定的较低的非优惠性原产地规则。

上述建议也是符合 WTO《政府采购协议》的，因为该协议第四条“发展中国家”规定：“1. 在加入本协议谈判，和本协议的实施和执行过程中，缔约方应对发展中国家和最不发达国家（以下统称“发展中国家”，除非另有说明）的发展、财政、贸易需求和环境给予特别的考虑，因为各国的这些情况各有不同。所以基于本条和以上要求，各缔约方应对以下对象执行特殊的、有差别的待遇：（a）最不发达国家；和（b）其他任何发展中国家，若这些特殊的、有差别的待遇一定程度上能满足其发展需要。”

将来对这些多双边自由贸易协定成员方开放政府采购市场时，需要判定所进口的货物是否能够取得对等开放国家或地区的原产地资格，从而确定其是否有资格进入我国的政府采购市场，此时应该适用我国《进出口货物原产地条例》所规定的较低的非优惠性原产地标准。而我国《进出口货物原产地条例》针对不同产品，分别采取了三种不同的非优惠性原产地标准，即：税则归类改变标准，从价百分比标准，以及制造、加工工序标准。尤其需要注意的是，仅就非优惠性原产地标准中的从价百分比标准而言，《进出口货物原产地条例》采取的也是不低于 30%的国内成分含量。可见，30%国内成分含量的非优惠性原产地标准，要远远低于《本国产品管理办法（征求意见稿）》所规定的 50%国内成分含量的本国产品标准。上述两个不同国内含量标准带来的一个重大问题就是，在我国对外开放政府采购市场之后，在开放清单的范围内，对方国家或地区的产品等同于我国本国产品的待遇，可以进入我国的政府采购市场，此时适用的是包括 30%国内成分含量在内的三种非优惠性原产地标准。如果此时仍然坚持在我国的政府采购开放清单内，“至少 50%我国国内成分含量”的“本国产品”与那些我国对之开放政府采购市场的“至少 30%国外成员方成分含量”的产品方能优先同台竞争的话，就将导致我国境内企业生产的大量符合“30%”我国国内成分含量的“中国制造”原产地产品，因为达不到“50%”我国国内成分含量的“本国产品”资格而无缘我国政府采购市场，从而人为地扩大了我国政府采购市场的开放度。

为此，笔者建议：在我国对外开放政府采购市场之后，为了“策略性”地降低我国政府采购市场的开放力度，此时应该放弃开放清单产品范围内的 50%国内含量本国产品标准，转而将本国产品的标准降低为 30%国内含量，或者直接适用我国目前的非优惠性原产地标准，这样就能允许我国国内企业大量生产的符合 30%国内含量标准“中国制造”原产地产品，在我国开放后的中国政府采购市场上与国外产品同等竞争，从而可以达到“策略性”地缩小我国政府采购市场开放的效果，以便实现最大限度保护我国国内企业的目的。

另外，由于我国《进出口货物原产地条例》是为了正确确定进出口货物的原产地而制定的，该规则并不适用于判定我国国内生产国内销售的产品的原产地，为此笔者建议：今后应该适时修改《进出口货物原产地条例》，扩大其适用范围，并将法规名称进一步修改为《中华人民共和国货物原产地条例》；同时应该在《本国产品管理办法》中规定：“对于属于我国政府采购开放范围内的产品，本国产品的判定标准适用《中华人民共和国货物原产地条例》的相关规定。

为此，我国政府采购下本国货物的原产地判定标准不仅在加入 GPA 不同阶段有不同的适用范围，而且还在多双边自由贸易协定项下达成相互开放政府采购市场协议，以及我国最终决定单方面给予非洲所有与我建交的最不发达国家开放零关税产品的政府采购市场的前后有很大不同。在未加入 GPA 阶段，《政府采购法》第二条规定了政府采购的概念是指：各级国家机关、事业单位和团体组织，使用财政性资金采购依法制定的集中采购目录以内的或者采购限额标准以上的货物、工程和服务的行为。政府集中采购目录和采购限额标准依照本法规定的权限制定。第十条规定：政府采购应当采购本国货物、工程和服务。按照条款规定，在多双边自由贸易协定和对非洲所有与我建交的最不发达国家开放我国的政府采购市场，以及我国加入 GPA 之前，有两种情形：

1. 集中采购目录以内的或者采购限额标准以上，必须采购国货，适用国货判定标准；

2. 在集中采购目录以外的或者采购限额标准以下的政府采购不适用于任何原产地/国货判定规则。

在多双边自由贸易协定和对非洲所有与我国建交的最不发达国家开放我国的政府采购市场之后，或者我国加入 GPA 之后，必须在承诺的范围内履行开放政府采购市场的义务，此时有四种情形：

1. 在开放清单的范围内，对方国家或地区的产品等同于本国产品的待遇，此时应适用于《中华人民共和国进出口货物原产地条例》所规定的非优惠性原产地规则，来判断产品是否原产于对方国家或地区。这是因为，根据《政府采购协定》的规定："就涵盖采购而言，任何参加方对自另一参加方提供的货物或服务实行的原产地规则不得区别于在正常贸易中对相同参加方的相同货物或服务的进口或供应商所实行的原产地规则"，换句话说，一般贸易中的原产地规则适用于政府采购领域。

2. 对于属于我国政府采购开放范围内的产品，在判定国内的本国产品时，应该放弃50%的国内含量标准，转而直接适用我国目前包括 30%国内含量标准在内的非优惠性原产地标准。

3. 在非开放清单的范围内，《政府采购法》的规定仍然适用，必须采购国货，适用本国产品的标准，即：至少 50%的国内成分含量标准。根据 WTO《原产地规则协议》的规定："适用于进口货物的原产地规则不应当严于适用于确定货物是否国内产品的原产地规则"，我国的国货判定标准可以高于一般进出口贸易中的非优惠性原产地判定标准。

4. 出于贸易便利化的目的，在采购限额标准以下的政府采购不适用于任何原产地/国货判定规则。

综上，我国政府采购中不同原产地/国货判定标准的特定适用范围可以用表 3－4 加以概括。

表 3－4　　不同原产地/国货判定标准的不同特定适用范围

序号	阶段	范围	应用规则	备注
1	开放政府采购市场之前	小额采购门槛价以下的政府采购	不适用任何原产地/国货判定规则	
2		小额采购门槛价以上的政府采购	适用国货判定标准	空白，应制定 《政府采购法》还规定了在集中采购目录以内

续表

序号	阶段	范围	应用规则	备注
3	开放政府采购市场之后	列入开放清单中所列的范围	适用一般原产地标准来判定对方国家或者地区货物的原产地；此时，在判定国内的本国产品时，应该放弃 50%的国内含量标准，转而直接适用我国目前的非优惠性原产地标准	等同于一般贸易活动中的非优惠原产地判定规则，适用《中华人民共和国进出口货物原产地条例》《关于非优惠原产地规则中实质性改变标准的规定》《中华人民共和国非优惠原产地证书签证管理办法》，原产地规则不应严于国货判定标准
4		未列入开放清单中所列的范围，且高于小额采购门槛值	适用 50%国内含量的国货判定标准	空白，应制定
5		低于小额采购门槛值	不适用任何原产地/国货判定规则	

为充分发挥政府采购本国货物（海产品和海底开采的矿产品）在维护我国海洋权益方面的作用，笔者建议可以创设自贸区政府采购下本国货物和包括海洋旅游、岛屿旅游和海洋运输在内的本国服务原产地证书。

笔者建议，通过在自贸区协议中加入彼此开放政府采购市场的条款，同时加大我国利用政府采购购买我国企业在公海和国际海底区域以及其他非我国管辖海域内捕捞和开采的海产品和矿产品的力度，并制定我国政府采购我国渔船在公海、南极海域和挪威的斯瓦尔巴特群岛海域内捕捞的海产品和我国企业在国际海底区域和挪威斯瓦尔巴特群岛及其大陆架和南极地区开采矿产品的本国货物标准，借以达到鼓励我国企业扩展我国海洋权益的目的。

为此，笔者建议：我国应将在中国专属经济区/大陆架海域内捕捞/开采的海产品/矿产品的原产地在“进出口贸易中”视为中国，而将中国公民/中国渔船/中国企业或者中国其他组织在中国专属经济区/大陆架海域内捕捞/开采的海产品/矿产品在“政府采购”中视为本国货物。这样就将本国货物的原产地标准严格于进出口货物的原产地标准，这也是符合 WTO《原产地规则协议》相关规定的。

（十三）为吸引和鼓励我国居民占岛驻礁，针对偏远的海岛和无人岛等欠发达地区，笔者建议签发相关产品的欠发达地区本国货物和本国服务原产地证书。

自 2015 年 3 月 1 日起施行的《中华人民共和国政府采购法实施条例》第六条规定：“国务院财政部门应当根据国家的经济和社会发展政策，会同国务院有关部门制定政府采购政策，通过制定采购需求标准、预留采购份额、价格评审优惠、优先采购等措施，实现节约能源、保护环境、扶持不发达地区和少数民族地区、促进中小企业发展等目标。”

2013 年，习近平总书记强调：“要搞好三沙市政权建设、基础设施建设、生态环境保护、民生工作，履行好中央赋予的南海维权、维稳、保护、开发的重要使命。”

我国岛礁被侵占的情形十分严重，领土主权受到严重侵犯。其中东海的钓鱼岛和南沙群岛的岛礁主权归属争议和管辖海域成为矛盾的焦点，由此频繁引发渔业纠纷及海上冲突。而我国偏远的长期无人居住岛礁也有可能随着时间的推移而遭受其他国家觊觎的危险。

马来西亚不仅在强占我国的弹丸礁上建立了军事基地，而且还大力开发旅游业，在弹丸礁上建有豪华酒店和机场，每年都有大量游客前往弹丸礁观光旅游。弹丸礁已经成为南沙群岛中的一个旅游度假胜地，堪称“南海明珠”，从而强化其实际控制的事实。[①]2009 年，菲律宾单方面将我国中沙群岛的黄岩岛和南沙群岛的中业岛等部分岛礁划入菲领土。菲律宾还在其实际控制的我国中业岛新建了幼儿园，并声称“仅仅是为了岛民的教育问题”，以此掩人耳目。殊不知，这些“小动作”可以成就其“大事业”。因为它们不仅可以固化“主权”，更可以受到国际法的保护。根据国际法，即便双方发生军事冲突，学校、幼儿园和宗教庙宇等民用设施也不可以作为军事打击的目标。[②]

为此，笔者建议可以将我国一些岛屿（尤其是有争议岛屿）开发成国际旅游目的地和我国政府采购下的生态原产地旅游（疗养）地或者建有烈士纪念碑的爱国主义教育目的地，借此来强化我国对这些岛屿的实际控制。为吸引和鼓励我国居民占岛驻礁，针对偏远的海岛和无人岛等欠发达地区，可以签发相关产品的欠发达地区本国货物和本国服务原产地证书，例如三沙市本国货物和本国服务原产地证书，借此帮助相关地区的企业能够凭此以包括优惠价格和预留合同在内的优先和优惠待遇进入庞大的中国政府采购市场。

自 2003 年 7 月 1 日起施行的我国《无居民海岛保护与利用管理规定》规定：

第二条　在中华人民共和国内水、领海、专属经济区、大陆架及其他管辖海域内，从事无居民海岛的保护与利用活动，适用本规定。

第三条　无居民海岛属于国家所有。国家实行无居民海岛功能区划和保护与利用规划制度。

国家鼓励无居民海岛的合理开发利用和保护，严格限制炸岛、岛上采挖砂石、实体坝连岛工程等损害无居民海岛及其周围海域生态环境和自然景观的活动。

第三十四条　本规定中下列用语的含义是：

（一）无居民海岛，是指在我国管辖海域内不作为常住户口居住地的岛屿、岩礁和低

① 冯学智：《中国海洋权益争端的国际法分析》，北京，中国政法大学出版社，2013 年。

② 薛桂芳：《新形势下我国海洋权益面临的挑战及对策建议》，《行政管理改革》2012 年第 7 期，第 20～25 页。

潮高地等。

需要指出的是，我国有关无居民海岛的界定与《联合国海洋法公约》的规定不同，《联合国海洋法公约》第一百二十一条“岛屿制度”规定：

3. **不能维持人类居住或其本身的经济生活的岩礁**，不应有专属经济区或大陆架。

（十四）笔者建议在中国有关专属经济区和大陆架设立中华人民共和国“海上”生态原产地保护区（注明捕捞区域名称及其联合国粮农组织（FAO）渔区编号），并对原产于这些生态原产地保护区的产品签发中华人民共和国专属经济区/大陆架××海域生态原产地保护区产品原产地证书。

习近平总书记认为建设海洋生态文明是新时代中国特色社会主义建设的重要内容，提出了海洋生态文明建设的具体目标，主要包括三个方面：一是让生态环境有一个明显改变，要做到遏制生态环境不断恶化趋势；二是有绿色、安全、放心的海产品；三是要有碧海蓝天、洁净沙滩。习近平总书记提出了海洋生态文明建设的基本原则是要做到开发与保护并重，污染防治与生态修复并举。

生态原产地保护产品（Protected Eco-origin Product by China，简称 PEOP）项目是由中国国家质量监督检验检疫总局发起的一项产品保护项目，旨在通过完善的保护机制和原产地溯源管理制度，在国家行政部门的监督下，保护生产者和消费者的利益。生态原产地产品，是指产品全生命周期（即生长、原材料提取、生产、加工、制造、包装、储运、使用、废弃处理等）过程中，符合绿色环保、低碳节能、资源节约要求并具有原产地特征和特性的良好生态型产品。包括原产地标记产品，原产地名称保护产品，具有历史传承的名、优、特产品或自主知识产权的创新型产品等。生态原产地产品的评定采取国际上通用的评定模式，具有应有的社会地位。生态原产地产品保护是由国家行政部门颁证、实施保护。生态原产地产品保护可以提升企业品牌形象，PEOP 评定通过的产品能够迅速获得市场认可，帮助产品迅速拓展市场。

因此，生态原产地=生态标签+知名原产地标签=生态标签+地理标志标签。

在中国有关专属经济区和大陆架设立中华人民共和国“海上”生态原产地保护区（注明捕捞区域名称及其联合国粮农组织（FAO）渔区编号），并对原产于这些生态原产地保护区的产品签发中华人民共和国专属经济区/大陆架××海域生态原产地保护区产品原产地证书，达到借此宣示和强化有关各方面对我国专属经济区的权益和管辖意识，并在上述产品和餐厅菜单上加贴中华人民共和国生态原产地保护区产品标识，以扩大营销并切实保护消费者权益。

这也有利于与其他国家和国际组织在保护区域海域环境方面的合作。例如，中国—东盟框架机制内，环境保护合作成为双方的主要合作议题之一，建立了中国—东盟环境保护合作中心。[①]《南海各方行为宣言》中也明确规定："六、在全面和永久解决争议之前，有关各方可探讨或开展合作，可包括以下领域：（一）海洋环保；（二）海洋科学研究；……"

而且《联合国海洋法公约》和《中华人民共和国专属经济区和大陆架法》也赋予了我国设立上述中华人民共和国"海上"生态原产地保护区的权利。

《联合国海洋法公约》的相关条款首次赋予了港口国在海洋环境保护方面的执行权，从而大大扩大了沿海国的执行权利，沿海国获得了明确界定的关于专属经济区内海洋环境保护的管辖权。但是，沿海国尚未有效行使这一新的管辖权。[②]

《联合国海洋法公约》的下述条款首次赋予了港口国在海洋环境保护方面的执行权：

第一百九十三条 各国开发其自然资源的主权权利

各国有依据其环境政策和按照其保护和保全海洋环境的职责开发其自然资源的主权权利。

第一百九十四条 防止、减少和控制海洋环境污染的措施

2. 各国应采取一切必要措施，确保在其管辖或控制下的活动的进行不致使其他国家及其环境遭受污染的损害，并确保在其管辖或控制范围内的事件或活动所造成的污染不致扩大到其按照本公约行使主权权利的区域之外。

第二百零八条 国家管辖的海底活动造成的污染

1. 沿海国应制定法律和规章，以防止、减少和控制来自受其管辖的海底活动或与此种活动有关的对海洋环境的污染以及来自依据第六十条和第八十条在其管辖下的人工岛屿、设施和结构对海洋环境的污染。

《中华人民共和国专属经济区和大陆架法》第十条也规定：中华人民共和国主管机关有权采取必要的措施，防止、减少和控制海洋环境的污染，保护和保全专属经济区和大陆架的海洋环境。

《中华人民共和国海洋环境保护法》规定：

第二条 本法适用于中华人民共和国内水、领海、毗连区、**专属经济区、大陆架**以及中华人民共和国管辖的其他海域。

在中华人民共和国管辖海域内从事航行、勘探、开发、生产、旅游、科学研究及其他活动，或者在沿海陆域内从事影响海洋环境活动的任何单位和个人，都必须遵守本法。

在中华人民共和国管辖海域以外，造成中华人民共和国管辖海域污染的，也适用本法。

---

① 李建勋：《南海低敏感领域区域合作法律机制研究》，南昌，江西人民出版社，2017 年。

②（美）Erik Franckx：《海洋环境管辖问题》，代豪译，傅崐成：《弗吉尼亚大学海洋法论文三十年精选集》，厦门，厦门大学出版社，2010 年。

第二十一条 国务院有关部门和沿海省级人民政府应当根据保护海洋生态的需要，选划、建立海洋自然保护区。

国家级海洋自然保护区的建立，需经国务院批准。

第二十二条 凡具有下列条件之一的，应当建立海洋自然保护区：

（一）典型的海洋自然地理区域、有代表性的自然生态区域，以及遭受破坏但经保护能恢复的海洋自然生态区域；

（二）海洋生物物种高度丰富的区域，或者珍稀、濒危海洋生物物种的天然集中分布区域；

（三）具有特殊保护价值的海域、海岸、岛屿、滨海湿地、入海河口和海湾等；

（四）具有重大科学文化价值的海洋自然遗迹所在区域；

（五）其他需要予以特殊保护的区域。

截至 2001 年，菲律宾已经设立了 400 多个海洋保护区（Marine Protected Areas，简称 MPAs）。①

但是笔者认为，海洋自然保护区与海洋生态原产地保护区具有根本性不同，前者的主要目的是限制乃至禁止经济性活动，注重的是环保的手段和预防性的投入管理；后者则是以开展营利性的经济活动作为申请生态原产地保护区的前提，是环保的结果和产出或者天然符合生态要求，属于倡导并向消费者证明相关产品来自符合海洋生态原产地保护区资格的海域，侧重于贸易领域。

为此笔者建议：为了节省成本、避免重复性行政成本并为企业减负，可以尽可能地在现有的海洋自然保护区中筛选出一部分海洋生态原产地保护区，以作为海洋自然保护区的升级版。

（十五）笔者建议，我国可以在公海和国际海底区域建设的“人工养殖区”内设立中华人民共和国“海上”生态原产地保护区，将在这些区域内收获和捕捞的海产品授予中华人民共和国生态原产地保护区产品资格，在“扩大营销并切实保护消费者权益”的同时，也可以作为进一步扩大我国海洋权益和空间的手段。

目前在地中海、东北大西洋和南大西洋内建成的海洋保护区包括公海甚至国际海底区域，其中包括地中海 Pelagos 保护区和东北大西洋海洋保护区网络等，这是海洋保护区制度在国家管辖外海域的重要实践。

另外，在公海等大洋深处进行人工养殖海产品是一项新型的海洋产业创新，挪威、英国和美国已经在公海进行了三文鱼的人工养殖。

为此笔者建议，我国可以依据《联合国海洋法公约》有关船旗国在海洋环境保护方

① （美）K.L Cochrane：《作为管理手段的海洋保护区：工具或是玩具》，张相君译，傅崐成：《弗吉尼亚大学海洋法论文三十年精选集》，厦门，厦门大学出版社，2010 年。

面责任的下述规定，在由我国企业负责勘探和开发的国际海底区域和我国在公海建设的人工养殖区内设立中华人民共和国生态原产地保护区，以加强我国的实际存在和相关海洋权益，并可以作为进一步扩大我国海洋权益和空间的手段。

《联合国海洋法公约》第二百零九条来自“区域”内活动的污染：

1. 为了防止、减少和控制“区域”内活动对海洋环境的污染，应按照第十一部分制订国际规则、规章和程序。这种规则、规章和程序应根据需要随时重新审查。

2. 在本节有关规定的限制下，各国应制定法律和规章，**以防止、减少和控制由悬挂其旗帜或在其国内登记或在其权力下经营的船只、设施、结构和其他装置所进行的“区域”内活动造成对海洋环境的污染。**这种法律和规章的要求的效力应不低于第1款所指的国际规则、规章和程序。

第九十二条　船舶的地位

1. 船舶航行应仅悬挂一国的旗帜，而且除国际条约或本公约明文规定的例外情形外，在公海上应受该国的专属管辖。除所有权确实转移或变更登记的情形外，船舶在航程中或在停泊港内不得更换其旗帜。

（十六）为切实维护消费者权益，笔者建议对鱼制成品中的重要原材料成分的原产地，签发原材料原产地证书。

例如，对于某些鱼制品（例如鱼排），签发其中主要原材料“鱼”的真实来源地的原产地证书。

第六节　建议合理限定“另一国的船舶”的标准

一、笔者建议的内容

“另一国的船舶”的含义不明确，需要依据不同国家对“该国船舶”的不同规定分别加以判定，会造成判定的不稳定性，同时也加大了相关监管部门的工作量。为此，笔者建议在我国相关自贸区原产地规则中明确规定将船舶的“注册地”**或者**“悬挂国旗地”作为判定“一国的船舶”的界定标准。

早在2005年就中国台湾渔民悬挂五星红旗回答记者提出的“台湾一些渔民为避免日本军舰的驱赶，在渔船上悬挂五星红旗，中方对此做法有何评论？如中国台湾与日本由于渔事发生冲突，大陆是否会介入？”时，我国外交部发言人就回答：“钓鱼岛及其附属岛屿自古以来就是中国的固有领土，中国对这些岛屿拥有无可争辩的主权。钓鱼岛附近海域是中国渔民传统作业渔场。中国重视并积极保护中国渔民在该海域进行正常作业的权益，他们的权益不应受到侵害。对最近出现的事态，我们要求日方高度重视中方的关切，妥善、慎重处理好有关的问题。”[①]

因此，笔者前述建议的好处是：（1）界定标准明确。（2）可以将“自愿”“悬挂中华人民共和国国旗”的中国台湾、香港和澳门渔船在公海捕捞的海产品纳入中华人民共和国原产地，从而得以享受我国加入的自贸区提供的优惠待遇出口到自贸区其他成员方。（3）可以将大量“自愿”“悬挂中华人民共和国国旗”的中国台湾、香港和澳门渔船纳入我国的保护范围，免遭日本有关部门对在钓鱼岛附近进行捕捞作业的中国台湾、香港和澳门渔船的粗暴对待，从而鼓励更多的中国台湾、香港和澳门渔船“自愿”“悬挂中华人民共和国国旗”，更广泛地宣示我国在相关海域的主权和管辖权，从而有助于凝聚广大力量共同维护我国主权和海洋权益，并有利于最广泛地凝聚“一个中国”的共识及和平统一大业的尽快实现。（4）依据国际法下船籍国对渔船拥有诸多司法管辖权的规定，可以将大量“自愿”“悬挂中华人民共和国国旗”的中国台湾、香港和澳门渔船纳入我国的司法管辖权范围。（5）中国目前参加的相关渔业多边条约也有类似规定，即适用于港澳。

为了切实维护我国渔船的利益，杜绝自贸区内空壳公司和第二船籍登记制度下和悬挂“方便旗”的渔船“搭乘”自贸区优惠关税待遇，笔者建议应该对在一国（例如我国）注册或者合法悬挂一国国旗（例如我国国旗）的渔船规定附加条件，例如股权比例和船员国籍比例要求等。

二、笔者所提建议的具体依据

目前，我国已经先后加入了养护大西洋金枪鱼委员会、中西太平洋渔业委员会、美洲间热带金枪鱼委员会、印度洋金枪鱼委员会、南太平洋渔业管理委员会、北太平洋渔业委员会和南极海洋生物资源养护委员会等共 7 个区域渔业管理组织，并按照各组织要求履行相关义务，合理利用海洋渔业资源，促进我国远洋渔业在现有国际渔业管理框架下健康发展。

（一）《中华人民共和国进出口货物原产地条例》的相关规定

针对在特定国领海以外获得的鱼产品，我国非优惠原产地标准的要求是：由合法悬挂该国旗帜的船舶从其领海以外海域获得的海洋捕捞物和其他物品以及在合法悬挂该国旗帜的加工船上加工前述物品获得的产品。

我国优惠性原产地规则的要求则会更多一些，如主体方面，一般会限制为在成员国注册或者登记，并悬挂或者有权悬挂其国旗的船只、成员国的自然人或者法人等；在地理范围方面，一般会要求为成员国领水以外的水域、海床或者海床底土，以及成员国根

---

① 中国新闻网：《外交部就台湾渔民悬挂五星红旗等答问实录》（2005 年 6 月 21 日），载于 http://www.jiaodong.net/news/system/2005/06/21/000740345.shtml，2022 年 10 月 9 日访问。

据符合其缔结的相关国际协定可适用的国内法确定的领水、领海外的专属经济区或者公海等，如果成员国是渔业发达的沿海国家，这一方面的要求会更为细致。

（二）《亚太贸易协定》原产地规则的相关规定

我国加入的《亚太贸易协定》原产地规则中规定："由该国船只在公海捕捞获得的渔产品和其他海产品"和"在该国的加工船上仅由上述产品加工和（或者）制造所得的产品"应属于完全获得或者生产的产品。其中，**"船只"是指从事商业捕捞作业的渔业船舶，在一成员国注册并由该成员国的一个或多个公民和/或政府经营，其法人或团体的合伙人也应于该成员国注册。该成员国内公民和/或政府所持的该船舶的资产净值至少应为该船舶的 60%；或者各成员国的公民和/或政府所持的该船舶的资产净值至少应为该船舶的 75%。但根据成员国间租借船只或分享收获的双边协议在专业捕捞船只上获得的产品也应享受优惠待遇。**

（三）《中华人民共和国渔业船舶登记办法》（农业农村部令 2019 年第 2 号修订）的有关规定

我国要求渔业船舶依照本办法进行登记，取得中华人民共和国国籍，方可悬挂中华人民共和国国旗航行，但该办法中目前渔船注册标准没有股权要求，要求所有权或以光船条件从境外租进人应为中国公民或法人，同时规定渔业船舶不得具有双重国籍，但经农业部批准从事远洋渔业的渔业船舶，需要加入他国国籍方可在他国管辖海域作业的，渔业船舶所有人可以申请中止渔业船舶国籍。

（四）《中华人民共和国船舶登记办法》（中华人民共和国交通运输部令 2016 年第 85 号）的有关规定

其中第三条下列船舶的登记适用本办法：

（一）在中华人民共和国境内有住所或者主要营业所的中国公民所有或者光船租赁的船舶；

（二）依据中华人民共和国法律设立的主要营业所在中华人民共和国境内的企业法人所有或者光船租赁的船舶。但是，在该法人的注册资本中有外商出资的，中方投资人的出资额不得低于百分之五十；

（三）外商出资额超过百分之五十的中国企业法人仅供本企业内部生产使用，不从事水路运输经营的趸船、浮船坞；

（五）交通运输部关于实施有关中资"方便旗"船回国登记进口税收政策

2018 年 7 月 19 日公布的交通运输部关于实施有关中资"方便旗"船回国登记进口税收政策，要求中方出资比例不低于 50%。

（六）一些优惠性原产地规则就"某一特定国家的船舶"作出了较为明确的界定

例如，欧共体关于从联盟的非洲国家[①]进口的海洋产品规则就提出了如下附加规定：该国的国民或者总部设在该国的公司必须拥有该船舶至少一半的所有权，除此之外，必须由该国的国民担任总经理或董事会/理事会主席；而且董事会中的多数成员也应该是该国的国民；如果该公司为合伙公司或有限责任公司，则至少一半的资本应当属于该国或者属于该国的公营公司或该国的国民；此外，该船舶的高级船员或者至少75%的船员必须是该国的国民。根据欧洲自由贸易区（EFTA）的规则，在其成员方注册并悬挂该国国旗的船舶视为该国的船舶。[②]在这方面，使用从海洋中捕捞的产品以及从海洋中获得的其他产品在加工船上生产的产品的问题应该受到特别关注。因为许多发展中国家建立了合资企业，以开发海洋资源。[③]

《加拿大—欧盟自贸协定》“完全获得或生产货物”的“该国船只”和“该国加工船”仅适用于符合下列条件的船只和加工船，具体如表3-5所示。

表3-5　《加拿大—欧盟自贸协定》对船只和加工船的规定

1. 船只或加工船必须：	
（1）	在欧盟成员国或加拿大注册；
（2）	有权悬挂欧盟成员国或者加拿大的国旗，且航行时必须悬挂相应的旗帜。
2. 在欧盟注册的船只或加工船应符合下列条件之一：	
（1）	船只所有权至少有50%归该欧盟成员国国民所有，或
（2）	船只由公司拥有：公司总部及其主要办公场所设在欧盟成员国内，且公司所有权至少有50%归欧盟成员国的国家、公共团体或国民所有。
3. 在加拿大注册的船只或加工船，必须获得加拿大捕捞许可证的授权，才可以捕捞鱼类、贝类或其他海洋生物。加拿大的捕捞许可证分为商业捕捞许可证和土著捕捞许可证两大类。其中，加拿大捕捞许可证持有人必须符合下列条件：	
（1）	加拿大国民；
（2）	外商投资股份≤49%的企业，且在加拿大有商业存在；
（3）	上述（1）或（2）所指加拿大国民或企业所拥有的船只；
（4）	土著团体需位于加拿大境内，土著捕捞许可证的持有人必须为加拿大国民。

说明：以上资料来源于CETA《原产地规则与程序》议定书。

① 参见文件TD/B/AC.5/3a，第18-23段。

② 参见文件TD/B/AC.5/3add.4，第75段。

③（意）斯特凡诺·伊那马：《国际贸易中的原产地规则》，海关总署关税征管司译，北京，中国海关出版社，2012年。

第七节 建议杜绝所有加贴涉及我国主张主权和海洋权益的海岛/海域的外国地理名称原产地标识的产品进口入境

一、笔者建议的内容

我国应该尽快争取在相关自贸区原产地规则中，明确禁止进口加贴有“尖阁列岛”（日本对我国钓鱼岛命名的名称）等外国名称的原产地标识的商品，借此杜绝所有加贴涉及我国主张主权和海洋权益的海岛/海域的外国地理名称原产地标识的产品进口入境或者拒绝提供相关自贸区优惠关税待遇，以尽可能消除由此带来的消极影响，达到强化我国消费者国家主权和海洋权益意识的目的。

二、笔者所提建议的具体依据及其在维护我国海洋权益方面的作用

我们有充分理由相信，中国将在新时代演绎和平合作海洋奏鸣曲，为人类命运共同体大厦增砖添瓦。同时，我们要清楚地认识到，中国在走向海洋强国的道路上不可能一帆风顺，中国对今后可能的激流险滩要做好“两手准备”，既要坚决维护国家主权和海洋权益，又要坚持不懈地走和平发展的海洋道路[①]。2016 年 7 月 13 日，在“南海仲裁案”判决的次日，国务院新闻办公室即发表了《中国坚持通过谈判解决中国与菲律宾在南海的有关争议》白皮书。

习近平主席严正指出：“南海诸岛自古以来就是中国领土，中国在南海的领土主权和海洋权益在任何情况下不受所谓菲律宾南海仲裁案裁决的影响，中国不接受任何基于该仲裁裁决的主张和行动。”由此可见，习近平总书记海洋外交的指向和目标十分明确，就是保护国家主权和领土完整，维护国家的海洋权益不受侵犯[②]。

为坚决维护我国主权和海洋权益，并对相关争议国家尽早与我国达成“搁置争议，共同开发”的相关协议形成一定程度的压力，笔者建议：应该明确规定禁止进口被外国侵占的上述争议地区原产地的产品，并进一步禁止这些产品及其开采或捕捞企业进入中国政府采购市场，借此对冲有关争议国家（如越南）借助与外国公司在有关争议岛屿和海域合作开发来对抗中国的企图。为此，笔者建议：我国在进口石油和海产品时，可以“适时”要求相关产品的国外出口商向中国出口时必须提供有关部门就此签发的非原产于钓鱼岛等海域的原产地证书或者中国政府授权开采和捕捞的证明性文件，以此作为享

① 杨洁勉：《中国特色海洋外交的实践创新和理论探索》，《边界与海洋研究》2017 年第 2 卷第 4 期，第 5～16+2 页。

② 杨洁勉：《中国特色海洋外交的实践创新和理论探索》，《边界与海洋研究》2017 年第 2 卷第 4 期，第 5～16+2 页。

受中国海关对相关自贸区提供优惠关税待遇甚至允许进口通关的必备单据之一。

通过将中国地理名称的岛礁和海域等命名为外国名称也是一些别有用心的国家企图借此宣称其所谓的“主权”的一种策略。例如，2004 年 7 月 14 日，日本政府公开将中国探明的“春晓”“断桥”“冷泉”三个油气田分别命名为日本名称“白桦”“楠”“桔梗”，并授予日本帝国石油公司试开采，中日东海大陆架争端骤然升温。①

1983 年 4 月 24 日，中华人民共和国国务院授权中国地名委员会公布《中国南海诸岛部分标准地名》，共 287 个。此次命名，除对岛、沙洲、礁、暗沙、滩和石命名外，首次为“水道”（渔民称为“门”）正式命名。②

钓鱼岛及其附属岛屿的重要性在于其战略位置和军事、资源价值，对台湾问题的影响，所享有海域的管辖权及其在划界中的地位和效力。控制在日本人手中的钓鱼岛，对我国的海上安全构成重大威胁。我国政府采取了一系列举措，如已经公布了钓鱼岛部分附属岛屿的标准名称。③

为此，我国应该尽快争取在相关自贸区原产地规则中，明确禁止进口加贴有“尖阁列岛”（日本对我国钓鱼岛命名的名称）等外国名称的原产地标识的商品，借此杜绝所有加贴涉及我国主张主权和海洋权益的海岛/海域的外国地理名称原产地标识的产品进口入境或者拒绝提供相关自贸区优惠关税待遇，以尽可能消除由此带来的消极影响，强化我国消费者的国家主权和海洋权益意识。

第八节　建议我国所签订自贸区协议中的缔约方“中方”一词不应排除港澳单独关税区

一、笔者建议的内容

笔者认为，海峡两岸暨香港、澳门、大陆与台湾之间应该逐步实施货物贸易零关税制度，以促进海峡两岸暨香港、澳门之间的贸易自由化发展。为此，我国所签订自贸区协议中的缔约方“中方”一词不应排除港澳台单独关税区。

二、笔者所提建议的具体依据

笔者上述建议的依据是：

1. 中国香港特别行政区基本已经是零关税地区，因此其他国家和地区与香港签订自贸

① 冯学智：《中国海洋权益争端的国际法分析》，北京，中国政法大学出版社，2013 年。

② 中国地名委员会受权公布我国南海诸岛部分标准地名：《中华人民共和国国务院公报》1983 年第 10 期。

③ 薛桂芳：《新形势下我国海洋权益面临的挑战及对策建议》，《行政管理改革》2012 年第 7 期，第 20～25 页。

区的动力不足。

2. 而恰恰由于香港基本已经是零关税地区，在我国所签订自贸区协议中将缔约方“中方”包括港澳单独关税区才不会引起其他自贸区成员方的反对和对港澳的降税要求。这是因为香港和澳门均为自由港，对其他国家和地区的进口产品均早已免除了关税，而我国自贸区伙伴的平均关税率依然较高，具体如表 3－6 所示。

表 3－6　　我国自贸区伙伴的平均关税率[①]

国家和地区	年度	平均关税率（%）
中国	2017	9.8（注：从 2018 年 11 月 1 日起中国平均关税税率从 9.8%降至 7.5%）
中国台湾	2017	6.4
中国澳门	2017	0
中国香港	2017	0
澳大利亚	2017	2.5
韩国	2017	13.7
印度	2017	13.8
斯里兰卡	2017	9.3
孟加拉国	2016	13.9
老挝	2017	8.5
文莱	2017	0.2
柬埔寨	2017	11.1
印度尼西亚	2017	8.1
马来西亚	2017	5.7
菲律宾	2017	6.3
泰国	2017	9.5
越南	2017	9.6
缅甸	2017	6.5
新加坡	2017	0.0
巴基斯坦	2016	12.1
智利	2017	6.0
哥斯达黎加	2017	5.6
格鲁吉亚	2017	1.5
冰岛	2017	4.0
新西兰	2017	2.0
秘鲁	2017	2.4
瑞士	2017	6.4

① 来自 WTO，载于 https：//www.wto.org/english/tratop_e/tariffs_e/tariff_data_e.htm，2019 年 1 月 10 日访问。

3. 在我国所签自贸区协议中的缔约方“中方”一词包括港澳单独关税区，就可以使符合相关自贸区原产地资格的港澳原产地货物和服务以优惠待遇出口到自贸区其他成员方，从而有利于粤港澳大湾区的发展。

推进粤港澳大湾区建设，是以习近平同志为核心的党中央作出的重大决策，是习近平总书记亲自谋划、亲自部署、亲自推动的国家战略，是新时代推动形成全面开放新格局的新举措，也是推动“一国两制”事业发展的新实践。推进建设粤港澳大湾区，有利于深化内地和港澳交流合作，对港澳参与国家发展战略，提升竞争力，保持长期繁荣稳定具有重要意义。①

随着世界经济格局进入新的调整期，全球化在局部遭遇阻力，新的国际贸易体系和规则在分化中重组，导致世界经济增长动力相对不足，亟须培养新的增长点和动力源。以湾区经济为主体的大城市群一直以来都是全球经济发展的重要增长极和科技变革的关键引领者，更是全球创新、金融、人才和产业集聚中心，在引领跨国资源优化配置方面的作用日益凸显。

按照2019年2月18日公布的《粤港澳大湾区发展规划纲要》，粤港澳大湾区要以“一带一路”建设为重点，充分发挥港澳独特优势，对接高标准贸易投资规则，加快培育国际合作和竞争新优势。计划到2022年，粤港澳大湾区综合实力显著增强，粤港澳合作更加深入广泛，区域内生发展动力进一步提升，发展活力充沛、创新能力突出、产业结构优化、要素流动顺畅、生态环境优美的国际一流湾区和世界级城市群框架基本形成；到2035年，大湾区形成以创新为主要支撑的经济体系和发展模式，经济实力、科技实力大幅跃升，国际竞争力、影响力进一步增强，宜居宜业宜游的国际一流湾区全面建成。

粤港澳大湾区正努力成长为继纽约湾区、旧金山湾区和东京湾区之后的世界第四大湾区，成为中国建设世界级城市群和参与全球竞争的重要空间载体。但面对“一国两制三关税区和三种法律种货币”的独特体制背景，如何充分发挥不同体制的比较优势，打破生产要素自由流通的制度障碍，是摆在粤港澳大湾区发展面前的紧迫问题。而将我国所签订自贸区协议中的缔约方“中方”一词争取包括港澳地区，就成为当前破局的一个关键。

---

① 新华网，习近平出席《深化粤港澳合作推进大湾区建设框架协议》签署仪式，2017年07月01日，载于 http://www.xinhuanet.com//politics/2017-07/01/c_1121247167.htm，2022年10月9日访问。

第九节 建议在《海峡两岸经济合作框架协议》（ECFA）中明确“一个中国”的原产地标示

一、笔者建议的内容

中国台湾地区是维护我国国家主权和海洋权益的重要组成部分，台湾问题是中国核心利益中的核心利益。为此笔者建议：

1. 尽快修订 ECFA 协议原产地规则，明确其适用范围是：中国，包括台湾地区、钓鱼岛、东沙群岛、西沙群岛、中沙群岛、南沙群岛等一切属于中国的岛屿；中国的专属经济区以及大陆架。

2. 另外，还应视情况酌情采取以下两种方案：

（1）要求 ECFA 优惠性原产地证书中相关企业的地址必须出现“中国”二字或者在原产地证书上事先印就“中国 ECFA 原产地证书”/“中国台湾 ECFA 原产地证书”字样，否则即拒绝提供 ECFA 优惠待遇；或者

（2）对于 ECFA 优惠性原产地证书中相关企业的地址中出现“中国”二字或者采用在原产地证书上事先印就“中国 ECFA 原产地证书”/“中国台湾 ECFA 原产地证书”字样的原产地证书的台湾出口商提供比现行 ECFA 更低的税率，即零关税税率，以此体现中国台湾原产地的货物在同属一个中国的国家内部理应享受不征收关税的“国内货物”的待遇；而对于 ECFA 现行的未出现“中国”二字的优惠性原产地证书的台湾出口商仅给予现行的 ECFA 优惠关税税率。这样，就可以将未来的 ECFA 升级版下的关税税率设计为上述不同的两栏，从而鼓励更多的台湾企业采用“中国台湾 ECFA 原产地证书”字样的原产地证书，在更广范围内争取“一个中国”的共识。

3. 建议两岸在我国相关争议海域进行油气资源勘探和合作的开发，不仅多半收益归台湾地区以赢得互信和台湾民意，而且将此类合作开发的油气的原产地判定为 ECFA 下的“中国”自贸区，并且可以享受 0“关税”运回大陆。需要指出的是：内地（大陆）应该邀请港澳台企业与内地企业在相关争议海域进行“合作开发”，而不是“共同开发”。这是因为两者的区别在于：“共同开发”是不同国家在争议海域的开发活动；“合作开发”则是一个国家内部的不同企业之间的合作开发活动。

4. 两岸可以将太平岛等我国实际控制的岛屿授予“中国”生态原产地旅游目的地，通过发展旅游进行爱国主义教育并进一步彰显我国的主权和权益。

二、笔者所提建议的具体依据

2011 年 9 月 6 日，中国国务院新闻办公室发表了《中国和平发展》白皮书，将国家

主权、国家安全、领土完整、国家统一等确定为核心利益。台湾地区是维护我国国家主权和海洋权益的重要组成部分，因此祖国大陆与台湾地区成立自贸区的初衷之一就是通过给台湾原产地的产品以进入大陆的优惠关税待遇，争取更多支持一个中国及两岸和平统一的台湾同胞和企业，并促使海峡两岸在维护我国钓鱼岛和南海等“祖产”权益方面团结合作。

目前台海局势充满变数。民进党上台后，不但拒不承认“九二共识”，反而加紧推进“台独”路线，竭力煽动两岸的敌意和对立，严重威胁国家主权和领土完整。美国则坚持“以台制华”战略。

（一）《反分裂国家法》明确世界上只有一个中国，大陆和台湾同属一个中国

《反分裂国家法》第二条规定，世界上只有一个中国，大陆和台湾同属一个中国，中国的主权和领土完整不容分割。维护国家主权和领土完整是包括台湾同胞在内的全中国人民的共同义务。

台湾是中国的一部分。国家绝不允许“台独”分裂势力以任何名义、任何方式把台湾从中国分裂出去。

第五条规定，坚持一个中国原则，是实现祖国和平统一的基础。

以和平方式实现祖国统一，最符合台湾海峡两岸同胞的根本利益。国家以最大的诚意，尽最大的努力，实现和平统一。

（二）目前大陆与台湾签署的 ECFA 的签约主体分别是大陆和台湾的两个机构，从 ECFA 条款“表面”看甚至有可能得出产品必须是原产于上述两个机构所在办公楼的荒谬错误。

目前大陆与台湾签署的自贸区协议 ECFA 的签约主体分别是大陆和台湾的两个机构，其中的原产地规则中不仅回避了“中国”二字，更没有体现一个“中国”的任何词语，现行的 ECFA 优惠性原产地证书中相关企业的地址甚至也不允许出现“中国”二字，从 ECFA 条款“表面”甚至有可能得出产品必须是原产于上述两个机构所在的办公楼的荒谬错误。这与祖国大陆与台湾成立自贸区的初衷是极为不符的。而且，由于现行的 ECFA 协议并没有明确领土范围，这就为别有用心之人主张 ECFA 协议并不包括钓鱼岛等争议岛屿和海域提供了可乘之机。

根据《海峡两岸经济合作框架协议》（ECFA）的序言，签订协定的双方分别为“海峡两岸关系协会”与“财团法人海峡交流基金会”。

海峡两岸关系协会（简称“海协会”）是于 1991 年 12 月 16 日在北京成立的社会团体法人。《海峡两岸关系协会章程》规定，海协会以促进海峡两岸交往、推动两岸关系和平发展、实现祖国和平统一为宗旨。[①]

① 海峡两岸关系协会简介（2018 年 4 月 29 日），载于 http://www.arats.com.cn，2022 年 10 月 9 日访问。

海峡交流基金会于 1990 年 11 月 21 日成立，主要功能是接受“陆委会”委托，办理两岸交流所衍生的各项事务。根据《财团法人海峡交流基金会捐助暨组织章程》规定，其经费包括服务费、政府或民间捐赠等。[①]

ECFA 原产地证书的第 1－3 栏涉及出口商、生产商和进口商的信息，在证书的填制说明中要求这些栏目均应填写详细名称、地址、电话、传真和电子邮件等联系方式，但与其他自贸协定原产地证书最大的区别是缺失国家信息。

第十节　建议尽早构建“一个中国”下的海峡两岸暨香港、澳门自贸区及其原产地规则

一、笔者建议的内容

1. 建议在内地与香港 CEPA、内地与澳门 CEPA、香港与澳门 CEPA 以及大陆与台湾 ECFA 这四个自贸区协议中允许海峡两岸暨香港、澳门进行完全原产地累积，以加强海峡两岸暨香港、澳门之间的经济合作，从而促进海峡两岸暨香港、澳门之间的日益融合，为两岸最终和平统一创造更加有利的经济氛围。

2. 建议尽快最终建立大陆与港澳台的“一个中国”自贸区，至少应该尽快建立内地香港澳门自贸区，并在相关自贸区下分别由自贸区各成员方签发“一个中国”自贸区原产地证书。笔者建议：此后，我们可以海峡两岸暨香港、澳门共同组成的“一个中国”自贸区的名义与世界上其他国家达成自贸区协议，以便让港澳台共享这些自贸区的优惠待遇。

目前港澳已经分别与内地成立了自贸区，且香港与澳门之间也成立自贸区。与内地和香港分别签署自贸协定的国家和地区有：智利、格鲁吉亚、新西兰和东盟；中国香港已与澳大利亚和马尔代夫分别完成了自贸协定谈判。台湾与港澳均没有建立自贸区，与海峡两岸分别签署自贸协定的国家和地区有：新加坡和新西兰。

3. 建议海峡两岸暨香港、澳门由一个大“中国”自贸区逐步过渡到不需要优惠性原产地规则的关税同盟、经济同盟，最终达到和平统一的目的。

二、笔者所提建议的具体依据

坚持“一个中国”政策及促进两岸和平统一，是维护我国国家主权和海洋权益的

① 台湾海峡交流基金会简介（2008 年 05 月 26 日），载于 http://www.chinanews.com.cn/gj/kong/news/2008/05－26/1262656.shtml，2022 年 10 月 9 日访问。

重要组成部分。海峡两岸各有优势，大陆联合台湾共同维护国家海洋权益，可以实现优势互补。

（一）内地与香港 CEPA、内地与澳门 CEPA、香港与澳门 CEPA 以及大陆与台湾 ECFA 这四个自贸协议中的原产地累积规定

1. 2019 年 1 月 1 日起正式实施的《内地与香港关于建立更紧密经贸关系的安排》（CEPA）“升级版”货物贸易协议中的原产地累积规则：

第十一条 累积规则

一、一方的原产货物或原产材料在另一方构成另一货物的组成部分时，该货物或材料应当视为原产于后一方。

二、就本条第一款而言，对于适用区域价值成分标准的后一方货物，在不计入前一方原产货物或原产材料价值时的区域价值成分应当按照其计算方法大于或者等于 15%（累加法）或 20%（扣减法）。

2. ECFA 原产地累积规则

《海峡两岸经济合作框架协议文本》的附件二原产地规则的第八条：

第八条 累积规则

一方的原产材料在另一方构成另一货物的组成部分时，该材料应视为原产于该另一方。

3. 港澳 CEPA 原产地累积规则

港澳 CEPA 中没有对累积原产地规则的具体规定。①这是因为，香港和澳门均没有对任何进口货物征收关税，因此 2018 年 1 月 1 日港澳 CEPA 生效后，双方经济将维持现行制度，为港澳在两地之间的货物流动提供零关税的法律保障。现行的非优惠原产地规则作为 CEPA 的原产地规则。

香港的非优惠原产地规则规定，香港产地来源证（CHKO）适用于香港天然、种植的产物或香港制造的货物。货物必须在香港经过制造工序，而有关工序永久及实质地改变了原材料的形状、性质、形态或用途。有关指定产品的产地来源规定及相关的主要制造工序，详载于附录 i。香港非优惠原产地规则以加工制造标准为主，对不同产品制定了需要进行的主要制造工序。对于曾在香港进行若干制造工序，然而该等工序并不足以赋予有关货品香港产地来源资格的货物只能签发产地来源加工证。

产地来源加工证（CP）是证明有关产品曾在香港进行若干制造工序，然而该等工序并不足以赋予有关货品香港产地来源资格。简单的稀释、包装、装瓶、干燥、简单装配、

① 香港特别行政区工贸署：香港特别行政区与澳门特别行政区关于建立更紧密经贸关系的安排（港澳 CEPA），载于 https://www.tid.gov.hk/tc_chi/cepa/legaltext/cepa_legaltext.html，2022 年 10 月 9 日访问。

分类或装饰，等等，并不被视为真正的制造工序。[①]

4. 内地与香港CEPA原产地累积规则

2003年内地与香港签订CEPA时原产地规则中并没有制定累积规则。2012年对原产地规则进行了修订，一方面明确了内地与香港CEPA原产地规则中的“从价百分比”是指香港原产的原料、组合零件的价格以及在香港产生的劳工价值和产品开发支出价格的合计与出口制成品船上交货价格（FOB）的比值。另一方面是增加了累积规则，具体规定是：

2012年4月1日，中华人民共和国海关总署令第206号（关于公布《海关总署关于修改〈中华人民共和国海关关于执行《内地与香港关于建立更紧密经贸关系安排》项下《关于货物贸易原产地规则》的规定〉的决定》）中的第六条第六款：

香港使用内地原产的原料或者组合零件在香港构成出口制成品组成部分的，在计算该出口制成品的从价百分比时，该内地原产原料或者组合零件应当视为原产于香港。该出口制成品的从价百分比应当大于或者等于30%，且在不记入该内地原产的原料或者组合零件价格时的从价百分比应当大于或者等于15%。[②]

5. 内地与澳门CEPA累积规则

2012年4月1日，中华人民共和国海关总署令第207号（关于公布《海关总署关于修改〈中华人民共和国海关关于执行《内地与澳门关于建立更紧密经贸关系安排》项下《关于货物贸易原产地规则》的规定〉的决定》）中增加了累积规则作为原产地规则的第六条第六款：

澳门使用内地原产的原料或者组合零件在澳门构成出口制成品组成部分的，在计算该出口制成品的从价百分比时，该内地原产原料或者组合零件应当视为原产于澳门；该出口制成品的从价百分比应当大于或者等于30%，且在不记入该内地原产的原料或者组合零件价格时的从价百分比应当大于或者等于15%。[③]

2019年实施的CEPA升级版原产地规则对累积规则进一步优化。根据《货物贸易协议》，一方的原产货物或原产材料在另一方构成另一货物的组成部分时，该货物或材料应当视为原产于后一方。换言之，源自内地的原产货物或材料，如并入出口往内地的香港

---

① 香港总商会：香港产地来源证（CHKO），载于 https：//cert.chamber.org.hk/sc/certificates_of_origin/chko.aspx，2022年10月9日访问。

② 海关总署令第206号（《海关总署关于修改〈中华人民共和国海关关于执行《内地与香港关于建立更紧密经贸关系安排》项下《关于货物贸易原产地规则》的规定〉的决定》），载于 http://www.gov.cn/gongbao/content/2012/content_2199093.htm，2022年10月9日访问。

③ 海关总署令第207号（关于公布《海关总署关于修改〈中华人民共和国海关关于执行《内地与澳门关于建立更紧密经贸关系安排》项下《关于货物贸易原产地规则》的规定〉的决定》），载于 http://www.gov.cn/gongbao/content/2012/content_2199094.htm，2022年10月9日访问。

制造货物内，该货物或材料将当作原产于香港。然而，对于适用区域价值成分标准的香港货物，在不计入内地原产货物或材料价值时，本地的区域价值成分应当按照其计算方法大于或者等于 15%（累加法）或 20%（扣减法）。换句话说，纵使生产商或制造商把源自内地的原产货物或材料一并加入计算货物的区域价值成分，该货物源自香港的区域价值成分也不能少于 15%（累加法）或 20%（扣减法）。

3 个 CEPA+1 个 ECFA 的建立，为海峡两岸暨香港、澳门的累积规则提供了条件，可以运用累积规则增加区域内产品获得优惠的机会，并有效促进域内的产业分工，从而扩大优惠贸易的范围。

已有累积规则的实践也显露出以下一个问题，即：累积规则一般都是与地区价值含量要求结合使用的，地区价值含量成分要求越低，原产地标准越容易满足；反之，地区价值含量要求越高，原产地规则的限制性就越强，二者是相互配合而起作用的。已有的优惠贸易安排在设计累积规则的时候，未充分考虑累积规则与地区价值含量之间的这种关系，而采取一刀切的做法，从而在利用累积规则保护地区产业和促进地区经济发展方面的作用没有充分体现。

因此有必要在未来的双边和多边自贸协定中区别设定“特定条件”。

一是坚持在所有的优惠贸易安排中实行累积规则。

二是累积的程度取决于协议缔结方所期望的地区一体化的水平。累积的程度可以根据成员方经济发展的程度及需要，循序渐进，如由双边累积——斜边累积——区域累积逐步递进。以欧盟为例，欧洲经济共同体—欧洲自由贸易联盟协议中的累积规则也是经历了不同的复杂阶段，才发展到现在欧盟—欧洲自由贸易联盟（EU-EFTA）（即 EEA）下的区域累积。EEC 与 EFTA 国家中的每一个国家都签订了协议，而协议中都包含了同样的双边累积规则，而且在 EFTA 国家中也实行同样的双边累积规则，最终才发展成为现在的区域累积。

三是在具体规则的设计方面，在所有的双边安排中都实行双边累积。从已有的国际实践看，基本上所有的双边优惠贸易安排都实行双边累积，中国在以后的实践中也应当充分考虑到这一点，增加双边累积规则。

四是当一个或多个优惠贸易安排涉及两个以上成员方的多边自贸协定时，可以考虑采用斜边累积。斜边累积因其清楚地认识到所涵盖的地理区域内不同国家的不同工业和生产能力和效率，能实质上扩大贸易协议的范围，因此，在培育地区经济一体化中发挥着重要的作用。国际实践表明，当优惠贸易安排涉及多个国家和地区，而且这些国家和地区之间受同一套原产地规则约束时，都可以实行斜边累积。由于内地与香港、内地与澳门之间的原产地规则分别实行双边累积，同时内地、香港、澳门三地之间实质上受同一套原产地规则的约束，它们之间可以实行对角累积，以充分利用三地之间在经济上的互补性，从而扩大内地对香港、澳门地区的出口。

（二）原产地累积的国际实践

原产地累积是指在确定产品原产地资格时，把若干个或所有受惠国（地区）/自贸区成员国（地区）作为一个统一的经济区域，在此统一经济区域内生产、加工产品时所得的增值，可以视为出口方本国成分加以累积。从目的上看，累积通过将非原产材料视为原产材料，允许和鼓励更多国家（地区）参与产品的生产制造，从而在一定范围内推进区域经济的一体化。

从国家（或者单独关税区）范围的区分上，累积可以分为双边累积、斜边累积和区域累积（或全面累积）。双边累积是指原产于给惠国的产品可以被视为原产于受惠国，斜边累积是指原产于给惠国指定的第三国的产品可以被视为原产于受惠国，区域累积是在给惠国指定的受惠国家范围（区域）内，原产于其中一个国家的产品可以被视为原产于其中任何一个其他国家。

“特定条件”包括“无条件”和“有条件”两个类别。“无条件”的累积对“进一步生产加工”不设定任何标准，通常表述为“构成一种货物的组成部分”（如中冰自贸协定），“有条件”的累积则明文对“进一步生产加工”设定相应的标准，例如：必须超过“微小加工”（如中瑞自贸协定），或者虽然没有超过“微小加工”，但是在出口成员方境内增值的部分必须高于生产过程中使用的出口成员方原产材料价格（如欧洲经济区协定）。

欧洲的自贸协定（如欧洲经济区协定、欧洲自由贸易协定等）明文确立了“斜边累积”原则，即原产于阿尔及利亚、埃及、以色列、约旦、黎巴嫩、摩洛哥、叙利亚和突尼斯等欧盟—地中海伙伴关系参加国的产品可以被视为原产于出口成员方；并设定了相应条件，即：在出口成员方境内进行的生产加工必须超过“微小加工”，但是没有必要经过实质性改变；或者虽然没有超过“微小加工”，但是在出口成员方境内增值的部分必须高于生产过程中使用的出口成员方原产材料价格。

我国签署的自贸协定和欧盟普惠制条例中，中智、中新（加坡）、中新（西兰）、ECFA、中秘、中国—哥斯达黎加、中冰、中韩和中澳等自贸协定对于“双边累积”没有设定任何“特定条件”，只要构成一种货物的组成部分即可；中瑞自贸协定和欧盟普惠制对于“双边累积”，则要求该产品在受惠国境内进行的进一步生产加工必须超过“微小加工”；中巴自贸协定对于“双边累积”，则要求进一步的生产加工必须使最终产品中的中—巴原产成分价格不低于40%；亚太和中国东盟自贸协定则对于“多边累积”的要求分别是不低于60%和40%。

第十一节　建议降低养殖水产品的原产地标准

一、笔者建议的内容

由于中国是水产品的养殖大国，因此笔者建议在相关自贸区原产地规则中降低养殖水产品的原产地标准，即将现行的“在该国（地区）出生并饲养的活的动物”修改为：“在该国（地区）出生**‘或者’**饲养（X个月）的活的动物”作为其原产地；或者“将该鱼从鱼卵**或者**鱼苗（包括小鱼）育为成鱼的国家作为其原产地”。这样就能够将尽可能多的在中国养殖的水产品的原产地判定为中国，从而能以自贸区优惠关税出口到其他自贸区成员方。

二、现行原产地规则的有关条文

（一）《中华人民共和国进出口货物原产地条例》（2004年）

第四条　本条例第三条所称完全在一个国家（地区）获得的货物，是指：

（一）在该国（地区）**出生并饲养**的活的动物；

（二）海关总署令第151号公布《中华人民共和国海关〈中华人民共和国与智利共和国政府自由贸易协定〉项下进口货物原产地管理办法》

第五条　本办法第三条第（一）项所称“在智利完全获得或者生产”的货物是指：

（三）在智利**出生并饲养**的活动物；

（三）海关总署令第175号（《中华人民共和国海关〈中华人民共和国政府和新西兰政府自由贸易协定〉项下进出口货物原产地管理办法》）

第四条　本办法第三条第（一）项所述“在新西兰完全获得或者生产”的货物是指：

（二）在新西兰境内**出生并饲养**的活动物；

第十二节　建议将我国非优惠性和优惠性原产地规则尽早与海关政策相衔接

一、笔者建议的内容

针对不同区域制定不同的原产地标准并给予不同优惠，是原产地作为经济手段之一的优势，对维护海洋权益和践行习近平有关建设海洋强国的重要论述和义利观具有重要意义。为此：

1. 建议将中国非优惠性和优惠性原产地规则尽早与海关政策相衔接，即应该做到：中国海关进口监管不一定与征收进口关税相挂钩；中国原产地货物不一定就不需要中国海关的进口监管（例如“国货复进口”）。

2. 中国渔船和外国渔船在中国专属经济区捕捞的海产品均应视为中国原产地，而不论渔船的国籍和注册地。为了进一步体现专属经济区的中国管辖权，笔者建议中国海关对这些海产品均不应征收进口关税，不因渔船的国籍和注册地而区别对待。

3. 中国企业和外国企业在中国大陆架开采的矿产品均应视为中国原产地，而不论企业的国籍和注册地。为了进一步体现大陆架的中国管辖权，笔者建议中国海关对这些矿产品均不应征收进口关税，不因企业的国籍和注册地而区别对待。

4. 中国在所加入的自贸区协议中也相应建议：在一国专属经济区/大陆架内捕捞/开采的海产品/矿产品均应视为沿海国原产地，而不论渔船的国籍地和注册地，并且沿海国海关对这些海产品均不应征收进口关税，不因渔船的国籍和注册地而区别对待。

5. 为了鼓励中国渔船/中国企业到外国专属经济区、外国大陆架进行捕捞和开采海产品/矿产品，笔者建议中国海关应提供暂时性“免关税”待遇。对中国渔船/中国企业在公海、国际海底区域、南极地区捕捞/开采的海产品/矿产品则永久提供免关税待遇。

6. 鉴于中国在争议地区与相关国家建立了性质不同的暂时性“共同渔区”/“共同油气开发区”，因此笔者建议可以针对这些“暂时性”区域规定不同的“暂时性”原产地标准及其关税待遇。具体建议请见本节二（四）中的论述。

二、笔者所提建议的具体依据

（一）外国渔船在中国专属经济区捕捞前，需要获得中国有关主管部门的许可并交纳“入渔费”，而“入渔费”已经等于“变相”地征收进口关税了。

而依据笔者的前述建议，中国渔船和外国渔船在中国专属经济区捕捞的海产品均应视为中国原产地，而不论渔船的国籍和注册地。虽然这些海产品在运往中国销售并进入中国海关的关境时需要接受中国海关的进口监管，但是为了进一步体现专属经济区的中国管辖权，笔者建议对这些海产品均不应征收进口关税。这是因为，外国渔船在中国专属经济区捕捞前，需要获得中国有关主管部门的许可并交纳“入渔费”，而“入渔费”已经等于“变相”地征收进口关税了。这样，通过对所有在中国专属经济区捕捞的海产品判定原产地为中国且“永久”不征收进口关税，就能够强有力地表明中国对专属经济区的权益以及管辖权。

（二）目前的做法是，我国远洋渔业企业在公海或按照有关协议规定在他国管辖海域捕获并运回国内销售的自捕水产品（及其加工制品），视同国内产品，不征收进口关税和进口环节增值税。

为更好地贯彻执行国家对远洋渔业企业运回自捕水产品的原产地规则，加强对远洋渔业企业的管理，根据《国务院办公厅转发农业部关于当前调整农业生产结构若干意见的通知》(国办发［1999］68 号) 中关于**继续执行对远洋渔业企业在公海或按照有关协议规定在国外海域捕获并运回国内销售的自捕水产品及其加工制品，不征收关税和进口环节增值税的有关规定**，海关总署和农业部联合制定了《远洋渔业企业运回自捕水产品不征税的暂行管理办法》(以下简称《暂行管理办法》)，其中要求远洋渔业企业所在地直属海关和进口地海关要加强联系配合，共同做好对自捕水产品原产地的认定工作。

《远洋渔业企业运回自捕水产品不征税的暂行管理办法》

第二条 本暂行管理办法所称的贯彻执行国家制定的原产地规定是指，我国远洋渔业企业在公海或按照有关协议规定，在国外海域捕获并运回国内销售的自捕水产品（及其加工制品），视同国内产品不征收进口关税和进口环节增值税。

（三）为了进一步体现大陆架的中国管辖权，对在中国大陆架开采的矿产品均不应该征收进口关税。

针对周边国家抢夺我国资源的状况，我国应尽快启动实际开发各相关海域的产业安排，以经济开发维护权益。在南沙海域不存在争议的油气富集区，我国应尽快展开勘探开发，建起钻井平台和采油平台，显示存在并为后续的维权实践奠定基础。[①]

基于上述考虑，同样，为了更加强有力地表明中国对大陆架的权益以及管辖权，笔者建议，对于中国企业和外国企业在中国大陆架开采的矿产品均应视为中国原产地，而不论企业的国籍和注册地。虽然这些矿产品在运往中国销售并进入中国海关的关境时需要接受中国海关的进口监管，但是为了进一步体现大陆架的中国管辖权，笔者建议对这些矿产品均不应该征收进口关税，而不是仅对中国企业在中国大陆架开采的矿产品予以暂时性“免税”。这是因为，外国企业在中国大陆架开采矿产品前，需要获得中国有关主管部门的许可并交纳“开采费”，而“开采费”已经等于“变相”地征收进口关税了。

为了鼓励中国渔船和中国企业到外国专属经济区、外国大陆架进行捕捞/开采海产品/矿产品，笔者建议中国海关应提供暂时性“免关税”待遇。对中国渔船/中国企业在公海、国际海底区域、南极地区捕捞/开采的海产品/矿产品则永久提供免关税待遇。

而且我国可以争取在所加入的不同自贸区原产地规则中就海产品/海底矿产品的原产地标准作出不同规定，以最大限度维护我国海洋权益。例如，我国可以在与我国没有任何海洋权益纠纷的中国—冰岛自贸区原产地规则中规定：仍然将在国外专属经济区/大陆架内捕捞/开采的海产品/鱼产品的原产地以船籍国/开采国为准，这样就可以将中国

① 薛桂芳：《新形势下我国海洋权益面临的挑战及对策建议》，《行政管理改革》2012 年第 7 期，第 20～25 页。

国籍的渔船/中国企业在国外专属经济区/大陆架内捕捞/开采的海产品/矿产品的原产地在中国—冰岛自贸区下确定为中国，从而将尽可能多的中国国籍的渔船/中国企业在国外专属经济区/大陆架内捕捞/开采的海产品/鱼矿产品以优惠待遇出口到冰岛。

（四）在争议地区与相关国家建立了暂时性的“共同渔区”/“共同油气开发区”，针对这些“暂时性”区域规定其“暂时性”原产地标准并给予不同优惠，对维护海洋权益和践行习近平总书记关于海洋强国的重要论述和义利观具有重要意义。

从北到南，我国在黄海、东海和南海 3 个海域内与 8 个海上邻国存在权益争端，还面临着美国、印度等大国插手的严峻现实，受到来自周边邻国和区域外大国的联手制衡与遏制，我国的海上安全权益受到威胁。由于岛礁被占及海域狭窄等原因，我国所主张 300 万平方千米的管辖海域中约二分之一与邻国重叠，争议海域面临划界难题。韩国还单方面在主张重叠区域划出石油租让区，擅自进行石油开发。日韩于 1974 年签订《关于共同开发邻接两国的大陆架南部的协定》，双方擅自划定的 8.2 万平方千米“共同开发区”，西界侵入我国东海大陆架中部。1999 年生效的《日韩新渔业协定》，也在济州岛南部划定了所谓日韩共管的“暂定水域”，侵占近 10 万平方千米的我国管辖海域及大陆架。①

由于非优惠性原产地规则可以与优惠性原产地规则不同，而且不同的自贸区优惠性原产地规则也可以不同，因此我国可以针对不同自贸区的情况，分别争取制定不同的争议海域相关产品原产地标准，以更好地维护我国主权和海洋权益。

鉴于中国在争议地区与相关国家建立了性质不同的暂时性“共同渔区”/“共同油气开发区”，因此笔者建议可以针对这些“暂时性”区域规定不同的“暂时性”原产地标准及其关税待遇。具体建议如下：

1. 笔者建议，针对中国与有关国家已经划界，但是中国与有关国家在该海域达成了暂时性“共同开发海域”中的“共同渔区”/“共同油气开发区”内捕捞/开采的水产品/矿产品的原产地判定标准，确定为捕捞/开采海域的管辖国。

对目前中国与有关国家已经划界，但是中国与有关国家在该海域达成了暂时性“共同开发海域”中的“共同渔区”/“共同油气开发区”内捕捞/开采的水产品/矿产品的原产地，笔者建议应该判定为捕捞/开采海域的管辖国。这是因为，已划界的共同开发海域实行的是管辖国管辖原则。例如中国与越南双方于 2000 年 12 月 25 日同时签订了《中华人民共和国政府和越南社会主义共和国关于两国在北部湾领海、专属经济区和大陆架的划界协定》和《中华人民共和国政府和越南社会主义共和国政府北部湾渔业合作协定》，并同时于 2004 年 6 月 30 日生效并实施，其中第 6 条规定：缔约双方应相互尊重按照本协定所确定的两国各自在北部湾的领海、专属经济区和大陆架的主权、主权权利和管辖

① 薛桂芳：《新形势下我国海洋权益面临的挑战及对策建议》，《行政管理改革》2012 年第 7 期，第 20～25 页。

权。第 8 条规定：缔约双方同意就北部湾生物资源的合理利用和可持续发展以及两国在北部湾专属经济区的生物资源养护、管理和利用的有关合作事项进行协商。可见，与中日和中韩“共同开发协议”不同，中越达成的“共同渔业协议”是在双方划界已经完成的基础上达成的。按照《中华人民共和国政府和越南社会主义共和国政府北部湾渔业合作协定》第 3 条的规定，中越双方同意在北部湾封口线以北、北纬 20 度以南、距离北部湾划界协定所确定的分界线各自 30.5 海里的两国各自专属经济区设立共同渔区。按照该协定第 9 条的规定，在共同开发水域的己方一侧，缔约一方有权对缔约双方的国民和渔船实施管辖。在北部湾海域，中越各自的专属经济区范围明确，采用专属经济区管辖国的管辖原则，不但不会产生管辖权冲突，还有利于管辖国采取适当措施以确保本国专属经济区内渔业资源的养护管理措施得到遵守。①

从理论上讲，共同开发海域适用的范围可以包括专属经济区、大陆架和“享有历史性权利的海域”，但不包括相关国家的内水、领海和公海。尽管我国目前尚缺乏大陆架的共同开发的国际实践，但不排除中日东海大陆架争议部分在将来适用共同开发的可能性。

2014 年 6 月 20 日，李克强总理出席中希海洋合作论坛并发表了题为《努力建设和平合作和谐之海》的演讲，从“和平、合作、和谐”三个方面来概括中国政府秉持的海洋观念：和谐海洋观。

为此笔者建议：

（1）应该在中国签署的所有自贸区原产地规则（包括签署上述“共同渔区”/“共同油气开发区”国家在内的自贸区）下，就相关国家已经划界的暂时“共同开发海域”中的“共同渔区”/“共同油气开发区”中国一侧水域内捕捞/开采的水产品/矿产品理应判定为中国原产地，但是中国渔船/中国企业（或经中国政府批准的中外合作共同开发企业）捕捞/开采的海产品/矿产品在运往中国销售并进入中国海关的关境时需要接受中国海关的进口监管，但是为了进一步体现中国的管辖权，笔者建议对这些海产品/矿产品均不应该征收进口关税；

（2）就暂时“共同开发海域”中的“共同渔区”/“共同油气开发区”中国一侧水域内由外国渔船/外国企业捕捞/开采的海产品/矿产品虽然判定为中国原产地，但是只有在这些外国渔船/外国企业向中国有关主管机关缴纳了“入渔费”/“开采费”并向中国有关机构申请中国原产地证书的前提下，这些产品在运往中国销售并进入中国海关的关境时接受中国海关进口监管的同时，才不应该征收进口关税；否则应该向中国海关缴纳进口关税。通过要求外国渔船/外国企业向中国有关机构申请中国原产地证书，可以借此宣示中国的管辖权和相关海洋权益。

① 冯江峰：《共同开发海域管辖权研究》，高之国，贾宇：《中国海洋法年刊（2017）》，北京，中国民主法治出版社，2018 年。

（3）就暂时“共同开发海域”中的“共同渔区”/“共同油气开发区”的外国一侧水域内由中国渔船/中国企业捕捞/开采的海产品/矿产品，笔者建议其原产地判定为外国原产地，这些产品在运往中国销售并进入中国海关的关境时接受中国海关的进口监管的同时，可以向中国海关申请予以暂时进口免关税待遇。

（4）就暂时“共同开发海域”中的“共同渔区”/“共同油气开发区”的外国一侧水域内由外国渔船/外国企业捕捞/开采的海产品/矿产品，其原产地建议判定为外国原产地，这些产品在运往中国销售并进入中国海关的关境时接受中国海关的进口监管的同时，应该按照原产地的不同征收不同的进口关税税率，例如相关自贸区的优惠进口关税税率或最惠国税率等。

（5）就暂时“共同开发海域”中的“共同渔区”/“共同油气开发区”区域内无法分清外国渔船/外国企业（或中国渔船/中国企业）究竟在哪国一侧水域内捕捞/开采的海产品/矿产品的原产地，可以判定为“共同渔区”/“共同油气开发区”，这些由外国渔船/外国企业捕捞/开采的海产品/矿产品在运往中国销售并进入中国海关的关境时接受中国海关的进口监管的同时，应该适用两国共同加入的自贸区优惠性进口关税税率；而这些由中国渔船/中国企业捕捞/开采的海产品/矿产品则按照上述（3）处理。如果两国没有加入同一个自贸区，则以船籍地和开采公司的国籍地分别作为海产品和矿产品的原产地，并分别依据原产地的不同，按照前述（3）不征收或者按照前述（4）征收最惠国进口关税。

只有这样才能够更好地体现我国与有关国家已经划界从而实现无争议海域的现实，因此也就能够更好地维护我国对相关海域的主权和管辖权。

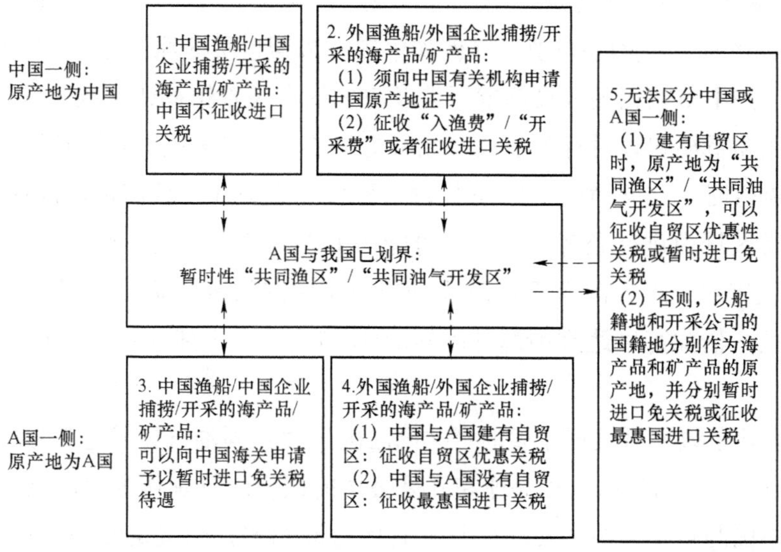

图 3-2 对目前中国与有关国家已经划界，但是在中国与有关国家在该海域达成了暂时性“共同渔区”/“共同油气开发区”内捕捞/开采的水产品/矿产品原产地建议判定标准的图示

2. 对目前虽有划界和管辖争议，但是在有关国家/地区在该争议海域达成了暂时“共同渔区”/“共同油气开发区”内获取的海产品/矿产品，笔者建议分别三种情况制订不同的原产地标准和关税待遇。

为此笔者建议：

（1）我国可以在国内制订的相关法规政策中增加如下规定：“就争议海域达成了暂时‘共同渔区’/‘共同油气开发区’”的此类区域而言，应该视同为中国的相关区域，中国渔船/中国企业（或经中国政府批准的中外合作共同开发企业）在该区域捕捞/开采的海产品/矿产品应该在非优惠性原产地规则下视为中国原产地，因此在运往中国销售并进入中国海关的关境时需要接受中国海关的进口监管，但是为了进一步体现中国主张的海洋权益，笔者建议对这些海产品/矿产品均不应该征收进口关税。

（2）就争议海域达成了暂时“共同渔区”/“共同油气开发区”的此类区域而言，我国应该至少确保在包括签署“共同渔区”/“共同油气开发区”国家在内的自贸区（例如中国—东盟自贸区）内将由外国渔船/外国企业在“共同渔区”（例如中国—越南“共同渔区”）/“共同油气开发区”内捕捞/开采的水产品/矿产品，在符合中国—东盟自贸区原产地规则的情况下，予以签发中国—东盟项下的中国—越南××“共同渔区”/“共同开发区”原产地证书（或者中国—东盟自贸区原产地证书），从而使这些货物得以享受自贸区优惠待遇出口到中国和中国—东盟自贸区其他国家，也可以使中国渔船/中国企业在该区域捕捞/开采的水产品/矿产品以自贸区优惠关税待遇出口到其他自贸区国家。这样就可以更好地促进中国与自贸区相关国家的经济合作，同时还可以表明：就该“自贸区下享受相关自贸区优惠待遇而言”，相关“共同渔区”/“共同油气开发区”的海产品/矿产品的原产地为该自贸区（例如中国—东盟自贸区原产地），但是这种自贸区原产地的判定并不影响相关成员国就所涉及海域的有关管辖权或主权主张。这样，就能够更好地体现和贯彻我国对有关争议海域所主张的“搁置争议，共同开发”的原则。另外，由于此类暂时“共同渔区”/“共同油气开发区”设在争议海域，因此外国渔船/外国企业在此类区域内进行经济活动时不可能向中国有关主管机关缴纳“入渔费”/“开采费”，因此我国对上述外国渔船/外国企业出口至中国的海产品/矿产品应该征收自贸区优惠进口关税，借此可以达到削弱外国渔船/外国企业在上述争议海域进行经济活动的动力。

（3）如果就争议海域达成了暂时“共同渔区”/“共同油气开发区”的相关国家尚未加入同一个自贸区，则可以以船籍地和开采公司的国籍地分别作为海产品和矿产品的原产地（例如中国与日本达成的三个中日共管区对渔船实行的就是船籍国管辖权），并分别依据原产地的不同，按照前述（1）不征收或者按照最惠国税率征收针对外国原产地的进口关税。

上述建议的依据是，未划界的共同开发海域实行的是船旗国管辖。所谓“船旗国管辖”，即在共同开发海域内，缔约各国对从事渔业活动的本国国民和渔船采取管理和其他必要措施，而无权对缔约另一方国民和渔船采取管理和其他必要措施。也就是说，双方按照各自的国内法管理本国国民和渔船。之所以采取船旗国管辖的原则，是考虑到专属经济区划界的难度和缔约国双方的政治、经济和社会关系的特殊性。例如，《中韩渔业协定》规定缔约各方在暂定措施水域对从事渔业活动的本国国民及渔船采取管理和其他必要措施，不对缔约另一方国民及渔船采取管理和其他措施。缔约一方发现缔约另一方国民及渔船违反中韩渔业联合委员会的决定时，可就事实提醒该国民及渔船注意，并将事实及有关情况通报缔约另一方。缔约另一方应尊重对方的通报，并在采取必要措施后，将结果通报对方。《中日渔业协定》第 7 条也作出了类似规定。①

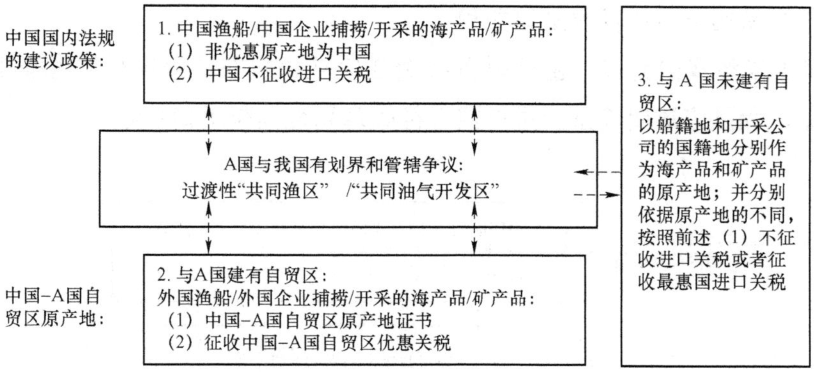

图 3-3　对目前虽有划界和管辖争议，但是有关国家/地区在该争议海域达成了暂时“共同渔区”/“共同油气开发区”的海产品/矿产品的原产地建议标准图示

3. 对目前有划界和管辖权争议，且有关国家/地区在该争议海域尚未与我国达成“共同开发海域”中的“共同渔区”/“共同油气开发区”，由于该“争议海域”的性质不能认定为共同开发海域，就法律权利主张而言，争端各方实际上主张的是对“争议海域”的全部权利。但在双边条约中各方有可能达成协议，即在“争议海域”不对对方国家船舶和人员执行本国法律。为了借助原产地规则来明确表明我国对争端海域的全部主张，笔者建议捕捞/开采自争议海域的海产品/矿产品的原产地在运回中国时都必须声明原产地为中国。

例如，中日东海海域划界争端的核心问题是大陆架划界争端，其中日方主张适用“中间线”作为大陆架划界，而中方则主张以冲绳海槽作为界限。②1996 年 5 月 15 日中国在

① 曲维涛：《〈中韩渔业协定〉执行情况及有关问题研究分析》，《渔业信息与战略》2015 年第 30 卷第 3 期，第 175～179 页。

② 张新军：《中日东海争端中自然延伸原则的重要地位——基于权利和划界规则之间关系的视角》，《政法论坛》2006 年第 4 期，第 107～117 页。

批准《联合国海洋法公约》时声明：“将与海岸相向或相邻的国家，通过协商，在国际法的基础上，按照公平原则以协议划定界限。”2010 年钓鱼岛争端后，中国渔政船将钓鱼岛及其附属岛屿附近海域的护渔巡航纳入了常态化。①

鉴于此，为坚决维护我国主权和海洋权益，并对相关海上声索国尽早与我国达成“搁置争议，共同开发”的相关协议形成一定程度的压力，**笔者建议：**

（1）为了借助原产地规则来明确表明我国对争端海域的全部主张，建议捕捞/开采自该争议海域的海产品/矿产品的原产地在运回中国时都必须声明原产地为中国。

（2）只有中国渔船/中国企业（或经中国政府批准的中外合作共同开发企业）在该争议海域内捕捞/开采的海产品/矿产品在运往中国销售并进入中国海关的关境时，虽然需要接受中国海关的监管，但是为了进一步体现中国的管辖权和海洋权益，笔者建议对这些海产品/矿产品均不应该征收进口关税。

（3）对于未经我国允许，由外国渔船/外国企业擅自在该争议海域内捕捞/开采的海产品/矿产品，我国应该明确禁止进口或者征收惩罚性高额进口关税。

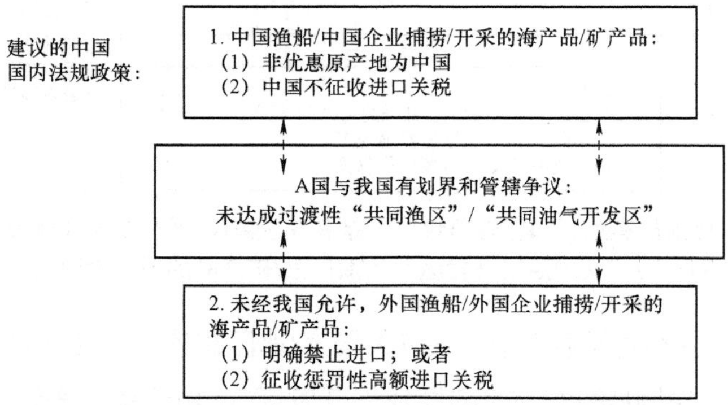

图 3－4　对目前有划界和管辖权争议，且在声索国在该争议海域尚未与我国达成暂时“共同渔区”/“共同油气开发区”内获取的海产品/矿产品的原产地建议标准的图示

（五）与我国没有海域争议纠纷的国家达成自贸区时，笔者建议力争明确规定中国所主张的相关争议海域（如钓鱼岛等）属于中国原产地。

为了在最大范围内争取更多国家承认中国所主张的海洋权益，笔者建议我国应该尽力在与那些不涉及我国争议海域国家签署的自贸区协定原产地规则中明确规定中国所主张的相关争议海域（如钓鱼岛等）属于中国原产地规则所适用的地理范围。

①《中国渔政船编队在钓鱼岛附近海域开展护渔巡航》（2012 年 7 月 11 日），载于 http://politics.people.com.cn/n/2012/0711/c70731－18492793.html，2022 年 10 月 9 日访问。

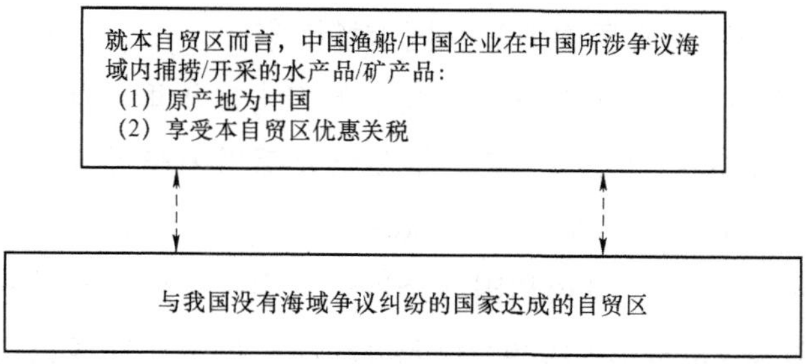

图 3-5　在与我国没有海域争议纠纷的国家达成的自贸区中，笔者建议的相关海域海产品/矿产品原产地图示

第十三节　充分发挥原产地在保护我国消费者权益方面的作用，建立中国水产品的良好原产地形象

原产地规则作为一种贸易政策工具，不可避免地会受到一国政治、外交和军事政策的影响，在其他贸易政策工具的使用受到限制的情况下，原产地规则可以成为一国推行政治与安全政策的工具。例如：中日在东海问题上关系紧张，上海市民争买捕获自钓鱼岛的我国原产地的“爱国鱼”，赴日旅客锐减；而在南海中菲黄岩岛相持不下的情况下，中国加强对“菲律宾原产地”香蕉的检验检疫也导致其经济受挫，这反映出中国要善于利用经济工具维护其正当海洋权益，将经济外交和政治外交结合起来。

一、原产地效应相关概念体系

（一）货物原产地形象、原产地效应

原产地形象，是指与特定的国家或地区产品相联系的形象、声誉以及企业和消费者的模式化形象。而原产地形象效应，即原产地效应，是指消费者使用原产地形象作为评价产品信息的效应。原产地效应之所以产生，是因为在国际市场营销中，国外消费者对各个国家以及该国的产品和服务能力都具有固有的印象，当他们购买产品时，就会将对某个国家的印象与该国的产品联系起来。即货物和服务的“国籍”会极大地影响消费者的购买选择。

关于原产地效应的文献始于 20 世纪 60 年代——Schooler（1965）和 Rierson（1966，1967）。Schooler（1965）是公认的第一个对原产地效应进行经验检验的学者。他实地调查了中美洲共同市场国家危地马拉的学生样本，发现他们对标有四个不同的中南美国家的完全相同的产品存在偏见。同时，他发现中美洲共同市场发展过程中呈现出了负效应。比如，危地马拉消费者评价墨西哥的产品与本国产品是一样的，但认为其他四国的产品

劣于本国产品，而墨西哥不属于中美洲共同市场国家。

自 Schooler 提出原产地效应以来，在随后的三十多年里，有 700 多篇研究以此为主题（Papadopoulos；Heslop，2002），其中很多研究都集中在考量不同产品原产地效应的存在性、重要性和研究意义上（Verlegh；Steenkamp，1999）。

1980 年至 1996 年，各类报刊和国际会议记录中关于原产地效应的经验检验研究共计 41 篇。Verlegh 和 Steenkamp（1999）用元分析法对以上研究成果进行了系统的量化分析，并检验了该效应的稳健性。值得注意的是，Verlegh 和 Steenkamp 发现，由于分析方法限制，无法得出原产地效应的作用机制（subjacent mechanisms），只能研究其作用大小，因此无法得出统一的结论。比如，不能一概而论地认为原产地效应对学生和其他消费者来说是一样的。Verlegh 和 Steenkamp（1999）的研究为这个领域的其他研究者们提供了未来的研究方向。

20 世纪 90 年代以来，原产地研究的重点发生了变化，由探索式和描述式研究转变为理论应用式研究。Ozsomer 和 Cavusgil（1991）研究了在 Bilkey 和 Nes（1982）研究成果发表后出版的 20 篇文献，建议将来的研究应考虑营销活动的影响和关于原产地的营销组合。Peterson 和 Jolibert（1995）为了寻找原产地效应的定量分析方法，研究了以往 52 篇关于原产地的文献。他们发现原产地因素占了质量感知与购买意图的方差的 26%，这是一个显著的结果。他们引用 Cohen（1998）的观点，认为原产地因素很大程度上影响质量感知与购买意图；相对来说，原产地质量感知的影响更显著（0.30～0.19）。

原产地的话题仍然在持续，随后混合产品进入了研究领域。Chao（1993）发现美国消费者对不同组装地、不同设计地的中国台湾 TERA 电气公司生产的电视机的评价具有明显差异。Laskey 和 Seaton（1995）发现汽车的组装国和零部件生产国在很大程度上影响了消费者的购买意向。

在随后的十多年中，学者们把研究重点放在理解原产地效应产生的原因、观察其突出影响及调查原产地信息在消费者态度和购买决策所起的作用上（Ayrosa，2000）。在 Ayrosa 的研究中，他试着得到关于原产地效应的主要研究结论，于是研究了以往学者关于原产地衍生效应的存在性，更发达国家作为原产地的青睐偏见的存在性，研究者自身对某些国家的偏见及原产地信息、品牌、价格和地域特征之间的相互关系。

中国关于原产地效应的研究起步较晚，研究重点主要是消费者对中国产品原产地形象的评价和应对中国产品原产地负面形象的营销措施。李永强、陈锟（2004）通过研究总结了原产地效应影响因素模型。王海忠和赵平（2004）建立了品牌原产地效应的理论模型。苏勇、李智娜（2008）探讨了文化认同、消费者民族中心主义、异国产品评价、异国产品购买意向四者之间的关系。

总的来说，关于原产地效应方面的研究结论主要有以下几点：（1）原产地效应存在。

根据不同学者31年来的研究，不同的消费者对相当多的产品评价中存在原产地效应。（2）存在发达国家偏见。更发达的国家比次发达国家具有更大的原产地正效应。（3）研究者具有偏见。很多研究中用到的国别少，很难得出一般结论。一般而言，美国、日本以及德国等国家通常被认为有“正形象”（positive image），而墨西哥、泰国以及中国台湾地区通常作为“负形象”（negative image）的国家或地区出现。（4）原产地因素和产品其他因素间的相互关系，比如品牌：知名品牌可以抵消一些产品原产国的负效应，消费者对产品的熟悉度和风险认知会影响品牌和原产地的相互关系。

（二）服务原产地形象、原产地效应

自Schooler提出原产地效应以来，有关原产地形象的研究集中在货物原产地形象方面，鲜有学者提及服务原产地效应。直到1986年，Ofir和Lehman关于原产地效应的研究涉及了服务领域，他们在纽约的一个滑雪表演中对296位滑雪者进行了调查，调查内容涉及瑞士、澳大利亚和法国的滑雪胜地。Ofir和Lehman发现美国消费者对瑞士和法国的滑雪胜地的态度有很大差异。滑雪者认为瑞士人更友好热情，场地更具挑战性和浪漫度，而法国被认为更时尚，娱乐性更强，费用更加昂贵。由于研究发现美国人对欧洲的滑雪胜地并不了解，只能通过贸易机构了解信息，于是他们得出结论认为当品牌还不为大众所知晓时，原产地对于像滑雪胜地这样的项目来说比品牌更重要。

尽管这是关于服务原产地的第一个研究文献，但通篇都没有用到“服务”一词。作者把滑雪度假这项运动列入了“产品”一类。此后，对于服务原产地形象的研究主要集中在医疗服务、航空服务、零售服务、法律服务等几个领域内。

Kraft和Chung（1992）研究了企业对企业（B2B）市场，对提供出口服务的公司进行了评估。他们发现韩国进口商认为日本出口商服务在大多数方面都优于美国出口商，认为日本公司在知名度、谈判方式、消费者导向以及企业文化方面更优，而认为美国公司仅仅在个人交流方面有轻微优势。Shaffer和O’Hara（1995）研究了移民者对美国法律服务的看法，被调查的移民是从一位移民律师的邮件名单中抽取的。参与者们按母国文化的权力距离（Power Distance，指那些远离权力中心的人对权力不平等分配的可接受程度）（Hofstede，1983）分为高低两组，高的一组更倾向于认为服务提供者参与了不道德的活动，而非信任服务提供者。Kraft和Chung同时发现利己主义和集体主义文化（Hofstede，1983）会影响信任和伦理感知，来自轻微利己主义文化的国家的人不太相信专业的服务提供者，而认为其参与了不道德的活动。Lascu和Giese（1995）第一次将研究涉及零售服务，让消费者对假想的即将进入美国市场的德国和墨西哥零售商进行评价，得到的结论是消费者认为德国零售商有更好的产品、服务和广告宣传，而墨西哥零售商被认为会提供低廉的价格和更优惠的折扣。Harrison-Walker（1995）研究了对美国眼科

医师服务，抽样的眼科医师分别来自日本、美国、西班牙和印度。研究发现消费者知道医师的国籍后，在选择服务的过程中就更偏向于选择与自己相同国籍的医师，当然其他因素如服务水平和广告宣传等会部分抵消这种偏见。Bruning（1997）发现原产地因素对于消费者选择航空公司的影响仅次于价格，他们更倾向于选择自己国家的航空公司，但当其他国家的航空公司提供更优惠的价格和服务时，他们会改变自己的选择。

法国学者艾格理尔和兰吉尔特提出了核心和外围服务模型（core and peripheral），Javalgi R.G.（2001）等学者在研究服务原产地的文献中将服务归纳为核心服务、附加服务和跨境服务。上文所提到的研究对象都属于核心服务，而附加服务是指随产品销售时附带的服务，因此又被称为“产品服务”（Nicoulaud，1989），包括保修、保证、额外信用条款或对消费者提供的帮助。Lovelock（1994，1995）强调了附加服务的重要性，包括电信业（Keck 和 Kuehn，1998）和银行业（Tannous 和 Sarkar，1993），都依赖附加服务发展比较优势。Whitley（1991）发现消费者更换供应商的原因大多与服务相关，其次才是价格和产品质量因素影响。Quinn 和 Humble（1993）发现好的服务对消费者满意度有重要作用。尤其是对第三世界国家来说，大多数消费者对第三世界国家的产品有负面评价（Schooler et al.，1987）。Thorelli 等（1988）从产品质量、购买意图以及对产品的态度三个方面研究了原产地效应，发现产品保修对这三个方面有重要影响。

中国对货物原产地效应的研究较晚，对服务原产地效应的研究更少。苏浏静（2007）对商业银行的品牌原产地形象和品牌形象对消费者购买意向的影响做了实证研究分析，得出结论是前两者与消费者购买意向呈正相关，同时，涉入度和民族中心主义这两个因素对商业银行品牌原产地形象与商业银行消费者购买意向之间的关系具有调节作用。

二、企业在国际营销中对原产地效应的利用

对文献的研究和整理可以给市场参与者诸多启示。比如服务市场供应商可以在很多案例中看到国外消费者在作购买选择时所考虑的因素，这些因素也同样适用于国内市场的消费者，因为不同国家的消费者在评价服务的标准时在很大程度上是类似的。因此，笔者研究总结以下几点企业策略。

（一）企业要了解和利用好原产地规则，打好“东盟牌”

就双边经贸合作来说，2018 年中国与东盟双边贸易额 5878.7 亿美元，东盟已多年连续成为中国第三大贸易伙伴，中国则成为东盟最大贸易伙伴。另外，中国与东盟相互投资的规模不断扩大。东盟已成为中国吸引外资的重要来源地，中国则是东盟的第四大外资来源地。东盟也是中国工程承包和劳务合作的重要市场。随着东亚区域生产网络的形成与发展，将吸引区内外外国直接投资的大量流入。

中国的企业应充分利用自贸区的条件和机遇，多层次、多渠道和多形式地展开国际合作。有研究显示企业由于对原产地规则不熟悉等各种原因对原产地规则的利用率并不高。东盟十国地理位置特殊，集中分布于南海一带，且该十国成员皆为发展中国家，因此，企业应充分研究和利用原产地规则，打好“东盟牌”。这不仅能维护企业自身利益，也可以实现自贸区的“非经济功能”——保护国家区域政治安全，加强自身实力与国家间的相互了解，谋求区域意识共鸣与认同，抵御西方列强的渗透。

（二）企业应整合国际营销资源，规避原产地负效应

1. 实施营销组合策略

“Made in...”标签已经使用了一百多年（Morello，1993），有研究发现大多数消费者是从“Made in China”的标签上知道产品是中国制造的，尽管有些产品的标签贴在不明显的位置。由于大多数中国企业进入国际市场的模式为间接出口，消费者能够感知“中国制造”的主要来源是留在产品上的“中国制造”的胎记，而中国的大多数企业缺乏针对目标消费者的市场营销策略，经常忽略了售前、售中与售后直接服务的过程，这不利于原产地良好形象的树立。前文对附加服务的原产地效应成果的研究中，我们发现产品营销中的附加服务如产品保修、担保等对于消费者购买意图和对产品的态度有举足轻重的影响。比如在核心服务方面，Harrison-Walker（1995）发现仅仅是告知消费者一些额外的服务会让消费者对服务提供者产生好感；在附加服务方面，Tan 和 Leong（1999）发现保修和品质保证显著影响了消费者的质量感知和风险评估。因此，企业要加强对产品附加服务的重视，当消费者介意来自中国原产地的产品时，企业就需要提供额外的服务承诺来打消顾虑。同时针对不同的目标市场制定和实施合理的营销组合，提升服务员工在直接服务过程中与客户的沟通能力。

2. 取得区位优势

为改变一些目标市场消费者对来自中国的原产地的产品和服务存在偏见，企业可以综合考虑原产地规则及原产地效应因素，选择将生产基地因地制宜地设在国外并直接在国外进行销售。这种直接利用其人力、物力和财力进行生产运营的方式，可以有效地屏蔽原产地偏见，提高原产地形象。如海尔冰箱在美国设立生产基地、研发中心，通过在国外设立工厂进行生产销售，改变原产地标签，成为国外品牌；目前，中石油在新加坡投资建厂开展润滑油业务也是看中了新加坡是继美国休斯敦、荷兰鹿特丹之后的世界第三大炼油中心、全球第三大石化基地，企业立足新加坡就能覆盖整个东盟，进军东南亚乃至亚太市场。

同样地，企业也可以选择将总部迁往原产地形象具有相对优势的国家。比如联想把总部设在美国，有利于其品牌价值的提升。除此之外，还可以通过并购或与国际知名品

牌合作，如联想收购 IBM 的全球个人电脑业务、吉利收购沃尔沃大大改变了消费者眼中其低端品牌的形象。但是一般说来，这种方式的前提是公司资金、科研人才和科研实力雄厚，公司运作的国际化程度高，企业熟悉投资国的金融政策和企业运作规律，并且对投资国的民风民情做过大量的前期调研，否则，冒昧进入不熟悉的市场，往往会付出惨重的代价。

3. 提升企业品牌价值

企业通过发展自主品牌进入国际市场，耗时长、速度慢，而采取并购策略取得进入国际市场的资格，再推进企业自主品牌也是一条捷径。在自主品牌的建设中，中国企业可以与外国企业进行合作生产，进行本土化的发展，打造新的品牌。贴牌生产是将自己的生产能力与外国名牌相互嫁接的产物，具有见效快、省时省力占领目标市场份额成本低等优势。也就是将本地设备和原料与外地、外国的品牌和知识专利结合到一起，利用外地和外国好的原产地形象或品牌形象进行生产和销售的一种方式。20 世纪 80 年代，温州的皮鞋生产走的就是这条路子；而已被世人称为“世界车间”的格兰仕，其每年 1 200 万台微波炉中有六成被贴上世界知名微波炉的品牌；TCL 在其数亿美元的出口产值中，也有 60%以贴牌形式实现。贴牌生产的好处是能迅速扩大产能，及时赚得加工费用，缺陷是为人作嫁衣裳，可以说是有利也有弊，企业应该根据自己的产品以及企业所处的不同发展阶段做出相应的选择和灵活变通，而不要一味地效仿。

同时，企业要提升品牌价值，还应注重社会责任。作为全球最大乳制品出口国，新西兰奶源一直享有盛誉。但近年发生的新西兰恒天然奶粉事件，不仅让企业品牌形象大打折扣，也让世界各国对产自新西兰的乳制品产生怀疑，影响了新西兰国家品牌在消费者心目中的地位。越南食品安全局就下令各进口食品检察机关，要求严格检查自新西兰进口各类含有乳清蛋白的食品。同时，食品安全局还要求经营、生产及进口奶制品的各类企业要如实报告含该成分的各类产品原料使用情况。因此，企业应注重社会责任，提升品牌价值。

充分发挥原产地在保护我国海产品消费者权益方面的作用，建立中国海产品的良好原产地形象，这本身就是维护和扩大我国海洋权益的一个重要方面。

第四章

扩大我国海洋权益背景下的中国所涉自贸区原产地规则的构建

第一节　建议填补公海人工养殖海产品原产地判定标准的空白，以扩大我国的海洋权益

习近平总书记指出，科学技术在海洋强国建设中有非常重要的作用，海洋科学技术的发展是建设海洋强国的基础和前提。他提出发展海洋科学技术的重点领域，主要是深海、绿色、安全和海洋经济转型过程中急需的核心技术和关键共性技术等方面，并明确提出海洋高技术发展的基本原则是创新引领。①

中国缺乏对公海人工养殖海产品的原产地判定标准。在公海等大洋深处进行人工养殖海产品是一项新型的海洋产业创新，挪威、英国和美国已经在公海进行了三文鱼的人工养殖。为此，我国可以在公海和国际海底区域建立"人工养殖区"，以进一步扩大我国的海洋权益。

但是，按照目前我国非优惠性和自贸区优惠性原产地规则的规定，在公海捕捞的海产品以渔船的国籍地作为原产地。笔者认为这并不适合在公海进行的人工养殖海产品的原产地判定，原因是我国尚未前瞻性地考虑到公海人工养殖海产品的问题。例如，A 国在公海人工养殖的海产品，却被 A 国授权由 B 国的渔船所捕捞，笔者认为此时所捕捞的这些在公海人工养殖的海产品的原产地应该被判定为 A 国，而不宜将原产地判定为船籍国 B 国。这是因为，A 国在公海人工养殖的海产品的主要利益应该是被 A 国所获得，A 国授权 B 国渔船捕捞 A 国在公海人工养殖的海产品的通常前提，是要求 B 国渔船向 A 国缴纳许可费等利益。

同样，某一种因在公海需要养护而受到捕捞量限制的国别配额（例如 A 国）如果被允许转让给另一国（例如 B 国）的话，由 B 国渔船在公海捕捞的海产品的原产地建议应该判定为 A 国，而不是受让国别配额的 B 国。这是因为，捕捞海产品的利益原本就是分配给 A 国渔船的。上述建议符合中国的海洋权益利益，因为中国是世界捕捞大国，有时需要受让其他国家在公海的捕捞配额，将中国渔船通过受让其他国家配额的方式"合法"地在公海捕捞的上述海产品判定原产地为 A 国（通常是欠发达国家），可以为中国带来如下两大利益：

1. 在将中国通过上述方式捕捞的海产品出口到世界其他国家时，可以将出口额统计为原产国 A 国，从而降低中国的出口统计额，可以在一定程度上缓解中国巨额贸易顺差带来的贸易摩擦。2021 年我国货物贸易顺差已达 43 687 亿元。②

① 彭立春：《习近平新时代中国特色社会主义海洋思想探析》，《新西部》2018 年第 12 期。

② 中华人民共和国海关总署统计月报：（2）2021 年 12 月进出口商品国别（地区）总值表（人民币），http://www.customs.gov.cn/customs/302249/zfxxgk/2799825/302274/302277/3512606/index.htm，2022 年 10 月 9 日访问。

2. 将中国通过上述方式捕捞的海产品的原产地判定为 A 国（通常是欠发达国家），可以以欠发达国家才得以享受的优惠待遇（例如普惠制等）出口到世界其他发达国家。例如，美国普惠制将部分鱼类产品的税率由 3%降为 0，因此，对于这类产品，在美国进口时，原产地是中国将比原产地是最不发达国家的关税高 3 个百分点。

第二节 建议我国在海洋基因资源等最新发展领域及时制定原产地标准

一、笔者建议的内容

1. 基于我国整体上属于遗传资源的来源地大国，但我国目前的自贸区原产地规则及非优惠性原产地规则均缺乏对生物遗传资源勘探、采集和开发的原产地判定标准，因此笔者建议我国结合自身技术能力的发展做好准备，应该提早分别就我国领海、专属经济区、大陆架、公海、国际海底区域和南极地区，制定生物遗传资源的起源地、来源地和原产地标准以填补立法空白，并维护和扩大我国海洋权益。

2. 基于我国作为发展中国家的现实并结合《生物多样性公约》和《名古屋议定书》的相关规定，笔者建议将在国际海底区域、公海和南极地区生物勘探并提取的海洋基因资源的原产地分别判定为“国际海底区域”“公海”和“南极”，以达到符合中国等发展中国家利益的国家管辖范围以外海域内的海洋基因属于“人类共同遗产”并适用利益分享机制的目的。同时，笔者建议将在一国领海、专属经济区、大陆架海域进行生物勘探并提取的海洋基因资源的原产地判定为沿海管辖国。

这是因为，包括我国在内的发展中国家往往人口基数较大，资源需求量大，但生物技术不发达乃至落后。

按照《生物多样性公约》（Convention on Biological Diversity，CBD）秘书处大会报告中的定义，所谓“生物勘探”是指，为寻找具有商业价值的基因和生化资源进行范围广阔的各种探索生物多样性的活动，也指从生物圈收集基因资源分子构成的信息，以用于开发新商业产品的过程。①

另外，虽然目前有关海洋基因资源的国际法律制度存在立法空白，我国不能因此而暂停对国家管辖范围外海洋基因资源的勘探开发，反而应该在国际规则出台前加快开发进程，以便竞相获取海洋基因资源。

① 张弛：《国家管辖范围外深海遗传资源获取与惠益分享法律问题研究》[D]，中国海洋大学，2009 年。

二、笔者建议所依据的理由和条款

（一）《联合国海洋法公约》的相关规定

在20世纪70年代关于深海海底资源的大讨论中，关注的对象是多金属结核等矿产资源，因此《联合国海洋法公约》第133条明确规定：

第一百三十三条　用语

为本部分的目的：

（a）“资源”是指“区域”内在海床及其下原来位置的一切固体、液体或气体矿物资源，其中包括多金属结核；

（b）从“区域”回收的资源称为“矿物”。

可见，《联合国海洋法公约》所指的“国际海底区域”并不包括基因资源。虽然1994年关于执行《联合国海洋法公约》第十一部分“区域”协定的谈判恰好发生在发现热液口以及海洋基因资源开始转化为有用的产品和方法之后，[①]然而无人提议将133条“资源”的范围扩大以使其包括生物自然资源。[②]

既然《联合国海洋法公约》并没有制定针对国家管辖范围以外海域内的海洋基因资源开发的规则，我国就可以先行合理地确定政策或在国际上倡导完善《联合国海洋法公约》。

（二）《生物多样性公约》的有关规定

随着1977年大洋深处热液口及其周边有机群落的发现，从这些独特有机物中提取的基因资源（MGR）由于其独特的生存环境使其具备其他基因资源所没有的特征，如耐黑暗、耐极热或极冷、抗毒抗压性等，使其在工业、食品、卫生医疗和环境保护等领域都发挥着不可替代的作用。但是对于这些基因资源究竟适用于符合中国等发展中国家利益的国际海底区域的“人类共同遗产原则”并适用利益分享机制，还是适用于符合自身掌握先进生物技术优势的美日等发达国家利益的公海自由原则，这个问题目前在联合国已经有一些争论和讨论。[③]

需要注意的是，在专属经济区和大陆架上也发现了热液口及其周边有机群落。按照《联合国海洋法公约》第五部分和第六部分的规定，沿海国对专属经济区和大陆架区域中

---

① D.Farrier：“Access to Marine Bioresources：Hitching the Conservation Cart to the Bioresources Horse，” *Ocean Development & International Law*，32（2001）.

②（美）Marjaret F.Hayes：《迷人的微型动物群》，王玉婷译，傅崐成：《弗吉尼亚大学海洋法论文三十年精选集》，厦门，厦门大学出版社，2010年。

③ 庞淑芬：《跳出国家管辖范围外海洋基因资源法律地位分析之泥潭》，高之国，贾宇：《中国海洋法年刊（2017）》，北京，中国民主法治出版社，2018年。

的生物自然资源有管理权利。

《生物多样性公约》第2条对与基因资源相关的概念作了界定，即是指具有实际或潜在价值的来自植物、动物、微生物或其他来源的任何含有遗传功能单位的材料。

第二条 用语

为本公约的目的：

“生物资源”是指对人类具有实际或潜在用途或价值的遗传资源、生物体或其部分、生物群体，或生态系统中任何其他生物组成部分。

“遗传资源的原产国”是指拥有处于原产境地的遗传资源的国家。

“提供遗传资源的国家”是指供应遗传资源的国家，此种遗传资源可能是取自原地来源，包括野生物种和驯化物种的群体，或取自移地保护来源，不论是否原产于该国。

“遗传材料”是指来自植物、动物、微生物或其他来源的任何含有遗传功能单位的材料。

“遗传资源”是指具有实际或潜在价值的遗传材料。

“生境”是指生物体或生物群体自然分布的地方或地点。

“原地条件”是指遗传资源生存于生态系统和自然生境之内的条件；对于驯化或培殖的物种而言，其环境是指它们在其中发展出其明显特性的环境。

据此，有人认为：“基因资源是指包含在一切动物、植物、微生物和人体细胞内有合成功能的蛋白质多肽链或核糖核酸RNA所必需的核酸序列的总和所构成的自然资源。基因兼具无形性和有形性特点。”[①]

因此，国家管辖范围外海洋基因资源是指，存在于公海、国际海底区域的来自水生植物、动物、微生物或其他来源的任何含有基因功能单位的材料及其基因信息，以及不具备基因功能的衍生物。[②]2006年2月，联合国秘书长在筹备海洋生物多样性工作组时所作的报告建议基因资源应包括植物种子、动物配子、扦插体或个体生物，以及从植物、动物或微生物中提取的DNA，如染色体或基因。

（三）《名古屋议定书》的有关规定

《生物多样性公约》第10次缔约方大会于2010年10月在日本名古屋通过了《生物多样性公约关于获取遗传资源以及公正和公平地分享其利用所产生惠益的名古屋议定书》（简称《名古屋议定书》）。《名古屋议定书》规定，通过适当的资金援助和技术合作来保护生物多样性，实现生物遗传资源的可持续利用。其目的在于保障生物遗传资源利益的公平分配。

① 史学瀛，仪爱云：《基因资源法律问题初探》，《政法论坛》2005年第5期。

② 庞淑芬：《跳出国家管辖范围外海洋基因资源法律地位分析之泥潭》，高之国，贾宇：《中国海洋法年刊（2017）》，北京，中国民主法治出版社，2018年。

《名古屋议定书》第 2 条规定，衍生物是指生物或者基因资源自然发生的基因表达或代谢过程产生的生物化学化合物，即使其不具备基因的功能单位。

《名古屋议定书》使全球在确保获得和分享利用遗传资源的惠宜以及相关传统知识方面建立了一个全球机制，发达国家拥有技术，为了创造出新产品和开发新药品、植物和食物，他们希望获得生物资源和知识，而发展中国家则拥有巨大的生物资源库存。对于生物资源的拥有者和使用者来讲，在合同签署和履约方面建立透明的关系非常重要，以便各方能够公平和公正地获得生物遗传资源所产生的利益。

为了保障生物遗传资源利益的公平分配，《名古屋议定书》规定，获取遗传资源需事先征得资源供给国的同意，并商讨建立多边利益分配框架，确保遵约的措施，包括披露遗传资源来源与原产地、遗传资源合法来源证书和监测遵约的检查点。①

中国是全球生物多样性最为丰富的国家之一，是遗传资源重要提供国。《名古屋议定书》的通过和实施将对加强中国生物遗传资源的保护及促进其公平惠益分享具有重要意义。中国需要加强国家层次的立法，以配合议定书的实施。②

第三节　建议我国填补大陆架上定居种生物的原产地标准立法空白

现行的自贸区优惠性原产地规则和非优惠性原产地规则均遗漏了一国大陆架上定居种生物的原产地判定标准。而《联合国海洋法公约》第七十七条沿海国对大陆架的权利第 4 款规定："本部分所指的自然资源包括海床和底土的矿物和其他非生物资源，以及属于定居种的生物，即在可捕捞阶段在海床上或海床下不能移动或其躯体须与海床或底土保持接触才能移动的生物。"一国有对其大陆架上的定居生物的专属权。可见，按照《联合国海洋法公约》的上述规定，在一国大陆架上获取定居种生物的原产地应该为该沿海国，而与在该国大陆架上获取这些寄居生物的船籍无关。

第四节　建议我国填补挪威斯瓦尔巴特群岛相关产品的原产地标准

中国截至目前一直忽略了世界历史上第一个"搁置争议，共同开发"的成功典范——挪威斯瓦尔巴特群岛相关产品的原产地判定，致使人为地缩小了我国海洋权益。

---

① 联合国网站，《〈名古屋议定书〉正式生效：全球从此能够公平分享生物遗传资源及其惠宜》(2014 年 10 月 13 日)，载于 https://news.un.org/zh/story/2014/10/223242，2022 年 10 月 11 日访问。

② 薛达元：《〈名古屋议定书〉的主要内容及其潜在影响》，《生物多样性》2011 年第 19 期，第 113～119 页。

完善原产地规则，维护我国海洋权益

如前所述，按照《斯匹茨卑尔根群岛条约》的规定，挪威对该岛屿及其周边海域仅拥有“有条件的主权”，而没有专属经济权。也就是说，挪威在该岛屿没有专属经济区和大陆架。包括中国和冰岛在内的条约签署国对挪威的该岛屿及其领海和《联合国海洋法公约》“可能”对该岛屿赋予的200海里范围内的“虚拟”专属经济区和大陆架均有平等的开发权。

《中国—冰岛自贸协定原产地规则》的相关规定

第二十三条 完全获得货物

根据第二十二条第一款，下列货物应当视为在一方境内完全获得：

（九）在一方的领海以外，该方**独享**开发权的海床或海床底土提取的产品；

《中华人民共和国进出口货物原产地条例》

第四条 本条例第三条所称完全在一个国家（地区）获得的货物，是指：

（十一）从该国领海以外**享有专有开采权**的海床或者海床底土获得的物品；

可见，目前中国相关自贸区原产地规则中要求的“独享”开发权也人为限制了我国既有的对挪威斯瓦尔巴特群岛及其领海的“平等”开发权和《联合国海洋法公约》“可能”对该岛屿赋予的200海里范围内的“虚拟”专属经济区和大陆架的“平等”开发权。

为此，**笔者建议：应该在中国—冰岛自贸区原产地规则中，将中国和冰岛两国在挪威斯瓦尔巴特群岛及《联合国海洋法公约》可能赋予的200海里范围内的“虚拟”专属经济区和大陆架地域内开采的矿产品和捕捞的海产品的原产地，“就中国—冰岛自贸区协定而言”，分别视同为开采国（中国/冰岛）和船籍国（中国/冰岛）或判定为斯瓦尔巴特群岛，从而确保享受在中国—冰岛自贸区内以优惠关税出口到对方国家的待遇。**

同时，**笔者还建议，中国也应该在其他已经签订和将要签订的自贸区原产地规则中，将中国企业在挪威斯瓦尔巴特群岛及其领海和《联合国海洋法公约》可能赋予的200海里范围内的“虚拟”专属经济区和大陆架地域内开采的矿产品和捕捞的海产品的原产地，“就相关自贸区协定而言”，分别视同为开采国（例如中国）和船籍国（例如中国）或判定为斯瓦尔巴特群岛，从而确保享受在中国所签订的自贸区内以优惠关税出口到自贸区内其他成员方的待遇。**

这样，就能够鼓励中国企业积极前往挪威斯瓦尔巴特群岛及其海域内进行渔业捕捞和矿业开采活动，以进一步维护和扩大我国的海洋权益，并有助于我国“借力”冰岛，积极介入到北极相关事务中，以逐步显示我国在北极相关海洋权益中的“存在”。

第五节　建议我国前瞻性地增加北极公海海域冰山的原产地判断标准

一、笔者建议的内容

随着科技手段的发展，北极公海海域冰山有可能成为将来解决干旱地区缺水的一个途径。目前中国所有已经签订的自贸区原产地规则大都未对此作出规定，因此也未将此纳入完全原产的范围。

因此笔者建议在我国已经签订和将要签订的自贸区原产地规则中，针对冰山的获取专门增加如下完全原产标准："由合法悬挂该国旗帜的船舶或者该国公司在公海捕捞或者以其他方式获取的……其他产品"。

二、现行的相关条款未对此作出规定

（一）《中国—冰岛自贸协定原产地规则》有关条文

第二十三条　完全获得货物

根据第二十二条第一款，下列货物应当视为在一方境内完全获得：

（七）在一方登记注册且悬挂该方国旗的船只在一方的领海以外，包括在该方的专属经济区内，捕捞获得的鱼类及其他产品。

可见，即便中国—冰岛自贸区原产地规则采用了"及其他产品"的措辞，但是也同时限定了必须使用"船只捕捞……其他产品"的限定条件，而这可能并不一定适用于将来的冰山获取方式。

为此，笔者建议针对冰山的获取专门增加如下规定："由合法悬挂该国旗帜的船舶或者该国公司在公海捕捞或者以其他方式获取的......其他产品"。

（二）《中国—瑞士自贸协定原产地规则》有关条文

第 3.3 条　完全获得产品

根据协定第 3.2 条第（一）项，下列产品应当视为在缔约一方境内完全获得：

（六）在缔约一方注册并悬挂其国旗的船舶在公海捕捞获得的鱼类及其他产品。

ARTICLE 3.3

Wholly Obtained Products

For the purpose of subparagraph（a）of Article 3.2，the following products shall beconsidered as wholly obtained in a Party：

（f）products of sea fishing and other products taken from the high sea by

vesselsregistered with a Party and flying the flag of that Party;

（三）《中华人民共和国进出口货物原产地条例》有关条文

第四条 本条例第三条所称完全在一个国家（地区）获得的货物，是指：

（九）由合法悬挂该国旗帜的船舶从其领海以外海域获得的海洋捕捞物和其他物品。

第六节 建议争取将中国跨境经济合作区纳入中国相关原产地规则的适用范围

一、笔者建议的内容

为增加我国的利益，并进一步维护我国的海洋权益，笔者建议：

1. 针对享受我国特惠税的产品，可以“明确”要求提供相关产品“非原产于钓鱼岛等争议海域”的原产地证书或者中国政府授权在争议海域开采和捕捞的证明性文件，以此作为享受中国提供特惠关税待遇的前提条件。

2. 针对享受我国特惠税的产品，可以“明确”将跨境经济合作区和境外中国工业园/产业园内的加工增值视为中国给惠国成分进行原产地累积，从而有助于扩大受惠国从上述地区进口零部件和原材料。

3. 力争在我国签订的相关自贸区原产地规则中，增加将跨境经济合作区和境外中国工业园/产业园内生产的产品视同我国原产地，从而得以享受相应的自贸区优惠关税。

二、笔者建议所依据的理由和条款

《中国—韩国自贸区原产地规则》中将朝鲜开城工业园内生产的产品视同韩国原产地，从而得以享受以自贸区优惠关税出口到中国的规定。

中韩自贸协定规定，针对部分特定产品，利用一缔约方的原产材料在特定的“境外加工区”内完成加工后再复出口至该缔约方，当符合一定的增值比例（非原产材料价值不超过 40%且该缔约方的原产材料不低于全部材料价值的 60%），该成品货物被视为该缔约方原产。

具体条款为：

第 3.3 条 特定货物处理

一、尽管有第 3.2 条的规定，对于附件 3–B 所列货物使用一缔约方的出口材料在缔约方领土之外的地域（以下简称“境外加工区”）上完成加工，并在完成加工后再复出口至该缔约方用于向另一缔约方出口的货物，（注：就本章而言，缔约双方同意，本条所述的货物加工区域仅限于本协定签署前在朝鲜半岛上的已运行的工业区。）如符合下列条件应被视为该缔约方原产：

（一）非原产材料的总价值不超过申明获得原产资格最终货物 FOB 价格的 40%；以及

（二）货物生产中使用的一缔约方出口的原产材料价值不低于全部材料价值的 60%。

二、缔约双方应在联合委员会项下建立境外加工区委员会，以完成下述职责：

（一）监控本条第一款的实施；

（二）向联合委员会汇报工作情况并在必要时提供建议；

（三）审议和指定现有境外加工区的扩大及其他的境外加工区；（注：就本款而言，境外加工区应指位于朝鲜半岛的工业区。缔约双方主管当局应讨论并就指定其他境外加工区及境外加工区的扩大事宜达成一致。）以及

（四）讨论联合委员会指定的其他议题。

三、为进一步说明，除本条款另有规定外，本章的其他相关条款应适用于本条第一款所指的货物。

为此，笔者建议，可以仿照《中国—韩国自贸区原产地规则》中的上述规定，争取在中国《给予与我建交的最不发达国家特别优惠关税待遇原产地规则及相关操作程序》和《中华人民共和国海关关于最不发达国家特别优惠关税待遇进口货物原产地管理办法》中作出如下规定，以增加我国的利益，并进一步维护我国权益：

明确将中国与邻国在边境地区建立的跨境经济合作区和在国外建立的中国工业园/产业园内的加工增值视为中国给惠国成分，允许受惠国在中国特惠税下向我国出口时予以原产地累积。

如此规定将有助于扩大受惠国从中国跨境经济合作区和在国外建立的中国工业园/产业园内进口零部件和原材料。

第七节　建议我国及早填补在相关海域上空和太空中获取的飞禽和物品原产地标准的立法空白

一、笔者建议的内容

我国非优惠性原产地规则和所签订的自贸区优惠性原产地规则目前均缺乏对领海、专属经济区、公海水域和南极上空及南极陆地鸟类等飞禽的原产地判定标准，也没有对太空获得的物品的原产地作出任何规定。为此，笔者建议：

（一）在我国非优惠性和自贸区优惠性原产地规则中增加鸟类等飞禽的如下原产地判定标准：

1. 将内水上空和领海上空捕获的鸟类等飞禽的原产地确定为以内水和领海主权国为准；

2. 将群岛水域上空捕获的鸟类等飞禽的原产地确定为以群岛水域主权国为准；

3. 将专属经济区和大陆架水域上空捕获的鸟类等飞禽的原产地确定为以捕获者的国籍地为准；

4. 将公海和国际海底区域上空捕获的鸟类等飞禽的原产地确定为以捕获者的国籍地为准；

5. 将南极上空及南极陆地捕获的鸟类等飞禽的原产地确定为南极，以体现符合我国利益的“南极为全人类共同继承遗产”的主张。

（二）应该在我国加入的自贸区优惠性原产地规则中增加如下规定：“自由贸易区某一国家或该国的个人从太空获得，并且未在非该自贸区国家经过加工的物品”视为完全获得产品。

随着我国太空事业的快速发展，我国应该提前对太空获得的物品原产地作出规定。

二、笔者建议的依据

笔者以上建议的相关国内外法规依据如下：

（一）《联合国海洋法公约》的相关规定

第二条 领海及其上空、海床和底土的法律地位

1. 沿海国的主权及于其陆地领土及其内水以外邻接的一带海域，在群岛国的情形下则及于群岛水域以外邻接的一带海域，称为领海。

2. 此项主权及于领海的上空及其海床和底土。

3. 对于领海的主权的行使受本公约和其他国际法规则的限制。

笔者需要指出的是，本条中的“领海的上空”是指空气空间，并没有包括外层空间。

第四十九条 群岛水域、群岛水域的上空、海床和底土的法律地位

1. 群岛国的主权及于按照第四十七条划定的群岛基线所包围的水域，称为群岛水域，不论其深度或距离海岸的远近如何。

2. **此项主权及于群岛水域的上空**、海床和底土，以及其中所包含的资源。

第五十六条 沿海国在专属经济区内的权利、管辖权和义务

1. 沿海国在专属经济区内有：

（a）**以勘探和开发、养护和管理海床上覆水域和海床及其底土的自然资源（不论为生物或非生物资源）为目的的主权权利，以及关于在该区内从事经济性开发和勘探，如利用海水、海流和风力生产能等其他活动的主权权利；**

第七十八条 上覆水域和上空的法律地位以及其他国家的权利和自由

1. **沿海国对大陆架的权利不影响上覆水域或水域上空的法律地位。**

（二）原先的《北美自由贸易协定》的有关规定

《北美自由贸易协定》明确规定："北美自由贸易区某一国家或该国的个人从太空获得，并且未在非北美自贸区国家经过加工的货品"视为完全获得产品。

第八节 建议我国及早填补沉船沉物和水下文物原产地标准的立法空白

"一带一路"建设必须保护沿线水下文化遗产，这需要中国和沿线各国共同努力。目前南海水下文化遗产的盗掘活动猖獗，**一些国家甚至蓄意破坏中国在相关海域的水下文化遗产，以毁坏中国主张历史权利的证据。**自 20 世纪 70 年代外国商船开始在我国南海海域非法打捞沉船文物开始，40 年来，尤其是近年来，盗捞水下文物的违法犯罪活动十分猖獗，"海捞货"成了非法文物市场的新宠儿。这些违法犯罪活动主要有 3 种形式：一是有组织的团体性盗捞犯罪；二是渔民群体性违法活动；三是外国船只非法打捞。不仅破坏了文物遗址，也严重危害了海床生态环境。随着海洋经济高速发展，一些地方和单位在海域使用与建设工程中，非法围填、滥采海砂等行为，也严重威胁到水下文化遗产安全。[①]

一、笔者建议的内容

（一）笔者建议我国制定如下沉船沉物的非优惠性原产地判定标准

1. 在中华人民共和国内海或者领海内捞获的沉船沉物，属中华人民共和国所有，因此原产地立该判定为中国；

2. 在中华人民共和国内海、领海外属中华人民共和国管辖的专属经济区和大陆架等其他海域为捞获的沉船沉物，原产地也应该判定为中国；

3. 在其他国家内海或者领海内捞获的沉船沉物，原产地应该判定为内海或者领海的主权国；

4. 在其他国家管辖的专属经济区和大陆架等其他海域内捞获的沉船沉物，原产地应该判定为沿海国；

5. 在公海和国际海底区域内捞获的沉船沉物，原产地应该判定为沉船沉物的来源国；如果来源国不明的话，原产地应该判定为挖掘或打捞国。

---

① 《文物局长单霁翔：我国水下文化遗产保护形势严峻》（2011 年 12 月 09 日），http://www.gov.cn/jrzg/2011－12/09/content_2016231.htm，2021 年 10 月 11 日访问。

（二）笔者建议我国可以在相关自贸区原产地规则中制定如下的沉船沉物原产地判定标准

1. 在一国内海或者领海内捞获的沉船沉物，原产地应该判定为内海或者领海的主权国；

2. 在一国内海、领海外属该国管辖的专属经济区和大陆架等其他海域内捞获的沉船沉物，原产地应该判定为沿海国；

3. 在公海和国际海底区域内捞获的沉船沉物，原产地应该判定为沉船沉物的来源国；如果来源国不明，则原产地应该判定为挖掘或打捞国。

（三）笔者建议我国制定如下遗存于下列水域的具有历史、艺术和科学价值的人类文化遗产水下文物的非优惠性原产地判定标准

由于中国是古文明大国，散落在“海外”的文物数量较多，这些文物对我国主张相关海洋权益具有重要意义，因此笔者建议非优惠性原产地判定标准如下：

1. 遗存于中国内水、领海内的一切起源于中国的、起源国不明的文物，属于国家所有，原产地应该判定为中国；

2. 遗存于中国内水、领海内的一切起源于外国的文物，虽然属于中国国家所有，但是原产地应该判定为该文物的起源国；

3. 遗存于中国领海以外依照中国法律由中国管辖的专属经济区和大陆架等其他海域内的起源于中国的和起源国不明的文物，属于国家所有，原产地为中国；

4. 遗存于中国领海以外依照中国法律由中国管辖的专属经济区和大陆架等其他海域内的起源国为某一外国的文物，原产地为该文物的起源国；

5. 遗存于一国内水、领海内的文物，原产地为该文物的起源国；起源国不明的文物，原产地为内水、领海的主权国；

6. 遗存于外国领海以外的由该国管辖的专属经济区和大陆架等其他管辖海域以及公海区域内的起源于中国或其他国家的文物，原产地为该文物的起源国；

7. 遗存于外国领海以外的由该国管辖的专属经济区和大陆架等其他管辖海域的起源国不明的文物，原产地为沿海国；

8. 遗存于公海/大陆架区域内的起源于中国及其他国家的文物，原产地为起源国；起源国不明的文物，原产地为挖掘或打捞国。

（四）笔者建议在相关自贸区尤其是与我国有海洋权益争议的国家组成的自贸区原产地规则中制定如下的水下文物原产地规则，以进一步扩大中国原产地水下文物的范围，保护我国的古代文物和由此带来的海洋权益主张

1. 遗存于一国内水、领海内的一切起源于该国的、起源国不明的文物，原产地应该

判定为该国；

2. 遗存于一国内水和群岛水域的一切起源于外国的文物，原产地应该判定为该文物的起源国；

3. 遗存于一国内水、领海内的一切起源于外国的文物，原产地应该判定为该文物的起源国；

4. 遗存于一国领海以外按照国际法由该国管辖的专属经济区和大陆架等其他海域内的起源于该国的和起源国不明的文物，原产地应该判定为该沿海国；

5. 遗存于一国领海以外按照国际法由该国管辖的专属经济区和大陆架等其他海域内的起源于外国的文物，原产地应该判定为该文物的起源国；

6. 遗存于公海区域内的起源于一国的文物，原产地为该文物的起源国；

7. 遗存于公海区域内的起源国不明的文物，原产地为挖掘或打捞国；

8. 遗存于国际海底区域内的起源于一国的文物，原产地为该文物的起源国；

9. 遗存于国际海底区域内的起源国不明的文物，原产地为该文物的挖掘或打捞国。

（五）为进一步强化我国对专属经济区和大陆架的管辖权及激发国民的爱国情怀，我国应该在我国的专属经济区和大陆架相关区域内建立水下文物保护区和教育区。

二、笔者建议所依据的理由和条款

（一）制定沉船沉物原产地判定标准的理由和条款

《关于外商参与打捞中国沿海水域沉船沉物管理办法》

（1992年7月12日发布，1992年7月12日实施，2020年11月29日第三次修订）

第三条 本办法下列用语的定义：

（一）外商，是指外国的企业或者其他经济组织或者个人。

（二）沿海水域，是指中华人民共和国内海、领海和属于中华人民共和国管辖的其他海域。

（三）沉船沉物，是指沉没于中国沿海水域水面以下或者淤埋海底泥面以下的各类船舶和器物，包括沉船沉物的主体及其设备、所载的全部货物或者其他物品。

第十二条 外商参与打捞中国沿海水域沉船沉物的捞获物（以下简称捞获物）应当按照下列方式处理：

（一）在中华人民共和国内海或者领海内捞获的沉船沉物，属中华人民共和国所有，外商根据共同打捞合同或者中外合作打捞企业合同的规定，从捞获物或者其折价中取得收益。

中方打捞人根据国家有关规定或者中外合作打捞企业合同的规定从捞获物或者其折价中取得收益。

（二）在中华人民共和国内海、领海外属中华人民共和国管辖的其他海域内捞获的沉船沉物，由参与打捞的中外双方按照合同规定的比例对捞获物或者其折价进行分成。

（二）制定水下文物原产地判定标准的理由和条款

《联合国海洋法公约》尽管包含大量条款，但仅有 2 个条款涉及水下文化遗产保护，即第 149 条和 303 条。

《公约》第 149 条属于“第十一部分‘区域’”，所以仅适用于“区域”范围内的水下文化遗产保护。根据该条规定，在“区域”内发现的考古和历史文物，应为全人类的利益予以保存或处置。这类文物不受人类共同继承财产原则支配，而由于属于人造而非自然资源，因此也不归国际海底管理局处理。

关于第 303 条，1979 年在《联合国海洋法公约》的筹备过程中，希腊代表团曾提交了一项提案，建议沿海国的主权权利应扩大到包括发现和打捞任何“位于其专属经济区海床上或大陆架之下，仅有考古和历史意义的文物”的权利。然而，该提案却遭到英、美、荷 3 个海上强国的反对，因为其似乎扩大了沿海国管辖权。为了达成一个折中方案，最终通过了《公约》第 303 条。

《公约》第 303 条第 1 款规定，各国有义务保护在海洋发现的考古和历史性文物，并应为此目的进行合作。该条属于《公约》第十六部分“一般规定”，这意味着该条款适用于所有海域。第 303 条的规定宽泛而抽象，似乎更像一项不给缔约国施加具体义务的政治宣言。

根据《公约》第 303 条第 2 款，为控制在毗连区发现的考古和历史文物的贩运，沿海国有权推定，未经沿海国许可将这些文物移出毗连区，将造成在其领土或领海内对海关、财政、移民或卫生法律和规章的违犯。然而，第 303 条第 2 款究竟赋予了沿海国什么权利，仍然很模糊。此外，根据《公约》的规定，沿海国没有权利保护位于其大陆架和专属经济区内的水下文化遗产。

《中华人民共和国水下文物保护管理条例》
（2022 年 1 月 23 日第二次修订）

修订后的《中华人民共和国水下文物保护管理条例》（以下简称《条例》），是加强水下保护的重要举措。

《中华人民共和国水下文物保护管理条例》

第二条　本条例所称水下文物，是指遗存于下列水域的具有历史、艺术和科学价值的人类文化遗产：

（一）遗存于中国内水、领海内的一切起源于中国的、起源国不明的和起源于外国

的文物；

（二）遗存于中国领海以外依照中国法律由中国管辖的其他海域内的起源于中国的和起源国不明的文物；

（三）遗存于外国领海以外的其他管辖海域以及公海区域内的起源于中国的文物。

前款规定内容不包括1911年以后的与重大历史事件、革命运动以及著名人物无关的水下遗存。

第三条 本条例第二条第（一）、（二）项所规定的水下文物属于国家所有，国家对其行使管辖权；本条例第二条第一款第（三）项所规定的水下文物，遗存于外国领海以外的其他管辖海域以及公海区域内的起源国不明的文物，国家享有辨认器物物主的权利。

可见，《中华人民共和国水下文物保护管理条例》对遗存于中国领海以外依照中国法律由中国管辖的专属经济区和大陆架等其他海域内的起源国为某一外国的水下文物，并未主张管辖权；而《水下文化遗产保护公约》则明确规定沿海国对此类水下文物有管辖权。而且，《水下文化遗产保护公约》认为水下文化遗产是“人类文化遗产”，要求所有国家为了全人类的利益进行保护。因此，《水下文化遗产保护公约》并不涉及水下文化遗产的所有权问题。[①]

《联合国海洋法公约》仅对国际海底区域内的水下文化遗产进行了规定，专属经济区和大陆架都是为保护自然资源而设立的区域，但水下文化遗产这种人造资源则不包括在内。因此，根据《联合国海洋法公约》，沿海国对其专属经济区内和大陆架上的水下文化遗产并没有管辖权。在此背景下，《水下文化遗产保护公约》应运而生，以求弥补这一空白。

《水下文化遗产保护公约》

由于人们对水下文化遗产日益频繁的商业开发和多年来对水下文化遗产的严重破坏，为此，联合国教科文组织认为有必要根据国际法和国际惯例，编纂有关保护和保存水下文化遗产的法典和逐步制订这方面的规章制度。来自包括中国在内 90 多个国家的350多名专家经过历时4年的起草，联合国教科文组织于2001年11月2日在第31届大会上正式通过了《水下文化遗产保护公约》（Convention on the Protection of Underwater CulturalHeritage），明确规定不得对水下文化遗产进行商业开发。这是世界范围内通过的第一个关于保护水下文化遗产的国际性公约。2003年11月18日，中国国家文物局副局长张柏在香港说，中国政府同意并支持《水下文化遗产保护公约》的各项原则和规定，

① 郭冉：《海上丝绸之路建设与水下文化遗产保护》，庞从容，唐仲江：《中国海洋法年刊（2018）》，北京，知识产权出版社，2018年。

并正在积极准备，争取尽早成为该公约的缔约国。该公约已于2009年1月2日生效。

《水下文化遗产保护公约》（以下简称《公约》）为不同海域的水下文化遗产保护制定了不同的法律制度。

1. 沿海国享有主权的水域

缔约国“拥有管理和批准开发其内水、群岛水域和领海中的水下文化遗产的活动的专属权利”。然而，沿海国在其领海或群岛水域（非内水）内行使主权时，要向《公约》缔约国的船旗国，并根据情况，向与该水下文化遗产确有联系的其他国家通知发现可认出国籍的船只或飞行器的情况。

2. 毗连区

《公约》规定，缔约国可管理和批准在其毗连区内开发水下文化遗产的活动。此时，缔约国应要求遵守附件《规章》的各项规定。该条规定似乎有助于扩大沿海国对其毗连区内水下文化遗产保护的立法管辖权，但事实上，根据附件《规章》，沿海国的立法管辖权仅限于将考古和历史性文物移出毗连区海床这一方面。此外，该条规定还提醒人们，毗连区也是专属经济区部分。例如，沿海国可以根据《公约》第10条第2款，采取行动，禁止或授权开发专属经济区内或大陆架上的文化遗产，以免破坏自然资源。

《公约》意识到海上强国担心沿海国慢慢地扩大自身的管辖权，于是制定了一项保护专属经济区内和大陆架上水下文化遗产的新机制。这一机制包括3个步骤：（1）报告和通知，（2）磋商，（3）实施和批准。**沿海国应与所有提出意愿的缔约国共同商讨如何有效地保护这些水下文化遗产。根据《公约》第9条第5款，若没有国家提出意愿，“协调国”则应为沿海国。相反，如果沿海国明确表示不愿对这类商讨进行协调，表达参与商讨意愿的缔约国应另行指定一个“协调国”。**

3.“区域”

《公约》第11条第1款规定，根据该《公约》和《公约》第149条之规定，**缔约国有责任保护“区域”内的水下文化遗产。“区域”内的水下文化遗产保护机制与专属经济区内和大陆架上的水下文化遗产保护机制相似**。当一缔约国的国民或悬挂其国旗的船只在“区域”内发现水下文化遗产，或有意开发“区域”内的水下文化遗产时，该缔约国应要求其国民或船主向该缔约国报告他们的发现或活动。此外，缔约国应向教科文组织总干事和国际海底管理局秘书长通知向他们报告的这些发现和活动。教科文组织总干事应及时将缔约国提供的这些信息通报给所有的缔约国。**与有关的水下文化遗产确有联系的缔约国，可向教科文组织总干事表示愿意参与商讨如何有效地保护该水下文化遗产。**

在《公约》中，**联合国教科文组织对水下文化遗产进行了明确定义，规定水下文化遗产是指至少100年以来，周期性地或连续性地，部分或全部位于水下的具有文化、历**

史或考古价值的所有人类生存的遗迹，如遗址、建筑、工艺品、人的遗骸、船只、飞行器，以及有考古价值的环境和自然环境等。

（三）在我国的专属经济区和大陆架内建立水下文物保护区和教育区的依据

笔者建议，为了进一步强化我国对专属经济区和大陆架的管辖权及激发国民的爱国情怀，我国应该在我国的专属经济区和大陆架内建立水下文物保护区和教育区。

相关法规依据如下：

1. 中华人民共和国水下文物保护管理条例

第七条　省、自治区、直辖市人民政府可以将水下文物分布较为集中、需要整体保护的区域划定公布为水下文物保护区，并根据实际情况进行调整。

2. 水下文化遗产保护公约

第22条–主管机构

1. 为确保本公约的有效实施，缔约国应设立主管机构，已设立的要予以加强，负责水下文化遗产目录的编制、保存和更新工作，对水下文化遗产进行有效的保护、保存、展出和管理，并开展有关的科研和教育活动。

第五章

中国所涉自贸区原产地规则的缺陷与完善建议

中国现行自贸区原产地规则存在的问题体现在多个方面，如累积原产地规则适用范围有限，不利于地区经济融合；领海以外海产品的原产地标准不严谨，有可能使区外企业控股的渔船获取优惠待遇；不退还多缴纳的进口关税，限制了对优惠关税的享受；僵化且各异的原产地标准，增加了企业享受自贸区优惠待遇的成本；“微小含量”条款不够细化，未能体现纺织品的特点；没有为自贸区内跨境维修货物的进口关税提供免税待遇，影响了区内优惠的广度；将 Form E 原产地证书中的 HS 编码错误视作非实质差异，致使进出口商易于合谋骗取出口退税和规避关税；尚未开放自贸区内的政府采购市场，阻碍了自贸区一体化的层次等。这些缺陷一定程度上影响了中国所涉自贸区原产地规则的进一步深化和相关企业利益，因此亟待通过借鉴其他自贸区的成功做法加以修改完善。

第一节　累积原产地规则的缺陷和完善建议

所谓“累积原产地规则”，是指符合特定原产地规则要求的产品在自贸区一成员方境内被作为生产享受该自贸区优惠待遇的制成品的原材料时，则该原材料被视为原产于制造或加工该制成品的成员方境内。

一、中国—东盟自贸区现行累积原产地规则仅适用于区域价值成分标准，为此应扩大其适用范围。

《中国—东盟自贸区原产地规则》中的规则五规定：“除另有规定的以外，符合规则二原产地要求的产品在一成员方境内用作享受《协议》优惠待遇的制成品的材料，如最终产品的中国—东盟自贸区累积成分（即所有成员方成分的完全累积）不低于 40%，则该产品应视为原产于制造或加工该制成品的成员方境内。”可见，中国—东盟自贸区（ACFTA）现行原产地累积规则仅在最终制成品满足区域价值成分时才适用；而对于采用加工标准或税则归类改变等作为实质性改变标准的货物，不能适用原产地累积。例如，ACFTA 产品特定原产地标准清单在“选择性标准”中，列出了 HS640312 编码下运动鞋的原产地标准为：“从任何其他品目改变至子目 6403.12，但从品目 6406 改变至此的除外。”对于该产品，判定其是否符合 ACFTA 原产地产品的选择性标准有两个：税则归类改变标准；40%区域价值成分标准。如果该运动鞋在加工中使用了占成品价值 10%的原产于马来西亚 HS6406 原料，20%中国原料成分，6403 和 6406 品目之外的 70%美国原料成分。此时如果不利用累积条款，单一成员国成分为 20%，不符合 40%区域价值成分标准。另外，由于生产中使用了马来西亚原产地的 HS6406 原料，也不满足税则归类改变标准，因此也不符合税则归类改变的自贸区原产地标准。此时，即便采用累积规则，但由于马来西亚与中国原材料的 ACFTA 累积成分之和仅为 30%，低于 40%区域价值成分标准，因此也不能取得 ACFTA 原产地资格。

与 ACFTA 现行原产地累积规则仅适用于区域价值成分标准不同，《中国—新西兰自贸区原产地规则》第 23 条规定：“原产于一缔约方的货物或材料在另一缔约方境内用于组成另一货物时，则应当视为原产于后一缔约方境内。”而中国—新西兰自贸区原产地规则同时包含了税则归类改变、区域价值成分、加工工序等原产地标准。可见，中国—新西兰自贸区原产地累积规则并不局限于区域价值成分标准，而是可以同时适用于多种原产地标准。中国与新加坡、新西兰、哥斯达黎加、秘鲁、智利等国家达成的自贸协定以及内地与港澳 CEPA、海峡两岸 ECFA 中的原产地累积规则，也与《中国—新西兰自贸区原产地规则》中的累积规则类似。

因此，为进一步加大中国与东盟各国的经济融合，应扩大原产地累积的适用范围。笔者建议，应该仿照中国—新西兰等自贸区的做法，突破现行的 ACFTA 原产地累积规则仅适用于区域价值成分标准的局限性，将原产地累积规则扩大适用于税则归类改变、区域价值成分、加工工序要求等原产地标准。此时，上述事例中原产于成员国马来西亚的 HS6406 原料就可以视为中国原产品，非成员国的原料只有 6403 和 6406 品目之外的美国原料，在中国制造成 HS640312 的运动鞋，此时非成员国原料就能满足税则归类改变的要求，从而能够取得 ACFTA 原产地资格，得以在出口东盟时享受自贸区下的关税优惠。

二、为加强与南亚其他国家的经济联系，应允许中国—东盟自贸区与中国—巴基斯坦自贸区和亚太贸易协定成员国之间的原产地扩展累积。

欧盟普惠制下的“原产地扩展累积”是指，根据普惠制受惠国的申请和欧盟委员会的批准，且另一个国家已与欧盟达成自贸协定，原产于该另一个国家的某些原料，在受惠国用于另一产品的生产时，可以视为受惠国的原产原料。即允许受惠国与其他已经与欧盟签订自贸协定的国家进行原产地累积。在扩展累积中，所用原料的原产地及其原产地证明应根据相关自贸协定的原产地规则进行确定，但最终出口到欧盟制成品的原产地应根据欧盟普惠制原产地规则予以判定。

原产地扩展累积规则能够进一步促进受惠区域内的经贸联系，从而使人们基于对利益的追逐而降低发生冲突的概率，在一定程度上能够维护该区域的安全与稳定。为加强海峡两岸暨香港、澳门以及我国与亚太有关国家的经济联系，笔者建议率先在中国所涉 11 个亚太自贸区之间进行原产地扩展累积。这样，一成员方在生产优惠产品时使用的自贸区其他成员方原产原料和零部件时的价值，就可以计入该成员方原产成分中，从而能够进一步促进我国与亚太地区的区域融合，实现共同发展和经济互补。亚太贸易协定成员国现有中国、孟加拉国、印度、老挝、斯里兰卡和韩国。为此，笔者建议，应率先在中国—东盟、中国—巴基斯坦自贸区和亚太贸易协定成员国之间进行原产地扩展累积。

三、ECFA 未规定累积的原材料原产地标准，致使其累积规则不具有可操作性。

ECFA 临时原产地规则虽然规定了累积原产地条款，但仅制定了早期收获清单内成品的产品特定原产地标准，而没有规定累积所针对的早期收获清单之外原材料的优惠性原产地标准，致使累积原产地规则不具有可操作性。例如 HS850780 编码的蓄电池属于早期收获产品清单内的优惠性产品，其原产地标准为“品目改变”。如果大陆企业在生产过程中使用了来自中国台湾地区的 HS850790 的蓄电池零部件，由于蓄电池零部件不属于早期收获产品清单内的优惠性产品，因此特定原产地标准清单中没有列明该蓄电池零部件的原产地标准，因此也就无法判定该蓄电池零部件是否能够取得 ECFA 项下的中国台湾地区原产地资格，从而导致无法判定是否可以适用 ECFA 的累积原产地条款。因此，笔者建议：ECFA 应尽快制定所有产品的产品特定原产地规则或者提供一个可适用于“产品特定原产地规则”清单外产品的通用原产地标准。

四、为进一步扩大自贸区成员之间的经济联系，应该将现有的全部累积原产地规则扩展为部分累积和全部累积。

我国现行自贸区采用的都是完全累积原产地规则，即：进口自一成员方的原材料即便包含自贸区以外成分，但只要该原材料符合自贸区原产地资格，此时原材料价值中的全部成分都可以累积到用以在另一成员方生产的制成品的自贸区成分中。因此，全部累积可包含符合自贸区原产地资格原材料中的原产和所有非原产成分。例如，如果我国向马来西亚出口的 A 制成品离岸价为 100 美元，其中来自美国的原材料 55 美元，来自越南的原材料为 30 美元，同时该 30 美元的原材料中中国—东盟自贸区成分为 40%，因此该越南 30 美元原材料符合中国—东盟自贸区原产地资格。此时按照 ACFTA 完全累积原产地规则的规定，来自越南的 30 美元原材料的 100%都应该视作中国—东盟自贸区成分，加上制成品中的 15 美元中国成分，该 A 制成品中的自贸区成分累积后为 45 美元，因此该 100 美元制成品中的自贸区成分比例达到 45%，超过了 40%的中国—东盟自贸区原产地标准，应被视为自贸区原产品，从而可以享受自贸区优惠税率。需要指出的是，由于运用全部原产地累积的前提条件就是来自越南的 30 美元原材料符合自贸区原产地资格，因此该原材料在出口至中国时能够享受自贸区的优惠关税待遇。可见，在完全累积原产地规则下，如果来自越南原材料中的自贸区成分低于 40%，即使其区域价值高达 39%，那么该原材料的全部价值也将被视为自贸区外成分，而无法计入制成品的自贸区成分中。

而“部分累积原产地规则”是指进口自一成员方的原材料如果包含自贸区外成分，且不符合自贸区原产地资格，此时原材料价值中一定比例的原产成分仍可以累积到制成品的自贸区成分中。因此，部分累积不可能包含原材料中的非原产成分。与中国—东盟自贸区不同，东盟自贸区采用的是“部分累积原产地规则”。东盟自贸区原产地规则规定，如果采取增值百分比标准的话，产品的东盟区域价值必须不低于 40%方能取得东盟自贸区原产地资格，从而享受优惠关税待遇。东盟货物贸易协议第 30 条“累积”规定：“1. 除非本协议另有规定，一成员国原产的产品在另一成员国境内被用作可享受优惠关税待遇的最终产品的投入品时，该货物或材料应当视为原产于后一成员国境内，即视为最终产品的制造或加工过程所在成员国的原产产品。2.若材料的区域价值成分达不到 40%，则按照 RVC 的计算标准，其计入东盟区域价值成分累计的部分应与其实际国内成分呈正比，且实际国内成分不低于 20%。”

据此，如果新加坡向马来西亚出口的 A 制成品离岸价为 100 美元，其中来自美国的原材料 40 美元，来自越南的原材料为 30 美元，同时该 30 美元的原材料中东盟自贸区成分为 40%，因此符合东盟自贸区原产地资格。此时按照东盟自贸区上述累积原产地规则的规定，来自越南的 30 美元原材料的 100%都应该视作东盟自贸区成分，加上制成品中的 30 美元新加坡成分，该 A 制成品中的东盟自贸区成分累积后为 60 美元，因此自贸区成分比例达到 60%，超过了 40%的东盟自贸区原产地标准，应被视为自贸区原产品，可以享受自贸区优惠税率。但当来自越南的 30 美元原材料中东盟自贸区成分为 20%≦RVC＜40%时（假定为 35%）时，来自越南的 30 美元原材料应被视为非原产货物，但其被用于生产最终产品 A 时，可将该 30 美元原材料的 35%东盟自贸区成分（即 10.5 美元）计入最终产品 A 的区内增值中。此时来自越南的原材料中的 10.5 美元东盟自贸区成分，加上制成品中 30 美元的新加坡成分，该 A 制成品中的东盟自贸区成分累积后为 40.5 美元，因此该 100 美元制成品中的自贸区成分超过了 40%，应被视为东盟自贸区原产品，从而可以享受自贸区优惠税率。需要指出的是，由于运用部分原产地累积的前提条件是来自越南的 30 美元原材料不符合自贸区原产地资格，因此该原材料在出口至新加坡时虽不能享受自贸区优惠关税待遇，但仍需要提供注明“部分累积”（Partial Cumulation）的东盟自贸区原产地证书（Form D）。

可见，与完全累积相比，部分累积可以最大程度累积到所有自贸区内的增值成分，因此可以进一步促进自贸区成员间的生产分工和经济合作。为此，应借鉴东盟自贸区的原产地累积规则，将中国各自贸区现有的全部累积原产地规则扩展为部分累积和全部累积。

第二节　将 FORM E 原产地证书中 HS 编码错误视作非实质差异的问题与修改建议

根据《中国—东盟自由贸易区原产地规则签证操作程序》规则十七第（一）款的规定：“只要对中国东盟自贸区内产品的原产地没有疑义，原产地证书（Form E）所列产品与所报验的产品相符，原产地证书（Form E）内容与办理进口报关手续时所提交的有关单证所列内容（例如税则归类）之间存在的非实质性差异，不应影响原产地证书的有效性。”

笔者认为，基于如下原因，将原产地证书中税则归类的错误视作非实质性差异值得商榷。

一、将原产地证书中税则归类的错误视作非实质性差异，不仅可使进出口商规避进口关税，而且还能够使生产型的中国出口企业达到骗取出口退税的目的。

税则归类不同的货物属于不同种类的货物，一般一国海关对于税则归类不同的货物适用不同的进口关税率。例如，欧盟对 HS 编码 8703211000 的汽车征收 10%的进口关税税率，而对 HS 编码 8708291000 的汽车零部件仅征收 3%的进口关税税率。按照规定，原产地证书 Form E 第 7 栏中应填写进口成员国的 6 位 HS 编码。虽然对于税则归类的前 6 位，国际上有统一的目录和解释，但仍不排除不同国家海关对此有不同的理解。如表 5－1 所示，氯化胆碱如果作为饲料添加剂，可以归类为 230990，2013 年该编码的出口退税率为 13%，出口巴基斯坦可享受中国—巴基斯坦自贸区下的优惠关税率 16%，出口泰国可享受 ACFTA 的优惠关税率 9%；而氯化胆碱如果作为化工品，则可以归类为 292310，该编码的出口退税率仅为 9%，出口巴基斯坦和泰国的优惠关税率均为 0。因此，为使利益最大化，中国氯化胆碱生产企业出口报关时选择申报为 HS230990，以便获取 13%的出口退税率；同时在原产地证书和进口国的进口报关单上申报为 HS292310，以便享受零关税。再如，对于木质地板，应归类为 441871 编码，而该编码下的出口退税率为 0，出口马来西亚时可享受 ACFTA 的零关税优惠；但如果将该木质地板归入 441294 编码，则出口退税率高达 9%，但马来西亚的相应进口关税率却高达 35%。此时，中国木质地板生产企业出口报关时就可选择申报为 441294，以便获取 9%的出口退税率；同时在原产地证书和马来西亚的进口报关上申报为 441871，以便享受零关税。

表 5－1　　同一商品不同归类下的出口退税率和进口关税率对照表

商品描述 及其应归类的 HS 编码	饲料添加剂 230990		橡胶促进剂 381230		木制地板 441871		变频器 850440	
该商品可归类的 HS	230990	292310	292151	381231	441294	441874	850440	903289
中国出口退税率	13%	9%	9%	5%	9%	0%	17%	17%
印度尼西亚进口关税率			0	0				
马来西亚进口关税率					35%	0		
泰国进口关税率	9%	0					20%	0
巴基斯坦进口关税率	16%	0						

数据来源：中国自由贸易区服务网，经笔者整理。

为了堵塞上述漏洞，笔者建议：中国海关、原产地证书签证机构应尽快与中国出口退税部门实现电子数据信息互享，以确保报关单与原产地证书上 HS 编码的一致性。

二、由于 HS 编码是判定产品原产地的关键性信息，因此产品归入不同的 HS 编码也可能导致适用不同的原产地标准。

例如，就 HS6005.33 编码下的色织合成纤维制经编织物而言，由于该 HS 编码被列入特定原产地标准（PSR）清单，且适用的标准为选择性标准，因此其原产地标准既可以是“从纱线经纺织、印花工序”的加工工序标准，也可以是不低于 40%区域价值成分标准。但如果将该商品错误归类为 HS6005.34（印花合成纤维经编织物），由于 HS6005.34 没有列入 PSR 清单，因此即使满足上述加工工序标准，但只要其 ACFTA 区域价值成分低于 40%，色织合成纤维经编织物仍不能取得 ACFTA 原产地资格，从而无法办理原产地证书 Form E，也就不能享受 ACFTA 下的优惠关税待遇。

综上，笔者认为不应该将原产地证书中的税则归类简单地一概视为非实质性差异，而应该仿照东盟原产地签证程序第 16 条的规定，将中国东盟原产地规则的上述规定具体修改为：（1）只要对中国东盟自贸区内产品的原产地没有疑义，原产地证书（Form E）所列产品与所报验的产品相符，原产地证书（Form E）内容及办理进口报关手续时所提交的有关单证所列内容存在的非实质性不符点（例如打字错误），不应影响原产地证书（Form E）的有效性。（2）产品出口方与进口方之间对享受优惠关税的产品税则归类有不同意见时，在货物符合相应原产地规则的前提下，应在征收最惠国税率或较高优惠税率后立即验放货物，不得依据进口方国内法律、法规及行政规章处罚或征收额外的费用。一旦上述差异得到解决，应当按正确的自贸区协定税率征税，多征税款应当依照进口方国内法律、法规及行政规章予以退还。

第三节　原产地证书中显示的价格与企业对策建议

一、原产地证书中的价格问题与对策建议

在我国目前签发的各类原产地证书中，证书上没有要求显示价格的有非优惠原产地证、普惠制原产地证 FORM A、亚太贸易协定原产地证；证书上要求显示 FOB 价格的有中国—巴基斯坦、中国—东盟和中国—新加坡自贸区原产地证；证书上要求显示发票价格的有 ECFA、中国—智利、中国—新西兰、中国—秘鲁、中国—哥斯达黎加自贸区原产地证。

案例研究：根据我国对大蒜出口限价的规定，对出口东南亚大蒜的最低限价每吨不得低于 250 美元，但原产地证书签证人员发现对出口印度尼西亚的大蒜在申请签发 Form E 原产地证书时，某企业申报的 FOB 价明显低于最低限价和报检的价格。经调查，凭借 Form E 证书报关，进口商不仅可以享受关税优惠，而且还可能在海关计价方面享受到一定的便利。例如，越南按照其海关自定的估价计征税费时，估价往往高于实际成交价格；

但对持有 Form E 原产地证书的产品，越南海关将 Form E 显示的价格视为产品实际成交价，并作为计征产品税、销售税、增值税、工商统一税和特别消费税等税费的纳税价格依据。因此，一些进口商为了降低这些税费而要求我国出口商虚报价格。在中国—东盟自贸区实施的十年来，有关证书上价格的问题层出不穷，并且在执法中存在自由裁量权过大的问题，各国甚至各地做法也不统一。

由于优惠原产地证的作用是判定商品的原产国，以此作为享受优惠关税待遇的凭证，而不是作为海关估价的依据。因此，笔者建议，中国东盟自贸区原产地规则应该仿照普惠制原产地证书（FORM A）和北美自贸区（NAFTA）原产地证书的做法，取消 Form E 原产地证书上的价格栏目，以杜绝有关企业的不法行为，更好地树立 Form E 原产地证书的权威性和公正性。

另外，中国—巴基斯坦、中国—东盟和中国—新加坡自贸区原产地证上要求显示 FOB 价格，但《2010 年国际贸易术语解释通则》明确规定“该术语适用于海运或者内河运输”。因此，对于陆运或者空运的进出口贸易，就不适用 FOB 价格。为此，笔者建议：在将来修订有关原产地规则时，将相关原产地证书中的 FOB 价格条款修改为更具有实际意义的“发票价格”。

二、原产地证书中的第三方转口商发票价格与企业对策建议

案例研究：中国某出口公司经香港地区向东盟出口食品原料，中国某出口公司卖给香港地区中间商的价格为 100 万美元，香港地区中间商转卖给马来西亚最终进口商的价格为 120 万美元。马来西亚进口商用“香港地区中间商”出具的出口发票、装箱单进口报关。

上述案例中，涉及转口和第三方发票的问题。转口与转运的区别在于：转口有中间商的存在，因此属于贸易的范畴；而纯粹的转运仅指运输工具的转换，没有中间商的存在，因此属于运输的范畴。根据中国海关总署 199 号令和现行《中国—东盟自由贸易区原产地规则签证操作程序》的规定，此时中国出口商在申请 Form E 原产地证书时，需在 Form E 第 13 栏选择“第三方发票”，并在第 10 栏填入“第三方（香港地区中间商）的发票号及日期”。

在涉及非缔约方的第三方转口商的发票时，各原产地证书规定各不相同，其中中国—东盟自贸区原产地证上的发票信息要求为第三方发票号码和日期，价格可以选择使用“第三方发票金额或制造商的发票金额”；而中国—秘鲁、中国—哥斯达黎加自贸区原产地证则规定，原产地证书上可以注明供货商签发的原始商业发票的信息。

实际业务中，由于涉及转口商价格保密的问题，原始出口商通常无法拿到第三方转口商发票。因此，在贸易实务中要求原始出口商向签证机构预先提供第三方（香港地区

中间商）的发票号码和日期是不切实际的。另外，在我国利用欧盟普惠制出口的多年签发原产地证书的实践中，同样存在大量的转口贸易。在普惠制下，中国出口企业申请签发原产地证书 FORM A 时，仅需要提供原始出口商的发票，原产地证书 FORM A 上也并不显示第三方中间商发票的信息。对于在进口国向海关报关时提交的发票与原产地证书上显示的出口商和发票号码信息不符之处，鉴于中间商的存在，只要单据不矛盾并有合理解释，进口国海关也并不深究。

为此，笔者建议，当存在中国所涉自贸区之外的第三方中间商的情况时，原产地证书应不必显示第三方发票的信息。

第四节　中国所涉自贸区原产地规则的其他缺陷与完善建议

一、海产品原产地规则的缺陷与建议

“完全获得”货物指完全在一国内获得或制造的货物。完全获得原产地标准由于仅涉及一国要素，所以较易确定，多适用于农矿产品和渔业产品。需要指出的是，我国自贸区完全获得原产地标准的缺陷主要体现在领海以外水域捕获的海产品原产地判定。按照中国—东盟自贸区原产地规则第三条的规定，一成员方完全原产的水产品包括：在该成员方领水以外的水域、海床或海床底土获得的产品，但该成员方须按照国际法规定有权开发上述水域、海床及海床底土；在该成员方注册或悬挂该成员方国旗的船只在公海捕捞获得的鱼类及其他海产品。可见，其中并没有对渔船股权所属作出任何规定。如表 5-2 所示，我国其他自贸区大都作出了类似规定。

表 5-2　　中国所涉自贸区有关领海以外海产品原产地标准对比表

自贸协定	中国—东盟、巴基斯坦、新加坡	亚太贸易协定	中国—智利、秘鲁	中国—新西兰、哥斯达黎加	ECFA、CEPA	中国—冰岛、瑞士
海产品原产地标准	注册或悬挂国旗	本国船只[①]	悬挂国旗	注册或登记并悬挂或有权悬挂国旗	注册	注册且悬挂国旗

欧盟普惠制原产地规则进一步对“一国船只”作出了明确界定，即：(a) 在该受惠国或欧盟成员国注册的船只；(b) 航行时悬挂该受惠国或欧盟成员国的旗帜；(c) 符合

① “船只”是指从事商业捕捞作业的渔业船舶，在一成员国注册并由该成员国的一个或多个公民和/或政府经营，其法人或团体的合伙人也应于该成员国注册。该成员国内公民和/或政府所持的该船舶的资产净值至少应为该船舶的 60%；或者各成员国的公民和/或政府所持的该船舶的资产净值至少应为该船舶的 75%。

下列条件之一：（i）船只所有权至少有50%归该受惠国或欧盟成员国国民所有，或（ii）船只由公司拥有：公司总部及其主要办公场所设在该受惠国或欧盟成员国内，且公司所有权至少有50%归该受惠国或欧盟成员国的国家、公共团体或国民所有。

为防范自贸区外的企业控股的渔船通过“方便旗”免费获取优惠待遇，中国所涉自贸区应该按照欧盟普惠制原产地规则，对领海以外水域捕获水产品的渔船及其加工船进一步作出所有权方面的限定。

二、多缴纳的进口关税无法退还的问题与修改建议

《中国—东盟自由贸易区原产地规则签证操作程序》第十四条规定，“原产地证书（Form E）正本应当在产品进境报关时向海关提交，并依照进口方国内法律、法规和行政规章，在办理进口申报手续时申明该产品享受优惠待遇。”据此，中国进口企业即便随后能够补交原产地证书（Form E），但如果没有在进口报关单上事先申明适用中国—东盟优惠贸易协定，就将永远失去该批货物享受优惠待遇的机会。我国其他自贸区也作出了类似规定。例如，ECFA 原产地规则相关操作程序第五条规定，货物进口时，进口商未按规定向海关主动申报，且未申明该货物具备原产资格，事后提交任何原产地证书的，进口方海关不予受理。

与此不同，欧盟普惠制下中国产品在进口到法国并向海关缴纳关税一年多之后，进口商仍能凭随后补发的普惠制原产地证书 Form A 向法国海关申请退回多缴纳的进口关税。

另外，中国台湾地区与萨尔瓦多和洪都拉斯自贸区原产地也规定“3.各缔约方应规定，对符合原产地资格的进口货物，如进口商未于进口时申请优惠关税待遇者，该进口商可以依各缔约方法规，要求返还该货物因未适用优惠关税待遇而多缴纳的关税。进口商提出上述请求时，应随附下列文件：声明货物进口时符合原产地资格的书面申请书；原产地证明书或其复印件；海关所要求提供的与进口货物有关的任何其他文件。”中国台湾地区参加的其他三个自贸区也作出了类似规定。

鉴于我国自贸区成立时间不长，进出口企业对自贸区有关政策还不够了解，为提高自贸区优惠关税的利用率，笔者建议：在允许货物装运之日起12个月内补发原产地证书的基础上，中国有关自贸区原产地规则应进一步规定：“如果所进口的货物符合自贸区原产地资格，但在进口时没有申报享受优惠关税待遇，该货物的进口商在该货物进口之日起一年内，仍可以凭随后补发的原产地证书申请退还多缴纳的进口关税，进口方海关不得依据其国内法律、法规及行政规章拒绝退还。”

三、各自贸区下僵化且各异的原产地标准与修改建议

从价百分比标准的优点是制订比较容易，不需要制订一个很长的加工工序清单，也不需要了解有关产品加工工序或商品分类方面的知识（如协调制度）。但对于产品本身价

值的计算，不同国家有不同的做法。有些国家以产品的出厂价为标准，有的则以产品本身的成本进行计算，有的直接采用产品出口的离岸价格，另外有的国家采用生产国国内市场的平均价格，还有一些国家的原产地制度规定以进口部分的 CIF 价值和出口产品的 FOB 价值进行计算，从而把利润、国内运费、税收保险等项目都包括进去。可见，在从价百分比标准中计算价值项目的确定非常重要。

中国各自贸区下僵化且各异的原产地标准增加了企业享受自贸区优惠待遇的成本，因此应予以协调并简化。以 HS8450 编码的洗衣机为例，我国各自贸区原产地标准如表 5－3 所示。

表 5－3　　我国各自贸区对 HS8450 编码洗衣机的不同原产地标准对比表

自贸协定	亚太贸易协定	中国—巴基斯坦、东盟、新加坡	中国—智利	中国—新西兰、哥斯达黎加	中国—秘鲁	ECFA、CEPA	中国—冰岛
原产地标准	本国 RVC45% 或累积 RVC60%	RVC40%	RVC50%	子目改变	可容纳 10 公斤干亚麻以下的洗衣机：子目改变或 RVC40%；可容纳 10 公斤干亚麻以上的洗衣机：子目改变	未列明	品目改变且 RVC 不低于 50%

由表 5－3 可知，如果不考虑利用累积规则，由于洗衣机所用零部件与整机的 HS 归类子目均不相同，使得中国—新西兰、中国—哥斯达黎加和中国—秘鲁自贸协定中的“子目改变”标准实质上等同于“仅需满足完成最后一道组装工序”即可，由于对非原产原材料的价值比例没有要求，因此该标准甚至低于我国非优惠原产地规则对上述洗衣机的原产地标准——“制造壳体、组装，并满足本国成分≥30%”；相反，中国—智利自贸协定对此要求非原产原材料的价值比例必须低于 50%，因此原产地标准最高。可见，如果企业在生产中使用非原产原材料的价值比例低于 50%，则其生产的洗衣机可以以优惠关税率出口中国各自贸区。

1. 增加选择性原产地标准

为降低企业享受自贸区优惠待遇的成本，最大程度上享受自贸区的优惠关税待遇，应对中国各自贸区原产地规则予以简化和协调，并增加企业对原产地标准的选择权。为此，我们建议仿照东盟自贸区原产地规则第 28 条的规定①，对中国各自贸区均采用选择性原产地标准。这样，在判定某一产品是否为一成员方的原产产品时，任一成员方都应当允许产品的出口商在以下三种原产地标准中任选其中一种，即：（1）产品区域价值成

① https://asean.org/asean2020/wp-content/uploads/2020/12/ASEAN-Trade-in-Goods-Agreement.pdf，2022 年 10 月 11 日访问。

分不低于某一比例（例如 40%）；（2）依据 HS 编码制度，产品生产过程中使用的非原产材料发生了四位数的税则归类改变（品目改变）；（3）符合产品特定原产地规则。生产企业和出口商可根据自身实际，自行选择所适用的原产地标准，以确定其产品是否能够享受自贸区优惠税率。

2. 增加区域价值成分（RVC）的计算方法

以中国—东盟自贸区原产地规则为例，现行区域价值成分（RVC）计算公式为扣减法，即：

$$RVC = \frac{\text{货物FOB价} - \text{非原产地材料价格}}{\text{货物FOB价}} \times 100\%$$

除 CEPA 外，我国其他自贸区原产地规则也均为扣减法。笔者建议，在选择采用区域价值成分标准时，应仿照东盟自贸区的做法，在上述扣减法的基础上增加可选择的成本加总法，即：

$$RVC = \frac{\text{自贸区材料成本} + \text{劳动成本} + \text{管理费用} + \text{其他成本} + \text{利润}}{\text{货物FOB价}} \times 100\%$$

其中：自贸区材料成本是指，生产商为生产货物而购买或者自己生产的原产材料、零件或者产品的价值；劳动成本包括工资、薪酬及其他雇员福利；管理费用是指所有的管理费用；其他费用是指为了出口将货物放置在船舶或其他运输工具中所产生的费用，包括但不限于国内运输成本、仓储、港口装卸、经纪费和服务费。只要依据上述成本加总法核定的比例不低于自贸区原产地规则所规定的区域价值成分，即为符合自贸区原产地资格的产品。成员方可自由选择适用扣减法或成本加总法。此后如需更改计算方式的，应在新计算方法适用前提前一段时间通知其他成员方。

四、“微量条款”不够细化，未能体现纺织品的特点

“微量条款”又称容忍规则（tolerance rules），是指货物适用税则归类改变标准时，对于不符合税则归类改变的非原产材料，如果其区域价值成分在微量范围以内，仍应视为原产货物。因此，“微量条款”可以视作税则归类改变标准和加工工序标准的软化剂，可以使含有微量非原产材料的产品取得自贸区原产地资格。微量条款的容忍幅度也体现了原产地规则的严格程度。例如欧盟容许的微量条款为 15%，北美自由贸易协定（NAFTA）的微量条款为 7%，欧洲自由贸易区（EFTA）的微量条款为 10%。除中国—智利自贸区规定为 8%以外，我国其他自贸区的微量幅度均为 10%。

在 2015 年签署的《中国—韩国自贸协定原产地规则》中细化了微量条款如下：

第 3.8 条 微小含量

货物不满足附件 3－A 规定的税则归类改变要求，但同时符合下列条件的，仍应视为

原产货物：

（一）1. 对于协调制度第 15 至 24 章、50 至 63 章以外的货物，在货物生产中所使用的未发生规定税则归类改变的全部非原产材料的价值不超过该货物 FOB 价格的 10%；

2. 对于协调制度第 15 至 24 章的货物，在货物生产中所使用的未发生规定税则归类改变的全部非原产材料的价值不超过该货物 FOB 价格的 10%，且所使用的上述非原产材料的子目不同于最终货物的子目号；或者

3. 对于协调制度第 50 至 63 章的货物，在货物生产中使用了未发生规定税则归类改变的非原产材料，只要全部上述非原产材料的重量不超过该货物总重量的 10%，或者全部上述非原产材料的价值不超过该货物 FOB 价格的 10%；以及

（二）货物符合本章的所有其他规定。

五、缺乏对修理或改装货物复进口的优惠性规定与修改建议

与中国台湾地区参加的四个自贸区协议不同，中国亚太地区自贸区协议均未对货物运至另一成员方维修时的关税待遇作出任何优惠性规定。而根据《中华人民共和国海关审定进出口货物完税价格办法》，运往境外修理的机械器具、运输工具或者其他货物，出境时已向海关报明，并在海关规定的期限内复运进境的，应当以境外修理费和料件费为基础审查确定完税价格。超过海关规定期限进境的，海关按照一般进口货物计征进口关税和进口增值税。进境修理货物应当在海关规定的期限内复运出境。因正当理由不能在海关规定期限内将进境修理货物复运出境的，纳税义务人应当在规定期限届满前向海关说明情况，申请延期复运出境。进境修理货物未在海关允许期限内复运出境的，海关对其按照一般进出口货物的征税管理规定实施管理，将该货物进境时纳税义务人提供的税款担保转为税款。

为进一步丰富我国现行自贸区协议的内容，促进成员方之间的经济合作，我们应仿照有关自贸区的规定，在我国现行自贸区原产地规则中增加“修理或改装货物的复进口”条款，即：1. 对于先前暂时出口至其他成员方进行修理或改装的货物，无论其原产地，成员方不得于复运进口时课征关税；2. 对于自其他成员方暂时进口以进行修理或改装的货物，无论其原产地，成员方不得课征关税；3. 为本条款适用之目的，修理或改装不包含以下之作业或程序：（a）破坏货物基本特征或创造新的或商业上不同的货物；或（b）将未完成之货物转换成制成品。

六、产品特定原产地标准适用滞后的 HS 版本与对策建议

一般来说，如果产品满足税则归类改变或区域价值成分的要求，产品即可视为经过

了实质性加工，但作为例外的是列入产品特定原产地规则清单的产品，其适用的原产地标准应以清单列出的为准，目前除了亚太贸易协定和中国—巴基斯坦自贸协定原产地规则未提供产品特定原产地规则清单之外，中国参与的其他贸易协定（中国—东盟、新加坡、新西兰、哥斯达黎加、秘鲁、智利、ECFA、CEPA）原产地规则均提供了产品特定原产地规则清单，其中新西兰、哥斯达黎加和秘鲁实施的是全税则产品特定原产地规则清单，即对涵盖了国际商品协调制度编码的全部 HS 品目或子目分别列明所适用的原产地标准。

中国—东盟自贸区产品特定原产地标准清单目前采用的仍是 2007 年版 HS 编码，而目前我国和东盟各成员国海关采用的则是 2022 年版 HS 编码，由此造成进出口报关单和中国—东盟自贸区原产地证书（简称 Form E 证书）上显示与所列商品对应的是 2012 年版 HS 编码，而应该适用的原产地标准却是该商品的 2007 年版 HS 编码。这就需要 Form E 证书签证人员，首先将 Form E 上所列商品的 2012 年版 HS 编码转换为 2007 年版 HS 编码，并依据 2007 年版 HS 编码确定其具体适用的原产地标准。而这一转换过程需要极高的专业水平，并不为大多数原产地证书签证人员和进出口企业所掌握。因此，就 HS 编码发生变化的产品而言，极易造成适用原产地标准的错误。

例如，2012 年版 HS 将鞋靴零件（不包括鞋面，外底及鞋跟）归入 HS6406.90，而中国—东盟自贸协定产品特定原产地标准清单中并没有 HS6406.90，这就可能导致进出口企业和签证人员误认为鞋靴零件仅适用 40%的区域价值成分标准。但查询中国—东盟自贸区原产地规则产品特定原产地标准清单和 2012 年版—2007 年版 HS 对照表（分别如表 5-4 和表 5-5 所示），得知 2007 年版本 HS 中 6406.91 和 6406.99 编码所指的商品即是 2012 年版 HS 中 6406.90 的鞋靴零件，因该商品贸易量小，所以在 2012 年版 HS 编码中合并为新的子目 HS6406.90。因此，2012 年版 HS 下 6406.90 所对应的商品——鞋靴零件，应适用产品特定原产地规则清单中的选择性标准，即：既可以适用“品目改变”原产地标准，也可以选择适用 40%的区域价值成分标准。

表 5-4　　中国—东盟自贸协定产品特定原产地标准清单（节选）

序号	商品编码（HS2007）	商品描述	原产地标准
122	6406.91	木制其他鞋靴零件（不包括鞋面，外底及鞋跟）	从任何其他品目改变至子目 6406.91
123	6406.99	木以外的其他材料制鞋靴零件（不包括鞋面，外底及鞋跟）	从任何其他品目改变至子目 6406.99

表 5-5　　2012 年版—2007 年版 HS 对照表

2012 年版	2007 年版	备注
6406.90 其他鞋靴零件	6406.91 木制其他鞋靴零件 6406.99 其他材料制鞋靴零件	因贸易量小，子目 6406.91 和 6406.99 在 2012 年版 HS 中合并成新的子目 6406.90

因此，为避免原产地标准的误用，便利原产地证书的签发，笔者建议：应该根据 HS 版本的变化，及时修订自贸区原产地规则产品特定原产地标准清单。

七、原产地证书名称应与国际上现行的名称相统一

在《中国—东盟自贸区原产地规则签证操作程序规则》中规定“流动证明（Movement Certificate）是指出口中间方（an intermediate exporting Party）根据第一个出口方所签发的原始原产地证书（Form E）签发的、用于证明所涉产品原产地资格的原产地证书（Form E）”。

而流动证明（Movement Certificate）是欧盟普惠制和区域优惠贸易协定中广泛用于原产地累计条款时的原产资格的证明。替代证书（Replacement Certificate）是针对区内转口的产品原产地的证明，替代证书一般使用贸易协定规定的相同格式的原产地证书，并在证书上标明替代证书，由转口时监管货物的海关签发。与普通转口证书的区别在于替代证书是延续了原始优惠贸易协定证书的功能，可作为在最终进口国享受优惠关税待遇的凭证。

例如在欧盟普惠制中对替代证书作出了详细规定，其使用情形为：当原产产品在欧盟内部某个海关办公室的监管下时，为将全部或部分产品运往欧盟内部的其他地方，或在适用的情况下，运往挪威、瑞士或土耳其，原始的产地证可以用一份或多份产地证格式 A 代替，用于在最终进口国享受关税减免。对签发证书的内容规定为：在替代证书的右上方栏内应注明签发证书的中转国家的国名，第 4 栏应注明“Replacement Certificate”或“Certificat de Replacement”以及原始 FORM A 的编号和日期，第 1 栏填写转口商信息，第 2 栏填写最终收货人信息，第 3 至第 9 栏填写原始证书中与转口货物有关的内容，第 10 栏填写转口商开列的发票信息。对转口商和签证当局的规定为：替代性 FORM A 由监管货物的海关办公室根据转口商的书面要求予以签发，但二者均不对原始证书所填内容的准确性负责。

建议中国—东盟自贸区原产地规则中有关区内转口贸易时修订相关证书的名称为“替代证书”而不是“流动证书”，明确替代证书的签证操作程序和证书格式内容的填制要求，以便于企业利用。

八、制定和修订原产地规则缺乏企业的参与

我国自贸区原产地规则的谈判以政府高层为主，企业无法通过网络了解修订进展，

更无法直接参与。应该利用现代化的通信手段征求各方意见，例如网上公开征求意见等。

我国关于自贸区的谈判信息的权威发布机构为商务部，有关谈判进度一般可以在“中国自由贸易区服务网（http：//fta.mofcom.gov.cn）”上查询到，其版权所有为中华人民共和国商务部国际经贸关系司。但也仅限于向公众公布第几轮谈判及其议题，一般无实质性内容。现有征集意见的途径主要是通过海关和签证机构，有关企业执行中的问题也由海关和签证机构汇总，由此带来一个问题，在多数的发展中国家，作为有权监管部门和被监管对象，其所享信息的不对等造成某些问题无法得到反馈。

例如某在华外资企业通过德国总公司签订合同出口产品到泰国，为了避免泰国海关对第三方发票的疑虑，在出口申报原产地证书和在泰国进口报关时，均使用一种完全不体现第三方发票的变通方式，其提交给中国原产地证书签发机构和进口国海关的单据全部只体现中国和泰国公司，但贸易付款依然是三方贸易，由于这些（提交给中国原产地证书签发机构和泰国海关的）单据在实际贸易中是完全不存在的，由此带来的风险，如伪造单据骗取原产地证书、提供假造单据报关进口等违法行为，则可能将由中国公司来承担。

在此案例中，当企业遇到操作中的问题时，虽然通过签证机构可以得到妥善解决，但在未通过合理途径寻求解决之前，造成其原本正当的贸易却承担违法的后果。这是由于在规则制定时缺乏企业的参与度，直接造成实践中与国际贸易惯例的脱节，导致执行中问题频出。实践中转口贸易与转运运输遇到的问题很多，有部分原因是源自对自贸区外转运的和“第三方发票”的准确理解以及操作规范问题。

建议借鉴欧盟优惠贸易原产地规则修订过程。欧盟2010年修订优惠原产地规则过程如下：2003年通过《关于优惠贸易安排中原产地规则的未来》的绿皮书启动咨询过程并公布咨询结果报告；2005 年通过《优惠贸易安排原产地规则的未来》，提出建立与欧盟有关的所有优惠贸易安排中的原产地规则新方法的基本原则，并确立从普惠制优惠安排逐步推进：2007年10月公布普惠制原产地规则条例草案；2008年11月公布普惠制原产地规则条例修改草案；2010年11月通过新的普惠制原产地规则，新方案从2011年1月1 日开始实施。在此过程中，国际贸易商，欧盟成员国、加入国和候选国的政府部门以及与欧盟有各种优惠安排的国家均可以通过网络下载有关信息，并可以充分参与该过程，提出建议。[①]

建议政府部门及时公开关于执行中问题磋商事项并拓展企业参与的网络形式。

---

① https //ec.europa.eu/taxation_customs/business/calculation-customs-duties/rules-origin/general-aspects-preferential-origin/new-developments_en，2022年10月11日访问。

九、实施新原产地规则应提前公布，并增加过渡期

从发布规则到执行之间的时间紧迫，没有给企业预留熟悉规则的时间，并且各国实施进度不统一，给企业造成很大困难。

在自贸协定签订时，我国商务部均会在网上公布包括原产地规则等在内的协定文本，并公布预定的实施时间，给有关贸易方预留了熟悉规则的时间。但这一做法在原产地规则的修订过程中并没有得到延续，例如《内地与香港关于建立更紧密经贸关系的安排》（CEPA）修订原产地规则，增加原产地累积规则，有关文本列入 2011 年底签署的 CEPA《补充协议八》，自 2012 年 4 月 1 日起，香港企业在生产 CEPA 项下货物时使用的内地原产原料和组合零部件的价值（15%以内）可以计入香港原产成分中[①]，但在商务部的自贸区服务网上没有公布。

下面以中国—东盟自贸协定原产地规则的修订为例介绍各国的实施进度问题。

《中国—东盟自由贸易协定原产地规则签证操作程序修订案》（以下简称修订案）于 2011 年 1 月 1 日起开始实施，这是中国—东盟自贸区原产地规则自 2004 年实施以来首次大的修订，其修订内容主要为签证操作程序、原产地证书格式和产品特定原产地规则清单的 HS 编码由 2002 年版向 2007 年版转版。因印度尼西亚、老挝、柬埔寨、菲律宾和缅甸等 5 个国家在 2010 年底尚未完成国内程序，无法于 2011 年 1 月 1 日实施修订案，因此在上述 5 国实施修订案前，对其按修订前的原产地规则签证操作程序签发新版证书（即不适用修订案及新版证书填制要求）。在其后长达近一年的时间，5 个国家才相继完成国内程序实施修订案，各国实施修订案的时间如表 5－6 所示。

表 5－6　　东盟各成员国实施修订案的时间

国家	中国、泰国、马来西亚、新加坡、文莱、越南、老挝	菲律宾	缅甸	柬埔寨	印度尼西亚
实施时间	2011.01.01	2011.02.18	2011.08.16	2011.09.14	2011.11.11

在此过程中，负责自贸区原产地证书签证的管理部门于 2010 年 12 月 29 日发布《关于实施中国—东盟自由贸易协定原产地规则签证操作程序修订案有关事项的通知》，2011 年 1 月 1 日开始实施。[②]而对于印度尼西亚直到 2011 年 11 月 14 日才实施《修订案》，有关管理部门 2011 年 11 月 11 日公告企业。[③]

① http://news.enorth.com.cn/system/2012/07/14/009639189.shtml，2022 年 10 月 11 日访问。

② 2010 年 12 月 29 日，国质检通函〔2010〕991 号《关于实施中国—东盟自由贸易协定原产地规则签证操作程序修订案有关事项的通知》，载于 http://tgyws.aqsiq.gov.cn/ztxx/ycdywgl/201012/t20101231_174609.htm，2013 年访问。

③ 关于对印度尼西亚实施《中国一东盟自由贸易协定原产地规则签证操作程序修订案》的通知，载于 http://www.szciq.gov.cn/s014/ShowArticle.aspx？id=183225，2013 年访问。

在此期间，对不同的东盟国家签发同样格式的原产地证书 Form E，但是适用的标准却不尽相同，表 5－7 列举了部分未实施和已实施修订案的国家执行的不同标准情况。

表 5－7　　东盟原产地规则修订案实施前后对比表

	修订项目	实施修订案之前	实施修订案之后
1	证书涵盖产品的项数	无限制	20 项以内
2	证书上完全原产的标示	X	WO
3	存在第三方发票时证书上的发票号码	第一出口商发票或第三方发票	第三方发票
4	存在第三方发票时证书上的发票金额	第一出口商发票或第三方发票	第三方发票
5	开具第三方发票的公司名称及所在国家等信息	无限制	应在第 7 栏空白处注明
6	标注存在第三方发票	不标注	必须标注
7	证书上 HS 编码	无限制	进口方的 6 位 HS 编码

各国实施进度不统一，对企业的最直接影响就是在申请原产地证书时，同一产品出口不同国家时，虽然填制统一格式的原产地证书 Form E，但是对于出口到泰国、马来西亚、新加坡、文莱和越南等已经履行了国内程序并实施《修订案》的国家，原产地证书的填制方式和限制按照修订案规定的要求，而同时对印度尼西亚、老挝、柬埔寨、菲律宾和缅甸等因未完成国内程序而未实施《修订案》的国家，虽然采用新版证书，但是仍然按照旧版的标准签发。

这种情形给企业造成极大的混乱。例如中国某制造商一直通过一家香港地区贸易商转口将产品出口东盟各国，由于《修订案》的实施，Form E 证书上的发票号码和日期必须使用第三方发票的信息，开具第三方发票的香港地区转口商的信息也必须列明在 Form E 证书上，并且标注该证书适用“第三方发票”。由此造成同一时间出口到泰国的证书标注“第三方发票”有关信息，而出口印度尼西亚的则“不能”标注；2011 年 11 月 10 日办理出口印度尼西亚的证书不能标注“第三方发票”信息，而 2011 年 11 月 14 日同样出口印度尼西亚的证书则又变成了必须标注“第三方发票”信息。以至于不少出口企业感到无所适从，政策变化无常。要求一个普通出口商时刻关注原产地证书可能存在的变化，不符合公开透明的原则，是一种变相的贸易壁垒。

第六章

中国所涉自贸区原产地规则研究

党的二十大报告提出，“我们实行更加积极主动的开放战略，构建面向全球的高标准自由贸易区网络”，“我国成为一百四十多个国家和地区的主要贸易伙伴”。早在 2022 年 9 月底，我国已签署自贸协定 19 个，涉及 26 个国家和地区，分别是中国与东盟、新加坡、巴基斯坦、新西兰、智利、秘鲁、哥斯达黎加、冰岛、瑞士、韩国、澳大利亚、格鲁吉亚、马尔代夫、毛里求斯、日本和柬埔寨的自贸协定，内地与香港、澳门的更紧密经贸关系安排（CEPA），以及大陆与台湾的海峡两岸经济合作框架协议（ECFA）。我国还加入了《亚太贸易协定》。正在谈判的自贸协定 11 个，主要是中国与海湾合作委员会（GCC）、中日韩，以及与斯里兰卡、以色列、挪威、摩尔多瓦、巴拿马、巴勒斯坦和南部非洲关税同盟的自贸谈判。此外，还分别与韩国和秘鲁进行升级谈判。我国正在研究的自贸区主要是中国与哥伦比亚、斐济、尼泊尔、巴布亚新几内亚、加拿大、孟加拉国、蒙古国和瑞士的升级联合研究。自贸伙伴覆盖亚洲、大洋洲、拉丁美洲、欧洲和非洲，表 6－1 列出了我国所涉自贸区的地理分布。

表 6－1　　我国所涉自贸区的地理分布

<table>
<tr><th>各大洲</th><th>已签署的自贸区</th><th>正在谈判的自贸区</th><th>正在研究的自贸区</th></tr>
<tr><td rowspan="11">亚洲</td><td>中国—东盟</td><td rowspan="11">中国—GCC（包括沙特阿拉伯、科威特、阿联酋、阿曼、卡塔尔和巴林 6 国）
中国—日本—韩国
中国—斯里兰卡
中国—以色列
中国—巴勒斯坦
中国—韩国升级</td><td rowspan="11">中国—孟加拉国
中国—蒙古国
中国—尼泊尔</td></tr>
<tr><td>亚太贸易协定</td></tr>
<tr><td>中国—巴基斯坦</td></tr>
<tr><td>中国—新加坡</td></tr>
<tr><td>中国—韩国</td></tr>
<tr><td>中国—格鲁吉亚</td></tr>
<tr><td>中国—马尔代夫</td></tr>
<tr><td>RCEP（东盟、中国、日本、韩国、澳大利亚、新西兰）</td></tr>
<tr><td>中国—柬埔寨</td></tr>
<tr><td>内地与港澳 CEPA</td></tr>
<tr><td>大陆与台湾 ECFA</td></tr>
<tr><td rowspan="3">美洲</td><td>中国—智利</td><td rowspan="3">中国—巴拿马
中国—秘鲁升级</td><td rowspan="3">中国—哥伦比亚
中国—加拿大</td></tr>
<tr><td>中国—秘鲁</td></tr>
<tr><td>中国—哥斯达黎加</td></tr>
<tr><td rowspan="2">大洋洲</td><td>中国—新西兰</td><td rowspan="2"></td><td rowspan="2">中国—斐济
中国—巴布亚新几内亚</td></tr>
<tr><td>中国—澳大利亚</td></tr>
</table>

续表

各大洲	已签署的自贸区	正在谈判的自贸区	正在研究的自贸区
欧洲	中国—冰岛 中国—瑞士	中国—挪威 中国—摩尔多瓦	中国—瑞士升级
非洲	中国—毛里求斯	中国—南部非洲关税同盟 SACU（包括南非、博茨瓦纳、纳米比亚、莱索托和斯威士兰 5 国）	

仅以 2022 年而言，其 1—8 月我国出口额达 154 831 亿元人民币，对中国所涉各自贸区出口总额为 67 845 亿元人民币，约占我国出口总额的 44%。其中对东盟出口额为 23 737.9 亿元人民币，占我国出口总额的 15.3%[①]。

自贸区的主要特点就是仅在区内各成员之间削减关税，但各成员对外则保持各自独立的关税水平，此时就需要制定优惠性原产地规则，以确保优惠关税待遇只提供给取得“自贸区原产地资格”的货物，这样就能防止非成员方货物以自贸区内对外关税税率最低的成员为跳板，再转口至区内其他拥有较高对外关税税率的成员方。因此，充分享受中国所涉自贸区优惠，需要认真研究其原产地规则。

虽然各自贸区原产地规则纷繁复杂，但内容大都包含在自贸协定文本的“原产地规则及操作程序”中。主要包括两方面的内容，一部分为实质性内容，即某种产品获得一国的原产地身份所必须满足的要求；另一部分是程序性的，即为了证明产品满足实质性内容的要求所需完成的手续和证明文件等。原产地规则实质性内容主要包括适用范围、原产地确定标准、管理机构、争端解决机制、惩罚条款等，其中原产地确定标准是原产地规则的核心，在判定非完全获得货物——多国共同生产的货物的原产地时，各自贸区采用的原产地标准主要有：税则归类改变标准（简称 CTC）、区域价值成分标准（简称 RVC）和加工工序标准（简称 TP）。

但由于各缔约方的经济社会发展状况及谈判条件的差异，导致各自贸区原产地规则的具体判定标准、实施和管理方法都存在差异，本章将对中国各自贸区原产地规则进行分析对比。

① 中华人民共和国海关总署统计月报：2022 年 8 月进出口商品国别（地区）总值表（人民币），载于 http://www.customs.gov.cn/customs/302249/zfxxgk/2799825/302274/302277/302276/4582784/index.html，2022 年 10 月 4 日访问。

第一节 中国—东盟自贸区原产地规则研究

一、中国—东盟自贸区的建设与发展

中国—东盟自贸区是我国同其他国家商谈的第一个自贸区，也是目前建成的最大的自贸区。其成员包括中国和东盟十国，涵盖 18.5 亿人口和 1 400 万平方公里的区域。

东盟是东南亚国家联盟（Association of Southeast Asian Nations，简称 ASEAN）的简称，有 10 个成员国：文莱、印度尼西亚、马来西亚、菲律宾、新加坡、泰国、柬埔寨、老挝、缅甸和越南，其中，前 6 个国家加入东盟的时间比较早，是东盟的老成员，经济相对发达；后 4 个国家是东盟新成员。20 世纪 90 年代以来，我国与东盟的经济联系日益紧密，双边贸易持续攀升。中国—东盟自贸区的建设进一步加强了双方业已密切的经贸合作关系，也对亚洲及世界的经济发展作出了积极的贡献。

2007 年 1 月，双方又签署了自贸区《服务贸易协议》，已于当年 7 月顺利实施。

中国—东盟自贸区的建设进一步加强了双方业已密切的经贸合作关系，也对亚洲及世界的经济发展做出了积极的贡献。

二、中国—东盟自贸区原产地规则

与中国—东盟自贸区原产地规则有关的主要文件有：《中国—东盟自由贸易区原产地规则》和《中国—东盟自由贸易区原产地规则签证核查程序》等。其中《中国—东盟自由贸易协定原产地规则签证操作程序修订案》于 2011 年 1 月 1 日起开始实施，产品特定原产地规则清单的 HS 编码由 2002 年版向 2007 年版转版工作已完成，也自 2011 年 1 月 1 日起实施。

《中国—东盟自由贸易区原产地规则》有 13 条规则。规则 1 是定义，对文中的术语作了定义。规则 2 是原产地标准，规定能享受优惠待遇的产品分为完全获得产品和非完全获得的原产品。规则 3 是对完全获得产品的定义。规则 4 是对非完全获得的原产品中的大多数普通产品规定的百分比标准，即，非原产成分不超过产品离岸价的 60%或原产成分至少达到产品离岸价的 40%，并对某些术语作了定义。规则 5 是关于原产地累积的规定。规则 6 是特定产品的原产地标准。规则 7 是关于微小加工的规定。规则 8 是关于直接运输的规定。规则 9 是关于如何确定包装材料原产资格的规定。规则 10 是关于如何对待随主要产品一起出口的附件、备件和工具的规定。规则 11 是关于在确定产品产地时如何考虑机器等生产用品的规定。规则 12 是关于原产地证明的规定。规则 13 是关于审议和修改的规定。

完善原产地规则，维护我国海洋权益

《中国—东盟自由贸易区原产地规则签证核查程序》，有 25 条规则。规则 1 是定义。规则 2～4 是关于签证机构的规定。规则 5～6 是关于申请的规定。规则 7 是关于出口前核查的规定。规则 8～11 是关于原产地证书签发的规定。规则 14～18 是关于提交证书的规定。规则 19 是关于记录保存要求的规定。规则 20～23 是关于特殊情况的规定。规则 24 是关于反欺诈措施的规定。规则 25 是关于解决争端的规定。

中国—东盟自贸区下判定产品原产地的程序如图 6－1 所示。

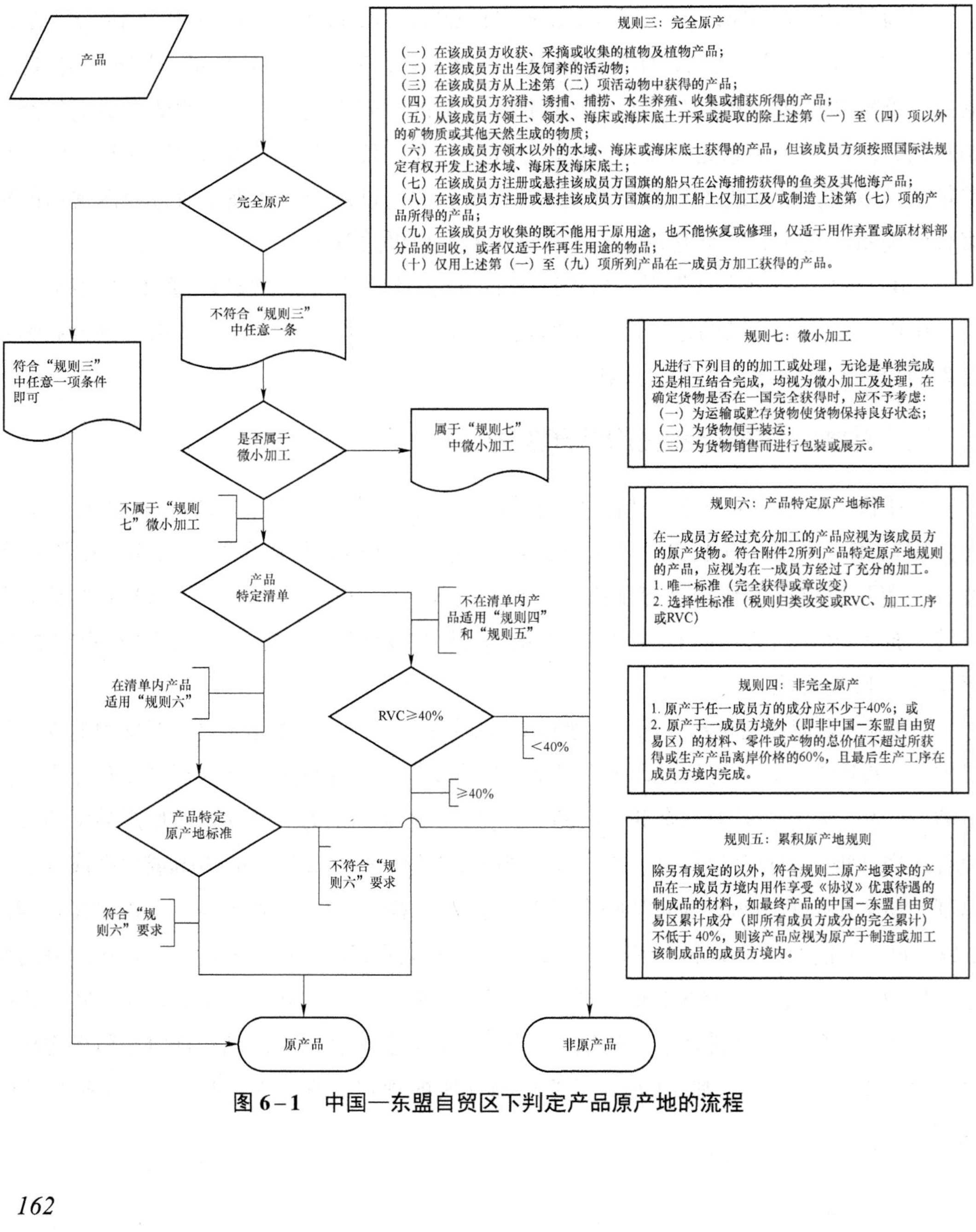

图 6－1　中国—东盟自贸区下判定产品原产地的流程

（一）原产地标准

《中国—东盟自贸区原产地规则》对非完全获得的大多数产品主要采用区域价值成分（简称 RVC40%）原产地标准，即：非自贸区原产成分不超过产品离岸价的 60%或原产成分至少达到产品离岸价 40%的产品，方能取得中国—东盟自贸区原产地资格。

（二）累计原产地规则

所谓“累计原产地规则”，是指一方的原产材料在另一方构成另一货物的组成部分时，该材料应视为原产于该另一方。符合中国—东盟自贸区原产地要求的产品在一成员方境内被作为生产享受中国—东盟自贸区优惠待遇的制成品的原材料时，如果该最终产品中的中国—东盟自贸区内的累计成分大于或者等于 40%，则该原材料应被视为原产于制造该制成品的成员方境内。[①]因此，在判定某产品是否原产于我国时，从东盟进口的符合中国东盟自贸区原产地规则的原材料，可以视为我国原产地的原材料。例如，如果我国向马来西亚出口的 A 产品离岸价为 100 美元，其中来自美国的原材料 55 美元，原产于越南的原材料 30 美元，考虑到原产于自贸区内部的累积成分达到 45%，超过了 40%的标准，因此 A 产品可被视为自贸区的原产品，可以享受自贸区优惠税率。

从某种程度上讲，累积规则使得在判定货物原产地时成员方的“地域”范围扩大了，实质上放松了相应原产地标准，其适用保护了区域内原材料、中间品生产商的利益，促进了区域经济一体化的发展，因此有助于遏止保护主义倾向。

中国现行自贸区原产地规则均采用了累积规则，其中中国—东盟自贸区采用的是完全累积，CEPA 为单边累积，其他自贸区则为双边累积。

（三）产品特定原产地标准

产品特定原产地标准是针对一些特定产品制定的实质性改变标准，即：非原产材料已经过税则归类改变、完成特定加工或者制造工序，或者混合使用上述标准的规则，以此作为对区域价值成分标准的补充或完善。目前中国—东盟自贸区原产地规则列入产品特定原产地清单的产品共包括 527 项 6 位数《商品名称及编码协调制度》（简称 HS）编码的产品。特定原产地标准包括唯一标准和选择性标准。唯一标准一般比区域价值成分标准更为严格；而适用选择性标准的产品既可以选择区域价值成分标准，也可以选择列明的选择性标准。因此，选择性标准一般是放宽了区域价值成分标准的要求。

① 参见中国—东盟自贸区原产地规则规则五：累积原产地规则。

（四）中性成分

除非特殊规定，否则在判定商品原产地时，将不考虑在获得商品过程中所用的动力、燃料、车间、设备、机器和工具的产地，也不考虑那些只在生产中涉及而未形成商品残留或商品组成的材料。

（五）包装材料和容器

为方便进口税的征收，一方将对进口自另一方的货物与包装分别对待，当然也会分别对其包装进行原产地判定。但是当将商品视为整体进行原产地判定时，上述规定不适用。包装将被视为与商品一体，而不必考虑运输或贮存商品所用的包装是否进口自非中国—东盟自贸区成员国。

（六）附件、备件及工具

如果进口成员国把附件、备件、工具及其他相关材料与商品同归一类并征税，则在判定商品原产地时将对附件、备件、工具及其他相关材料的原产地不予考虑在内。

三、中国—东盟自贸区原产地规则签证操作程序

（一）原产地证书

1. 原产地证书的申请与签发

受惠产品的制造商和/或出口商应以书面申请形式要求相关签证机构对产品的原产地资格进行出口前核查。核查结果，不论是定期核查还是随机抽查，都应被视为出口受惠产品原产地资格的证明。如一种产品根据其本质特征很容易判断其原产地资格，则不必对其进行出口前核查。在办理出口受惠产品签证手续时，出口商或其授权代表应提交书面申请签发原产地证书并随附有关证明产品原产地资格的证明文件。

原产地证书签证机构根据出口人的申请，并经过出口前检查后，根据《中国—东盟自由贸易区原产地规则》签发原产地证书。原产地证书（Form E）不得涂改及叠印。任何更正必须先将错误项目划去，然后做必要的修改。所作更正应当由有权签注原产地证书（Form E）的官员认可，并加盖签证机构印章或更正章予以证明。所有未填空白之处应予划去，以防事后填写。

出口商应当向进口商提供原产地证书（Form E）正本，以便呈交给进口港（地）海关，第一副本应当由出口方签证机构留存，第三副本由出口商留存。进口方海关拒绝接受原产地证书的，应当在该份原产地证书（Form E）第四栏内加注。

原则上，原产地证书（Form E）应当在产品装运前或装运时签发。因特殊情况未能在产品装运时或装运后 3 天内签发原产地证书（Form E）的，应出口商请求，可以依照出口方国内法律、法规和行政规章，自产品装运之日起 12 个月内，补发原产地证书（Form E），但必须在证书第 13 栏注明“补发”字样。

原产地证书（Form E）被盗、遗失或毁坏的，出口商可以书面向签证机构申请签发该原产地证书（Form E）正本及第三副本的经核准真实副本。该副本应当根据签证机构存档的出口文件制发，并应在第 12 栏中注明“经核准的真实副本”字样。该副本应当注明原始原产地证书（Form E）的签发日期。原产地证书（Form E）经核准的真实副本应当在原始原产地证书（Form E）签发之日起一年内签发，并且只有在出口商向有关签证机构提供了原始原产地证书（Form E）的第三副本或者签发原始原产地证书（Form E）的任何证据的情况下才能签发。

2. 原产地证书的提交

原产地证书（Form E）正本应当在产品进境报关时向海关提交，并依照进口方国内法律、法规和行政规章，在办理进口申报手续时申明该产品享受优惠待遇。原产地证书（Form E）自出口方签证机构签发之日起一年内有效，并必须在上述期限内提交进口方海关。

当进口方海关办理受惠产品进口手续时发现提交的原产地证书内容与其他提交的单据的内容有细微出入时，只要证书确实与产品相符，进口方海关不能因此认为该原产地证书无效。

3. 原产地核查

进口方海关可以请求进行追溯核查。可以随机进行核查，也可以在有理由对有关文件的真实性或者涉及全部或部分产品真实原产地相关信息的准确性表示怀疑时进行核查。核查请求应当书面提出，随附一份原产地证书（Form E）复印件，指出该证书中可能有误的内容，详列核查理由，并提供其他补充信息。随机核查不受此限。在等待核查结果期间，进口方海关可以暂缓给予优惠待遇。但是，只要有关产品不属于禁止或限制进口产品，又不涉嫌瞒骗，在采取相应的管理措施（例如，以所适用的较高税率征税或者收取等额保证金）后，货物可予以放行。出口方海关或签证机构收到追溯核查请求后，应当迅速回应，并在收到请求后 90 天内予以回复。

4. 记录保存要求

原产地证书的申请和其他相关申请文件应由签证机构签证后最少存档 3 年。如进口国要求，应提供原产地证书是否有效的相关信息。成员国之间信息交流应保密且只能用于确认原产地证书。

5. 特殊情况

出口产品原定出口到特定一方，其目的地发生变化的，在该产品运抵该方之前或者之后，应当遵循下列规则：如该产品已经向特定的进口方海关报验，应进口商书面申请，应当在原产地证书（Form E）上对该情形签注认可。原产地证书（Form E）正本应当由海关保存，证书复印件提供给进口商；如在产品运往原产地证书（Form E）中指定的进口方途中，其目的地发生变化的，出口商应当提出书面申请，并随附已签发的原产地证书（Form E），要求重新签发原产地证书（Form E）。

6. 展览品

由某成员国运输至其他成员国的展品在展会期间或展会结束后销售，如该展品符合原产地判定规则就应享受优惠待遇，只要进口成员国政府主管部门能够证明：出口商确实从出口成员国发运了货物，并在进口成员国参展；出口商确实在进口成员国内销售了货物或把货物转移给进口国收货人；货物确实在展会期间或展会一结束就在进口成员国内进行了销售，且货物保持与其参展前相同的状态。

为执行上述规定，必须向进口国政府主管部门提供原产地证书。展会的名称和地址必须在证书上列明。作为识别参展产品和产品参展条件的一种证明，可能需要提供展会举办国签发的证书以及其他要求的相关证明文件。

该规定适用于任何贸易、农产品或手工艺品的展会、交易会或类似商业或商店中的展出和展示，前提是销售的产品是进口商品且在展会期间在海关的监管之下。

（二）直接运输

下列情况应视为从出口国关境直接运输至进口国关境：

1. 如果商品运输途径任何中国—东盟自贸区成员国境域产品未经任何非参加国关境运输；

2. 如果商品运输中未途径任何非中国—东盟自贸区成员国境域；

3. 如果商品运输中途经一个或多个非中国—东盟自贸区成员国，但商品未在该国转船或做临时贮藏，必须符合以下情况：途径是由于地理原因或出于特殊运输要求；商品未投入市场销售或交付当地使用；并且除了为保持商品保存良好而进行必需的卸载和重载外，在当地未对其进行其他任何处理。

但是，对于经过非成员国境内运输的货物，除了需要向进口成员国海关提交出口成员国签证机构签发的原产地证书之外，还需要提交：在出口成员国签发的联运提单；货物的原始商业发票；以及符合上述第 2 条所规定条件的证明文件。

凡经中国香港或中国澳门转运至各成员国的优惠贸易协定项下的出口产品，在获得签证机构签发的原产地证书（Form E）后，申请人需持证书及有关单证，向中国检验有限公司（香港干诺道中 168－200 号信德中心东翼 29 楼九龙科学馆道 9 号新东海商业中心 401－406）或中国检验有限公司澳门分公司申请办理“未再加工证明”，以证明货物未在那里进行任何再加工。

四、中国—东盟自贸区原产地规则升级

中国—东盟自贸区于 2004 年开启“早期收获计划”，2010 年全面建成。为进一步提高本地区贸易投资自由化和便利化水平，2013 年 10 月，李克强总理在中国—东盟领导人会议上倡议启动中国—东盟自贸区升级谈判，获得了东盟各国领导人的积极回应。2014 年 8 月，中国—东盟经贸部长会议正式宣布启动升级谈判。

经过近一年半四轮谈判，2015 年 11 月 22 日，中国与东盟十国正式签署中国—东盟自贸区升级谈判成果文件——《中华人民共和国与东南亚国家联盟关于修订〈中国—东盟全面经济合作框架协议〉及项下部分协议的议定书》（以下简称《升级议定书》）。这是我国在现有自贸区基础上完成的第一个升级协议，涵盖货物贸易、服务贸易、投资、经济技术合作等领域，体现了双方深化和拓展经贸关系的共同愿望和现实需求。

现有的中国—东盟自贸区零关税已经覆盖了双方 90%～95%税目的产品，货物贸易自由化水平很高。因此，双方在此次升级谈判中，主要通过升级原产地规则和贸易便利化措施，进一步促进双边货物贸易发展。

《升级议定书》共 500 多页，内涵丰富，包括序言及货物贸易、服务贸易、投资、经济技术合作、未来工作计划和最后条款等章节。其中第一章为货物贸易协定的修订，分为 AB 两节，A 节为原产地规则，升级议定书的附件 1 将替代原来的中国—东盟自贸协定货物贸易协定的附件 3（原产地规则）。B 节为海关程序和贸易便利化。因此在《升级议定书》中修订的原产地规则，具体包括：原产地规则、签证操作程序、产品特定原产地规则和原产地证书格式。

（一）原产地规则方面的修订

升级版的原产地规则共 15 条，其中第 9 条微小含量和第 13 条可互换材料为新增条款。除了第 7 条微小加工或处理和第 14 条原产地证书没有修改之外，其他条款均有或多或少的变动。总体上看升级版原产地规则和现行规则相比，一方面，“升级版”协定补充或完善了原产地规则的辅助性条款，使规则的设定更趋完善和严谨；另一方面，对货物的原产地判定标准做出了较大调整，使得原产地判定更加灵活。

1. 原产地判定更加灵活

（1）“升级版”规则增加了对完全使用原产材料生产的货物的判定标准。只要产品

的所有原材料都分别符合原产地规则，即可判定为具备原产资格。此外，在使用累积规则时，完全使用中国国产材料和东盟国家进口原材料生产的货物也可采用这种标准判定为具备原产资格，相较“完全获得”（WO）的判定标准，该标准不需要将货物的原材料、零部件等全部追溯到动植物产品、矿产品等自然材料，对于需要经过多道工序生产的机电、化工等产品的原产资格判定具有广泛适用性。

这也是东盟对我国退证查询中质疑较多的，由于原来没有该条款，很多企业在出口印度尼西亚办理原产地证书时，印度尼西亚方面认为WO仅适用于初级产品，对于符合原产地标准的工业制成品，其标准可以用百分比来显示。为减少这种风险，在此次升级版中增加了该条款，原产地证书填制设置 PE 项，对应于中韩、中澳自贸协定原产地证书填制时的“WP”项。因此该条款的增加，使得原产地判定过程更加简单易行。

（2）增加了税则归类改变标准。在原先单一的“区域价值成分 40%”的原产地标准和产品特定原产地标准清单基础上，增加“税则归类品目（4 位税号）改变”标准。

主要涉及协调制度 HS25、26、28、29、31、39、42～49、57～59、61、62、64、66～71、73～83、86、88、91～97 等 46 个章节的绝大部分产品。这些产品涵盖了矿产品、塑料制品、纺织品、鞋靴、金属制品、车辆、航空器、光学仪器和家居玩具等，占比超过协调制度产品总数的 64%。

这使得原产地判定标准更加灵活实用。对于这 46 个章节的产品，“升级版”规则规定既可沿用区域价值成分不少于货物离岸价格（FOB 价格）的 40%的判定方法，也可通过 4 位税目改变的方法判定出口货物是否符合原产条件。因此，“升级版”实施后，出口企业可采取更加灵活的出口货物原产地判定标准，在申领相关原产地证书时可免于进行复杂的成本核算，更好地利用自由贸易协定享受政策红利。此外，增加的这个标准，有利于加工贸易等行业的发展，使部分产品更加容易符合原产地规则。应该说对部分行业形成一定的利好。笔者之前在研究和调研及工作中，就发现过 39 章的塑料制品因为无法符合百分比标准不能享受关税减免，如果根据税则改变标准，就相对容易了，使这部分的产品也能享受自贸区红利。

在第 5 条区域价值成分的计算中，该条款进一步**明晰区域价值成分计算公式**，修改原先条款（对应于规则 4），使之与我国后期签署的自贸协定的区域价值成分的条款相一致。

该条款比较遗憾的是，双方未能就采用“原产成分相加”或“减去非原产成分”两种或选方法达成一致，因此仍保留单一减法计算公式。

（3）扩大了累积规则的适用范围：中国—东盟自贸区原产地累计规则仅适用于区域价值成分标准，升级版扩大了其适用范围，具体见表 6–2。

表 6－2 中国—东盟自贸区升级前后累积规则变化

升级版	升级前
第六条 原产于一缔约方的货物或材料在另一缔约方境内用于组成另一货物时，则应当视为原产于后一缔约方境内。	规则五：除另有规定的以外，符合规则二原产地要求的产品在一成员方境内用作享受《协议》优惠待遇的制成品的材料，如最终产品的中国—东盟自由贸易区累计成分（即所有成员方成分的完全累计）不低于 40%，则该产品应视为原产于制造或加工该制成品的成员方境内。
没有限制	用于累计的原产成分以及在最终产品生产国的增值成分的总和必须超过某个百分比（东盟、巴基斯坦为 40%，亚太为 60%），最终产品才能视为该国原产。ACFTA 现行原产地累计规则仅在最终制成品满足区域价值成分时才适用；而对于采用加工标准或税则归类改变等作为实质性改变标准的货物，只能在同时满足百分比要求时才适用原产地累计。

2. 规则设定更加严谨

原产地规则的辅助标准包括微小含量、累积、吸收规则、成套货物、包装、附件等规则，是对实质性改变标准的放宽或补充。

“升级版”协定补充或完善了原产地规则的辅助性条款，使规则的设定更趋完善和严谨。

（1）新增“微小含量”条款。微小含量：——“税号改变”的例外，它规定了一个百分比标准，允许最终产品中含有小部分非原产材料而不致影响产品的原产资格。从效果上看，“微小含量”一定程度上突破了“实质性改变”标准，因此可以被视为“实质性改变”标准的例外。

升级版部分引用了中韩自贸协定的最新成果。

东盟升级版：在货物不满足税则归类改变要求的前提下：

① 50～63 章的产品，全部非原产材料的重量不超过该货物总重量的 10%，或者全部非原产材料价值不超过该货物 FOB 价的 10%；

② 其他章：全部非原产材料价值不超过该货物 FOB 价的 10%。即在出口货物未满足税则归类改变标准的情况下，对于除 HS 第 50～63 章的纺织类产品，如生产过程中未发生税则归类改变的非原产材料总价不超过货物 FOB 价格 10%的，可获得原产资格，对于 HS50～63 章的纺织原料及纺织制品则增加“不超过总重量 10%”的或选方案。微小含量标准在一定程度上突破和放宽了实质性改变标准，使更多产品符合原产地规则。

（2）新增“吸收原则”条款。规定具备一方原产资格的产品，如在该方被用作于生产另一产品的材料，则在确定后一产品的原产地时，该材料中包含的非原产成分不应被计入后一产品的非原产成分中。中韩、中澳的规则中都明确“在一缔约方已经取得原产资格的产品，在用于生产后一产品时其非原产成分不再计入后一产品的非原产成分”。

“吸收原则”主要适用于产品生产加工过程中存在中间产品的情形（原材料–中间产品–最终产品），是指在使用非原产材料的情况下，如果从原材料到中间产品这一过程完成了“实质性改变”，使得中间产品获得了原产资格，那么在中间产品向最终产品进行“实质性改变”的这一环节中，就把中间产品视为百分之百原产，不再考虑和评价上述初始原材料的非原产特性。也即是：计算增值标准时不考虑已获得原产资格的中间材料中包含的非原产投入品。

这个例子说明了“吸收原则”的运行流程：

甲公司生产的商品满足原产地的要求，即原产材料的增值含量达 40%（最终产品价值的 60%可为非原产性质）。

该商品进一步用作中间投入品，用于乙公司后续加工另一件商品。评估最终产品的原产资格时，“吸收原则”允许将整个商品看作原产品。

假设对乙公司的生产进行原产地评估的产品特定原产地规则也要求原产材料的增值含量达到 40%。中间材料被认为是 100%原产，且在生产最终产品时可使用 60%的非原产材料。这样，非原产投入品几乎可达到最终产品价值的 84%，尽管原产地规则规定非原产投入品不能超过最终产品价值的 60%。

该条款的使用能够简化国产或区域价值百分比的计算，并且在确保最终产品获得原产地资格的前提下，允许使用更多的非原产材料。

此外，“升级版”规则新增了可互换材料条款，完善了包装材料及容器、附件及工具、中性成分等条款，在完善规则的同时，使其与我国签订的其他自贸协定的表述相一致。

（二）原产地规则签证操作程序方面的修订

升级版的原产地规则签证操作程序框架结构和目前实施的基本保持相同的框架结构。其变化主要分为两个方面：增加证书申领的便利化和提高行政合作的有效性。

1. 增加证书申领的便利化

在原产地操作程序方面，“升级版”协定也做出了相关调整，使企业能够更加便利地申领证书。

拓宽原产地证书申领人范围。根据对外贸易便利化需求，“升级版”协定规定生产商无论是否具备进出口经营权均可自行申领原产地证书。按照此前适用协定规定，未取得进出口贸易经营权的生产商不得自行申领原产地证书，而授权国内其他贸易商出口，其产品又难以判定原产资格，导致部分出口至东盟的货物难以享受自贸协定优惠政策。“升级版”协定将申领原产地证书的主体由出口商扩展到生产商，极大地提升了协定利用便利性。

此外，由于东盟方面坚持认为只有制造商同是出口商的情况下才能申请原产地证书，与中方意见不一致，因此双方最终确定“在中国，当生产商需授权其他机构代其出口时，生产商可自己申请原产地证书”，该条以规则 6 脚注形式出现，不适用于东盟。同时双方同意在证书背面说明 7 中将第一栏和第十一栏的出口商范围明确到包含生产商，而证书格式的第一栏和第十一栏则不做修改。

简化第三方发票填制要求。升级前协定规定，货物使用第三方发票通关的，相关原产地证书上应显示第三方发票号码。而在贸易实践中，多次发现存在国内出口商难以获取第三方发票信息而无法按要求准确填写的问题。“升级版”协定规定，上述情况既可使用第三方发票号码也可使用出口商原始发票号码，有效地解决了货物使用第三方发票通关不便问题，这便利了企业申请证书。

2. 提高行政合作的有效性

修改签证机构信息的备案方式。由于东盟方面的坚持，中方未能成功达成删除签证人员签字笔迹备案的愿望。但双方同意备案国联络点可将备案信息以电子方式提交东盟秘书处，由东盟秘书处转交各国，搜集各国确认信息并反馈备案国。备案信息应至少在生效日前一个月提交。本条款签名电子方式备案是亮点。可将证书审签人员的签字备案笔迹以电子方式提交东盟秘书处，由东盟秘书处转交和反馈，通过改进纸质信息备案方式，降低备案信息丢失的风险，提高行政效率。此外，双方还在签证操作程序中增加了联络点的设定，以提高实施效率。

延长追溯核查请求答复时间。“升级版”协定规定延长国外海关追溯核查请求答复时间，在原有 90 天的答复时间基础上，出口方海关或签证机构可书面请求延期 90 天，可避免因国际信函流转时间过长等原因未能及时完成核查而影响企业享受优惠政策的现象。

建立定期磋商机制。“升级版”协定明确规定了各缔约方应建立指定联络点机制和定期磋商机制，并规定所有关于核查请求的信息交换应当且只能通过各方各自的联络点开展，有效避免了现阶段部分成员国海关直接对外贸企业提出核查要求等未通过合理途经发起追溯核查的现象，并且提高了实施效率。

此外，双方还在签证操作程序中增加了联络点的设定，以提高实施效率。

（三）原产地证书方面的修订

取消强制填制要求，原产地证书的格式和填制内容要求与贸易实践更加契合，其具体修订情况见表 6–3。

表 6－3 中国—东盟自贸区升级后原产地证书修订情况

证书栏目	变化
第 1 栏：出口商	中国出口：可以是出口商或生产商
第 5 栏：产品项目	取消 20 项的限制
第 7 栏：生产商的名称及任何商标	删除必须标明制造商和商标等信息的要求，但进口方海关不得仅因为证书上填制了制造商、商标等信息而拒绝接受证书
第 7 栏：HS	商品编码填写限定为国际通用的 6 位编码，且不要求为进口方编码
第 8 栏：原产地标准	WO；PE；RVC 百分比；CTC；PSR
第 9 栏：数量与价格	数量增加为毛重、净重或其他数量 价格 FOB：只有在适用 RVC 标准时必须填制
第 10 栏：发票号码与日期	第三方时：放宽为出口商原始发票号码或者第三方发票号码均可
特殊情况：生产商授权他人代理出口	第 1、11 栏为生产商，第 7 栏注明代理出口商的名称和地址
特殊情况：第三方发票	第 13 栏中的“第三方发票”应予以标注（√）。第 10 栏见上。开具第三方发票的公司名称及所在国家等信息应在第 7 栏中注明。但第三方发票只明确了第 10 栏发票可以是出口商原始发票号码或者第三方发票号码，未明确使用哪种发票价格。目前的规定是只能是第三方发票号码，两者价格均可以
特殊情况：流动证书	第 1 栏的出口商还包括中间商；第 9 栏的发票价值应为中间方出口产品的发票价值。（第 8 栏的原产地标准需要重新计算）。第 13 栏中的“流动证书”应予以标注（√）
特殊情况：补发	第 13 栏中的“补发”应予以标注（√）
特殊情况：重发	第 12 栏中应标注“CERTIFIED TRUE COPY”
特殊情况：展览	第 13 栏中的“展览”应予以标注（√）。必须注明展览会名称及地址

取消生产商的名称和商标等信息的填制要求。基于保守商业秘密，保护出口商权益的目的，中方建议取消证书第七栏填写制造商、商标等信息的规定。经过中方的努力，双方最终达成一致，删除必须标明制造商和商标等信息的要求，但进口方海关不得仅因为证书上填制了生产商、商标等信息而拒绝接受证书。

1. 取消商品项的限制。取消了原规则 7（e）的脚注：一份原产地证书涵盖的产品项数不得超过 20 项。目前对申请中国—东盟自贸区原产地证书的商品项限定为 20 项。中国海关根据自身申报系统限制，提议证书上设定商品项目数量限制 50 项，遭到东盟方面的反对。最终中方和东盟方面达成一致意见，在证书中不应对商品项数量设限，去除中方提议的 50 项限制。

2. 取消金额的填制要求。第 9 栏仅在适用 RVC 标准才必须填写 FOB 金额，其他原产地标准时不必填写。中方提出修改证书第九栏增加净重，并建议取消 FOB 金额的填制，东盟方面接受了重量描述的改变，但不同意取消 FOB 金额。最终双方达成一致，第九栏填制毛重或净重或其他数量；仅在适用 RVC 标准时填写 FOB 金额。

3. 统一商品编码填制为 6 位 HS。统一商品编码填制为 6 位编码。中方建议修改证书第七栏对 HS 编码的填制要求，取消进口方海关编码的限制。东盟方坚持以进口方海关编码为依据，最终双方达成一致，证书第七栏商品编码填写限定为国际通用的 6 位 HS 编码，且不要求为进口方编码。证书背页说明第 6 条规定进口方海关编码需依据 HS 编码系统。

4. 改变证书数量填制方式。第 9 栏增加净重，可以填制毛重或净重或其他数量。

5. 原产地标准格式变化。升级版最终将原产地标准确定为：WO、PE、RVC 百分比、CTC、PSR 五种，并将证书背面说明 3 原产地标准填制说明表格外的文字描述全部删除，使版面更加简洁，更具指导性和操作性。

（四）简化直运规则符合性证明

根据海关总署公告 2015 年第 57 号（关于优惠贸易协定项下符合“直接运输”单证事宜的公告）和海关总署公告 2016 年第 52 号（关于各优惠贸易安排项下经港澳中转进口货物单证提交事宜的公告）的规定，简化了提交中转地的证明文件，但仅适用于进口货物。

第二节　亚太贸易协定原产地规则研究

一、《亚太贸易协定》的历史与发展

《亚太贸易协定》前身为《曼谷协定》。《曼谷协定》签订于 1975 年，是在联合国亚太经济社会委员会（简称亚太经社会）主持下，在发展中国家之间达成的一项优惠贸易安排，现有成员国为中国、孟加拉国、印度、老挝、韩国和斯里兰卡。

2005 年 11 月 2 日，在北京举行的《曼谷协定》第一届部长级理事会上，各成员国代表通过新协定文本，决定将《曼谷协定》更名为《亚太贸易协定》，并在各成员国完成国内法律审批程序后，实施第三轮关税减让谈判结果。

2007 年 10 月 26 日，《亚太贸易协定》（以下简称《协定》）第二届部长级理事会在

印度果阿举行。中国、孟加拉国、印度、韩国、老挝、斯里兰卡 6 个成员国均派出部长级代表团参会。六国部长通过了《部长宣言》及《原产地证书签发与核查程序》，并宣布启动了第四轮关税减让谈判。《部长宣言》指出，各方将在互惠互利的基础上，继续探讨未来进一步扩大优惠关税范围，提高优惠幅度，拓宽合作领域，同时也欢迎更多的亚太国家加入本协定，加强《亚太贸易协定》在亚太区域经济一体化进程中的作用。

2020 年 10 月 23 日，蒙古国已向亚太经社会交存接受书，完成《协定》加入程序，并于 2021 年 1 月 1 日与有关成员相互实施关税减让安排。根据关税减让安排，蒙古国将对 366 个税目削减关税，主要涉及水产品、蔬菜水果、动植物油、矿产品、化学制品、木材、棉纱、化学纤维、机械产品、运输设备等，平均降税幅度 24.2%。同时，蒙古国可享受中国等其他成员现有关税减让安排。

二、《亚太贸易协定》原产地规则

自 2002 年 10 月 1 日起，原国家质量监督检验检疫总局设在各地的出入境检验检疫机构开始对出口至韩国和斯里兰卡的《曼谷协定》项下的特定产品签发《曼谷协定》出口货物原产地证明书。2006 年 9 月 1 日起，随着第三轮谈判结果的实施，原产地规则也开始执行统一的《亚太贸易协定》原产地规则。2007 年 10 月 26 日，《亚太贸易协定》（以下简称《协定》）第二届部长级理事会上，中国、孟加拉国、印度、韩国、老挝、斯里兰卡 6 个成员国部长通过了《部长宣言》及《原产地证书签发与核查程序》。《原产地证书签发与核查程序》的目的是执行《协定》项下的原产地规则，制定了原产地证书签发与核查操作程序及其他相关的行政事务，这充分证明了各国对《协定》原产地规则执行的重视和强调。《原产地证书签发与核查程序》于 2008 年 1 月 1 日起正式实施。

《亚太贸易协定原产地规则》共有 10 条规则。规则 1 规定能享受关税减让优惠待遇的产品分为完全获得产品和非完全获得的原产品。规则 2 是对完全获得的原产品的定义。规则 3 是对非完全获得的原产品的标准，规定：在一出口参加国境内最终制得或加工的产品，其来自非参加国或不明原产地的原材料、零件或制品的总价值不超过该产品 FOB 价的 55%，对按照协定项下部门/行业协议框架进行贸易的产品，可制定适用的特殊标准，在部门/行业协议的谈判中应对这些标准予以考虑。规则 4 是关于原产地累积的规定，规定：在运用原产地累积规则的情况下，累积的原产成分的价值不得少于产品离岸价的 60%。规则 5 是关于直接运输的规定。规则 6 是关于如何确定包装材料原产资格的规定。规则 7 是关于原产地证书的规定。规则 8 是关于禁止和合作的规定。规则 9 是关于审议的规定。规则 10 是关于特别标准百分比的规定，规定：对于最不发达国家生产的产品，上述原产地标准放宽，在运用原产地累积规则的情况下，其所含累积的原产成分的价值不得少于产品离岸价的 50%，在其他情况下，其所含非原产成分不超过产品离岸价的 65%。

《亚太贸易协定原产地证书签发与核查程序》有 11 条。第一条是关于签证机构的规定。第二条是关于申请的规定。第三条是关于原产地证书的规定。第四条是关于签发原产地证书的规定。第五条是关于提交证书的规定。第六条是关于原产地核查的规定。第七条是关于记录保存的要求。第八条是关于特殊情况的规定。第九条是关于直接运输提交单据的规定。第十条是关于成员国合作的规定。第十一条是关于展品的规定。

（一）原产品的确定

1. 首先应判定产品是否符合完全原产品或完全获得品的条件，如果符合，产品是完全原产品或完全获得品；（第二条）

2. 如果不符合，应确定对非原产成分所进行的加工是否超出规则三所定义的不充分加工的范围，如果未超出，产品不具有原产资格；（第三条第五款）

3. 如果超出，查明非原产成分中是否还有其他亚太贸易协定成员国的成分，如果有，确定所有亚太贸易协定成员国（包括本国）的成分是否达到 FOB 价的 60%，如果达到，产品具有原产资格；（第四条）

4. 如果没有，确定非原产成分是否小于或等于产品 FOB 价的 55%，如果达到，产品具有原产资格；（第三条）

5. 如果达不到上述要求，产品不具有原产地资格。

举例：韩国制造的一个 FOB 价为 10 美元的 DVD 机芯，非原产成分经车、铣、镗等机加工（超出不充分加工的范围），韩国本国成分的价值是 4.5 美元，产品符合亚太贸易协定原产地规则第一条的要求。这个机芯用于在中国生产 FOB 价为 50 美元的出口到斯里兰卡的 DVD 机。DVD 机生产中所用非中国成分还有日本和美国产的价值 20 美元的集成电路，非原产成分经受的加工包括焊等工序（超出不充分加工的范围）。中国本国成分只有 20 美元，未达到产品 FOB 价的 45%，产品不符合亚太《曼谷协定》原产地规则第一条的要求，但由于亚太贸易协定成员国的成分（中国成分 20 美元和韩国成分 10 美元）合计 30 美元，达到产品 FOB 价的 60%，如果直运规则得到遵守，该 DVD 机可以享受斯里兰卡的关税优惠待遇。

（二）原产品确定中的注意点

1. 对非完全原产品的判定

根据《亚太贸易协定》原产地规则第一条规定，对非完全原产品的判定适用规则第三条、第四条。第三条第一款仅适用于含单一成员国成分的非完全原产品的判定，如非完全原产品中包含了两个或两个以上成员国成分，则应按照第四条“原产地累积标准”进行判定。

对在我国境内最终生产或制得的非完全原产品而言，无论其是否部分使用了中国原材料，都已包含有中国成分。如该产品中的原材料均来自非成员国，可使用第三条第一款进行判定。如其含有中国以外其他任一成员国的原材料，则不能使用第三条第一款。例如，某一在我国境内加工的产品，其所用原材料分别来自日本、印度，在对该产品进行原产地判定时，不能使用第三条第一款，必须使用第四条累积原产地标准进行判定。如该产品原材料全部系从韩国进口，也应适用第四条进行原产地判定。

2. 关于第四条原产地累积标准中“成员国成分”的界定

与其他自贸区累积原产地标准条款不同，《亚太贸易协定》原产地规则的累积原产地标准比规则中使用的增值百分比标准提高了 15 个百分点，而且规则未对成员国累积成分的范围进行明确界定。经与韩国协商，对该条中的成员国累积成分的范围作如下界定：成分包含生产、加工货物过程中使用的成员国原材料价值、劳动力费用、利润，但不包括水、电、燃料等在货物生产、加工过程中使用的、既不构成该货物物质成分也不成为该货物组成部件的中性成分。中性成分的范围可参照中国—智利自由贸易区原产地规则第二十六条的规定执行。在使用亚太原产地规则第四条时，证书第八栏填制不能出现100%的情形。

3. 中性成分的规定

中性成分是指货物生产中使用的物品，该物品既不构成该货物物质成分也不成为该货物组成部件，其范围包括：燃料、能源、催化剂和溶剂；用于测试或检验货物的设备、装置和用品；手套、眼镜、鞋靴、衣服、安全设备和用品；工具、模具和模子；用于维护设备和厂房建筑的备件和材料；在生产中使用的，或者用于运行设备或设施的润滑剂、油（滑）脂、合成材料和其他材料；及在货物生产过程中使用，虽不构成该货物组成成分，但能合理地表明为该货物生产过程中一部分的其他任何货物。

4. 对最不发达国家的特别原产地标准

在判定一产品是否原产于最不发达国家时，上述百分比都降低 10 个百分点。即要求使用的进口原材料和不明来源的原材料占其 FOB 价值的比例不应超过 65%，而使用了原产地累积成分的要求为 50%。

（三）原产地证书

1. 原产地证书的签发

只要根据《亚太贸易协定》项下原产地规则，待出口产品可视为该出口成员国原产，出口成员国的签证机构即应在出口时或者装运后三个工作日内，以手工或者电子形式签发原产地证书。原产地证书自签发之日起 1 年内有效。

如果原产地证书被盗、遗失或毁坏，出口商可以向原签证机构书面申请经证实的原证书正本的真实复制本。该复制本应根据签证机构存档的相关文件制发，并在原产地证书第 3 栏中注明“经证实的真实复制本”以及原正本的签发日期。经证实的原产地证书真实复制本应在其正本的有效期内签发。

2. 原产地证书的提交

有关产品申报进口时，应向海关当局提交原产地证书正本，以享受优惠待遇；原产地证书应在其有效期内向进口国海关当局提交；如果因不可抗力或者出口商无法控制的其他合理原因致使不能按期提交原产地证书，有关进口国海关当局仍应接受逾期提交的原产地证书。在任何情况下，如果产品在原产地证书有效期限内已经进口，有关进口国海关当局可以接受该原产地证书。如果对产品原产地无疑问，但发现原产地证书内容与为办理产品进口手续而提交给进口成员国海关当局的单证略有不符，不应据此认定原产地证书无效。

3. 原产地核查

进口成员国海关当局可以随机请求出口成员国签证机构进行追溯性核查，也可以在有理由怀疑有关文件的真实性或者有关货物原产地的准确性时，提出追溯性核查请求。核查请求应随附相关原产地证书，说明请求核查的原因，并列明该原产地证书可能存在不实之处的其他详细情况。

在等待核查结果期间，进口成员国海关当局可以暂缓给予优惠待遇。如果货物不属于禁止或者限制进口的货物，且无瞒骗嫌疑，海关可以在履行必要的行政手续后将货物放行。

收到核查请求的签证机构应尽快作出回应，并在收到请求后 3 个月内作出答复。核查期间，应实施上述第三款。如果进口成员国海关当局在发出核查请求后的 4 个月内没有收到答复，该海关当局可以拒绝给予优惠关税待遇。核查过程，包括实质性程序和确定相关货物是否原产等，应当在 6 个月内完成并向签证机构通报。如果答复结果未包含确定有关文件的真实性或货物的原产地的充足信息，相关机构应当在 3 个月内通过双边协商来解决问题。如果协商无法解决，进口成员国海关当局可以拒绝给予优惠关税待遇。

4. 记录保存要求

原产地证书的申请书及其所有相关文件应由签证机构自签发之日起至少保留 2 年。有关成员国之间交流的任何资料应予以保密，只能用于原产地证书的核查。

5. 特殊情况

如果出口到某成员国指定口岸的全部或者部分货物的目的地发生变化，在货物到达该成员国之前或之后，应按下列规则办理：如果产品已经向指定进口成员国的海关当局报验，进口商应向该海关提出书面申请，由海关当局将全部或者部分产品改变目的地的情况在原产地证书上签注认可，然后将证书正本交还进口商。如果在运往原产地证书所指定的进口成员国途中目的地改变，出口商应提出书面申请，并随附已签发的原产地证书，要求对全部或部分产品重新发证。

6. 展览品

由一成员国运至另一成员国展览并在展览期间或展览后销售的产品，如其符合《亚太贸易协定》原产地规则的要求，应享受《亚太贸易协定》项下优惠关税待遇，但应满足进口成员国有关政府机构的下列要求：出口商已将产品从出口成员国境内运送到展览会举办国并已在该国展出；出口商已将货物出售或者转让给进口成员国的收货人；以及产品已经以送展时的状态在展览期间或者展览后立即出售给进口成员国。为实施以上规定，必须向进口成员国有关政府机构提交原产地证书。该规定适用于展览期间产品处于海关监管之下的展览会、交易会或类似展览或展示。

（四）直接运输

下列情况应视为从出口国关境直接运输至进口国关境：

产品未经任何非参加国关境运输；

产品运输虽经过一个或多个非参加国，不论是否在这些国家转换运输工具或作临时储存，如果：可证明过境运输是由于地理原因或仅出于对运输需要的考虑；货物在过境地未进行交易或消费；或除装卸或其他为使货物保持良好状态的处理外，货物在这些国家未经任何其他加工。

但是，对于经过非成员国境内运输的货物，除了需要向进口成员国海关提交出口成员国签证机构签发的原产地证书之外，还需要提交：在出口成员国签发的联运提单；货物的原始商业发票；以及符合上述第（2）条所规定条件的证明文件。

三、《亚太贸易协定》原产地规则升级版

为进一步提高区域内贸易自由化水平，2007 年 10 月，《亚太贸易协定》各成员国启动第四轮关税减让谈判，经过九年磋商，于 2016 年 8 月正式结束谈判，并于 2017 年 1 月《协定》第四届部长级理事会上签署第四轮谈判成果文件——《亚太贸易协定第二修正案》（以下简称《修正案》）。《修正案》于 2018 年 7 月 1 日起实施。

《修正案》体现了《亚太贸易协定》第四轮谈判成果，近 400 页，主要包括各成员国

的关税减让承诺和对原产地规则的优化等内容。《修正案》是《亚太贸易协定》各成员历经 9 年时间完成的重要成果，是对《亚太贸易协定》的丰富、完善、补充和提升，体现了《亚太贸易协定》成员深化和拓展经贸合作关系的共同愿望和现实需求。《修正案》的达成和签署，将为《亚太贸易协定》各成员国经济发展提供新的助力，并将推动亚洲区域经济一体化和“一带一路”建设进程。

根据第四轮关税减让谈判成果，协定 6 个成员国共对 10 312 个税目产品承诺削减关税，适用于所有成员，称为一般减让，降税数目总数较第三轮谈判增长 2.5 倍，平均降税税目比例超过 28%，平均降税幅度为 33%。最不发达国家孟加拉国、老挝和小经济体斯里兰卡可享有一定灵活性。

此外，各成员国在自愿基础上单方面给予协定内最不发达国家孟加拉国共 1 259 个产品特惠税率安排和老挝 1 251 个产品特惠税率安排，称为特殊减让，平均降税幅度分别为 86.4%和 86.2%。具体而言，中国一般减让清单包括 2 191 个税目产品（按 2012 版税则计算，以下同），主要包括鱼类、蔬菜、茶叶、化工制品、纺织服装、鞋类、钢铁制品、机动车零部件、机械电子及仪器仪表等产品。特殊减让清单包括给予孟加拉国和老挝的 181 个特惠税率产品。韩国一般减让清单包括 2 797 个税目产品，主要包括鱼类、鲜花、矿产品、化学制品、皮革制品、纺织制品、钢铁制品、机械产品等。特殊减让清单包括给予孟加拉国的 951 个特惠产品和给予老挝的 943 个特惠产品。印度一般减让清单包括 3 142 个税目产品，主要包括动物产品、油籽、矿产品、化工产品、橡胶制品、纺织制品、贱金属制品、机械产品等。特殊减让清单包括给予孟加拉国和老挝的 48 个特惠产品。斯里兰卡、孟加拉国、老挝的一般减让清单分别包括 585、598 和 999 个税目产品，主要包括渔水产品、水果、香料、食品、矿产品、化学制品、塑料及其制品、皮革制品、木材纸制品、纺织制品、钢铁制品、机械产品等。斯里兰卡特殊减让清单包括给予孟加拉国和老挝的 75 个特惠产品。孟加拉国特殊减让清单包括给予老挝的 4 个特惠产品。老挝未提交特殊减让清单。蒙古国一般减让清单包括 366 个税目产品，主要包括渔水产品、蔬菜水果、动植物油、矿产品、化学制品、木材、棉纱、化学纤维、机械产品、运输设备等，平均降税幅度为 24.2%。蒙古国未提交特殊减让清单。

《修正案》对原产地规则的优化主要包括：一是通过新增两个注释，分别对“累积成分”和“直接运输”两个术语进行解释，进一步明确了原产地累积成分的定义和直接运输条款经第三方中转的界定，便于企业更好地利用原产地规则享受相应优惠；二是首次增加了特定产品原产地规则清单，涵盖 155 个 4 位税号产品，在原有单一的“区域增值”标准的基础上，可适用“4 位税目改变”标准，涉及饮料、矿物燃料、有机化学品、塑料及其制品、合成橡胶、钢铁等产品，使《协定》原产地规则的适用更加科学灵活。

新增脚注 9：进一步明确了原产地累积成分的定义

第四条中的“累积成分”，应当按作为投入品的原产材料价值（VOM1）和加工最终产品的参加国所增加的原产材料价值（VOM2）之和计算。

VOM1 指在前一个参加国所使用的原产材料价值，该价值应当按照《海关估价协议》第 1 条至第 8 条，第 15 条及其相应的解释性说明，以所核定的海关价格为基础进行计算。

VOM2 指在加工最终产品的参加国境内获得的原产材料价值，以及在该国作为加工最终产品投入品而使用的价值，包括生产最终产品而付出的直接劳动成本、直接管理费用、运输成本及利润。

不含间接费用是指制造企业各生产单位（分厂、车间）为组织和管理生产所发生的各种费用，包括生产单位管理人员的工资和福利费、办公费、水电费、机物料消耗、劳动保护费、机器设备的折旧费、修理费、低值易耗品摊销等。会计单位通常是先通过“制造费用”科目对这些费用进行归集，在每个会计期间终了，再按一定的标准（比如生产各种产品所耗的工时）将所归集的制造费用分配计入相关产品的生产成本之中。

若 $VOM1 + VOM2 \geqslant FOB \times 60\%$，则该产品应视为加工最终产品参加国的原产产品。

新增脚注 10：进一步明确了直接运输条款经第三方中转的界定

第五条（二）2 中关于“产品未进入贸易或消费领域”的规定，应当解释为：如果该产品是处于非参加国海关监管之下，且未办理任何进口通关手续的，则该产品应当视为从出口参加国直接运抵进口参加国。

所称“进入贸易或消费领域”应当理解为：产品的进口申报已被接受，且产品已由保税区放行，进入中间方的国内市场用于消费，或者随后按另一合同出口。因此，凡是在保税区内处于海关监管下，且除第五条（二）3 所列处理外，未进行任何加工或处理的货物，应当理解为未进入贸易或消费领域。

新增产品特定原产地规则清单

针对清单内的产品。若产品最后生产工序在出口成员国境内完成，如果不能满足特定原产地标准（品目改变），可再适用增值标准——选择性标准。主要涉及饮料、矿物燃料、有机化学品、塑料及其制品、合成橡胶、钢铁等产品。例如品目为 3926 的塑料制品，在亚太贸易协定第二修正案实施后，其原产地的判定将更加灵活方便，也会增加出口产品获得原产资格的可能性，如属于清单内的产品，可以适用特定原产地规则（品目改变），也可以适用增值标准。

第三节　中国—智利自贸区原产地规则研究

一、中国—智利自贸区的建设与发展

2004 年 11 月 18 日，胡锦涛主席与智利总统拉戈斯共同宣布启动中智自贸区谈判。2005 年 11 月 18 日，在韩国釜山 APEC 领导人非正式会议期间，在胡锦涛主席和拉戈斯总统的见证下，双方签署《中智自贸协定》。这是继《中国—东盟全面经济合作框架协议货物贸易协议》之后中国对外签署的第二个自由贸易协定，也是中国与拉美国家的第一个自由贸易安排。2006 年 9 月，吴邦国委员长访智期间，与智利总统巴切莱特共同宣布自 2006 年 10 月 1 日起开始实施《中智自贸协定》，并正式启动服务贸易和投资谈判。

根据《中智自贸协定》，占我国税目总数 97.2%的 7 336 个产品和占智利税目总数 98.1%的 7 750 个产品将于 10 年内分阶段取消关税。其中，我国 4 753 种产品的关税将在协议生效后两年内降为零；智利 5 891 种产品将在 2006 年立即降为零关税。双方立即降为零关税的产品主要包括：化工品、纺织品和服装、农产品、机电产品、车辆及零件等。双方其他产品税目进口关税分别将于《协定》生效后 5 年和 10 年内降为零。双方只保留 3%以下的税目作为例外产品，保持原有关税不变。这意味着在启动关税减让进程 10 年后，双方将有 97%以上税目的进口关税降为零。此外，《协定》还规定，双方可在协商一致的情况下，对某些产品实施加速降税。除货物贸易自由化内容外，《协定》还规定，双方将在经济合作、中小企业、文化、教育、科技、环保、劳动和社会保障、知识产权、投资促进、矿产业和工业等领域加强合作。

中智自贸区服务贸易谈判自 2006 年 9 月启动以来，历时 1 年半，经过 6 轮谈判，双方最终于 2008 年 4 月 13 日在海南三亚签署《中智自贸协定关于服务贸易的补充协定》（即中智自贸区服务贸易协定）。该协定共包括正文 22 项条款和两个附件：商务人员临时入境和双方具体承诺表。根据《协定》，我方的计算机、管理咨询、采矿、环境、体育、空运等 23 个部门和分部门，以及智方的法律、建筑设计、工程、计算机、研发、房地产、广告、管理咨询、采矿、制造业、租赁、分销、教育、环境、旅游、体育、空运等 37 个部门和分部门将在各自 WTO 承诺基础上向对方进一步开放。

二、中国—智利自贸区原产地规则

自 2006 年 10 月 1 日起，原国家质量监督检验检疫总局设在各地的出入境检验检疫机构开始对出口至智利的《中智自贸协定》项下的产品签发中智自贸协定专用出口货物原产地证明书 Form F 代替。

完善原产地规则，维护我国海洋权益

《中智自贸协定》共分 14 章、121 条，主要章节包括：初始条款、一般定义、国民待遇与市场准入、原产地规则、与原产地规则有关的程序、贸易救济、卫生与植物卫生措施、技术性贸易壁垒、透明度、争端解决机制、协定的管理、例外、合作和最终条款。其中涉及原产地规则和程序的有关内容包含在 3 章 30 条款和 6 个附件中，具体如下：

（1）地理标志：第三章“货物的国民待遇和市场准入”第十条“地理标志”。

（2）原产地规则：第四章第十五条至二十九条。

（3）与原产地规则有关的程序。第五章第三十条至四十三条。

（4）附件一进口海关关税消除。

（5）附件二地理标志清单。

（6）附件三产品特定原产地规则。

（7）附件四原产地证书。

（8）附件五智利主管签证的政府机构。

（9）附件六原产地证书签证核查联网系统模式。

《中国—智利自由贸易区原产地规则》是《中智自贸协定》的第四章，从第 15 条到 29 条，共有 15 条。第 15 条是原产货物，规定能享受优惠待遇的产品分为完全获得产品、完全在自贸区内仅用已获得原产资格的材料生产的原产品和含有非原产成分的原产品。第 16 条是对完全获得的原产品的定义。第 17 条规定了区域价值成分（RVC）的计算方法。第 18 条是关于产品特定原产地规则的规定，规定：在确定货物原产地时，附件三所列货物应当适用该附件规定的相应原产地标准。第 19 条对“不得享有货物原产资格的生产工序”作了规定。第 20 条是关于“累积规则”的规定。第 21 条是关于“微小含量”的规定。第 22 条规定了如何确定成套货品的原产资格。第 23 条规定了在确定产品原产资格时，如何考虑附件、备件及工具。第 24 条规定了在确定产品原产资格时，如何考虑零售用包装材料和容器。第 25 条规定了在确定产品原产资格时，如何考虑运输用包装材料和容器。第 26 条是关于“中性成分”的规定。第 27 条是关于“直接运输”的规定。第 28 条是关于展品享受自贸区优惠待遇的规定。第 29 条是“定义”，对文中的术语作了定义。

《中国—智利自由贸易区原产地规则签证操作程序》是《中智自贸协定》的第五章，从第 30 条到 43 条，共有 14 条。第 30 条是关于原产地证书的规定。第 31 条是关于关税或保证金的退还的规定。第 32 条是关于提交原产地证书的例外情况的规定。第 33 条是关于产品原产资格的证明文件的规定。第 34 条规定了与进口相关的义务。第 35 条规定：当交易货物由非缔约方开具发票时，货物原产国的出口商应当在相应原产地证书“备注”栏内注明原产国生产商的下列信息：名称、地址和国家。原产地证书中的收货人必须为中国或智利境内的人。第 36 条对原产地证书及相关文件的保存作了规定。第 37 条是关于合作与互助的规定。第 38 条是关于原产地核查的规定。第 39 条是关于处罚的规定。第 40 条是关于保密的规定。第 41 条是关于产品原产资格预确定的规定。第 42 条是关于与原产地规则相关的其他海关议题的规定。第 43 条是关于运输途中或存储货物的过渡性规定。

中国—智利自贸区原产地规则的要点如下。

（一）原产品的确定

1. 首先应判定产品是否符合完全原产品或完全获得品的条件，如果符合，产品是完全原产品或完全获得品；（第十六条）

2. 如果不符合，应确定对非原产成分所进行的加工是否超出第十九条所定义的不得享有货物原产资格的生产工序的范围，如果未超出，产品不具有原产资格；（第十九条）

3. 如果超出，确定产品是否被列入产品特定原产地标准所涉及产品的清单，如果是，确定其是否符合相应的特定原产地标准，如果符合，产品具有原产资格；（第十八条）

4. 如果产品未列入上述清单，确定原产于我国的成分或我国成分和智利成分总共能否达到产品 FOB 价的 40%，如果达到，产品具有原产资格；（第十七条和第二十条）

5. 如果达不到上述的要求，产品不具有原产地资格。

举例：从我国向智利出口的 A 产品离岸价格为 100 美元，其中使用了来自美国的原材料 B（除 B 材料外未使用原产于其他国家的原材料），B 材料自美国出口至我国的到岸价格为 55 美元，则该货物的区域价值成分为 45%，大于 40%，因此 A 产品可视为原产于我国，可享受自贸区优惠税率。如果 B 材料的到岸价格为 65 美元，则该货物的区域价值成分为 35%，小于 40%，A 产品就不能被视为原产于我国，因而不能享受自贸区优惠税率。

（二）原产品的确定中的注意点

1. 累积原产地规则

原产于一缔约方的货物或材料在另一缔约方境内用于组成另一货物时，则应当视为原产于后一缔约方境内。也就是说，在判定某产品是否原产于我国时，从智利进口的原材料可以视为我国的原材料。

沿上例，如果我国向智利出口的 A 产品离岸价 100 美元，其中来自美国的原材料 55 美元，来自智利的原材料 30 美元，尽管 A 产品的区域价值成分仅为 15%，但原产于自贸区内部的累积区域价值成分达到 45%，超过了 40%的标准，因此 A 产品仍可被视为自贸区的原产品，可以享受自贸区优惠税率。

2. 产品特定原产地标准（Product-Specific Rules）

除适用区域价值成分标准外，非完全获得产品中还有一些特定产品，它们不能按照或不能完全按照 40%的“区域价值成分标准”来判定其原产地。中国—智利自贸区对这些特定产品的原产地规则有着明确而详细的规定，并列于《中智自贸协定》的附件三，包括如下三类：

（1）HS 章改变：HS 第 1～16 章和第 22 章的产品。

（2）HS 品目改变：HS 第 17～19 章的产品。

（3）区域价值成分超过 50%：HS 第 20～95 章的部分产品。沿上例，如果列入了此目录中的产品，区域价值成分 45%，则该产品就不能被视为原产于我国，不能享受自贸区优惠税率。

3. 微小含量

对于不符合附件三产品特定原产地规则规定的税则归类改变标准的货物，如果在未能满足税则归类改变标准要求生产过程中，所使用全部非原产材料价值不超过该货物的 8%，仍视为原产。这条规则被称为“微小含量”，是对税则归类改变标准的放松。

例如进口鱼苗（每条 8 美分），在中国饲养成成鱼，切成鱼片，按 FOB 价计，每条鱼切成的鱼片的 FOB 价为 1 美元，根据中国—智利自贸区原产地规则第十六条的规定，产品不是完全原产品。育苗饲养为成鱼所经过的加工已超出中国—智利自贸区原产地规则第十九条规定的不充分加工的范围，根据中国—智利自贸区原产地规则第十八条及中国—智利自由贸易区产品特定原产地标准中对第三章产品的规定“章改变”，进口鱼苗的品目是 03.01，而鱼片的品目是 03.04，章号未改变，不过，根据第二十一条，由于非原产的鱼苗的价值未超过出口制成品的 FOB 价的 8%，产品符合中国—智利自贸区原产地规则，可被视为自贸区的原产品，可以享受自贸区优惠税率。

4. 包装材料和容器

中国—智利自贸区原产地规则规定，运输期间用于保护货物的包装材料和容器，在确定该货物原产地时，不予考虑。对于零售用包装材料和容器，当必须满足附件三规定税则归类改变标准的要求时，对于货物原产地的确定，如果零售用包装材料和容器与该货物一并归类，其原产地应当不予考虑。当货物必须满足区域价值成分标准的要求时，对于该货物原产地的确定，零售用包装材料和容器的价值则应当予以考虑。

5. 附件、备件及工具

与货物一同报验的附件、备件、工具如与货物一并归类且不单独开具发票并且上述附件、备件或工具的数量及价值在正常范围之内，在确定该货物的原产地时，应不予考虑。

6. 中性成分

在确定产品的原产地时，不予考虑中性成分的原产地。中性成分是指货物生产中使用的物品，该物品既不构成该货物物质成分也不成为该货物组成部件，其范围包括：燃料、能源、催化剂和溶剂；用于测试或检验货物的设备、装置和用品；手套、眼镜、鞋靴、衣服、安全设备和用品；工具、模具和模子；用于维护设备和厂房建筑的备件和材料；在生产中使用的，或者用于运行设备或设施的润滑剂、油（滑）脂、合成材料和其他材料；及在货物生产过程中使用，虽不构成该货物组成成分，但能合理地表明为该货物生产过程中一部分的其他任何货物。

7. 成套货品

根据协调目录归类总规则三定义的成套货品中的全部部件为原产，则该成套货品被视为原产。当该成套货品由原产及非原产产品组成时，但按照区域价值成分确定的非原产产品的价值不超过该成套货品的15%，该成套货品仍应当被视为原产。

例如由钳子（82.03）、活扳手（82.04）、螺丝刀（82.05）、手锯（82.02）和锉刀（82.03）组成的零售包装的套装工具（82.06），整套工具的FOB价是20美元，其中钳子5美元、活扳手5美元、螺丝刀4美元、手锯3美元和锉刀3美元，生产中所用非原产成分的价值分别是：钳子2美元、活扳手1美元、螺丝刀2美元、手锯2美元和锉刀1美元，非原产材料在中国经过的机加工，已超出中国—智利自贸区原产地规则第十九条规定的不充分加工的范围，根据中国—智利自由贸易区原产地规则，对于成套商品，应首先确定各单个商品的原产资格。这些工具中没有完全原产品，也没有被列入产品特定原产地标准清单的，因此，只要其所含区域成分价值达到其FOB价的40%，就具有原产资格。这些工具所含区域成分价值占其FOB价的比例分别是：钳子60%、活扳手80%、螺丝刀50%、手锯33%、锉刀67%。由此可见，手锯不具有原产资格，但由于其价值（3美元）占整套工具FOB价（20美元）的15%，未超过15%，整套工具符合中国—智利自贸区原产地规则，仍应当被视为原产。

（三）原产地证书

1. 原产地证书的申请与签发

享受优惠关税待遇的原产货物，在进口时应当提交规定的原产地证书。原产地证书应当由签证机构应出口商的书面申请签发。原产地证书必须以英文填具并署名，可涵括一项或多项同一批次进口的货物。原产地证书的正本必须向进口方海关提交。

申请原产地证书的出口商应当根据签证机构的规定，提交所有证明有关产品原产资格的相关文件，并必须履行有关规定。相关文件的用途在于证明原产地证书所涵括产品具有原产资格并满足有关要求，可包括但不限于：记录出口商或供应商获得有关货物过程的直接证据，如其账目或内部账册；用于证明所用原料原产资格的文件，但该文件需依照国内法律的规定使用；用于证明原料生产和加工的文件，但该文件需依照国内法律的规定使用；证明所用原料原产资格的原产地证书。签证机构应当有权在货物出口前，采取任何适当的措施审核产品是否具有原产资格以及是否符合有关规定。为此，签证机构应当有权要求提供任何相关证据，审查出口商账目或开展任何其他适当的检查。

原产地证书签证机构根据出口人的申请，并经过出口前检查后，根据《中国—智利自由贸易区原产地规则》在货物出口前或出口后30天内签发原产地证书。

2. 原产地证书的提交

进口商在申请优惠关税待遇时应当：基于有效的原产地证书，在提交法律规定的进口文件中书面申报货物的原产资格；持有并应海关的要求，提交原产地证书的正本；在其有理由确信申报所依据的原产地证书含有不准确信息时，立即更正申报并缴纳应付税款。

如果符合原产地标准的货物在进口到一缔约方境内时无法提供本协定规定的原产地证书，进口方海关可以视情况对该货物征收适用的普通关税或保证金。在这种情况下，进口商可以在货物进口之日起，在关税征收一年内或保证金收取三个月内，申请退还由于该货物未能享受优惠关税待遇而多付的关税或保证金，但需提交：关于货物符合原产资格的进口书面声明；在出口前或出口后30天内签发的原产地证书正本；以及进口方海关要求提供的与货物进口相关的其他文件。

原产地证书应当自出口方签发之日起一年内有效，原产地证书的正本必须在上述期限内向进口方海关提交。中国方面出具的原产地证书正本，在向智利海关提交时，应当不加盖“正本”字样；智利方面出具的原产地证书，在向中国海关提交时，应当仅有一份加盖“正本”字样。

3. 原产地核查

进口方海关应当在怀疑原产地证书的真实性、产品原产资格或是否满足本章其他要求时，核查其原产地。进口方海关应当将原产地证书复印件送交出口方签证机构，并说明核查理由。所有用于确定原产地证书内容不实的文件及信息，也应当作为核查请求的证明材料一并送交。

原产地核查应当由出口方签证机构承担。因此，该机构有权要求出口商提供任何证据，并对其账目进行审查或其他适当的检查。核查结果应当尽快告知提出核查请求的海关。该结果必须确认文件是否真实，相关产品是否可以视为原产产品并满足本章的其他要求，包括对事实的裁定，以及做出判定的法律依据。

如果自核查请求提出之日起六个月内没有收到答复或答复结果未包含足够的信息以确定有关文件真实性或产品的真实原产地，提出核查请求的海关应当拒绝给予优惠关税待遇。

经进口方海关认定，同一进口商进口的相同货物不止一次使用不真实的原产地证书或该货物原产资格缺乏充分证据，该海关可以暂缓给予优惠关税待遇，直至本协定规定得以遵守为止。

4. 记录保存要求

申请签发原产地证书的出口商应当对与原产地有关的文件至少保存三年。出口方签发原产地证书的签证机构应当对原产地证书副本至少保存三年。

5. 特殊情况

特别需要指出的是，与以往的原产地证书不同，中智自贸区原产地证书（FORM F）要求在已知的情况下填写生产商详细的法定名称、地址（包括国家）。如果证书包含一个以上生产商的商品，应该列出其他生产商的详细名称、地址（包括国家）。如果出口商或生产商希望对信息予以保密，可以填写“应要求提供给政府主管机构（Available to competent governmental authority upon request）”。如果生产商和出口商相同，应填写“相同（SAME）”。如果不知道生产商，可填写“不知道（UNKNOWN）”。

但当交易货物由非缔约方开具发票时，货物原产国的出口商应当在相应原产地证书“备注”栏内注明原产国生产商的下列信息：名称、地址和国家。原产地证书中的收货人必须为中国或智利境内的人。

6. 展览品

对于在中国或智利以外的国家展览并于展览后售往中国或智利的原产产品，于进口时应当准予本协定规定的优惠关税待遇，但需满足进口方海关认可的如下条件：

（1）出口商已将该产品从中国或智利发运至实际举办展览会的非缔约方；

（2）出口商已将该产品出售或用其他方式处理给在中国或智利的人；

（3）该产品已于展览期间发运或展览结束后以送展时的状态立即发运；

（4）该产品送展后，仅用于展览会展示，未移作他用；以及

（5）该产品在展览期间处于海关监管之下。

在适用上述规定时，原产地证书应当根据有关规定予以签发，并应当向进口方海关提交，同时须在该证书上注明展览的名称及地点。如有必要，可以要求提供与展览相关的其他证明文件。

该规定适用于任何贸易、工业、农业或手工业展览、交易会以及类似公共展出或展示，在商店或商业场所以私售外国产品为目的的活动不在适用范围之内。

（四）直接运输

中智自贸协定规定的优惠关税待遇应当适用于满足原产地规则要求并在缔约双方之间直接运输的货物。

当原产货物经非缔约方转运时，不论是否换装运输工具，该货物进入非缔约方停留

时间最长不超过 3 个月。为了确保货物享受优惠关税待遇，除装卸、重新装运、打包、包装、重新包装或任何其他为了使货物保持良好状态或运输货物所必需的操作外，货物不得在非缔约方进行任何加工及生产处理。上述情况，应当向进口方海关提交非缔约方海关文件或任何能满足进口方海关要求的其他文件加以证明。

经中国香港、澳门转口至巴基斯坦的货物，无联运提单的，在获得原产地证书签证机构签发的中国—智利自由贸易区优惠原产地证明书后，申请人需持上述证书及有关单证，向香港、澳门中国检验有限公司申请办理“未再加工证明”。

三、中国—智利自贸区原产地规则升级

2017 年 11 月 11 日，在国家主席习近平和智利总统米歇尔·巴切莱特的共同见证下，中国商务部部长钟山与智利外交部部长埃拉尔多·穆尼奥斯分别代表两国政府，在越南岘港正式签署中国—智利自贸区升级谈判成果文件——《中华人民共和国政府与智利共和国政府关于修订〈自由贸易协定〉及〈自由贸易协定关于服务贸易的补充协定〉的议定书》（以下简称《议定书》）。

2016 年 11 月，正式启动自贸区升级谈判，以进一步提升双边贸易投资自由化便利化水平。经过 3 轮谈判，双方在不到一年的时间内就《议定书》内容全面达成一致。《议定书》近 150 页，对原自贸协定和服务贸易补充协定进行了修订和升级，内容丰富，领域广泛。《议定书》由序言和 9 个章节组成，除对原有协定的货物贸易市场准入、服务贸易、原产地规则和经济技术合作 4 个领域进行升级外，还新增了海关程序和贸易便利化、电子商务、竞争、环境与贸易 4 个章节的内容。此外，《议定书》还包括最终条款章节以及货物贸易关税减让表、特定产品原产地规则、原产地证书和服务贸易具体承诺表共 4 个附件。

双方在原有自贸协定基础上，根据各自最新的原产地管理实践和进展，对原产地规则进行了优化并完善相关实施程序，形成了新的原产地规则章节。

（一）增加签证机构的范围

中国企业除通过海关以外，还可以通过中国贸促会及其地方分会申领中智原产地证书；进一步规范、简化原有文本中关于“原产货物”“成套货品”“包装材料和容器”等条款的表述；“微小含量”百分比标准从 8%调整提高至 10%，使相关货物更容易获得原产地资格。

（二）引入电子原产地证书

由于中国—智利自贸协定签署时间较早，现行证书规定的部分内容已经不适应当前

双边贸易发展。在此轮升级谈判中，调整了原产地证书的格式，并在我国各自贸协定中首次引入通关环节中尽量接受电子或纸质副本的要求；同意签证机构签发“电子原产地证书”，企业申领的原产地电子证书在办理通关手续中具有同等效力，更方便企业传输、使用和保存；双方同意适度允许证书“微小差错”，即在实际通关中不因证书上的拼写、打印、传输等错误而拒绝接受原产地证书，对于原产地证书遗失、损毁等情况，企业可向原签发机构申请补发，补发证书与原证书有效期相同；双方同意对于单批次低于价值1 000美元的原产货物，可以免于提交原产地证书，为企业节省通关成本。上述调整进一步便利进出口企业申领、补领及使用原产地证书。

（三）简化直接运输规则

由于地理位置偏远，货物运输距离长，大部分自智利出口至亚洲国家的货物须先运输至巴拿马或墨西哥等地的物流枢纽中心，再分拨转运至各货物进口国。根据原产地规则的“直接运输规则”，原产自中国或者智利的货物，如经第三方国家中转，企业须向进口国海关提交中转地海关出具的中转证明文件。而该文件办理时间往往较长，办理手续也比较复杂，部分中转地海关甚至无法出具或提供相关中转证明文件，这无形中增加了企业进出口享惠的难度。在升级谈判中，双方同意进一步简化“直接运输规则”，对于空运或者海运进口的货物，可以只提交物流公司出具的单份全程运输单证即可享受关税优惠待遇，企业可节省办理中转证明文件的步骤，大大便利有关企业利用协定的优惠政策。

（四）建立原产地证书交换系统，增加原产地核查形式

双方同意建立原产地电子信息交换系统，双方签证机构签发的原产地电子数据可通过该系统实施传输，通过电子联网手段降低原产地伪造和瞒骗风险。

对于原产地核查，进一步规范细化了原产地核查程序要求，包括核查请求的时间、地点、原因、核查期限等，并同意从案件审理的实际出发，增加包括电子邮件在内的多种形式作为原产地核查的方式，提高核查效率，节省行政事务周期。双方还同意建立《协定》项下的原产地分委会，解决双方企业通关受阻事宜。中国原产货物在智利通关受阻可向海关反映，海关将积极协助企业解决。

此外，双方还调整了“保证金退还”“证书修改”“第三方发票”“拒绝给惠情况”等条款规定，以便利合法贸易，保障货物流动畅通，共同提高便利化水平，使《协定》顺应世界经济的发展。

第四节　中国—巴基斯坦自贸区原产地规则研究

一、中国—巴基斯坦自贸区的建设与发展

巴基斯坦是我国“全天候、全方位”友好邻邦和重要的贸易伙伴。建立中国—巴基斯坦自由贸易区，是我国自由贸易区建设的重要一环。近年来，在双方的共同努力下，中国—巴基斯坦自贸区建设经历了一个不断推进和全面深化的发展历程，双边贸易、投资和经济技术合作发展迅速，为巩固发展两国全天候友谊、进一步夯实中巴战略合作伙伴关系、加快推进亚洲经济一体化进程奠定了坚实的基础。

巴基斯坦人口 1.6 亿，面积 79.6 万平方公里。巴基斯坦和我国在经济、产业、进出口商品结构上具有较强的互补性，近年来双边经济贸易发展较快。从 2003 年两国签署《中巴优惠贸易安排》以来，中国—巴基斯坦自贸区建设由浅入深，涉及领域从单纯的货物贸易逐步拓展到服务贸易、双向投资以及其他经济技术合作，共经历了 4 个发展阶段：

第一阶段：2003 年 11 月 3 日，两国在北京签署《中巴优惠贸易安排》，并于 2004 年 1 月 1 日起实施。根据该安排，我国对巴基斯坦 893 个 8 位税目的商品实行我国在《曼谷协定》承诺的优惠税率，整体优惠幅度为 18.5%。巴基斯坦对我国出口商品参照印度在《曼谷协定》的承诺实行优惠关税待遇，整体优惠幅度为 31.7%。《中巴优惠贸易安排》于 2004 年 1 月 1 日开始实施，海关总署以 2003 年第 74 号公告公布了《中巴优惠贸易安排》项下进口货物适用的税率和原产地确定适用的规则，国家质量监督检验检疫总局设在各地的出入境检验检疫机构自 2004 年 1 月 1 日起开始签发《中巴优惠贸易安排》项下出口货物的原产地证书，以使我国出口到巴基斯坦的《中巴优惠贸易安排》项下产品能够享受巴基斯坦给予的关税优惠待遇。2004 年 10 月 18 日，两国启动自贸区联合可行性研究。

第二阶段：2005 年 4 月 5 日，在温家宝总理访巴期间，双方宣布结束自贸区联合可行性研究，正式启动自贸区谈判，并签署《中国—巴基斯坦关于自由贸易协定早期收获计划的协议》。根据该协议，两国从 2006 年 1 月 1 日起，分阶段对涉及 3 000 多个 8 位税目的两类产品在两年内实行零关税：第一类为共同降税产品，包括部分蔬菜、水果和石料等；第二类为单方降税产品，中方以纺织品为主，巴方以机电产品和有机化工品为主。

第三阶段：2006 年 11 月 24 日，在胡锦涛主席访巴期间，两国签署了《中国—巴基斯坦自由贸易协定》，并宣布启动自贸区服务贸易谈判。《协定》包括货物贸易、投资等内容，并于 2007 年 7 月 1 日起实施。《协定》共分 12 章，83 条，包括：初始条款、一般定义、货物的国民待遇与市场准入、原产地规则、贸易救济、卫生与植物卫生措施、

技术性贸易壁垒、透明度、投资、争端解决、管理和最终条款。在原产地规则方面，《协定》规定：双方将以完全获得和40%区域价值成分（即增值百分比）作为原产地判定的基本标准。双方将根据需要对一些商品制定特定产品原产地标准。

第四阶段：2008年12月2–3日，中国—巴基斯坦自贸区服务贸易第五轮谈判在北京举行。双方就建筑、电信、金融、中医、旅游、环保、商业服务等主要服务部门的开放承诺表和服务贸易协议文本达成一致，圆满结束谈判。双方商定，在各自完成国内批准程序后，将择机签署协定。

《中国—巴基斯坦自由贸易协定》是继《中国—东盟全面经济合作框架协议货物贸易协议》和《中国—智利自贸协定》之后，我国对外签署和实施的第3个自贸协定。协定实施后，两国通过逐步削减关税和非关税壁垒，在当前国际金融市场急剧动荡、全球经济增长明显放缓的背景下，双边贸易仍然保持了良好的增长势头，并带动了相关产业的发展，为两国企业带来了更多的商机，为广大消费者带来了更多的实惠。

二、中国—巴基斯坦自贸区原产地规则与企业对策

自2004年1月1日起，国家质量监督检验检疫总局设在各地的出入境检验检疫机构开始对出口至巴基斯坦的《中巴优惠贸易安排》项下的特定产品签发《中巴优惠贸易安排》出口货物原产地证明书，当时以普惠制原产地证书（FORM A）代替。2006年1月1日起，随着《中巴自贸协定早期收获协议》的实施，原产地规则也开始执行统一的中巴自贸区原产地规则，并开始签发统一格式的中巴自贸区专用优惠原产地证书。

《中国—巴基斯坦自由贸易区原产地规则》有13条规则。规则1是定义，对文中的术语作了定义。规则2是原产地标准，规定能享受优惠待遇的产品分为完全获得产品和非完全获得的原产品。规则3是对完全获得的原产品的定义。规则4是对非完全获得的原产品中的大多数普通产品规定的百分比标准，即，非原产成分不超过产品离岸价的60%，并对某些术语作了定义。规则5是关于原产地累积的规定。规则6是特定产品的原产地标准。规则7是微小操作和加工，规定了不能赋予产品原产资格的加工种类。规则8是关于直接运输的规定。规则9是关于如何确定包装材料原产资格的规定。规则10是关于如何对待随主要产品一起出口的附件、备件和工具的规定。规则11是关于在确定产品产地时如何考虑用于产品生产但未成为制成品的组成部分的材料的规定。规则12是关于产地证书的规定。规则13是关于审议和修改的规定。

《中国—巴基斯坦自由贸易区原产地规则签证操作程序》有22条规则。规则1～3是关于签证机构的规定。规则4、5是关于申请的规定。规则6是关于出口前核查的规定。规则7～11是关于签发原产地证书的规定。规则12～17是关于提交证书的规定。规则18～20是关于特殊情况的规定。规则21是关于打击欺诈行为的规定，规则22是关于解

决争端的规定。

（一）原产品的确定

1. 首先应判定产品是否符合完全原产品或完全获得品的条件，如果符合，产品是完全原产品或完全获得品；（规则三）

2. 如果不符合，应确定对非原产成分所进行的加工是否超出规则三所定义的不充分加工的范围，如果未超出，产品不具有原产资格；（规则七）

3. 如果超出，确定产品是否被列入产品特定原产地标准所涉及产品的清单，如果是，确定其是否符合相应的特定原产地标准，如果符合，产品具有原产资格；（规则六）（暂时无）

4. 如果产品未列入上述清单，确定原产于我国的成分或我国成分和巴基斯坦的成分总共能否达到产品 FOB 价的 40%，如果达到，产品具有原产资格；（规则四、五）

5. 如果达不到上述要求，产品不具有原产地资格。

举例：从我国向巴基斯坦出口的 A 产品离岸价格为 100 美元，其中使用了来自美国的原材料 B（除 B 材料外未使用原产于其他国家的原材料），B 材料自美国出口至我国的到岸价格为 55 美元，则我国成分占产品离岸价的百分比大于 40%，因此 A 产品可视为原产于我国，可享受自贸区优惠税率。如果 B 材料的到岸价格为 65 美元，则我国成分占产品离岸价的百分比为 35%，小于 40%，A 产品就不能被视为原产于我国，因而不能享受自贸区优惠税率。

（二）原产品的确定中的注意点

1. 累积原产地规则

符合中巴自贸区原产地要求的产品在一成员方境内被用于生产享受《协议》优惠待遇的制成品的原材料，如果该最终产品的中国—巴基斯坦累积成分不低于 40%，则该产品应被视为原产于制造或加工该制成品的成员方境内。也就是说，在判定某产品是否原产于我国时，从巴基斯坦进口的原材料如果符合中巴自贸区原产地规则，则该原材料可以视为我国的原材料。

沿上例，如果我国向巴基斯坦出口的 A 产品离岸价 100 美元，其中来自美国的原材料 55 美元，来自巴基斯坦的原材料 30 美元，考虑到原产于自贸区内部的累积成分达到 45%，超过了 40%的标准，因此 A 产品可被视为自贸区的原产品，可以享受自贸区优惠税率。

2. 产品特定原产地标准

产品特定原产地标准是指规定材料已经过税号归类改变，特定制造或加工工序，或满足某一从价百分比标准，或者混合使用任何这些标准的规则。在一成员方经过充分加工的货物应视为该成员方的原产货物。符合产品特定原产地标准的货物，应被视为在一成员方经过了充分的加工。目前中巴双方还没有制定产品特定原产地标准。

3. 间接材料

在确定货物的原产地时，不考虑间接材料的原产地，对在制造过程中未留在货物里或未构成货物一部分的材料的原产地也不予考虑。这里“间接材料”是指用于某一货物的生产、测试和检验，但没有实际性地组成到这一货物中的物品，或者是用于与某一货物的生产有关的厂房维护或设备操作的物品，包括：燃料与能源；工具、模具及铸模；用于设备及厂房维护的零件和材料；用于生产或设备操作和厂房的润滑剂、润滑油、混合材料及其他材料；手套、眼镜、鞋、衣服、安全装置及用品；用于货物的测试或检验的设备、装置和用品；催化剂和溶剂；及其他任何可被证明用于货物的生产但未构成货物组成部分的货物。

4. 包装材料和容器

一成员方如对货物及其包装分别计征关税，就应对从另一成员方进口的货物及其包装分别确定原产地。如果包装与货物视为一个整体，运输或贮藏所需的包装在确定货物原产地时应与货物一并考虑，而不应将其视为从中国—巴基斯坦自由贸易区外进口。

5. 附件、备件及工具

如进口成员方将与货物一同报验的附件、备件、工具及指导性或其他介绍说明性材料同货物一并归类和征收关税，在确定该货物的原产地时，这些附件、备件及工具等应忽略不计。

（三）原产地证书

1. 原产地证书的申请与签发

符合享受优惠待遇条件的货物，其出口人应以书面形式向政府机构提出货物出口前原产地预调查的申请。对调查结果应定期或适时地进行复查，并将此结果作为核定该待出口货物原产地的相关证明文件。上述预调查程序不适用于通过自然属性容易被确定原产地的货物。出口人或其代理人在办理享受优惠待遇货物出口手续时，应提交原产地证书的书面申请，并随附相关证明文件，证明待出口货物符合原产地证书签发要求。

原产地证书签证机构根据出口人的申请，并经过出口前检查后，根据《中国—巴基斯坦自由贸易区原产地规则》在货物出口前、出口时或出口后 15 天内签发原产地证书。原产地证书不得涂改及叠印。任何更正必须先将错误项目划去，然后再做必要的增改。所做更正应经原签证人认可，并由相关政府机构核准。所有未填空白之处应予划去，以防事后添加。

在特殊情况下，如由于非主观故意的差错、疏忽或其他合理原因没有在货物出口前、出口时或出口后立即签发原产地证书，原产地证书可以在货物装运之日起一年内补发，但要注明“补发”（ISSUED RETROACTIVELY）字样。

如原产地证书被盗、遗失或损毁，出口人可以向原政府签证机构书面申请签发原证正本及第二副本的经证实的真实复制本，复制本可依据签证机构存档的有关出口文件签发，并在第 13 栏中注明“经证实的真实复制本”（CERTIFIED TRUE COPY）。该复制本应注明原证正本的签发日期。原产地证书的经证实的真实复制本应在出口人向原签证机构提供了原证第二副本的情况下，并在其正本签发之日起一年之内方可补发。

2. 原产地证书的提交

进口人应在向进口成员方的海关申报货物进口时，主动向海关申明要求享受优惠待遇，并在有关货物进境报关时向海关提交原产地证书的正本。原产地证书应按下列期限提交：原产地证书应在出口成员方政府机构签证之日起 6 个月之内向进口成员方的海关提交；如货物按照《中国—巴基斯坦自由贸易区原产地规则》中的规则八（二）的规定经过一个或多个非成员方境内，原产地证书提交期限延长至 8 个月；如因不可抗力或其他出口发货人无法控制的合理原因致使不能遵守提交期限，进口成员方的海关当局仍应接受已经超出期限提交的原产地证书；以及在任何情况下，如果货物在原产地证书的有效期内已经进口，进口成员方的海关当局可接受该原产地证书。如果发现原产地证书内容与为办理货物进口手续而提交给进口成员方海关的单证内容略有不符，只要原产地证书内容与所呈验的货物相符，原产地证书仍应有效。

3. 原产地核查

进口成员方可以要求进行后续随机抽查，也可在有理由怀疑有关单据的真实性或货物真实原产地的准确性时，要求进行后续核查。核查请求应随附相关原产地证书，并阐明原因及其他详细情况，列出该原产地证书中可能存在问题的内容，但后续随机抽查的请求不受此限。

在等待核查结果期间，进口成员方海关可以暂缓执行优惠待遇的规定。如果该货物不属于被禁止或限制进口之列，又没有发现有瞒骗嫌疑，海关可以在履行必要的管理手续后将货物放行给进口人。

收到后续核查请求的政府签证机构应及时作出回应，并在收到请求后 6 个月之内作出答复。

4. 记录保存要求

原产地证书的申请书及其所有相关文件应由签证机构自签发之日起至少保留 2 年。应进口成员方的请求，应提供与原产地证书正确性有关的资料。有关成员国之间交流的任何资料应予以保密，只能用于原产地证书的核查。

5. 特殊情况

如果出口到某成员国指定口岸的全部或者部分货物的目的地发生变化，在货物到达该成员国之前或之后，应按下列规则办理：如果产品已经向指定进口成员国的海关当局报验，进口商应向该海关提出书面申请，由海关当局将全部或者部分产品改变目的地的情况在原产地证书上签注认可，然后将证书正本交还进口商。如果在运往原产地证书所指定的进口成员国途中目的地改变，出口商应提出书面申请，并随附已签发的原产地证书，要求对全部或部分产品重新发证。

6. 展览品

由出口成员方运至另一成员方展览，并在展览期间或展览后销售给一成员方的展品，如该展品符合《中国—巴基斯坦自由贸易区原产地规则》的规定，应享受中国—巴基斯坦自由贸易区优惠关税待遇，但应满足进口成员方相关政府机构的下列要求：出口人已将展品从出口成员方境内运送到展览会举办国并已在该国展出；出口人已将货物卖给或转让给进口成员方的收货人；以及该展品已经以送展时的状态在展览期间或展览后立即运到进口成员方。

为实施以上规定，必须向进口成员方的有关政府机构提交原产地证书。还必须注明展览会名称及地址，提供展览举办地成员方有关政府机构签发的证明书以及有关运输的证明文件。

该规定适用于任何以出售外国产品为目的的商贸、农业或手工业展览会、交易会或在商店或商业场所举办的类似展览或展示。展览期展品应处于海关的监管之下。

（四）直接运输

下列情况应视为从出口国关境直接运输至进口国关境：（a）产品未经任何非参加国关境运输；（b）产品运输虽经过一个或多个非参加国，不论是否在这些国家转换运输工具或作临时储存，如果：可证明过境运输是由于地理原因或仅出于对运输需要的考虑；货物在过境地未进行交易或消费；或除装卸或其他为使货物保持良好状态的处理外，货物在这些国家未经任何其他操作。

但是，对于经过非成员国境内运输的货物，除了需要向进口成员国海关提交出口成员国签证机构签发的原产地证书之外，还需要提交：在出口成员国签发的联运提单；货物的原始商业发票；以及符合上述第（b）条所规定条件的证明文件。

经中国香港、澳门转口至巴基斯坦的货物，无联运提单的，在获得原产地证书签证机构签发的中国—巴基斯坦自由贸易区优惠原产地证明书后，申请人需持上述证书及有关单证，向香港、澳门中国检验有限公司申请办理“未再加工证明”。

第五节　中国—新加坡自贸区原产地规则研究

一、中国—新加坡自贸区的建设与发展

2008 年 10 月 23 日，在中国温家宝总理和新加坡李显龙总理见证下，中国商务部部长陈德铭与新加坡贸工部部长林勋强代表各自政府在北京人民大会堂签署了《中华人民共和国政府和新加坡共和国政府自由贸易协定》(以下简称《协定》)。同时，双方还签署了《中华人民共和国政府和新加坡共和国政府关于双边劳务合作的谅解备忘录》。

中国—新加坡自由贸易区谈判启动于 2006 年 8 月，经过 8 轮艰苦而坦诚的磋商，双方于 2008 年 9 月圆满结束谈判。《协定》涵盖了货物贸易、服务贸易、人员流动、海关程序等诸多领域，是一份内容全面的自由贸易协定。双方在中国—东盟自贸区的基础上，进一步加快了贸易自由化进程，拓展了双边自由贸易关系与经贸合作的深度与广度。

中国是新加坡第二大贸易伙伴。新加坡是中国第八大贸易伙伴，第七大外资来源国，第二大劳务市场。两国将在中国—东盟自贸区《货物贸易协议》的基础上，加快货物贸易自由化进程。根据《协定》规定，新加坡从 2009 年 1 月 1 日起，取消所有自中国进口产品的关税；中国在 2012 年 1 月 1 日前取消了 97.1%自新进口产品的关税，其中 87.5%的产品从《协定》生效时起即实现零关税。双方还在医疗、教育、会计等服务贸易领域做出了高于 WTO 的承诺。

《协定》的签署是中新（加坡）双边关系发展历程中新的里程碑，将进一步全面推进中新（加坡）双边经贸关系的发展，也将对东亚经济一体化进程产生积极影响。同时，在全球共同应对金融动荡的时刻，《协定》的签署有利于维护两国经济与贸易的稳定和增长，为维持世界经济稳定和促进贸易自由化作出积极贡献。

二、中国—新加坡自贸区原产地规则

自 2009 年 1 月 1 日起，原国家质量监督检验检疫总局设在各地的出入境检验检疫机构开始对出口至新加坡的《中新自贸协定》项下的产品签发中新自贸协定专用出口货物原产地证明书。

《中国—新加坡自由贸易区原产地规则》是《中华人民共和国政府和新加坡共和国政府自由贸易协定》的第四章，从第 10 条到 22 条，共有 13 条。第 10 条是“定义”，对《协定》中的术语作了定义。第 11 条是原产地标准，规定能享受优惠待遇的产品分为完全获得或生产的产品和符合区域价值成分、累积规则或特定产品规则规定，不是在出口缔约方境内完全获得或生产的产品。第 12 条是对完全获得的原产品的定义。第 13 条规定了

区域价值成分（RVC）的计算方法。第 14 条是关于“累积规则”的规定。第 15 条是关于产品特定原产地规则的规定，规定：符合附件二（产品特定原产地规则）所列产品特定规则的产品，应当视为在一方经过实质性改变的货物。第 16 条是关于“微小含量”的规定。第 17 条对“微小加工或处理”作了规定。第 18 条是关于“直接运输”的规定。第 19 条规定了在确定产品原产资格时，如何考虑包装。第 20 条规定了在确定产品原产资格时，如何考虑附件、备件及工具。第 21 条规定了如何考虑可互换材料。第 22 条是关于“中性成分”的规定。

《中国—新加坡自由贸易区原产地规则操作程序》是《中华人民共和国政府和新加坡共和国政府自由贸易协定》的第五章。第 27 条是关于原产地证书的规定。第 28 条是申明获得优惠待遇的规定，包括关于关税或保证金的退还的规定。第 29 条是关于原产地核查的规定。第 30 条是关于提交原产地证书的例外情况的规定。第 31 条是关于原产地证书及其他文件记录的保存要求规定。第 33 条是关于处罚的规定。第 35 条是关于保密的规定。第 36 条规定：由驻在非缔约方的公司或者在出口缔约方为该公司代销的出口商开具发票的，只要产品符合第四章（原产地规则）的要求，进口缔约方对原产地证书应当予以接受。第 32 条是关于产品原产资格预裁定的规定。

具体的原产地规则及签证操作程序参见附录 14。这里主要介绍其应用中的要点。

（一）原产品的确定

1. 首先应判定产品是否符合完全原产品或完全获得品的条件，如果符合，产品是完全原产品或完全获得品；（第十二条）

2. 如果不符合，应确定对非原产成分所进行的加工是否超出第十七条所定义的“微小加工”范围，如果未超出，产品不具有原产资格；（第十七条）

3. 如果超出，确定产品是否被列入产品特定原产地标准所涉及产品的清单，如果是，确定其是否符合相应的特定原产地标准，如果符合，产品具有原产资格；（第十五条）

4. 如果产品未列入上述清单，确定原产于中国的成分或中国成分和新加坡成分总共能否达到产品 FOB 价的 40%，如果达到，产品具有原产资格；（第十七条和第二十条）

5. 如果达不到上述的要求，产品不具有原产地资格。

举例：中国向新加坡出口的 A 产品离岸价格为 100 美元，其中使用了来自美国的原材料 B（除 B 材料外未使用原产于其他国家的原材料），B 材料自美国出口至中国的到岸价格为 55 美元，则该货物的区域价值成分为 45%，大于 40%，因此 A 产品可视为原产于我国，可享受自贸区优惠税率。如果 B 材料的到岸价格为 65 美元，则该货物的区域价值成分为 35%，小于 40%，A 产品就不能被视为原产于我国，因而不能享受自贸区优惠税率。

（二）原产品确定中的注意点

1. 原产地累积规则

如一方的原产货物或材料在另一方境内构成另一货物一部分，则所构成的货物或材料应当视为原产于后一方境内。

沿上例，如果中国向新加坡出口的A产品离岸价100美元，其中来自美国的原材料55美元，来自新加坡的原材料30美元，尽管A产品的区域价值成分仅为15%，但原产于自贸区内部的累积区域价值成分达到45%，超过了40%的标准，因此A产品仍可被视为自贸区的原产品，可以享受自贸区优惠税率。

2. 微小含量

根据附件二（产品特定原产地规则）的规定，一项货物虽未满足税则归类改变要求，但仍应视为原产货物，只要：（1）在该产品生产过程中使用的、未满足附件二（产品特定原产地规则）所列的税则归类改变或任何其他条件的所有非原产材料的价值，不超过该产品离岸价格（FOB）的10%；（2）并且该产品满足其他有关要求。

但是，在计算该产品所适用的任何价值成分的非原产材料价值时，应当把上述非原产材料的价值包括在内。

3. 微小加工或处理

下列操作本身不应视为赋予产品原产资格的充分加工或处理：（1）为确保货物在运输或贮藏过程中完好无损而进行的保藏处理；（2）包装的拆解和组装；（3）洗涤、清洁、除尘、除去氧化物、除油、除漆或去除其他涂层；（4）纺织品的熨烫或压平；（5）简单的上漆及磨光处理；（6）谷物及大米的去壳、部分或完全漂白、抛光及上光；（7）食糖上色或加工成糖块的工序；（8）水果、坚果及蔬菜的去皮、去核及去壳；（9）削尖、简单研磨或简单切割；（10）过滤、筛选、挑选、分类、分级、匹配（包括成套物品的组合）；（11）简单的装瓶、装罐、装袋、装箱、装盒、固定于纸板或木板及其他任何简单的包装处理；（12）在产品或其包装上粘贴或印刷标志、标签、标识及其他类似的用于区别的标记；（13）对产品（无论是否为不同种类）进行简单混合；（14）简单地把物品零部件组装成完整品或将产品拆解成零部件；（15）仅为方便港口装卸所进行的处理；（16）第一至十五项中的两项以上处理的组合；（17）以及动物屠宰。

其中简单通常是指既不需要专门的技能也不需要专门生产或装配的机械、仪器或设备的行为；简单混合通常是指既不需要专门的技能也不需要专门生产或装配的机械、仪器或设备的行为。但是，简单混合不包括化学反应。

4. 包装材料和容器

一方对产品及其包装分别计征关税时，也可针对从另一方进口的产品，单独确定该包装的原产地。在上述不适用的情况下，应当把包装与产品视为一个整体。在确定产品原产地时，应当把运输或贮藏所需的包装与产品一并考虑，而不应将其视为从非缔约方进口。

5. 附件、备件及工具

与货物一同报验的附件、备件、工具及指导性或其他介绍说明性材料，如进口缔约方将其与货物一并归类和征收关税，在确定该货物的原产地时，应当忽略不计。

6. 可互换材料

在确定货物是否为原产货物时，任何可互换材料应当通过下列方法加以区分：货物的物理分离；或者出口缔约方公认会计原则承认的库存管理方法。

7. 中性成分

除另有规定的以外，在确定货物的原产地时，不应考虑在产品制造过程中使用的动力及燃料、厂房及设备、机器及工具的原产地，以及未留在货物或未构成货物一部分的材料的原产地。

（三）原产地证书

1. 原产地证书的申请与签发

当出口货物可视为原产于一方时，原产地证书应当在货物出口前或出口时签发。出口人或生产商应当提交签发原产地证书的书面申请，并随附相关证明文件，以证明出口货物符合原产地证书的签发要求。

原产地证书应当用英文填制并正确署名和盖章，可涵括同一批货物的一项或多项商品。一份原产地证书适用于进入一方境内的一批进口货物，原产地证书应当自签发之日起 12 个月内有效。

由于非主观故意的差错、疏忽或其他合理原因，没有在货物出口时签发原产地证书的，原产地证书可以在货物装运之日起 1 年内补发，并注明“补发”字样。

原产地证书被盗、遗失或损毁时，如果出口商或生产商确信此前签发的原产地证书正本未被使用，则出口商或生产商可以在原证书的有效期内，向出口缔约方授权机构书面申请签发经核准的原产地证书副本。经核准的原产地证书副本上，应当注明“原产地证书正本（编号　　日期　　）经核准的真实副本”字样。

2. 申明获得优惠待遇

申明享受优惠关税待遇的进口商应根据其法律、法规，在进口前或进口时对货物的原产资格进行书面申报；并应持有原产地证书；应进口方海关要求，提供原产地证书正本及与进口货物相关的其他文件；并且当进口商有理由相信作为申报依据的原产地证书上含有不准确的信息时，应当立即更正申报并补缴所欠税款。如果进口商不遵守有关规定，一方可以拒绝给予进口货物本协定项下的优惠关税待遇。

只要货物原产地不存在疑问，当发现原产地证书内容与为办理产品进口手续而向进口缔约方海关报验的单证有微小差异时，只要原产地证书与所报验的货物相符，原产地证书仍应有效；以及当多项货物按同一份原产地证书进行申报时，如果发现其中一项货物有问题，不应影响或延误该原产地证书中所列的其他货物享受优惠关税待遇和通关。

进口时不能提供原产地证书的，应进口商请求，进口缔约方海关可以对货物征收非优惠关税或征收与收取与税收等额的保证金。在此情况下，只要满足货物原产地不存在疑问，且原产地证书与所报验的货物相符的规定，进口商可自货物进口之日起 1 年内要求退还多征收税款或已收取的保证金。

3. 原产地核查

原产地证书是自出口缔约方进口的货物享受优惠关税待遇的基础。必要时，进口缔约方可以通过以下方式进行核查：书面要求进口商提供补充信息；书面要求出口缔约方境内的出口商或生产商提供补充信息；要求出口缔约方主管机构对货物原产地进行核查；或者双方共同商定的其他程序。

只有在有理由怀疑原产地文件、有关货物的原产地资格，且所涉关税金额值得提出核查要求的情况下，方可启动核查程序。向出口缔约方主管机构提出的核查请求应当说明原因，并将已获得的证明核查活动合理性的任何文件及信息，提供给被请求方的主管机构。

出口缔约方的主管机构在其国内法律和惯例允许的范围内，应当在任何核查行动中全力予以配合。进行核查的一方应当通过其主管机构，将核查结果通知另一方。

4. 记录保存要求

申请签发原产地证书的出口商应当对与原产地有关的文件至少保存三年。出口方签发原产地证书的签证机构应当对原产地证书副本至少保存三年。所保存的记录根据各方国内法律及惯例，可以包括电子记录。

5. 第三方发票

由驻在非缔约方的公司或者在出口缔约方为该公司代销的出口商开具发票的，只要产品符合原产地规则的要求，进口缔约方对原产地证书应当予以接受。

（四）直接运输

协定中规定的优惠关税待遇，应当适用于满足原产地规则的要求，并在双方之间直接运输的货物。下列情况应当视为从出口缔约方向进口缔约方直接运输：货物运输未经非缔约方境内；或者货物运输途中经过一个或多个非缔约方境内，不论是否在这些非缔约方转换运输工具或临时贮藏未超过 3 个月，只要：（1）货物在其境内未进入贸易或商业领域；（2）除装卸或使货物保持良好状态所需的其他处理外，货物在其境内未经任何处理；（3）并且过境运输是由于地理原因或仅基于运输需要。

为符合上述规定，进口商应当向进口缔约方海关报验非缔约方海关文件或任何其他文件加以证明。

经中国香港、澳门转口至新加坡的货物，无联运提单的，在获得原产地证书签证机构签发的中国—新加坡自由贸易区优惠原产地证明书后，申请人需持上述证书及有关单证，向香港、澳门中国检验有限公司申请办理“未再加工证明”。

三、中国—新加坡自贸区原产地规则升级版

中国—新加坡自贸协定于 2008 年 10 月签署，2009 年 1 月 1 日起实施。2015 年 8 月，双方启动了中国—新加坡自贸协定联合可行性研究并于当年 10 月完成，研究结论总体积极，建议双方尽快启动自贸协定升级谈判。2015 年 11 月，双方就启动中国—新加坡自贸协定升级谈判达成共识。经过 8 轮谈判，于 2018 年 10 月正式结束谈判。2018 年 11 月 12 日，双方在新加坡正式签署《中华人民共和国政府与新加坡共和国政府关于升级〈自由贸易协定〉的议定书》(以下简称“中国—新加坡自贸协定升级议定书”)。

中国—新加坡自贸协定升级议定书对原自贸协定进行了修订，由序言、8 个章节、2 个附件和 1 项换文组成，除对原协定的原产地规则、海关程序与贸易便利化、贸易救济、服务贸易、投资、经济合作等 6 个领域进行升级外，还新增了电子商务、竞争政策和环境等 3 个领域。

中国—新加坡自贸协定升级对原产地规则和管理方面进行了提升，中国新加坡双方将实现原产地电子联网，中新（加坡）原产地电子联网将成为我国与首个东盟成员实现电子联网，建成后双方实时传输优惠贸易原产地数据和未再加工证明等数据，电子联网将有助于双方进一步提升通关时效和实现无纸化。此外，原产地规则对部分石化产品的原产地标准进行了修订，在增值标准的基础上增加了税则改变标准和化学反应标准，原产地规则更加科学灵活，提高了货物贸易的自由化程度。

第六节　中国—新西兰自贸区原产地规则研究

一、中国—新西兰自贸区的建设与发展

2008 年 4 月 7 日，《中华人民共和国政府和新西兰政府自由贸易协定》(以下简称《协定》）在两国总理的见证下正式签署。这是中国与发达国家签署的第一个自由贸易协定，也是中国与其他国家签署的第一个涵盖货物贸易、服务贸易、投资等多个领域的自由贸易协定。目前，中国新西兰双方均已完成各自国内法律程序，《协定》已于 2008 年 10 月 1 日开始生效。

《协定》是中国新西兰两国在 WTO 基础上，相互进一步开放市场、深化合作的重要法律文件。《协定》共 214 条，分为 18 章，即：初始条款、总定义、货物贸易、原产地

规则及操作程序、海关程序与合作、贸易救济、卫生与植物卫生措施、技术性贸易壁垒、服务贸易、自然人移动、投资、知识产权、透明度、合作、管理与机制条款、争端解决、例外、最后条款。在货物贸易方面，新西兰在2016年1月1日前取消全部自中国进口产品关税，其中63.6%的产品从《协定》生效时起即实现零关税；中国在2019年1月1日前取消绝大部分自新西兰进口产品关税，其中 24.3%的产品从《协定》生效时起即实现零关税。

在服务贸易方面，新西兰在商务、建筑、教育、环境等4大部门的16个分部门做出了高于WTO的承诺；中国在商务、环境、体育娱乐、运输等4大部门的15个分部门做出了高于 WTO 的承诺。双方还将在环境、建筑、农林、工程、整体工程、计算机、旅游等7个领域相互给予最惠国待遇，以保障对方的服务和服务提供者享受到不低于第三国同类服务和服务提供者所享受的待遇。

在人员流动方面，双方承诺将进一步便利两国人员往来，新西兰将为中医、中餐厨师、中文教师、武术教练、中文导游等5类职业提供800个工作许可，并承认中方学历及相关执业经历；将确保车工、焊工、电工、管道工、计算机应用工程师、审计师等20类职业的中方人员得到至少 1 000 个工作许可。同时，根据中国新西兰两国达成的《假期工作机制安排》，新西兰每年将为1 000名18至30岁的中国青年提供为期1年的赴新勤工俭学的机会。

在投资方面，中国新西兰两国将在投资管理、经营等方面给予对方不低于其本国投资享受的待遇，并确保对方享受的待遇不低于相同条件下任何第三国得到的待遇。同时，《协定》还就投资保护、投资者与国家间争端解决的程序与规则等问题做出了详细的、明确的规定，为解决与投资相关的争端建立了有效的机制。

此外，《协定》还针对中国新西兰双方在海关、检验检疫、知识产权等领域的合作做出了制度性规定。

特别值得一提的是，在发展对华关系方面，新西兰创下了四个令人骄傲的“第一”。它是第一个同中国就中国加入世贸组织达成双边协议的发达国家，第一个正式承认中国完全市场经济地位的发达国家，第一个与中国启动自由贸易协定谈判的发达国家，第一个与中国达成自由贸易协定的发达国家。

通过缔结自由贸易协定，中国新西兰两国将进一步相互降低产品关税，放宽服务贸易市场准入条件，便利两国间的人员流动，保护并促进双向投资，加强两国在海关、检验检疫、知识产权等方面的合作。可见，《协定》的签署无疑会成为两国关系发展历程中的一座里程碑，将进一步密切中国新西兰经贸合作、深化两国21世纪互利共赢的全面合作关系。

对中国而言，《协定》的签署是中国实施自由贸易区战略进程中迈出的重要一步。它是中国与发达国家签署的第一个自由贸易协定，也是中国与其他国家签署的第一个全面涉及货物贸易、服务贸易、投资等诸多领域的自由贸易协定。特别是在改革开放30周年这样一个特殊的时刻，《协定》的签署充分体现了中国在新时期、新起点上，进一步扩大开放的信心与决心。

《协定》的签署是中国新西兰两国关系发展历程上一座新的里程碑，为加强中新（西兰）两国经贸合作搭建了新的平台，也为双方合作注入了新的活力，将进一步促进两国经贸合作在平等互利的基础上实现双赢，推动中国新西兰经贸关系迈入新的发展阶段。

《协定》的实施，将有利于两国进一步发挥各自产业优势，深化产业分工，有助于双方全面推进农牧业、林业、家电、服装等货物贸易领域的合作，并促进教育、旅游、环境、咨询等服务贸易的发展。《协定》为双方经贸合作提供了制度性保障，营造了更加开放和稳定的商业运行环境。双方企业和产品可按照《协定》提供的优惠条件进入对方市场，有利于拓展合作空间，提高竞争力，实现互利共赢。同时，两国消费者也可以更低廉的价格享受到优质的产品和服务。

二、中国—新西兰自贸区原产地规则

自2008年10月1日起，原国家质量监督检验检疫总局设在各地的出入境检验检疫机构开始对出口至新西兰的《中国—新西兰自贸协定》项下的产品签发中新（西兰）自贸协定专用出口货物原产地证明书。

货物具有原产资格的认定依据为《协定》的第四章（原产地规则及操作程序）和附件五（产品特定原产地规则）。该原产地规则是我国首次与发达国家签订的原产地规则，它是我国原产地标准中首次使用了渥太华语言，并对全税则各个产品分别给出了原产地标准，也是我国目前参与的区域优惠中最复杂的原产地规则。

《中国—新西兰自由贸易区原产地规则及操作程序》是《中国—新西兰自由贸易协定》的第四章，其中第一节是原产地规则，从第17条到32条，共有16条。第17条“定义”，对文中的术语作了定义。第18条规定了优惠关税待遇的适用范围。第19条规定能享受优惠待遇的产品分为完全获得产品、完全在自贸区内仅用已获得原产资格的材料生产的原产品和含有非原产成分的原产品。第20条是对完全获得的原产品的定义。第21条规定：“附件五规定的税则归类改变，要求经过在一方或双方境内的加工，货物生产过程中使用的非原产材料发生税则归类改变。”第22条规定了区域价值成分（RVC）的计算方法。第23条是关于“累积规则”的规定。第24条对“不赋予原产资格的微小加工或处理”作了规定。第25条是关于“直接运输”的规定。第26条规定了在确定产品原产资格时，如何考虑运输用包装材料和容器。第27条规定了在确定产品原产资格时，如何考虑零售用包装材料和容器。第28条规定了在确定产品原产资格时，如何考虑附件、备件及工具。第 29 条是关于“中性成分”的规定。第 30 条是关于“可互换材料”的规定。第 31 条是关于“微小含量”的规定。第 32 条是合规。

《中国—新西兰自由贸易协定》第四章的第二节是操作程序，从第 33 条到 43 条，共有 11 条。第 33 条“定义”，对文中的术语作了定义。第 34 条是关于“给予优惠”的规定。第 35 条是关于“进口税或保证金的退还”的规定。第 36 条是关于“原产地证书”的规定。第 37 条是关于“原产地声明”的规定。第 38 条是关于“原产地文件的修改”的规定。第 39 条是关于“原产地文件的保存”的规定。第 40 条是关于“授权机构”的规定。第 41 条是关于“原产地核查”的规定。第 42 条是关于“优惠关税待遇的拒绝给予”的规定。第 43 条是关于“审议”的规定。

（一）原产品的确定

1. 首先应判定产品是否符合“《协定》第二十条完全获得货物”规定的完全获得货物的条件，如果符合，产品是完全获得或生产，可以享受《协定》的优惠。（第二十条）

2. 如果不符合“完全获得货物”的条件，应确定对非原产成分所进行的加工是否超出《协定》第二十四条所定义的微小加工或处理的范围，如果未超出，产品不具有原产资格。例如为确保货物在运输或贮存期间保持良好状态而进行的操作，如干燥、冷冻、通风、冷却及类似操作等。（第二十四条）

3. 如果超出上述微小加工或处理的范围，则应根据附件五（产品特定原产地规则）确定产品是否符合相应的特定原产地标准及其他可适用的规定。（附件五）

4. 如果达不到上述的要求，产品不具有原产地资格。

（二）产品特定原产地规则结构及内容特点

1. 产品特定原产地规则（协定附件五）的结构特点

以表格的形式，分为三栏，第一栏“税号”，第二栏“品名”，第三栏“产品特定规则”。第一栏有两列，如果对于一个品目的产品，有一个统一的“产品特定规则”，则在第一列列出该品目，第二列留空，如表 6－4 所示。

表 6－4　　产品特定原产地规则示例 1

税号		品名	产品特定规则
第一章		活动物	
0101		马、驴、骡	如果动物在成员方境内出生并饲养，可赋予原产地
0102		牛	如果动物在成员方境内出生并饲养，可赋予原产地
0103		猪	如果动物在成员方境内出生并饲养，可赋予原产地

如果对于一个品目下的几条子目有不同的“产品特定规则”，子目号列在第二列中，如表 6－5 所示。

表 6－5　产品特定原产地规则示例 2

税号		品名	产品特定规则
0601		鳞茎、块茎、块根、球茎、根颈及根茎，休眠、生长或开花的；菊苣植物及其根，但品目 1212 的根除外	
	060110	休眠的鳞茎、块茎、块根、球茎、根颈及根茎	从任何其他子目改变到子目 060110
	060120	生长或开花的鳞茎、块茎、块根、球茎、根颈及根茎；菊苣植物及其根	从任何其他子目改变到子目 060120

2. 产品特定原产地规则的内容特点

以 2007 年版的《商品名称及编码协调制度》为基础制定，针对所有品目以及相当一部分品目下的六位数子目，制定了《产品特定规则》。适用于某一特定品目（四位税目）或子目（六位税目）的特定规则或特定的系列规则紧接于该品目或子目之后。这些产品特定规则主要包括章注、完全获得、税则归类改变、区域价值成分、工序要求或者这些规则的组合等。

（1）章注：如果为了明确定义一些加工工序，或对某些加工工序能否赋予产品原产资格作出规定，这些规定又适用于某一章或几章的产品，此时增加了章注列于第三栏“产品特定规则”，如表 6－6 所示。

表 6－6　产品特定原产地规则示例 3

税号		品名	产品特定规则
第二章		肉及食用杂碎	
			章注： 屠宰不赋予品目 0201、0202、0204 及 0210 产品原产地

（2）对于某些产品，《产品特定规则》要求完全获得，如表 6－7 所示。

表 6－7　　产品特定原产地规则结构示例 4

税号		品名	产品特定规则
1001		小麦及混合麦	本品目货物必须在成员方境内完全获得

或其规定与对于完全获得品的定义（第二十条的规定）一致，如表 6－8 所示。

表 6－8　　产品特定原产地规则结构示例 5

税号		品名	产品特定规则
0102		牛	如果动物在成员方境内出生并饲养，可赋予原产地

又如表 6－9 所示。

表 6－9　　产品特定原产地规则结构示例 6

税号		品名	产品特定规则
2619		冶炼钢铁所产生的熔渣、浮渣（粒状熔渣除外）、氧化皮及其他废料	原产国应为获得本品目货物的国家

（3）税则归类改变规则

要求经过在一方或双方境内的加工，货物生产过程中使用的非原产材料发生税则归类改变。主要有下面几种情况：

对于某些产品，例如大部分农产品，《产品特定规则》要求发生章改变，如表 6－10 所示。

表 6－10　　产品特定原产地规则结构示例 7

税号		品名	产品特定规则
0402		浓缩、加糖或其他甜物质的乳及奶油	从任何其他章改变到品目 0402

对于某些产品，《产品特定规则》要求发生品目改变，如表 6－11 所示。

表 6－11　　产品特定原产地规则结构示例 8

税号		品名	产品特定规则
7105		天然或合成的宝石或半宝石的粉末	从任何其他品目改变到品目 7105

对于某些产品，特别是机电产品，《产品特定规则》要求发生子目改变，进口零件通过装配等工序制成产品即可获得原产资格，如表 6–12 所示。

表 6–12　　产品特定原产地规则结构示例 9

税号		品名	产品特定规则
8421		离心机，包括离心干燥机；液体或气体的过滤、净化机器及装置	
		——离心机，包括离心干燥机；	
	842111	——奶油分离器	从任何其他子目改变到子目 842111

对于某些适用税则归类改变的产品，还规定不能使用某些其他税则的原料，如表 6–13 所示。

表 6–13　　产品特定原产地规则结构示例 10

税号		品名	产品特定规则
	252321	——白水泥，不论是否人工着色	从任何其他子目改变到子目 252321，从子目 252329 到 252390 改变的除外

（4）区域价值成分：区域价值成分是指在货物的 FOB 价格中，要求自贸区内的区域价值要满足一定的比例，才能获得原产资格。区域价值成分实质上是限制在货物的生产过程中使用的进口原料价值比例。如表 6–14 所示。

表 6–14　　产品特定原产地规则结构示例 11

税号		品名	产品特定规则
	330112	——橙油	区域价值成分不少于 50%

（5）工序要求：指某些特定的加工工序要求在一方或双方境内完成，如表 6–15 所示。

表 6–15　　产品特定原产地规则结构示例 12

税号		品名	产品特定规则
6201		——男式大衣、短大衣、斗篷、短斗篷、带风帽的防寒短上衣（包括滑雪短上衣）、防风衣、防风短上衣及类似品，但品目 6203 的货品除外	从任何其他章改变到品目 6201，但产品的裁剪（或缝制成形）及车缝或其他缝制工序需在一方或双方境内完成

（6）以上要求的组合。上述工序要求的例子，就属于税则归类改变和工序要求的组合，再如下例中是区域价值成分与章注的组合，如表 6－16 所示。

表 6－16　　产品特定原产地规则结构示例 13

税号		品名	产品特定规则
3206		其他着色料；本章注释三所述的制品，但品目 3203、3204 及 3205 的货品除外；用作发光体的无机产品，不论是否已有化学定义：	
		——以二氧化钛为基本成分的颜料及制品：	
	320611	——以干物质计二氧化钛含量在 80% 及以上	区域价值成分不少于 50%，化学章注不赋予本子目货物原产地

（三）企业原产品的确定中应注意之处

在利用产品特定原产地标准判断产品是否符合要求时，不能仅仅只是从其特定标准来判断其符合性，还要合理利用一些原产地规则的具体条款。这些条款均包含在《协定》第四章的原产地规则中，主要包括："微小加工或处理""微小含量""累积规则""包装材料和容器""附件、备件及工具""中性成分"和"可互换材料"等。

1. 微小加工或处理

对货物的本质特征影响轻微的加工或处理，无论是单独的还是相互结合的，均视为微小加工或处理，且不赋予原产资格。其中包括：为确保货物在运输或贮存期间保持良好状态而进行的操作，如干燥、冷冻、通风、冷却及类似操作；包括过滤、挑选、分级、筛选、分类、洗涤、切割、纵切、弯曲、卷绕或展开在内的简单操作；托运货物的拆解和组装；包装、拆包或重新打包的操作；简单的装瓶、装罐、入瓶、入袋、进箱、装盒以及固定于硬纸板或木板上等简单包装操作；在产品或其包装上粘贴或印刷标志、标签、标识及其他类似的区别标记；仅用水或其他物质稀释，未实质改变货物的性质；除大米外的谷物去壳、部分或全部漂白、磨光及上光；食糖上色或形成糖块的操作。其中"简单"一般是指既不需要专门技能，也不需要专门生产或安装专用机器、仪器或设备即可进行加工或处理。

2. 微小含量

货物虽不满足附件五规定的税则归类改变要求，但仍应当视为原产货物，如果：不满足税则归类改变要求的全部非原产材料（包括原产地不明的材料），按照第二十二条确定的价值不超过该货物离岸价格的百分之十；并且该货物满足其所适用的其他规定。

3. 累积原产地规则

当一方原产货物或材料在另一方境内构成另一货物的组成部分时，该货物或材料应当视为原产于后一方境内。

4. 包装材料和容器

对于应当适用附件五所列税则归类改变标准的货物，如果零售用包装材料及容器与该货物一并归类，则在确定该货物的原产地时，零售用包装材料及容器应当不予考虑。但是，对于必须满足 RVC 要求的货物，在确定该货物原产地时，零售用包装材料及容器的价值应当视具体情况作为原产材料或非原产材料予以考虑。在确定货物原产地时，用于货物运输的容器及包装材料应当不予考虑。

5. 附件、备件及工具

对于应当适用税则归类改变标准的货物，如果进口时与货物一同报验的附件、备件、工具及说明书或其他信息材料与该货物一并归类，且不单独开具发票，则在确定货物原产地时，这些附件、备件、工具等应当不予考虑。对于适用 RVC 要求的货物，则在计算该货物的 RVC 时，附件、备件、工具及说明书或其他信息材料的价值，应当视具体情况作为原产材料或非原产材料予以考虑。

6. 中性成分

在确定货物是否为原产货物时，中性成分的原产地应当不予考虑。中性成分是指在另一货物的生产、测试或检验过程中使用，但物理上不构成该货物组成成分的货品，或在该货物生产过程中用于维护厂房建筑或运行设备的货品。其中包括：燃料、能源、催化剂及溶剂；用于测试或检验货物的设备、装置及用品；手套、眼镜、鞋靴、衣服、安全设备及用品；工具、模具及型模；用于维护设备和建筑的备件及材料；在生产中使用或用于运行设备和维护厂房建筑的润滑剂、油（滑）脂、合成材料及其他材料；在货物生产过程中使用，未构成该货物组成成分，但能够合理表明为该货物生产过程一部分的任何其他货物。

7. 可互换材料

可互换材料是指为商业目的可互换的货物或材料，其性质实质相同，仅靠视觉观察无法加以区分。在确定货物是否为原产货物时，任何可互换材料应当通过下列方法加以区分：货物的物理分离；或出口方公认会计原则承认的库存管理方法。

8. 原产地标准的填制要点

若货物符合原产地规则，出口商必须按照一定的方式，在《协定》附件六规定的原产地证书的第 11 栏中标明其货物申明享受优惠待遇所依据的原产地标准，这个栏目虽然看似简单，虽然只要能提供证书即可享受同样的优惠待遇，并不是根据该栏目的填写不同而享受不同的待遇，但该栏目却是证书的核心所在，它是进口国海关了解产品的关键所在，也是进口国海关判断该份证书是否真实准确的重要依据。如果该栏目填写不准确，将直接导致进口国海关对货物是否具备原产资格的怀疑，并进而依据《协定》第四十一条进行“原产地核查”，甚至最终导致《协定》第四十二条的“优惠关税待遇的拒绝给予”。

原产地标准标示的方式有 4 种，下面根据几个实例来分析具体产品应该如何申报原产地标准。

（1）WO：该货物符合《协定》第二十条规定（包括附件五所列规定），在一方境内完全获得或生产。

我们在判断一个产品是否完全原产品或完全获得品时，应考虑起始材料，例如第二十条中“（五）从一方领土、领水、海床或海床底土提取或得到的，未包括在上述第（一）项至第（四）项的矿物质及其他天然生成物质”，如果我们在调查中所查明的国产材料不是这种起始材料，除非我们能追溯到用于生产该国产材料的这种起始材料也是原产的，我们不能说该国产材料是完全原产的，当然就更不能说用该国产材料制得的产品是完全原产品或完全获得品。

例如：某企业生产的变压器，所用材料是国产的漆包线、矽钢片和绝缘纸，因为工厂生产变压器所用的初始材料远不是上述条款规定的判定完全原产品时需查明产地的起始材料，除非企业能追溯查明这种起始材料的情况，否则企业不能申报这些材料是完全原产的，更不能申报变压器是完全原产的。以漆包线为例，有铜杆和绝缘漆，就铜杆而言，由铜锭经机加工制成，铜锭由铜矿石经冶炼而成，铜矿石才是规定的判定完全原产品时需查明产地的起始材料，如果铜矿石是国产的，但在冶炼过程中加入了其他材料，对这些材料也要以此类推查清其起始材料的产地，只有上述起始材料都是国产的，铜杆才是完全原产的，同样对绝缘漆也要进行类似的调查。由此可见，从理论上讲，要证明这样一个变压器是完全原产的，没有几十次甚至上百次的追溯是不可能的。而申请原产地证书的企业均为最终产品的生产企业，针对绝大多数工业品，企业不可能查清产品是不是完全原产的，当然也没有必要，企业只需查明产品是否符合原产地标准就可以了，大可不必费尽心思去证明其产品属于“完全原产或完全获得”。

所以一般说来，符合 WO 标准的主要是一些农渔业产品和一些初级加工产品。例如，我国进口的怀孕奶牛，在我国出生并饲养的小奶牛，符合第二十条的“（二）在一方境内出生并饲养的活动物”；在出口时，即符合“完全获得”。

再例如用进口种苗在中国土地上种植收获的玫瑰（HS06.02），符合第二十条的“（一）在一方境内收获、采摘或采集的植物产品”；在出口时，即符合“完全获得”。

（2）WP：该货物是在一方或双方境内，完全由其原产地符合《协定》第四章第一节规定的材料生产。

例如某企业生产的变压器，所用材料是漆包线（85.44）、矽钢片（73.26）、绝缘纸（48.11）和带金属接线端的塑料芯框（85.47）。

这四种原料的标准分别如下：

48.11－从任何其他品目改变到品目 4811

73.26－从任何其他品目改变到品目 7326

85.44－从任何其他品目改变到品目 8544

85.47－从任何其他品目改变到品目 8547

漆包线生产中使用了进口铜杆，经拉拔、涂层等工序制成；矽钢片生产中使用了进口合金钢锭，经扎、冲压等工序制成；绝缘纸生产中使用了进口木材，经造纸工序制成；塑料芯框生产中使用了进口的初级形态的塑料原料，经模塑等工序制成。在上述四种材料的生产中，非原产材料所经受的加工均超出“微小加工或处理”的范围，所用进口材料均不归入制成品的品目，符合附件五对这四种产品规定的标准，因此，这四种材料本身已获得原产资格。

使用这样四种材料制成的变压器就是这种“是在一方或双方境内，完全由符合本节规定的原产材料生产的”货物。

这类货物在申报原产地证书时，即可以在证书第 11 栏填写“WP”。

（3）PSR 与 RVC 的百分比组合：该货物是在一方或双方境内生产，所使用的非原产材料满足附件五所规定的税则归类改变、区域价值成分、工序要求或其他要求，且该货物符合其所适用的第四章第一节的其他规定。如果货物适用附件五所规定的区域价值成分（RVC）要求，应注明百分比。

例如对于 HS 子目 330112 的橙油，《产品特定原产地规则》规定“区域价值成分不少于 50%”。如果某中国企业用从美国进口的橙子，用精馏法可提取橙油，按照区域价值成分的计算方法，区域价值成分为 50%，且“精馏”不属于“第二十四条”所列的微小加工或处理，产品符合中国—新西兰自贸区优惠原产地规则。该证书中第 11 栏应填写“PSR50%”。

再例如 HS 品目 8711 的“摩托车（包括机器脚踏两用车）及装有辅助发动机的脚踏车，不论有无边车；边车”，《产品特定原产地规则》规定：“从任何其他品目改变到品目 8711 且区域价值成分不少于 45%”。如果某中国企业用从美国进口的部分摩托车零件，经装配、调试等工序，制成归入 8711 的摩托车，按照区域价值成分的计算方法，区域价值成分为 60%，由于摩托车零件归入 HS 品目 8714，不同于 8711，且“装配、调试”不属于“第二十四条”所列的微小加工或处理，产品符合中国—新西兰自贸区优惠原产地规则。该证书中第 11 栏应填写“PSR60%”。

（4）PSR：上述的第 3 种情况，如果货物附件五中没有规定区域价值成分，则只需标示“PSR”。

例如对于 HS 品目 11.01 的小麦或混合麦的细粉，《产品特定原产地规则》规定：“从任何其他章改变到品目 1101”。如果某中国企业用从加拿大进口的小麦，经去壳、磨等工序，生产出面粉，由于小麦归入 HS 第 10 章，不同于小麦粉所在的 11 章，且“磨”不属于“第二十四条”所列的微小加工或处理，产品符合中国—新西兰自贸区优惠原产地规则。

再例如对于 HS 子目 841370 的产品“其他离心泵”，《产品特定原产地规则》规定：“从任何其他子目改变到子目 841370。”如果某中国企业用从日本进口的离心泵的零件，经零件的装配、调试、整机装配等工序，制成归入 8413.70 的离心泵，由于离心泵的零件归入 HS 子目 8413.91，不同于 8413.70，且“装配、调试”不属于“第二十四条”所列的微小加工或处理，产品符合中国—新西兰自贸区优惠原产地规则。

上述两例中的证书第 11 栏均应填写“PSR”。

（四）原产地证书

1. 原产地证书的申请与签发

享受优惠关税待遇的原产货物，在进口时应当提交规定的原产地证书。原产地证书应当由签证机构应出口商的书面申请签发，原产地证书必须以英文填写并署名，可涵括一项或多项同一批次进口的货物。

原产地证书签证机构根据出口人的申请，并经过出口前检查后，根据《中国—新西兰自由贸易区原产地规则》在货物出口前或出口时签发原产地证书。

任何原产地文件不得涂改或叠印。任何更正必须先将错误信息划去，然后做必要的增补。此类更正应当由更正人员签注。任何未填空白处应予划去，以防发证后添加内容。

原产地证书被盗、遗失或损毁时，如果出口商或制造商确信此前签发的原产地证书正本未被使用，则可向出口方授权机构书面申请签发经核准的原产地证书副本。经核准的原产地证书副本应当注明“原产地证书正本（编号______日期______）经核准的真实副本”字样。如果进口方海关查明原产地证书正本已被使用，则经核准的原产地证书副本无效，反之亦然。

2. 原产地证书的提交

只有货物进口时，要求享受优惠关税待遇的进口商，根据《协定》规定向进口方海关提交原产地证书、原产地声明或进口方指定的其他原产地证明文件，进口方方应给予自另一方进口货物优惠关税待遇。

如果货物从一方进口时无法按照规定提交原产地证书或原产地声明（视具体情况而定），进口方可视情况对该货物征收非优惠进口实施关税或要求交纳保证金。在此情况下，进口商可自货物进口之日起 1 年内申请退还多征的进口关税或已交纳的保证金，只要：在货物进口时，向进口方海关提交了报验货物具备原产货物资格的书面声明；并且根据具体情况，提交了与进口货物相关的有效原产地证书或原产地声明。

原产地证书应当自签发之日起 12 个月内有效。只有加盖“正本”字样的原产地证书正本才应在上述期限内向进口方海关提交。

3. 原产地核查

只有在有理由怀疑原产地文件、有关货物的原产地资格或满足本节任何其他要求方面的准确性和真实性，且所涉关税金额值得提出核查要求的情况下，可启动核查程序。即为确定从另一方境内向一方境内进口的货物是否具备原产货物资格，向出口方主管机关提出的核查要求应当说明原因，同时将已获得的，证明核查行为合理性的任何文件及信息，提供给被要求方的主管机关，进口方海关可通过以下方式对关税优惠申请进行核实：书面要求进口商提供补充信息；书面要求出口方境内的出口商或生产商提供补充信息；要求出口方主管机关对货物原产地进行核查；或者双方共同商定的其他程序。

自提出核查要求之日起 6 个月内，进出口商、制造商或生产商（视具体情况而定）无法提供该方根据协定第四十一条开展核查过程中要求提供的信息，或者被要求的主管机关基于任何理由，未能就进口方海关的要求给予满意的答复；或者货物不符合其他有关规定，包括：原产地证书未正确填写或签章；货物的原产地不符合第一节的规定；原产地证书中的信息与所提交的证明文件不相符；或者所列货品名称、数量及重量、包装唛头及号码、包装件数及种类与进口货物不相符。一方可拒绝给予货物优惠关税待遇，在拒绝给予优惠关税待遇时，进口方应当确保其海关向进出口商或生产商（视具体情况而定）书面说明该决定的理由。

4. 记录保存要求

各方应当要求生产商和进出口商在其国内立法规定的期限内保存原产地文件。各方应当要求其授权机构在其国内立法规定的期限内保存原产地证书及其他原产地证明文件的副本。

（五）直接运输

以下情况应当视为从出口方向进口方直接运输：货物运输未经非缔约方境内；货物运输途中经过一个或多个非缔约方境内，不论是否在这些非缔约方转换运输工具或临时储存不超过 6 个月，只要：货物在其境内未进入其贸易或消费领域；并且除装卸、重新包装或使货物保持良好状态所需的其他处理外，货物在其境内未经任何处理。上述情况应当向进口方海关提交非缔约方海关文件或任何其他文件加以证明。

经中国香港、澳门转口至新西兰的货物，无联运提单的，在获得原产地证书签证机构签发的中国—新西兰自由贸易区优惠原产地证明书后，申请人需持上述证书及有关单证，向香港、澳门中国检验有限公司申请办理“未再加工证明”。

三、中国—新西兰自贸区原产地规则升级版

中国新西兰双方于 2016 年 11 月启动自贸协定升级谈判，并于 2021 年 1 月 26 日签署《升级议定书》。《升级议定书》进一步扩大货物、服务、投资等领域市场开放，进一步提升贸易便利化等规则水平，还新增电子商务、竞争政策、政府采购、环境与贸易等 4 个章节，更加符合现代经济与贸易发展的需要。2022 年 4 月 7 日，《升级议定书》正式生效。

第七节　中国—秘鲁自贸区原产地规则研究

一、中国—秘鲁自由贸易协定

《中国和秘鲁自由贸易协定》（以下简称《协定》）于 2007 年 9 月 7 日开始谈判，于 2009 年 4 月 28 日正式签署。这是我国与拉美国家签署的第一个包括货物贸易、服务贸易、投资等内容全面的一揽子自贸协定。《协定》于 2010 年 3 月 1 日起正式实施。《协定》

涵盖领域广、开放水平高。

在货物贸易领域，中秘双方将对各自90%以上的产品分阶段实施零关税，我方轻工、电子、家电、机械、汽车、化工、蔬菜、水果等众多产品和秘方的鱼粉、矿产品、水果、鱼类等产品都将从降税安排中获益。具体降税安排如下：

双方全部产品分五类实施关税减让。第一类产品在《协定》实施后当年实施零关税，分别约占中、秘税目总数的61.2%和62.7%。第二类产品在《协定》生效5年内逐步降为零，分别约占中、秘税目总数的11.7%和12.94%。第三类产品在《协定》生效10年内逐步降为零，分别约占中、秘税目总数的20.7%和14.4%。第四类产品为例外产品，不作关税减让，分别约占中、秘税目总数的5.4%和8.1%。第五类产品在《协定》生效17年内逐步降为零，分别约占中、秘税目总数的1%和1.1%。

在服务贸易领域，双方将在各自对世贸组织承诺的基础上，相互进一步开放服务部门。

在投资领域，双方将相互给予对方投资者及其投资以准入后国民待遇、最惠国待遇和公平公正待遇，鼓励双边投资并为其提供便利等。

与此同时，双方还在知识产权、贸易救济、原产地规则、海关程序、技术性贸易壁垒、卫生和植物卫生措施等众多领域达成广泛共识。

中秘两国经济互补性强，近年来经贸关系发展迅速。目前，中国是秘鲁第二大贸易伙伴，秘鲁是中国在拉美第七大贸易伙伴。

二、中国—秘鲁自由贸易区原产地规则及签证操作程序

《中国—秘鲁自由贸易区原产地规则及签证操作程序》是《中国—秘鲁自由贸易协定》的第三章，共分两节，第一节“原产地规则”，从第22条至第37条，共16条。第22条“定义”，对文中的术语作了定义。第23条规定能享受优惠待遇的产品分为完全获得产品、完全在自贸区内仅用已获得原产资格的材料生产的原产品和含有非原产成分的原产品。第24条是对完全获得的原产品的定义。第25条规定附件四规定的税则归类改变，要求经过在一方或双方境内的加工，货物生产过程中使用的非原产材料发生税则归类改变。第26条规定了区域价值成分（RVC）的计算方法。第27条对“微小加工或处理”作了规定。第28条是关于“累积规则”的规定。第29条是微小含量的规定。第30条是关于“可互换货物或材料”的规定。第31条是对成套货物的规定。第32条规定了在确定产品原产资格时，如何考虑附件、备件及工具。第33条规定了在确定产品原产资格时，如何考虑零售用包装材料和容器。第34条是对运输用包装材料及容器的规定。第35条是关于“中性成分”的规定。第36条是关于直接运输的规定。第37条是

关于展览的规定。

《中国—秘鲁自由贸易协定》第四章的第二节是《与原产地相关的操作程序》，从第38条到第50条，共13条。第38条是关于“原产地证书”的规定。第39条是关于“原产地证书的免除”的规定。第40条是关于“授权机构”的规定。第41条是关于“与进口有关的义务”的规定。第42条是关于“关税或保证金的退还”的规定。第43条是关于“证明文件”的规定。第44条是关于“原产地证书及证明文件的保存”的规定。第45条是关于“核查程序”的规定。第46条是关于“电子发证及核查系统的开发”的规定。第47条是关于“处罚”的规定。第48条是关于“保密”的规定。第49条是关于“原产地规则委员会”的规定。第50条是关于“修正”的规定。

中国—秘鲁自贸区采用全税制《产品特定原产地规则》，即对HS1－97章的产品分别制定特定原产地规则。

第八节　中国—哥斯达黎加自贸区原产地规则研究

一、中国—哥斯达黎加自由贸易协定

《中国—哥斯达黎加自由贸易协定》经中哥双方友好协商并书面确认，于2011年8月1日起正式生效，成为中国达成并实施的第10个自贸协定。《中国—哥斯达黎加自由贸易协定》覆盖领域全面、开放水平较高，是我国与中美洲国家签署的第一个一揽子自贸协定。

在货物贸易领域，中哥双方将对各自90%以上的产品分阶段实施零关税，共同迈进“零关税时代”。中方的纺织原料及制品、轻工、机械、电器设备、蔬菜、水果、汽车、化工、生毛皮及皮革等产品和哥方的咖啡、牛肉、猪肉、菠萝汁、冷冻橙汁、果酱、鱼粉、矿产品、生皮等产品将从降税安排中获益。

在服务贸易领域，在各自对世贸组织承诺的基础上，哥方将在电信服务、商业服务、建筑、房地产、分销、教育、环境、计算机和旅游服务等45个部门或分部门进一步对中方开放，中方则在计算机服务、房地产、市场调研、翻译和口译、体育等7个部门或分部门对哥方进一步开放。双方还在知识产权、贸易救济、原产地规则、海关程序、技术性贸易壁垒、卫生和植物卫生措施、合作等众多领域达成广泛共识。

二、中国—哥斯达黎加自贸区原产地规则与签证操作程序

《中国—哥斯达黎加原产地规则及与原产地相关的操作程序》是《中国—哥斯达黎加

自由贸易协定》的第四章，共分两节，第一节“原产地规则”，从第20条至第35条，共15条。第20条“定义”，对文中的术语作了定义。第21条规定能享受优惠待遇的产品分为完全获得产品、完全在自贸区内仅用已获得原产资格的材料生产的原产品和含有非原产成分的原产品。第22条是对完全获得的原产品的定义。第23条是对产品特定原产地规则的定义。第24条规定附件三规定的税则归类改变，要求经过在一方或双方境内的加工，货物生产过程中使用的非原产材料发生税则归类改变。第25条规定了区域价值成分（RVC）的计算方法。第26条是对加工工序的介绍。第27条是关于“累积规则”的规定。第28条对“微小加工或处理”作了规定。第29条是微小含量的规定。第30条是关于“可互换材料和货物”的规定。第31条是对中性成分的规定。第32条是对成套货品的规定。第33条规定了在确定产品原产资格时，如何考虑零售用包装材料和容器。第34条规定了在确定产品原产资格时，如何考虑附件、备件及工具。第35条是关于直接运输的规定。

《中国—哥斯达黎加自由贸易协定》第四章的第二节是“相关操作程序”，从第36条到第45条，共有10条。第36条是对文中术语的定义。第37条关于“原产地证书”的规定。第38条是关于原产地证书签证机构的规定。第39条是关于“证明文件”的规定。第40条是关于“原产地证书及证明文件的保存”的规定。第41条是关于“与进口有关的义务”的规定。第42条是关于“关税或保证金的退还”的规定。第43条是关于“原产地证书的免除”的规定。第44条是关于“原产地核查”的规定。第45条是关于拒绝给予优惠关税待遇的规定。第46条是关于“原产地规则委员会”的规定。

中国—哥斯达黎加自贸区采用全税制《产品特定原产地规则》，即对HS1－97章的产品分别制定特定原产地规则。

第九节　ECFA原产地规则研究

一、海峡两岸经济合作框架协议（ECFA）

2010年6月29日，经海峡两岸多次磋商、沟通，海协会与台湾海峡交流基金会在重庆签署了《海峡两岸经济合作框架协议》（以下简称《框架协议》，ECFA）。ECFA原产地证书自2011年1月1日起开始签发，采用统一的格式，使用中文简体填写，需加盖ECFA专用签证印章。

台湾为大陆第七大贸易伙伴、第九大出口（海关关口）市场和第五大进口（海关关口）来源地，大陆为台湾最大的贸易伙伴、出口（海关关口）市场和贸易顺差来源地。ECFA早期收获实施后，两岸将对806项列入货物贸易早期收获的产品优先进行降税，其中大陆对台降税产品达 539 个税号；而台湾也将对大陆的 267 项产品实施降税，计 28.6 亿美元。

将从 ECFA 早期收获安排中获益的大陆产业包括以下几方面。

（一）制造业方面

根据台湾方面承诺减免关税进口大陆货物的项目清单，在 2011 年 1 月 1 日 ECFA 早期收获清单付诸实施后，石化产品、机械产品、纺织产品、运输工具及其他制造业等大陆制造业因台湾方面减免关税进口其产品（协商前这些产品台湾关税税率集中于 2.5%～5%），而有望提升产品在台湾市场的价格竞争力，因而有望扩大对台湾的出口，进而可能增资扩产。双方将在早期收获计划实施后不超过 2 年的时间分 3 步对早期收获产品实现零关税。

（二）服务业方面

从台湾方面承诺开放大陆服务业进入的业别清单看，台湾将对研究与发展、会议、展览、特制品设计、进口电影片配额、经纪商、运动及其他娱乐、航空电脑订位系统以及银行等 9 个服务行业进一步放开。

对台湾产业方面而言，在实施早期收获计划期间，大陆将对原产于台湾的 539 项产品逐渐降低或取消关税，具体降税安排参见表 6－17。在 11 个服务贸易领域对台湾的服务商扩大开放。

表 6－17　台湾方面早期收获产品降税安排

	2009 年进口税率（×%）	协议税率		
		早期收获计划实施第 1 年	早期收获计划实施第 2 年	早期收获计划实施第 3 年
1	0<×≤2.5	0		
2	2.5<×≤7.5	2.5	0	
3	×>7.5	5	2.5	0

二、ECFA 原产地规则与签证操作程序

《海峡两岸经济合作框架协议》包括序言和 5 章 16 条及 5 个附件，其原产地规则为临时原产地规则，专为货物贸易早期收获安排设立。临时原产地规则中对产品原产

地的确定主要采用税则归类改变和区域价值成分标准。该规则共有十七条，第一、二条分别是相关术语和原产货物的定义；第三条是完全获得产品的定义；第四条对产品特定原产地规则做了规定，基本采用税则归类改变、区域价值成分、加工工序标准确定产品原产资格；第五、六、七条分别对上述三种标准做规定；第八条是累积规则；第九条是微小加工；第十条是微小含量；第十一、十二、十三条是对可互换材料、中性成分和成套货品做了规定；第十四条对包装材料及容器如何归类进行了描述；第十五条是如何处理配件、备用零件及工具；第十六条为货物直接运输条款，第十七条是原产地相关操作程序。

框架协议项下临时原产地规则签证操作程序共有 9 条规则。规则 1 是相关术语的解释；规则 2、3 是关于原产地证书的签证和保存方面的要求；规则 4、5 是关于原产地证书及保证金的相关规定；规则 6 是原产地核查的操作规程；规则 7 是拒绝给惠的情况；规则 8、9 是保密条款及沟通机制。

在判定产品的原产地资格时，应首先判定该产品是否在早期收获清单内。如果在清单内，则按照框架协议临时原产地规则三的相关内容，判定产品是否为完全获得产品。如果产品不符合完全获得产品定义，则应查阅产品特定原产的标准清单，按照列明的特定标准判定产品的原产资格。

产品特定原产地标准清单主要包括：章改变、品目改变、品目改变或区域价值成分以及品目改变且区域价值成分。

第十节 CEPA 原产地规则研究

一、内地与港澳关于建立更紧密经贸关系的安排（CEPA）

2003 年，内地与香港、澳门特区政府分别签署了内地与香港、澳门《关于建立更紧密经贸关系的安排》（以下简称“CEPA”），2004 年、2005 年、2006 年又分别签署了《补充协议》《补充协议二》和《补充协议三》。CEPA 是“一国两制”原则的成功实践，是内地与港澳制度性合作的新路径，是内地与港澳经贸交流与合作的重要里程碑，是我国家主体与香港、澳门单独关税区之间签署的自由贸易协议，也是内地第一个全面实施的自由贸易协议。

CEPA 内容丰富，领域广泛，涵盖内地与港澳经贸交流的各个方面。包括货物贸易自由化、服务贸易自由化和贸易投资便利化。其中在货物贸易领域，内地于 2004 年 1

月 1 日起分别对原产于香港、澳门的 273 个税号的产品实行零关税，内地于 2004 年 1 月 1 日起取消对港、澳产品的非关税措施和关税配额。双方彼此之间不采用反倾销和反补贴措施。自 2006 年 1 月 1 日起，对输往内地原产于港澳的产品全面实施零关税，且每年需调整税号，享受零关税优惠措施的产品清单可参阅国家税则委、海关总署和财政部每年联合主编的《中华人民共和国进出口税则》，其原产地标准可参阅已签署的四个 CEPA 协议和海关总署相关公告。

服务贸易方面，内地向香港、澳门进一步开放管理咨询、会议展览、广告、会计、法律、医疗及牙医、物流、货代、仓储、分销、运输、旅游、建筑、视听、电信、银行、保险、证券等 18 个服务行业，分别对部分行业采取以下开放措施：提前实施中国对世贸组织成员的开放承诺，取消投资的股权限制，允许独资经营；降低最低注册资本、资质条件的要求；放宽地域和经营范围限制。

贸易投资便利化方面，内地与香港、澳门就 7 个领域（贸易投资促进，通关便利化，中小企业合作，中医药产业合作，电子商务，法律法规透明度，商品检验检疫、食品安全及质量标准）的合作机制和合作内容达成了协议。同时内地与香港、澳门还确定了金融和旅游领域的合作内容，鼓励专业人员资格的相互承认。

二、CEPA 原产地规则

CEPA 货物原产地规则包括附件 2《关于货物贸易的原产地规则》及产品特定原产地标准清单，附件 3《关于原产地证书的签发和核查程序》。服务原产地规则为附件 5《关于“服务提供者”定义和相关规定》。

《关于货物贸易的原产地规则》共 12 条，规定了原产品的定义，完全原产的含义，实质性加工的标准及产品特定原产地标准清单，微小加工，中性成分，包装、包装材料和容器，附件、备件、工具及介绍说明性材料在确定货物的原产地时应忽略不计的情况等。2012 年 4 月修订了从价百分比的含义，并增加了累积条款，要求“一方使用另一方原产的原料或组合零件在该方构成出口制成品的组成部分的，在计算该出口制成品的从价百分比时，该原料或组合零件应当视为原产于该方；该出口制成品的从价百分比应大于或等于 30%，且在不计入该另一方原产的原料或组合零件价值时的从价百分比应大于或等于 15%。”

《关于原产地证书的签发和核查程序》共 13 条，对原产地证书的签发、使用和联网核查等进行了规范。图 6－2 显示了 CEPA 下判定产品原产地的流程，图 6－3 为享受 CEPA 进口优惠关税的流程。

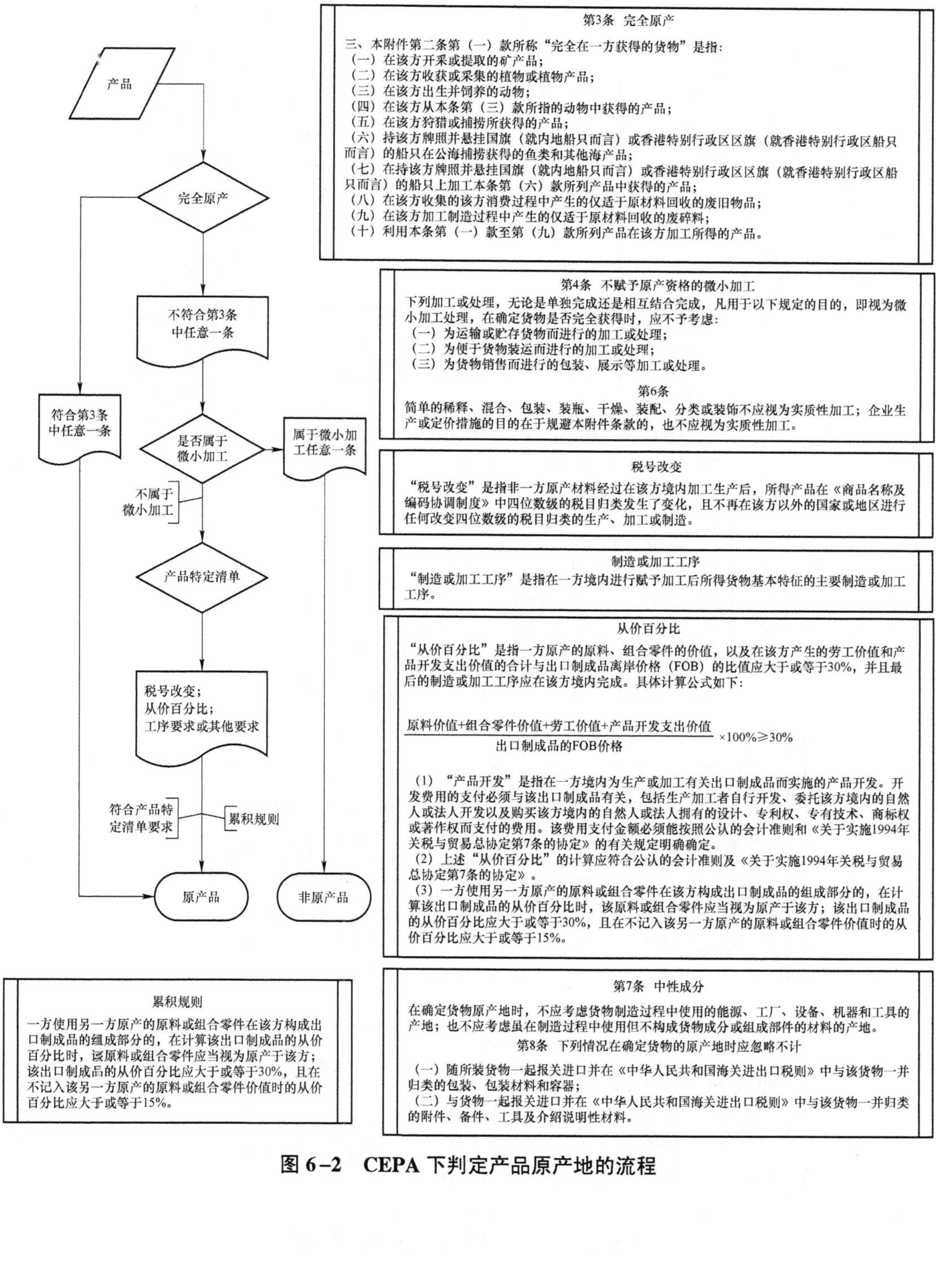

图 6–2　CEPA 下判定产品原产地的流程

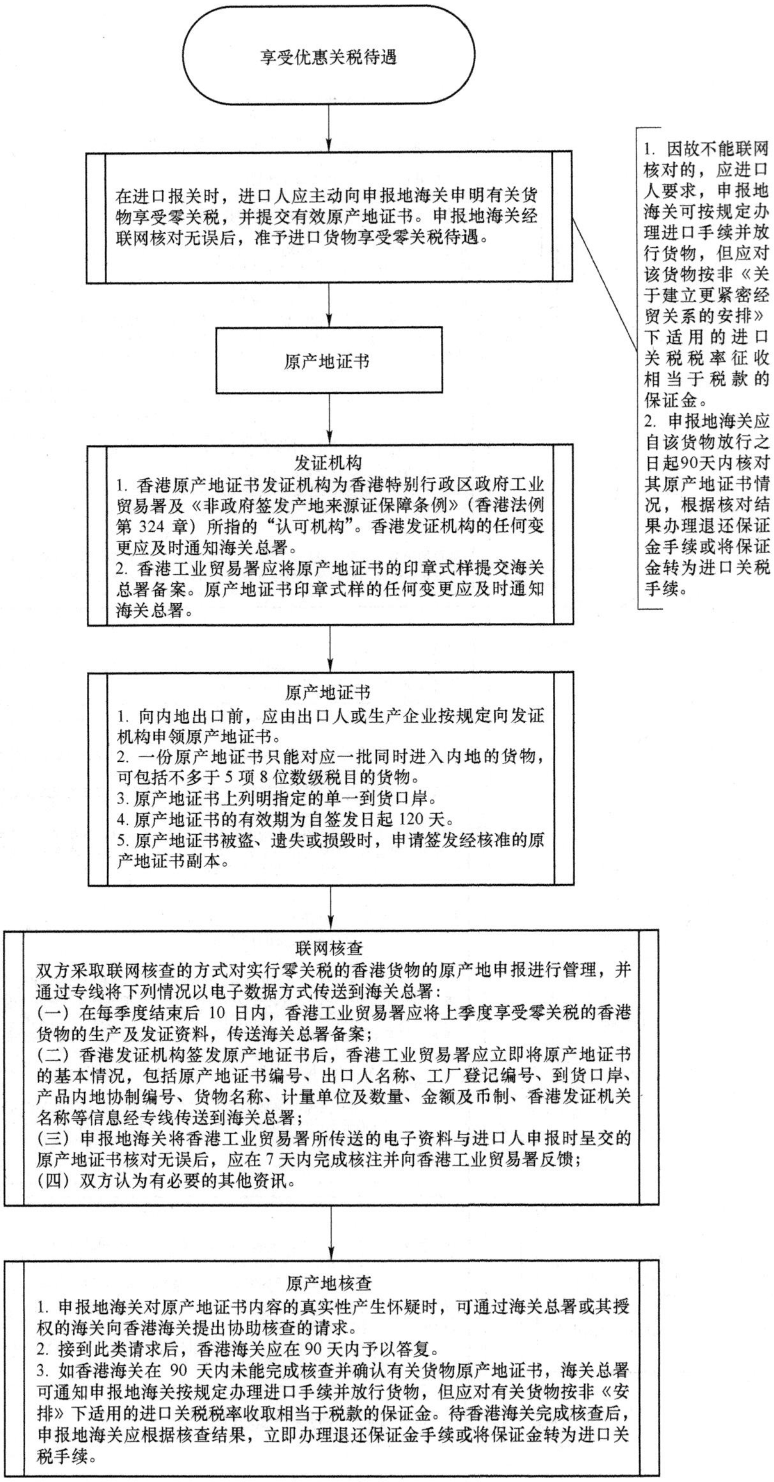

图6-3　CEPA享受进口优惠关税流程

第十一节 中国—冰岛自贸区原产地规则研究

一、中国—冰岛自由贸易协定

2013 年 4 月 15 日，中国和欧洲国家之间签署了第一个自由贸易协定——《中华人民共和国政府和冰岛政府自由贸易协定》（以下简称《协定》）。签订《协定》的中心目的是促进贸易，取消进口关税，并进一步加强两国之间的经济关系。

根据《协定》规定，冰岛自《协定》生效之日起，对从中国进口的所有工业品和水产品实施零关税，这些产品占中国向冰岛出口总额的 99.77%；与此同时，中国对从冰岛进口的 7 830 个税号产品实施零关税，这些产品占中方自冰岛进口总额的 81.56%，其中包括冰岛盛产的水产品。中冰自贸区建成后，双方最终实现零关税的产品，按税目数衡量均接近 96%，按贸易量衡量均接近 100%。

此外，双方还就服务贸易做出了高于 WTO 的承诺，并对投资、自然人移动、卫生与植物卫生措施、技术性贸易壁垒、原产地规则、海关程序、竞争政策、知识产权等问题做出了具体规定。随着关税的取消，两国企业有望受益于自由贸易协定。

二、中国—冰岛自贸区原产地规则

中国—冰岛自贸区原产地规则共有 13 条规则，为《协定》的第 21～33 条。第 21 条是有关原产地规则的相关定义；第 22 条规定能享受关税减让优惠待遇的原产产品的三种类型。第 23 条是对完全获得的原产品的定义。第 24 条对税则归类改变做了规定。第 25 条对区域价值成分做了规定。第 26 条是关于原产地累积规则的规定。第 27 条是关于微小加工的规定。第 28 条是关于微小含量的规定。第 29 条是关于附件、备件及工具的规定。第 30～31 条是关于包装容器和材料的规定。第 32 条是关于中性成分的规定。第 33 条是关于直接运输的规定。

中国—冰岛自贸区原产地规则操作程序共有 12 条规则，为《协定》的第 34～45 条。第 34 条定义了授权机构。第 35 条是关于原产地证据文件的规定，包括原产地证书和原产地声明。第 36 条是关于原产地证书签发程序的规定。第 37～38 条是关于经核准出口商出具的原产地声明的规定。第 39 条是关于免予提交证书的规定。第 40～41 条是与进口相关的要求及退税的规定。第 42 条是关于原产地文件保存的要求。第 43 条是关于原产地核查的规定。第 44 条是关于拒绝给予优惠关税待遇的规定。第 45 条是关于联络点的规定。图 6－4 显示了中国—冰岛自贸区下判定产品原产地的流程，图 6－5 为享受中国—冰岛自贸区进口优惠关税的流程。

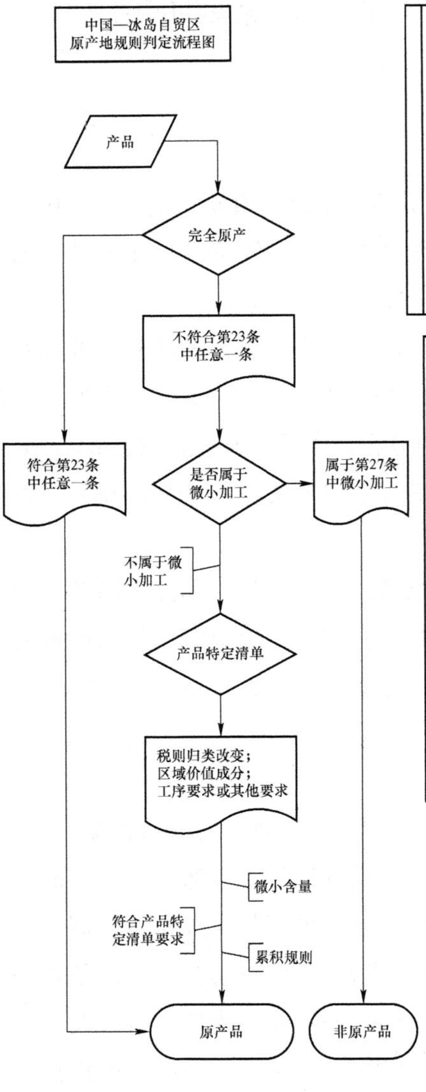

第23条 完全原产

（一）在一方境内的领土或者海床提取的矿产品；
（二）在一方收获的植物和植物产品；
（三）在一方出生并饲养的活动物；
（四）从上述第（三）项所述活动物中获得的产品；
（五）在一方狩猎、诱捕或者在内陆水域捕捞所获得的产品；
（六）在一方的领海捕捞获得的鱼类和其他产品；
（七）在一方登记注册且悬挂该方国旗的船只在一方的领海以外，包括在该方的专属经济区内，捕捞获得的鱼类及其他产品；
（八）在一方登记注册且悬挂该方国旗的加工船上仅由第（六）项和第（七）项的产品加工所得的产品；
（九）在一方的领海以外，该方独享开发权的海床或海床底土提取的产品；
（十）在一方收集的仅适用于原材料回收的旧货；
（十一）在一方生产加工过程中产生且仅适用于原材料回收的废碎料；以及
（十二）在一方由第（一）项至第（十一）项所列产品加工获得的产品。

第27条 不赋予原产资格的微小加工

一、下列操作或加工工序不得赋予货物原产资格：
（一）为确保货物在运输或储存过程中完好无损而进行的保存工序；
（二）包装的拆解和组装；
（三）洗涤、清洁、除尘，去除氧化物、油、漆以及其他涂层；
（四）纺织品的熨烫或压平；
（五）简单的上漆及磨光工序；
（六）谷物及大米的去壳、部分或完全的漂白、抛光及上光；
（七）食糖上色或加工成糖块的工序；
（八）水果、坚果及蔬菜的去皮、去核及去壳；
（九）削尖、简单研磨或简单切割；
（十）过滤、筛选、挑选、分类、分级、匹配（包括成套物品的组合）；
（十一）简单的装瓶、装罐、装袋、装箱、装盒，固定于纸板或木板以及其他任何简单的包装工序；
（十二）在产品或其包装上粘贴或印刷标志、标签、标识及其他类似的用于区别的标记；
（十三）对无论是否为不同种类的产品进行的简单混合；
（十四）把物品零部件装配成完整品或将产品拆成零部件的简单装配或拆卸；
（十五）仅为方便港口装卸所进行的工序；
（十六）屠宰动物；以及（十七）第（一）至（十六）项中的两项或多项工序的组合。
二、在本条中：
（一）简单，通常用来描述既不需要专门的技能也不需要专门生产或装配机械、仪器或装备的行为。
（二）简单混合，通常指既不需要专门的技能也不需要专门生产或装配机械、仪器或装备的行为。但是，简单混合不包括化学反应。

第25条 区域价值成分

一、根据第二十二条的第三款，货物的区域价值成分应当依据下列方法计算：

$$RVC = \frac{V-VNM}{V} \times 100\%$$

在上述公式中：
RVC指以百分比表示的区域价值成分；
V指按照海关估价协定规定，在船上交货价格（FOB）基础上调整的货物价值；
VNM指按照海关估价协定规定，在成本、保险费加运费价格（CIF）基础上调整的非原产材料的价值。
二、在根据本条第一款计算货物的区域价值成分时，货物生产过程中所使用的非原产材料价值，不应当包括为生产原产材料而使用的非原产材料价值。

第24条 税则归类改变

附件4所规定的税则归类改变，指货物生产过程中使用的非原产材料在一方或双方境内经过加工后，发生了税则归类的改变。

填入第9栏的原产地标准

WO：在一方完全获得；
WP：该产品是在一方境内，完全由一方或双方的原产材料生产的；
PSR：该产品是在一方或双方境内，使用符合产品特定原产地规则及其他要求的非原产材料生产的。

第28条 微小含量

在下述情况下，货物虽不满足附件 4 规定的税则归类改变要求，但仍应当视为原产货物，如果：
（一）不满足税则归类改变要求的全部非原产材料（包括原产地不明的材料），按照第二十五条确定的价值不超过该货物船上交货价格（FOB）的百分之十；并且
（二）该货物满足其所适用的本节所有其他规定。

第26条 累积规则

一方的原产货物或材料在另一方境内构成另一货物的组成部分时，该货物或材料应当视为原产于后一方境内。

图 6－4 中国—冰岛自贸区下判定产品原产地的流程

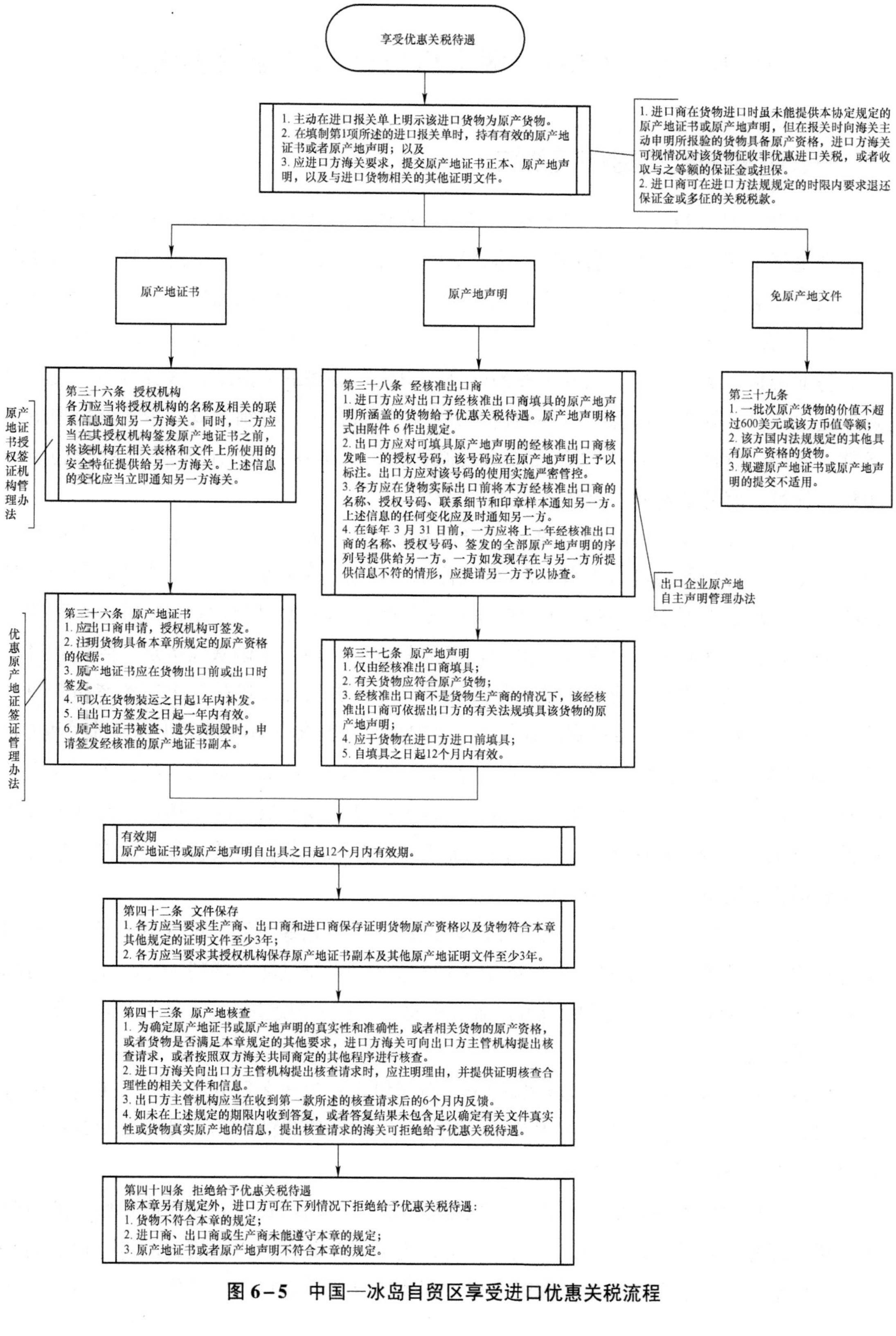

图 6－5　中国—冰岛自贸区享受进口优惠关税流程

第十二节　中国—瑞士自贸区原产地规则研究

一、中国—瑞士自由贸易协定

2013 年 7 月 6 日，中国商务部部长高虎城和瑞士联邦委员兼经济部长施耐德—阿曼在北京签署了《中国—瑞士自由贸易协定》（以下简称《协定》）。《协定》是我国与欧洲大陆国家签署的第一个一揽子自贸协定，是一个高质量、内涵丰富、互利共赢的协定。《协定》正文共 16 章，包括序言、总则、货物贸易、原产地规则与操作程序、海关程序与贸易便利化、贸易救济、技术性贸易壁垒、卫生与植物卫生措施、服务贸易、投资促进、竞争政策、知识产权保护、环境问题、经济技术合作、机制条款、争端解决和最后条款。此外，《协定》还包括货物贸易关税减让表、产品特定原产地规则、原产地证书、纺织品标签、服务贸易具体承诺表等 11 个附件。

《协定》是近年来中国对外达成的水平最高的自贸协定之一。其高水平的一个重要方面，就体现在货物贸易自由化水平很高。《协定》规定，瑞方从《协定》生效之日起，对 6 958 项产品立即实施零关税，对 619 项产品实施部分降税，降幅从 10%到 50%不等，将 254 项产品作为例外不予降税。其中，工业品方面，瑞方承诺从《协定》生效之日起全部实施零关税。农产品方面，瑞方承诺从《协定》生效之日起对 962 项农产品立即实施零关税，对 403 项农产品实施部分降税，对 216 项加工农产品取消工业成分的关税（对其中 23 项加工农产品还将取消其农业成分 40%的关税），将 254 项农产品作为例外不予降税。可以说，这是瑞方首次在自贸协定中较大幅度开放其农产品市场，也是瑞方首次在世贸组织谈判或自贸区谈判中，就削减加工农产品农业成分的关税作出承诺，使我农产品获得更好的进入瑞方市场的机会。

中方从《协定》生效之日起对 1 803 项产品立即实施零关税，对 5 495 项产品经 5 年、10 年或更长时间实施零关税，对 168 项产品经 10 年过渡期降税 60%（对其中 165 项从《协定》生效之日起先降税 18%，然后在此后 9 年内匀速降税），将 457 项产品作为例外不予降税。

总体来看，瑞方将对中方 99.7%的出口自《协定》生效之日立即实施零关税，中方将对瑞方 84.2%的出口最终实施零关税。如果加上部分降税的产品，瑞士参与降税的产品比例是 99.99%，中方是 96.5%。

在原产地实施程序方面，双方同意采用企业自主声明模式，并同意放宽原产地声明格式和签证有关要求。这是中方首次在自贸协定采用企业自主声明模式，将大幅提高贸易便利化水平，降低企业成本。同时，双方同意建立原产地声明电子信息交换系统，并同意相互提供声明序列号，以加强风险管理。

《协定》知识产权章节主要包括总则、版权、商标、专利、工业设计、遗传资源和传统知识、植物新品种、未披露信息、地理标志、执法（包括刑事、民事和边境措施等）、原产地和国名标志等内容。在中国对外商签的自贸协定中，《协定》首次明确规定了知识产权保护的具体权利和义务，突破了之前我自贸协定知识产权章节只包含原则性条款和合作等宣示性条款的做法，增强了权利人保护的透明度和便利性。这充分显示了中方在加强知识产权保护方面积极、开放的态度。

双方同意在中国完成加入世贸组织政府采购协定（GPA）谈判后，尽快开始政府采购谈判，以期缔约双方在互惠基础上达成政府采购协定。

二、中国—瑞士自贸区原产地规则

中国—瑞士自贸区原产地规则共有 13 条规则。第 3.1 条规定了有关原产地规则的相关定义；第 3.2 条规定能享受关税减让优惠待遇的原产产品的三种类型。第 3.3 条是对完全获得的原产品的定义。第 3.4 条对实质性改变和非原产材料价值（VNM）百分比做了规定。第 3.5 条是关于微小含量的规定。第 3.6 条是关于微小加工的规定。第 3.7 条是关于原产地累积的规定。第 3.8 条是关于成套物品和包装容器和材料原产资格的规定。第 3.9 条是关于附件、备件及工具的规定。第 3.10 条是关于中性成分的规定。第 3.11 条是关于可互换材料的规定。第 3.12 条是关于属地原则的规定。第 3.13 条是关于直接运输的规定。

中国—瑞士自贸区原产地规则实施程序共有 12 条规则。第 3.14 条是关于原产地证据文件的规定，包括原产地证书和原产地声明。第 3.15 条是关于原产地证书的规定。第 3.16 条是关于经核准出口商出具的原产地声明的规定。第 3.17 条是关于原产地文件保存的要求。第 3.18 条是与进口相关的要求。第 3.19 条是关于免予提交证书的规定。第 3.20 条是关于原产地核查的规定。第 3.21 条是关于拒绝给予优惠关税待遇况的规定。第 3.22～3.24 条是关于通知、保密和原产地事务实施分委会的规定。第 3.25 条是关于已出口的在途产品的规定。

《中国—瑞士自贸协定》第 2.1 条规定：在 1923 年 3 月 29 日瑞士联邦和列支敦士登公国之间的关税同盟条约生效期间，瑞士的关境包括列支敦士登公国。在瑞士适用累积原产地规则时，用于累积的原料由流动证书欧洲 1 号 EUR.1 证明。图 6－6 显示了中国—瑞士自贸区下判定产品原产地的流程，图 6－7 为享受中国—瑞士自贸区进口优惠关税的流程。

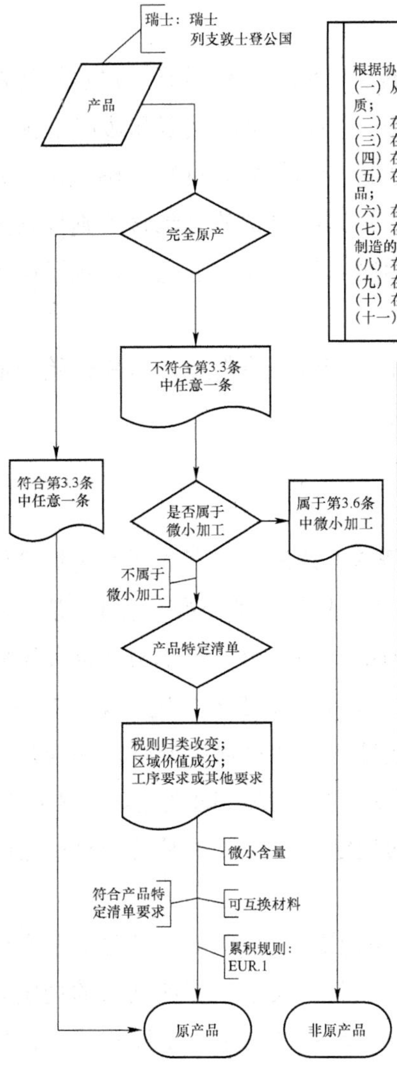

第3.3条 完全原产

根据协定第3.2条第（一）项，下列产品应当视为在缔约一方境内完全获得：
（一）从缔约一方领土、内水、领海、海床或底土提取或得到的矿物产品或其他无生命的天然生成物质；
（二）在缔约一方境内收获、采摘或采集的植物产品；
（三）在缔约一方出生并饲养的活动物及其产品；
（四）在缔约一方狩猎、诱捕、捕捞、采集、捕获或水产养殖获得的产品；
（五）在缔约一方的领海或专属经济区内由在该方注册并悬挂其国旗的船舶捕捞获得的鱼类和其他产品；
（六）在缔约一方注册并悬挂其国旗的船舶在公海捕捞获得的鱼类及其他产品；
（七）在缔约一方注册并悬挂其国旗的加工船上，完全用上述第（五）项及第（六）项所述产品加工、制造的产品；
（八）在缔约一方领海以外根据该方依照国际法制定的国内法拥有开发权的海床或底土提取的产品；
（九）在缔约一方制造过程中产生的仅适用于原材料回收的废碎料；
（十）在缔约一方收集的仅适于原材料回收的旧货；
（十一）完全用上述第（一）至（十）项所列产品在缔约一方加工获得的产品。

第3.6条 不赋予原产资格的微小加工

一、尽管有本协定第3.4条的规定，如果产品仅经过了一项或多项下列操作，不应赋予原产资格：
（一）为确保产品在运输或储存过程中完好无损地保存而进行的操作；
（二）冷冻或解冻；
（三）包装和再包装；
（四）洗涤、清洁、除尘、除去氧化物、除油、去漆以及去除其他涂层；
（五）纺织品或纺织产品的熨烫或压平；
（六）简单的上漆及磨光；
（七）谷物及大米的去壳、部分或完全的漂白、抛光及上光；
（八）食糖上色或加工成糖块的工序；
（九）水果、坚果及蔬菜的去皮、去核及去壳；
（十）削尖、简单研磨或简单切割；
（十一）过滤、筛选、挑选、分类、分级、匹配；
（十二）简单的装瓶，装罐，装袋，装箱，装盒，固定于纸板或木板及其他简单的包装工序；
（十三）在产品或其包装上粘贴或印刷标志、标签、标识及其他类似的用于区别的标记；
（十四）对无论是否为不同种类的产品进行的简单混合；
（十五）把零部件装配成完整产品或将产品拆成零部件的简单装配或拆卸；
（十六）屠宰动物。
二、就第一款而言，“简单”通常用来描述既不需要专门的技能也不需要专门生产或装配机械、仪器或装备的行为。
三、在确定某项产品的生产或加工是否是第一款所述的微小加工或处理时，对该产品在缔约一方进行的所有操作都应被考虑在内。

第3.4条 区域价值成分

1. 非原产材料价值（VNM）百分比是指，允许使用的非原产材料占产品出厂价的最大百分比。该百分比应当依据下列公式计算：

$$VNM\% = \frac{\text{非原产材料价值}}{\text{产品出厂价}} \times 100$$

2. VNM应根据非原产材料（包括原产地不明的材料）在进口时的海关完税价格确定。如果该价格未知或无法确定，应为在该方境内产品生产过程中最早确定的实付或应付价格。
3. 具备缔约一方原产资格的产品，如果作为另一产品生产的材料进行进一步加工，在确定最终产品的原产状态时不考虑该原产材料的非原产成分。

第3.5条 微小含量

一、尽管有本协定第3.4条的第一款，只要总价值不超过产品出厂价的10%，非原产材料无需满足附件二的规定。
二、本条款不适用于附件二中规定的增值标准。

第3.7条 累积规则

一、在不违背本协定第3.2条的情况下，如原产于缔约一方的产品在另一缔约方境内用作生产产品的材料，只要在该方进行的最后加工工序超出本协定第3.6条第一款的范畴，则应视为原产于该方。
二、原产于缔约一方的产品出口到另一缔约方后，如果没有经过本协定第3.6条第一款所规定以外的生产或加工，其原产地应保持不变。

第3.11条 可互换材料

一、如果在产品的生产或加工过程中同时使用了原产和非原产的可互换材料，可依据库存管理制度确定所使用的材料是否为原产材料。
二、在第一款中，“可互换材料”是指相同种类或商业品质相同的可以互相替换的材料，这些材料一旦构成最终产品的一部分，彼此无法加以区分。
三、库存管理制度应当基于在生产产品的缔约一方适用的公认会计准则，应当确保获得原产资格的产品数量不会超过对材料进行物理隔离时获得原产资格的产品数量。采用库存管理制度的生产商应当保存该制度的运营记录，以便核查其是否符合本章规定。
四、就本条而言，缔约一方可以根据其国内法的规定要求建立库存管理制度。

填入第9栏的原产地标准

WO：在一方完全获得；
WP：该产品是在一方境内，完全由一方或双方的原产材料生产的；
PSR：该产品是在一方或双方境内，使用符合产品特定原产地规则及其他要求的非原产材料生产的。

税则归类改变

1.“章改变”表示从任何其他章改变至本章、品目或子目。这表示所有用于生产产品的非原产材料进行了HS编码两位数级的税则归类改变。
2.“品目改变”表示从任何其他品目改变至本章、品目或子目。这表示所有用于生产产品的非原产材料进行了HS编码四位数级的税则归类改变。
3.“子目改变”表示从任何其他子目改变至本章、品目或子目。这表示用于生产产品的所有非原产材料进行了HS编码六位数级的税则归类改变。

图6-6 中国—瑞士自贸区下判定产品原产地的流程

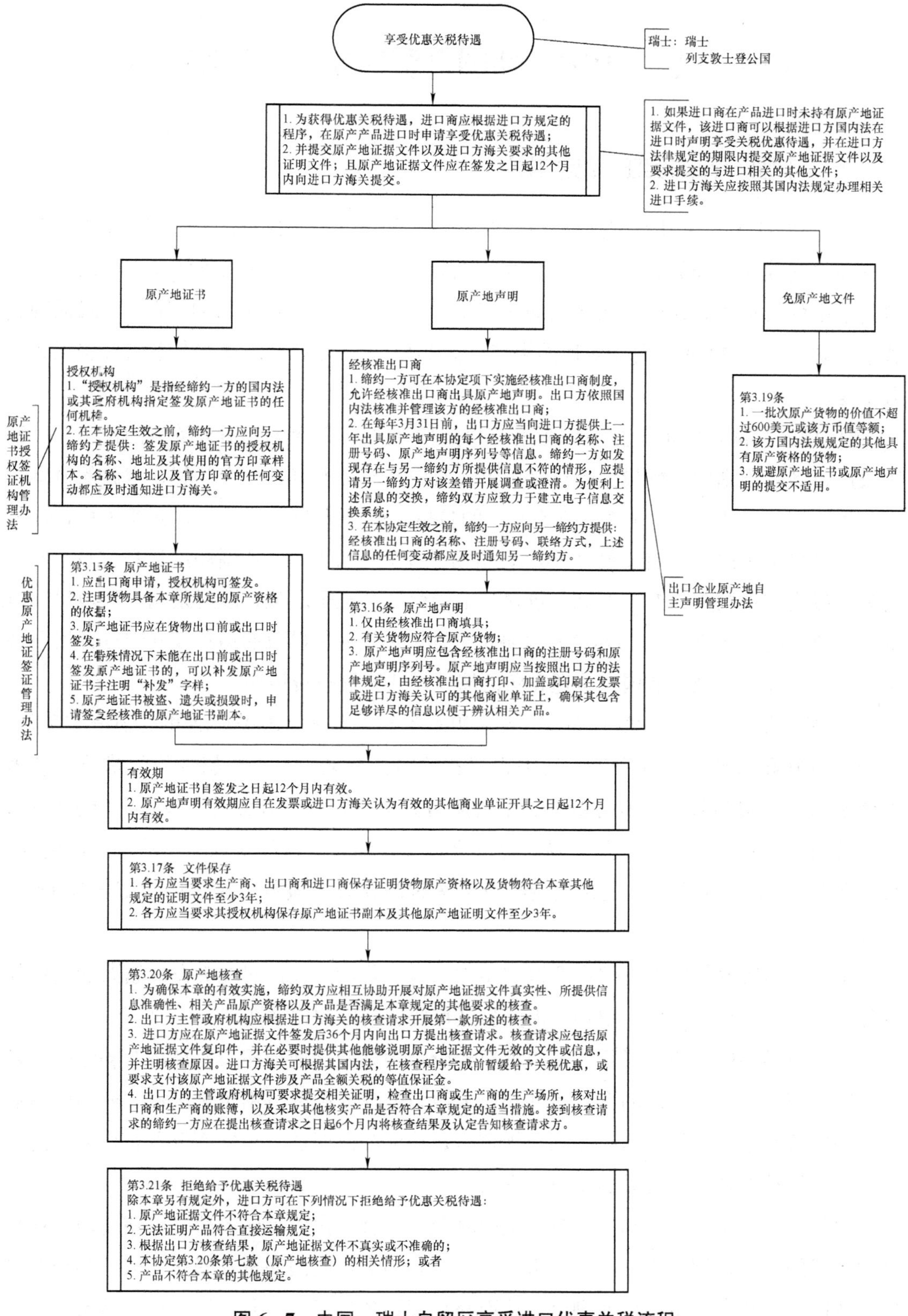

图 6－7　中国—瑞士自贸区享受进口优惠关税流程

第十三节　中国—韩国自贸区原产地规则研究

一、中国—韩国自由贸易协定

早在 2004 年，中韩双方宣布启动中韩自由贸易区民间可行性研究。2006 年，双方又宣布启动政府主导的官产学联合研究。直到 2012 年，双方认为条件基本成熟，正式启动了中韩自贸协定谈判。在随后的两年半时间里，双方经过艰苦的 14 轮正式谈判和若干次磋商，于 2014 年底实质性结束谈判。2015 年 6 月 1 日，双方在韩国首尔正式签署协定。

《中国—韩国自由贸易协定》（简称《协定》）是我国迄今为止对外签署的覆盖议题范围最广、涉及国别贸易额最大的自贸协定，对中韩双方而言是一个互利、双赢的协定，实现了“利益大体平衡、全面、高水平”的目标。根据《协定》，在开放水平方面，双方货物贸易自由化比例均超过税目 90%、贸易额 85%。《协定》范围涵盖货物贸易、服务贸易、投资和规则共 17 个领域，包含了电子商务、竞争政策、政府采购、环境等“21 世纪经贸议题”。同时，双方承诺在《协定》签署生效后将以负面清单模式继续开展服务贸易谈判，并基于准入前国民待遇和负面清单模式开展投资谈判。

《协定》除序言外共 22 个章节，包括初始条款和定义、国民待遇和货物市场准入、原产地规则和原产地实施程序、海关程序和贸易便利化、卫生与植物卫生措施、技术性贸易壁垒、贸易救济、服务贸易、金融服务、电信、自然人移动、投资、电子商务、竞争政策、知识产权、环境与贸易、经济合作、透明度、机构条款、争端解决、例外、最终条款。此外，《协定》还包括货物贸易关税减让表、服务贸易具体承诺表等 18 个附件。

中韩自由贸易协定的签署在两国关系中具有里程碑意义，对亚洲发展繁荣和全球经济复兴都将起到重要作用。中韩自由贸易区重要意义主要体现在三个方面：

一是将推动中韩两国经贸关系迈上新台阶。中韩两国地理相邻、经济互补性强，发展经贸合作具有得天独厚的有利条件和巨大潜力。建立中韩自由贸易区后，两国间商业活动和经贸往来会更加自由、便利和规范，这将成为两国进一步发挥经贸合作潜力的重要契机，推动中韩经贸关系实现更大飞跃。

二是将促进中韩经济和产业链的全面融合。中韩自由贸易区的建立将使两国企业享受到更低的关税，拥有更大的共同市场。更重要的是，两国间贸易壁垒的取消和降低将促进两国经济和产业链的全面融合，从而充分利用各自优势，共同提升在全球市场的竞争力，携手向全球价值链的更高端迈进，在互利共赢的基础上实现共同发展。

三是将推进区域经济一体化实现新发展。中韩自由贸易区作为整个东北亚地区的第一个自由贸易区，为推动中日韩自由贸易区、《区域全面经济伙伴关系协定》（RCEP）自贸区乃至未来亚太自由贸易区的建立，走出了重要一步，将对加快东亚和亚太区域经济一体化进程产生积极的示范效应。同时，中韩自由贸易区也是中国“一带一路”倡议和韩国“欧亚倡议”构想的重要连接点，对两国携手推动“一带一路”建设和欧亚大陆经济融合具有重要的推动作用。

对于全球贸易份额排名分别为第 1 位和第 9 位、双边贸易额近 3 000 亿美元的中韩两国来说，达成一个高水平、全面的自贸协定将使两国企业获得前所未有的机遇。它不仅意味着更低的关税和更大的共同市场，更重要的是，将促进两国产业链之间更紧密融合和竞争力的共同提升，实现在全球价值链中的共同发展、互利共赢。

韩国是我国第三大贸易伙伴国，中韩自由贸易区是截至目前我国对外商谈的涉及国别贸易额最大的自由贸易区。同时，也开创了几个第一：我国第一次在对外签署的自贸协定中承诺未来将采用准入前国民待遇和负面清单模式开展服务贸易和投资谈判，第一次纳入电子商务等新议题，第一次涉及地方经济合作。

中韩两国的产业链有着很强的互补性，从韩国进口中间产品、零部件和机器设备，是我国现阶段国内产业所需要的，这些中间产品和零部件在我国加工成制成品后，除在我国消费和回流韩国外，很大部分出口到世界各地，扩大了两国在全球的市场份额。就中韩自贸协定关于降税的具体安排而言，中韩自由贸易区建成后，韩国将对我国 92%的产品实现零关税，覆盖自我国进口额的 91%；我国也将对韩国 91%的产品实现零关税，覆盖自韩国进口额的 85%。这也是一个利益大体平衡的结果，将对促进和扩大中韩双边贸易起到积极的推动作用。

根据中韩自贸协定达成的安排，双方零关税产品税目将达到 90%以上，中韩双方其余不到 10%没有实现零关税的是中韩两国都各有的一些高度敏感产品。经过反复深入磋商，双方最终在确保利益大体平衡的原则下，妥善解决了高度敏感产品问题。从双方降税安排看，中方的高度敏感产品主要是汽车、机械、化工、钢铁、电子等制造业领域的一些中高端产品，韩方的高度敏感产品主要集中在农林水产、纺织、汽车等领域。

中韩双方大多数零关税产品将在 10 年内取消关税。中国将对来自韩国的 71%的产品在 10 年为取消关税，覆盖中国自韩国进口总额的 66%；韩国将对来自中国的 79%的产品在 10 年内取消关税，覆盖韩国自中国进口总额的 77%。此外，中韩双方部分降税产品基本均在 5 年内完成《协定》规定的降税，关税配额产品的配额内税率将在协定生效后立即降为零。

完善原产地规则，维护我国海洋权益

《协定》的实施将为两国产业界带来新的机遇。随着经济全球化的不断深化，全球价值链的逐渐扩展，特别是区域生产网络的日益融合，中韩两国建立自由贸易区对产业界的好处，不仅体现在更低的关税和更大的共同市场，更重要的是，它意味着通过降低贸易成本和相互开放市场，促进两国产业链之间更加紧密融合和竞争力的共同提升，实现在全球价值链中的共同发展、互利共赢。因此，产业界应该以更加长远、辩证的眼光，看待中韩自由贸易区达成的安排，更加全面、深入地挖掘自由贸易区带来的机遇，更加充分、有效地利用自由贸易区提供的成果。

从中国相对具有竞争优势的产业看，除服装、有色金属等传统劳动和资源密集型产业外，中国在部分钢铁制品和电子、机械产品等一些资本和技术密集型产业中，也呈现出较快的发展趋势，逐渐形成较强的竞争力。建立中韩自由贸易区更有利于发挥中国企业的已有优势，进一步提升产业竞争力，充分利用国际国内两个市场，为中国相关产业发展提供有力支撑，巩固和提升中国企业在全球价值链中的地位。

从中韩都具有较强国际竞争力的产业看，如电子电气设备产业，中韩双边贸易以中间产品为主，体现出较强的产业内贸易特点。建立中韩自由贸易区，取消或降低两国间贸易壁垒，有利于两国相关产业实现“强强融合、优势互补”，充分利用两国的技术和市场，进一步培育和增强两国产业和产品的国际竞争力，提升两国产业在东亚区域生产网络和全球价值链中的地位和作用，共同扩大在全球的市场份额。

对中国消费者来说，一些家电产品、日用化工品、韩国特色食品、服装、鞋帽等赴韩旅游购物或韩国代购的热门产品将更加便宜。在家电产品方面，电冰箱、电饭锅、电炒锅、电烤箱、电磁炉、微波炉以及一些按摩仪、美容仪等将在 10 年内取消目前 15%的关税。在日用化工品方面，牙膏等口腔清洁用品将在 10 年内取消目前 10%的关税，洗发沐浴产品和护肤品也将在 5 年内部分降税 20%～35%左右。在韩国特色食品方面，海苔的关税将在 10～20 年从目前的 15%降为零，泡菜目前 25%的关税将在 20 年内取消，此外，鳕鱼、冻蟹等近 90%的水产品将在 10 年内逐步取消关税。在服装、鞋帽方面，许多产品的关税将在 10～20 年从目前的约 15%降为零。

对韩国消费者来说，也将以更加优惠的价格买到来自中国的农水产品、服装和鞋类、家电等产品。在农水产品方面，鹅等部分禽类产品目前 20%～30%的关税将在 20 年内取消；目前关税为 10%～20%的鱼、冷水虾及虾仁等部分水产品将在 5～20 年实现零关税；芹菜、豆类等部分蔬菜和菠萝、梨等部分水果的关税，也将在 15～20 年从目前的 30%左右降为零。在服装和鞋类方面，目前韩国平均关税分别约为 25%和 10%，部分产品将在 10～20 年实现零关税。在家电产品方面，电冰箱和取暖设备的关税将在 10～20 年从 8%降为零。

中韩自贸协定是一个动态的协定。谈判分为两个阶段，目前达成的协定是第一阶段谈判成果。第二阶段谈判由习近平主席与时任韩国总统文在寅于 2017 年 12 月共同宣布启动，以负面清单模式启动服务贸易和投资自由化谈判，争取实现更高的自由化水平。关于第二阶段谈判的安排，主要有两方面考虑：一是在协定生效后，两国各自服务市场还存在进一步开放的可能。因此希望通过第二阶段谈判，继续给予彼此更高自由化水平的待遇。这将有利于大力发展我国的服务业，稳定和增加就业，调整经济结构，提高发展质量效率，培育新的增长点。二是我国将采用负面清单模式开展服务贸易谈判，这将有利于我国改革并完善服务业的管理模式，为我国服务业和服务贸易发展创造更为宽松良好的政策环境，也是我国建设法治政府、服务型政府的一项重要举措。

对于我国企业向韩国出口的商品，应达到一定的标准才能获得原产地资格，从而享受相应的优惠关税税率，在协定的第三章原产地规则中，对原产货物的判定标准做出具体规定。在实施程序方面，协定对原产地证书申领和签发、进口申报、原产地核查等均作出详细规定。

中国从韩国进口的主要商品有机电产品、光学医疗设备和化工产品。中国向韩国出口的主要商品有机电产品、贱金属及制品和化工产品。在纺织品及原料、家具玩具这类劳动密集型产品的进口市场上，中国继续保持优势。

二、中国—韩国自贸协定原产地规则

中国—韩国自贸协定原产地规则共有 14 条规则，为协定文本的第 3.1～3.14 条。第 3.1 条规定了有关原产地规则的相关定义；第 3.2 条规定能享受关税减让优惠待遇的原产货物的三种类型；第 3.3 条规定了特定货物的处理；第 3.4 条是对完全获得的原产品的定义。第 3.5 条对区域价值成分做了规定。第 3.6 条是关于原产地累积的规定。第 3.7 条是关于微小加工的规定。第 3.8 条是关于微小含量的规定。第 3.9 条是对可互换材料的规定。第 3.10 条是关于中性成分的规定。第 3.11 条是对成套货品的规定。第 3.12 条是关于包装材料和容器的规定。第 3.13 条是关于附件、备件及工具的规定。第 3.14 条是关于直接运输的规定。

中国—韩国自贸协定原产地实施程序共有 14 条规则，为协定的第 3.15～3.28 条。第 3.15 条是关于原产地证书的规定。第 3.16 条定义了授权机构。第 3.17～3.18 条是于进口时和进口后享受优惠关税待遇的规定。第 3.19 条是关于免于提交原产地证书的规定。第 3.20 条是关于原产地文件保存的要求。第 3.21 条是关于原产地证书存在微小差异与错误时的处理规定。第 3.22 条是关于第三方发票的规定。第 3.23 条是关于原产地核查的规定。第 3.24 条规定了保密的要求。第 3.25 条是关于拒绝给予优惠关税待遇况的规定。第 3.26 条是关于运输或存储货物的过渡性条款。第 3.27 条规定应在协定生效之前建立原产地电子数据交换系统。第 3.28 条是关于原产地规则分委员会的规定。

中国—韩国自贸协定原产地规则及其实施程序的要点如下。

（一）原产品的确定

1. 首先应判定产品是否符合完全原产品或完全获得品的条件，如果符合，产品是完全原产品或完全获得品；（第 3.4 条）

2. 如果不符合，应确定对非原产成分所进行的加工是否超出第 3.7 条所定义的微小加工或处理的范围，如果未超出，产品不具有原产资格；（第 3.7 条）

3. 如果超出，查看产品特定原产地规则清单，确定其是否符合相应的特定原产地标准，如果符合，产品具有原产资格；（第 3.2 条）

4. 如果达不到上述的要求，但符合有关累积规则、微小含量、成套货物等辅助规则，产品具有原产资格；

5. 如果不符合，则产品不具有原产地资格。

（二）原产品的确定中企业应该注意之处

1. 累积原产地规则

一缔约方的原产货物或材料在另一缔约方用于生产另一货物时，该货物或材料应当视为原产于后一缔约方。

2. 产品特定原产地规则

在一方或双方境内使用非原产材料生产的货物，在确定其原产地资格时应当符合所规定的相应原产地标准，协定的产品特定原产地规则所列的税则归类改变、区域价值成分、上述规则的组合或其他要求。

（1）税则归类改变标准：在适用税则归类改变标准时，非原产材料在缔约一方或双方境内经过制造加工后，所得货物必须发生产品特定原产地规则所规定的税则归类改变，才能赋予原产地资格。具体有章改变、品目改变和子目改变三类。

（2）区域价值成分：在适用区域价值成分（RVC）标准时，其 RVC 应按下列公式计算：

$$\mathrm{RVC}=\frac{\mathrm{FOB}-\mathrm{VNM}}{\mathrm{FOB}}\times 100\%$$

其中：

RVC 为区域价值成分，以百分比表示；VNM 为非原产材料的价值，VNM 应当根据下列情况加以确定：对于进口的非原产材料，VNM 应为在货物进口时的 CIF 价格；对于在一缔约方获得的非原产材料，VNM 应为在该缔约方货物生产过程中最早确定的非原产材料的实付或应付价格。该非原产材料的价格不应包括将其从供应商仓库运抵生产商所在地的运费、保险费、包装费及任何其他费用。

3. 微小含量

货物不满足产品特定原产地规则规定的税则归类改变要求，但同时符合下列条件的，仍应视为原产货物：

（1）对于协调制度第 15～24 章、50～63 章以外的货物，在货物生产中所使用的未发生规定税则归类改变的全部非原产材料的价值不超过该货物 FOB 价格的 10%；

（2）对于协调制度第 15～24 章的货物，在货物生产中所使用的未发生规定税则归类改变的全部非原产材料的价值不超过该货物 FOB 价格的 10%，且所使用的上述非原产材料的子目不同于最终货物的子目号；或者

（3）对于协调制度第 50～63 章的货物，在货物生产中使用了未发生规定税则归类改变的非原产材料，只要全部上述非原产材料的重量不超过该货物总重量的 10%，或者全部上述非原产材料的价值不超过该货物 FOB 价格的 10%。

4. 包装材料和容器

在确定货物原产地时，用于货物运输的包装材料及容器不予考虑。

如果零售用包装材料及容器与该货物一并归类，在决定生产过程中所使用的非原产材料是否发生了产品特定规则规定的税则归类改变时，这些零售用包装材料及容器应不予考虑。但是，对于必须适用区域价值成分要求的货物，在确定该货物原产地时，零售用包装材料及容器的价值应当视情作为原产材料或非原产材料予以考虑。

5. 附件、备件及工具

在确定货物的原产地时，与货物一同运输并报验进口的附件、备件或工具，同时符合下述条件的，应当不予考虑：

（1）附件、备件或工具与该货物一并归类，且不单独开具发票；以及

（2）上述附件、备件或工具在数量及价值上都是根据习惯为该货物正常配备的。

对于适用区域价值成分要求的货物，在计算该货物的区域价值成分时，上述的附件、备件或工具的价值应当视情记入原产材料或非原产材料价值进行计算。

6. 中性成分

在确定货物是否为原产货物时，下列中性成分的原产地不予考虑：

（1）燃料、能源、催化剂及溶剂；

（2）用于测试或检验货物的设备、装置及用品；

（3）手套、眼镜、鞋靴、衣服、安全设备及用品；

（4）工具、模具及型模；

（5）用于设备和建筑维护的备件和材料；

（6）在生产中使用或用于运行设备和维护厂房建筑的润滑剂、油（滑）脂、合成材料及其他材料；以及

（7）在货物生产过程中使用，虽未构成该货物组成成分，但能合理表明为该货物生产过程一部分的任何其他货物。

（三）原产地证书

1. 原产地证书的申请与签发

原产地证书应在货物装运前、装运时或装运后 7 个工作日内签发，并自出口方签发之日起一年内有效。

如因不可抗力，非故意的错误、疏忽，或者其他合理原因，导致原产地证书未能在货物装运前、装运时或装运后 7 个工作日内签发的，原产地证书可以在货物装船之日起 1 年内补发。补发的原产地证书应当注明“补发”字样。

原产地证书被盗、遗失或损毁时，如果此前签发的原产地证书正本经核实未被使用，则出口商或生产商可以向出口方授权机构书面申请签发经核准的原产地证书副本。经核准的原产地证书副本上应注明“原产地证书正本（编号　　日期　　）经核准的真实副本”字样。

2. 原产地证书的提交

申明享受优惠关税待遇的进口商应当：

（1）在进口报关单上作出书面申明，注明该进口货物为原产货物；

（2）在填制上述的进口报关单时，持有有效的原产地证书；以及

（3）根据各自国内法律法规的规定，提交原产地证书正本以及与进口货物相关的其他证明文件。

当进口商有理由相信申报所依据的原产地证书上含有不正确的信息时，应当立即做出更正申报，并且缴纳所欠税款。

当原产货物进口后，进口商可以在进口之日起一年内申请退还该货物未享受优惠关税待遇而多付的税款、保证金。进口商应向进口方海关提交下列文件：一份有效的原产地证书，证实货物在进口时为原产货物；以及进口方要求提供的与进口该货物相关的其他文件。

但各方可根据各自法律法规要求进口商在进口时向海关正式申报以此作为享受优惠关税待遇的前提条件，否则进口商不得享受优惠。

一缔约方应对完税价格不超过 700 美元或该缔约方币值等额的一批次原产货物免予要求提交原产地证书，并给予优惠关税待遇。如进口方海关确认该项进口实属为规避原

产地证书的提交要求而实施或安排的一系列进口的一部分，则上述规定不予适用。

如进口方海关认定一份原产地证书存在微小差异和错误，例如难于辨认，存在瑕疵，或者原产地证书信息和向海关书面申报的信息不一致等，进口方海关应给予进口商自要求之日起 5 到 30 个工作日的期限重新提交符合要求的原产地证书。

3. 原产地核查

为确定从一缔约方输入另一缔约方的货物是否具备原产货物资格，进口方海关可以按以下顺序进行核查：

（1）要求进口商提供进口货物原产地相关的信息；

（2）要求出口方海关核查货物的原产资格；

（3）向出口方海关提出对出口方的出口商或者生产商开展核查访问；或者

（4）缔约双方海关共同商定的其他程序。

在等待核查结果期间，进口方海关可以暂缓给予优惠关税待遇。但是，只要有关产品不属于禁止或限制进口产品且不涉嫌瞒骗，在采取相应的行政管理措施后，货物可予以放行。

进口方海关可在下述情况下拒绝给予优惠关税待遇：

（1）进口商自收到补充提交信息的要求之日起 1 个月内未根据要求予以反馈；

（2）自收到进口方海关核查请求之日起 6 个月内出口方海关未能依据要求反馈核查结果；

（3）进口方海关收到的核查结果或者核查访问的结果未能包含确认所核查货物真实原产资格的必要信息；

（4）出口方海关对进口方海关提出的核查访问要求予以拒绝；或者

（5）出口方海关未根据要求自收到进口方海关提出的核查访问请求之日起 30 天内予以反馈。

4. 文件保存要求

生产商或出口商自原产地证书签发之日起 3 年内保存原产地相关文件。这些文件包括但不限于如下记录：

（1）货物的购买记录、成本及价值组成，或者支付记录；

（2）用于生产货物的所有材料（包括中性成分）的购买记录、成本及价值组成，或者支付记录；

（3）形成货物出口时状态的生产记录；以及

（4）各缔约方法律法规要求的其他记录。

授权机构应保存原产地证书的副本及能充分证明货物原产地的任何其他文件至少 3 年。

为确保迅速检索，出口商、生产商、进口商或授权机构可以根据各成员方国内法规的规定选择任意媒体介质保存上述的记录，媒体介质包括但不限于数字、电子、光学、磁性或者书面等形式。

（四）直接运输

申明享受优惠关税待遇的缔约方原产货物，应当在缔约双方之间直接运输。

货物运经一个或多个非缔约方，不论是否在这些非缔约方转换运输工具或临时储存，只要满足下列条件，仍应视为在成员方之间直接运输：

（1）货物的转运被证明是基于地理原因或者仅出于运输需要考虑；

（2）货物在非缔约方未进入贸易或消费领域；以及

（3）除装卸、因运输原因而分装，或使货物保持良好状态所需的处理外，货物在非缔约方未经任何其他处理。

货物在非缔约方临时储存的，在储存期间必须处于非缔约方海关监管之下。货物在非缔约方停留时间自其进入该非缔约方之日起不得超过 3 个月。如果因不可抗力原因导致货物停留时间超过 3 个月的，则停留时间最多不得超过 6 个月。此类情形下，在申报进口货物时，应当向进口方海关提交下列单证：

（1）对于在非缔约方转运或者转换运输工具的，应提交如航空运单、提单或涵盖出口方至进口方的多式联运提单等运输单证；以及

（2）对于在非缔约方存储或者改换运输用集装箱的，应提交如航空运单、提单或涵盖出口方至进口方的多式联运提单等运输单证，以及该非缔约方海关出具的证明文件。进口方海关可指定非缔约方的其他有资质的机构签发证明文件，并应将该信息通知出口方海关。

第十四节　中国—澳大利亚自贸区原产地规则研究

一、中国—澳大利亚自贸协定

中澳自由贸易协定谈判于 2005 年 4 月启动，是继中韩自贸协定后，我国与亚太地区重要经济体结束的另一个全面、高水平的自由贸易协定谈判。2014 年 11 月 17 日双方共同确认实质性结束中澳自由贸易协定谈判。

2015 年 6 月 17 日两国政府正式签署《中华人民共和国政府和澳大利亚政府自由贸易协定》。中澳自贸协定正式签署之后，两国将履行各自的国内批准程序。批准程序完成后，两国政府将通过外交渠道确定具体生效时间并互致照会，使协定尽快生效。

中澳自贸协定在内容上涵盖货物、服务、投资等十几个领域，实现了“全面、高质量和利益平衡”的目标，是我国与其他国家迄今已商签的贸易投资自由化整体水平最高的自贸协定之一。中澳自贸协定包括正文部分和 4 个附件。正文部分除序言以外共 17 章，分别是初始条款与定义、货物贸易、原产地规则和实施程序、海关程序与贸易便利化、卫生与植物卫生措施、技术性贸易壁垒、贸易救济、服务贸易、投资、自然人移动、知识产权、电子商务、透明度、机制条款、争端解决、一般条款与例外、最终条款，其中包括各章附件共 11 个。协定的 4 个附件分别是货物贸易减让表、特定产品原产地规则、服务贸易减让表以及关于技能评估、金融服务、教育服务、法律服务、投资者与国家争端解决透明度规则的 5 份换文。

在货物领域，双方各有占出口贸易额 85.4%的产品将在协定生效时立即实现零关税。减税过渡期后，澳大利亚最终实现零关税的税目占比和贸易额占比将达到 100%；中国实现零关税的税目占比和贸易额占比将分别达到 96.8%和 97%。这大大超过一般自贸协定中 90%的降税水平。

在服务领域，澳方承诺自协定生效时对中方以负面清单方式开放服务部门，成为世界上首个对我国以负面清单方式作出服务贸易承诺的国家。中方则以正面清单方式向澳方开放服务部门。此外，澳方还在假日工作机制等方面对中方作出专门安排。

在投资领域，双方自协定生效时起将相互给予最惠国待遇；澳方同时将对中国企业赴澳投资降低审查门槛，并作出便利化安排。

除此之外，协定还在包括电子商务、政府采购、知识产权、竞争等“21 世纪经贸议题”在内的十几个领域，就推进双方交流合作作了规定。

澳大利亚是经济总量较大的主要发达经济体，是全球农产品和能矿产品主要出口国，有着成熟的市场经济体制和与之相匹配的法律制度及治理模式。中澳自贸协定签署，是我国在加快形成面向全球的高标准自由贸易区网络进程中迈出的重要而坚实的一步，对我国经济发展进入新常态下全面深化改革，构建开放型经济新体制将起到重要的促进作用。中澳自贸协定也是继韩国之后，我国与亚太地区又一个重要经济体签署的自贸协定。这对于推动区域全面经济伙伴关系和亚太自由贸易区进程以及加快亚太地区经济一体化进程、实现区域共同发展和繁荣具有十分重要的意义。

中澳自贸协定的签署是中澳两国经贸合作发展的重要里程碑。中澳两国一直互为重要的贸易投资伙伴，双边经贸关系发展迅速，贸易和投资规模持续扩大。中国从澳大利亚进口主要是原料性产品，如金属矿砂、钢材、煤、化肥、羊毛、粮油食品等。中国出口澳大利亚主要是传统的机电产品、纺织品、家具玩具制品、贱金属及制品、塑料、橡胶、化工产品。

中澳自贸协定中，澳大利亚降税方式分三种：一是在协定生效时关税已经为零或立即降为零；二是在协定生效后第 3 年关税降为零；三是在协定生效后第 5 年关税降为零。三种降税方式所涉税目数占澳大利亚总税目数的比重分别为 91.6%、6.9%和 1.5%，相关产品澳大利亚自中国进口额占自中国进口总额的比重分别为 81.5%、16.9%和 1.6%。中国降税方式可以分为五大类，一是在协定生效时关税已经为零或立即为零，这部分产品税目占比为 29.2%，自澳进口额占自澳总进口额的比重（下称进口额占比）为 85.3%；二是通过降税期将关税降为零，降税期分为 3 年、5 年、6 年、8 年、9 年、10 年、12 年和 15 年，这部分产品税目占比为 67.6%，进口额占比为 8.7%；三是通过降税期将关税降为零，同时实施特殊保障措施，这部分产品税目数占比为 0.1%，进口额占比为 0.9%；四是实施国别关税配额产品，这部分产品税目数占比为 0.1%，进口额占比为 2.1%；五是例外产品，即不参与关税减让，这部分产品税目数占比为 3.1%，进口额占比为 3%。

二、中国—澳大利亚自贸协定原产地规则

中国—澳大利亚自贸协定原产地规则共有 13 条规则，为协定的第三章原产地规则的第 1～13 条。第 1 条规定了有关原产地规则的相关定义；第 2 条规定能享受关税减让优惠待遇的原产产品的三种类型；第 3 条是对完全获得的原产品的定义。第 4 条是对税则归类改变的规定。第 5 条对区域价值成分做了规定。第 6 条是关于原产地累积的规定。第 7 条是关于微小含量的规定。第 8 条是关于附件、备件及工具的规定。第 9 条是对可互换材料的规定。第 10 条是关于包装容器和材料的规定。第 11 条是关于中性成分的规定。第 12 条是关于微小加工的规定。第 13 条是关于直接运输的规定。

中国—澳大利亚自贸协定原产地规则实施程序共有 11 条规则，为中澳自贸协定第三章原产地规则的第 14～24 条。第 14 条是关于原产地证书的规定。第 15 条是关于原产地声明的规定。第 16 条是于进口时和进口后享受优惠关税待遇的规定。第 17 条是关于原产地证书存在微小差异与错误时的处理规定。第 18 条是关于免于提交原产地证书或原产地声明的规定。第 19 条规定了原产地证书或原产地声明的修改。第 20 条是关于原产地文件保存的要求。第 21 条是关于原产地核查的规定。第 22 条是关于拒绝给予优惠关税待遇的规定。第 23 条是关于运输在途货物的过渡性条款。第 24 条是关于审议的规定。

中国—澳大利亚自贸协定原产地规则的要点如下。

（一）原产品的确定

1. 首先应判定产品是否符合完全原产品或完全获得品的条件，如果符合，产品是完

全原产品或完全获得品；（第 3 条）

2. 如果不符合，应确定对非原产成分所进行的加工是否超出第 12 条所定义的微小加工或处理的范围，如果未超出，产品不具有原产资格；（第 12 条）

3. 如果超出微小加工的范围，查看产品特定原产地规则清单，确定其是否符合相应的特定原产地标准，如果符合，产品具有原产资格；（第 2 条）

4. 如果达不到上述的要求，但符合有关累积规则、微小含量等辅助规则，产品具有原产资格；

5. 如果不符合，则产品不具有原产地资格。

（二）原产品的确定中企业应该注意之处

1. 累积原产地规则

来自一方领土的原产材料在另一方领土内用于货物的生产时，应视为原产于后一方领土内。

2. 产品特定原产地规则

在一方或双方领土内使用非原产材料生产，符合产品特定原产地规则所列产品特定规则以及其所适用的原产地规则的其他条款。

（1）税则归类改变标准：产品特定原产地规则所列的税则归类改变标准，要求货物生产中所使用的非原产材料在一方或双方领土内经过加工后发生税则归类改变。具体有章改变、品目改变和子目改变三类。

（2）区域价值成分：产品特定原产地规则提及区域价值成分（RVC）时，其区域价值成分应按照下列公式计算：

$$\mathrm{RVC}=\frac{\mathrm{V}-\mathrm{VNM}}{\mathrm{V}}\times 100\%$$

其中：

RVC 为区域价值成分，以百分比表示；V 为按照《海关估价协定》规定，在离岸价基础上调整的货物价格；VNM 为非原产材料包括不明原产地材料的价格。非原产材料的价值应当根据下列情况加以确定：按照《海关估价协定》确定的进口材料的到岸价；或者当非原产材料是在该方领土内获得时，按照《海关估价协定》确定的价值，但不包括将非原产材料在该方领土内运抵生产商所在地的过程中产生的运费、保险费、包装费及任何其他费用。

此外在计算货物的区域价值成分时，不应考虑用于生产原产材料的非原产材料的价格，如该原产材料用于生产货物。

3. 微小含量

在下述情况下，货物虽不满足产品特定原产地规则规定的税则归类改变要求，仍应视为原产货物：货物生产中所使用的、没有发生所规定的税则归类改变的所有非原产材料的价值，不超过按照原产地规则第五条规定确定的该货物价格的 10%；并且该货物满足原产地规则的其他规定。

当申请适用区域价值成分标准的货物包含有非原产材料时，上述非原产材料的价格应予考虑并计算在货物的区域价值成分中。

4. 包装材料和容器

在确定货物原产地时，用于货物运输或储藏的容器及包装材料不予考虑。

对于应当适用税则归类改变标准的货物，如果零售用包装材料及容器与该货物一并归类，则在确定该货物的原产地时，零售用包装材料及容器不予考虑。如果货物适用区域价值成分要求，在确定该货物原产地时，零售用包装材料及容器的价值应视情况作为原产材料或非原产材料予以考虑。

5. 附件、备件及工具

与原产货物一并报验和归类、构成该货物的标准附件、备件或工具一部分的附件、备件及工具，应视为原产货物，在确定该货物生产过程中所用的非原产材料是否发生适当的税则归类改变时，不予考虑，只要：

（1）附件、备件或工具与该货物一并归类，且其价格包含在该货物价格内；

（2）附件、备件或工具在数量及价值上是为该原产货物定制的；以及

（3）对于适用区域价值成分标准的货物，在计算该货物的区域价值成分时，附件、备件及工具的价值应视情作为原产材料或非原产材料予以考虑。

上述规定不适用于仅为故意提高货物区域价值成分而增加附件、备件及工具的情况。

6. 中性成分

中性成分是指在另一货物的生产过程中使用，但物理上不构成该货物组成成分的货物，或在该货物生产过程中用于维护运行设备的货物，包括：（一）燃料、能源；（二）工具、模具及型模；（三）用于维护设备和建筑的备件及材料；（四）在生产中使用或用于设备运行和建筑维护的润滑剂、油（滑）脂、合成材料及其他材料；（五）手套、眼镜、鞋靴、衣服、安全设备及用品；（六）用于测试或检验货物的设备、装置及用品；（七）催化剂及溶剂；以及（八）在货物生产过程中使用，未构成该货物组成成分，但能够合理表明构成生产过程的任何其他货物。在确定货物是否为原产货物时，上述任何中性成分应视为原产。

（三）原产地证书

1. 原产地证书的申请与签发

货物在出口国被判定为原产货物时，原产地证书应在货物出口前或出口时签发。出口商或生产商应提交签发原产地证书的申请，并随附相关的证明文件，以证明货物具备原产资格。

在特殊情况下，如因不可抗力，非故意的错误、疏忽，或者其他合理原因导致原产地证书未能在货物出口前或出口时签发的，原产地证书可以在货物装船之日起 12 个月内补发。补发的原产地证书应注明“补发”字样，有效期为货物装船之日起 12 个月。

原产地证书应用英文填制并正确署名和盖章。除非双方另行商定，一份原产地证书应涵盖同一批次发运的一项或多项货物。原产地证书应自签发之日起 12 个月内有效。

原产地证书被盗、遗失或损毁时，如果出口商或生产商确认原产地证书正本未被使用，可以在原证书的有效期内，向授权机构书面申请签发经核准的原产地证书副本。经核准的原产地证书副本上应注明“原产地证书正本（编号　日期　）经核准的真实副本”字样。经核准的原产地证书副本的有效期同原产地证书正本相同。

进口方根据预裁定程序，认定货物具备原产资格，只要作出该预裁定所依据的事实和情况未发生变化，且该裁定仍然具有效力，该预裁定下任何批次的货物在进口时，进口商可以提交原产地声明代替原产地证书。原产地声明应用英文填制并由出口商或生产商正确签名。原产地声明应涵盖在一份进口报关单上验报的货物，且自签发之日起 12 个月内有效。

任何原产地证书或原产地声明不得涂改或叠印。任何对原产地证书或原产地声明的更正应先将错误信息划去，然后做必要的增补。此类更正应由更正人员签注，对于原产地证书，应当并经签发原产地证书的授权机构证实。原产地证书或原产地声明上任何未填写的空白处应予划去或另外注明，以防之后添加内容。

2. 原产地证书的提交

申明享受优惠关税待遇的进口商应当：

（1）在进口前或进口时，以书面或电子形式申请享受优惠关税待遇，或者根据进口方有关法律法规，申明有关货物具有原产资格；

（2）持有进口货物的有效原产地证书或原产地声明；

（3）应进口方海关要求，提交原产地证书或原产地声明的正本或副本以及与进口货物相关的其他文件；并且

（4）应进口方海关要求，提交证明货物符合运输标准的证明文件。

如果货物在进口时，未能提交原产地证书或原产地声明，进口方海关可以对该货物

征收非优惠进口关税或者收取与之等额的保证金。在此情况下，只要满足上述所列要求，进口商可在货物进口之日起 1 年内或者进口方法律法规规定的更长时间内申请退还多征的进口关税或保证金。

如果对进口货物原产地无存疑，在原产地证书与实际货物相符的情况下，原产地证书上的微小印刷错误或文件的细微差异，或者原产地证书缺少背页说明不会导致原产地证书失效。但是进口方海关仍可以启动原产地核查程序。

一批次原产货物，在澳大利亚，完税价格不超过 1 000 澳元或澳大利亚规定的更高金额；在中国，完税价格不超过 6 000 元人民币或中国规定的更高金额；如进口方海关确认该项进口可以合理视为是为规避原产地证书或原产地声明的提交要求而实施或安排的多次进口的一部分，则上述规定不予适用。

3. 原产地核查

为确定从另一方领土进口到一方领土的货物是否具备原产资格，进口方海关可以依次通过下列方式对货物的原产地进行核查：

（1）请求出口方海关协助；

（2）书面要求出口方领土内的出口商和生产商提供信息；

（3）书面要求出口方签发原产地证书的授权机构核查证书的有效性；

（4）双方海关共同商定的其他程序。

4. 记录保存要求

双方应根据其国内法律法规要求，要求生产商、出口商和进口商按照有关规定在 3 年或者更长的期限内，保存原产地证书、原产地声明及能充分证明货物原产地的任何其他文件。

双方应确保其授权机构保存原产地证书副本及能充分证明货物原产地的任何其他文件。

（四）直接运输

原产货物如果途中未经过非缔约方，直接运输到进口方，应保持其原产资格。

尽管有上述规定，经过一个或多个非缔约方运输的原产货物，无论在非缔约方是否转换运输工具或临时储存，只要同时满足下列条件，应保持其原产资格：

（1）货物处于非缔约方海关监管之下；

（2）除装卸、重新包装、为满足进口方要求重贴标签、临时储存以及为保持货物良好状态的处理外，货物未经过其他处理；

（3）如果货物在非缔约方发生上述规定的临时储存，其停留时间自货物进入该非缔约方起不得超过 12 个月。

在满足上述要求的前提下，原产货物出于运输需要可以在非缔约方进行物流分拆。

（五）原产地证书的案例研究

一则由自贸区原产地证书中是否必须注明货物的原产国而引发的纠纷案

1. 案情介绍

一份信用证要求受益人提交的单据中包括："由澳大利亚商业商会按照中国—澳大利亚自贸协定格式签发的澳大利亚货物原产地证书，该原产地证书须在澳大利亚签发一份正本和三份副本。"（"Certificate of Australian Origin of the commodity issued by Australia Business Chamber in the form for China-Australia Free Trade Agreement，issued in Australia in one original and three copies."）

受益人提交了标题为"中澳自贸协定格式"的原产地证书，其中包括托运人名称、生产商名称和地址、基本装运细节、货物描述、发票号码和日期，但并没有诸如"货物原产地为澳大利亚"（"Goods are of Australian Origin"）的声明。该原产地证书中还包含由澳大利亚商业和工业协会所证实的证明："在进行控制的基础上，兹证明所载信息正确，所描述商品符合中澳自贸协定原产地要求"。

2. 本案的争议焦点

开证行拒付单据，理由是：原产地证书没有显示货物的原产地为澳大利亚，因此构成不符点。

受益人则认为单据与原产地证书相符，开证行无权拒付，理由是：由于信用证要求的是中澳自贸协定特定格式的原产地证书，因此无需表明货物的产地为澳大利亚。

3. 开证行与受益人的不同观点及其剖析

（1）开证行的观点及其剖析

开证行就上述争议咨询了国际商会，国际商会支持了开证行的观点，认为上述原产地证书没有显示货物的原产地为澳大利亚，构成了不符点，开证行有权拒付。理由如下：

i.《跟单信用证下银行审核单据的国际标准银行实务》（ISBP745）第 L2 段规定："当信用证要求提交特定格式的原产地证书，诸如普惠制原产地证书格式 A（GSP Form A）时，应当仅提交该特定格式的单据。"同时《跟单信用证统一惯例》（UCP600）第 2 条还规定："相符交单是指与信用证具体条款、UCP600 的相关适用条款以及国际标准银行实务一致的交单。"

据此，由于本案所涉信用证明确要求在"中澳自贸协定格式"的原产地证书中注明货物为"澳大利亚原产地"，因此受益人所提交的原产地证书上必须对此予以明确显示。

ii. 该"中澳自贸协定格式"原产地证书仅注明了"…..所描述的货物符合中国—澳大利亚自贸协定原产地要求"，而这一标注并不能明确表示货物的原产地为澳大利亚。

（2）受益人的观点及其剖析

受益人则认为，上述原产地证书即使没有显示货物的原产地为澳大利亚，开证行也无权拒付，原因如下：

i. 自贸区特有的原产地累积规则，致使“中澳自贸协定格式”的原产地证书没有必要也无法明确注明具体的原产国。

《中华人民共和国政府和澳大利亚政府自贸协定》中第三章“原产地规则和实施程序”第六条“累积”明确规定：“来自一方领土的原产材料在另一方领土内用于货物的生产时，应视为原产于后一方领土内。”因此，在澳大利亚完全使用中国原产材料生产的制成品肯定能够取得由中国和澳大利亚两国共同组成的“中澳自贸区”原产地资格，从而能够享受“中澳自贸区”项下的优惠关税。但是这种由中国和澳大利亚两国共同生产的产品并不一定能够取得“澳大利亚”一国的非优惠性原产地资格。

因此，该信用证要求在“中澳自贸协定格式”的原产地证书中明确注明货物为“澳大利亚原产地”的规定，并不符合“中澳自贸协定格式”原产地证书的功能。

ii. 由于判定货物为“澳大利亚原产地”的依据应该是非优惠性原产地规则，因此不宜在“中澳自贸协定格式”优惠性原产地证书中明确注明货物的原产国。

“中澳自贸协定格式”原产地证书必须依据中国与澳大利亚双方达成的“中澳自贸协定”优惠性原产地规则签发，而由于前述累积规则的运用，该优惠性原产地规则仅用于判定货物是否能够取得“中澳自由贸易区”原产地资格，而不能用于判定货物是否能够取得“澳大利亚”一国的原产地资格。因此，判定货物为“澳大利亚原产地”所依据的原产地规则只能是澳大利亚单方面制订的非优惠性原产地规则。

鉴于此，在依据“中澳自贸协定”优惠性原产地规则签发的固定格式原产地证书上，不宜再标注依据澳大利亚非优惠性原产地规则判定而来的“澳大利亚”一国的原产地资格。

3. 启示与建议

由上可见，要求自贸区优惠性原产地证书中明确注明某一国家原产地的信用证存在不合理之处，进口商和出口商均应合理处理。这是因为，自贸区优惠性原产地证书的功能仅用于证实货物的原产地为该“自贸区”，而不具体到自贸区内部的某一特定国家。因此，该信用证要求在“中澳自贸协定格式”的原产地证书中明确注明货物为“澳大利亚原产地”的规定并不合理。鉴于此，出口商为确保在信用证下交单相符，应该要求进口商和开证行删除其中这一不合理规定。

另外，ISBPA41 段规定：“如果信用证要求单据涵盖不止一项功能，可以提交看似满足每项功能的单一单据或者分开的单据。”据此，出口商也可以建议进口商和开证行在信用证中同时要求提交中国—澳大利亚自贸协定格式的优惠性原产地证书和表明货物为澳大利亚原产地的非优惠性证书。

第十五节　中国—格鲁吉亚自贸区原产地规则研究

一、中国—格鲁吉亚自由贸易协定

中格自贸协定谈判于 2015 年 12 月启动，2016 年 10 月实质性结束，其间共经历了三轮正式谈判和三次非正式磋商。2017 年 5 月 13 日，双方签署了《中国—格鲁吉亚自由贸易协定》。该协定是我国在欧亚地区完成的首个自贸协定谈判，是“一带一路”倡议发起后中国与相关国家启动谈判并达成的第一个自贸协定，是中国与欧亚地区国家商签的第一个自贸协定，也是我国迄今为止谈判时间最短的自贸协定，历时不到一年，于 2018 年 1 月 1 日起实施。

中国是最早承认格鲁吉亚独立并与之建交的国家之一。中格自 1992 年建交以来，双边贸易平稳发展。目前，中国是格鲁吉亚第三大贸易伙伴、第四大出口市场、第二大葡萄酒出口市场及主要的投资来源国。

中格自贸协定实施后，双方将按照关税减让清单削减关税。从总体水平看，中格双方绝大多数原产货物将实现零关税。格对中国 96.5%的产品立即实施零关税，覆盖格自中国进口总额的 99.6%；中国对格 93.9%的产品实施零关税，覆盖中国自格进口总额的 93.8%，其中 90.9%的产品（42.7%的进口总额）立即实施零关税，其余 3%的产品（51.1%的进口总额）降税过渡期为 5 年。

二、中国—格鲁吉亚自由贸易协定原产地规则

中国—格鲁吉亚自贸协定原产地规则共有 13 条规则，为协定的第三章原产地规则的第一节原产地规则第 1～13 条。第 1 条规定了有关原产地规则的相关定义；第 2 条规定能享受关税减让优惠待遇的原产产品的三种类型；第 3 条是对完全获得的原产品的定义。第 4 条对区域价值成分做了规定。第 5 条是关于原产地累积的规定。第 6 条是关于微小加工的规定。第 7 条是关于微小含量的规定。第 8 条是对可互换材料的规定。第 9 条是关于中性成分的规定。第 10 条是关于包装容器和材料的规定。第 11 条是关于附件、备件及工具的规定。第 12 条是关于成套货物的规定。第 13 条是关于直接运输的规定。

中国—格鲁吉亚自贸协定原产地规则实施程序共有 9 条规则，为协定第三章原产地规则第二节原产地实施程序的第 14～22 条。第 14 条是关于原产地证书的规定。第 15 条是关于原产地文件保存的要求。第 15 条是关于原产地声明的规定。第 16 条是与进口相关的责任。第 17 条是关于进口关税或保证金退还的规定。第 18 条是关于免予提交原

产地证书的规定。第 19 条是关于原产地核查的规定。第 20 条是关于拒绝给予优惠关税待遇情况的规定。第 21 条是关于原产地电子数据交换的规定。第 22 条是关于联系点的规定。

除附件二 – A（产品特定原产地规则）中列出的必须符合规定要求的货物外，该货物在一方使用非原产材料生产且满足区域价值成分不低于 40%标准。中格自贸协定 PSR 清单相对比较简单，清单内大部分商品以章为单位，主要涵盖 1～24 章、40 章和 52 章的部分产品，原产地标准主要以章改变为主，对于仅使用 WO 标准的产品也予以列明。

第十六节　中国—马尔代夫自贸区原产地规则研究

一、中国—马尔代夫自由贸易协定

2015 年 2 月，双方启动了中马自贸协定联合可行性研究并于当年 6 月完成。研究结论总体积极，建议双方尽快启动自贸谈判。2015 年 12 月，双方正式启动中马自贸协定谈判。经过 5 轮谈判和 1 次部长级磋商，于 2017 年 9 月正式结束谈判。此后，双方于 2017 年 11 月上旬共同完成了协定法律文本的核对工作，并于 11 月底就协定最终文本达成一致，2017 年 12 月 7 日，双方在北京签署《中国—马尔代夫自由贸易协定》。

中马自贸协定除序言外共有 15 个章节，分别是总则、一般适用的定义、货物贸易、原产地规则与实施程序、海关程序与贸易便利化、技术性贸易壁垒和卫生与植物卫生措施、贸易救济、服务贸易、投资、经济技术合作、透明度、管理与机构条款、争端解决、例外、最终条款。此外，协定还包含货物贸易关税减让表、服务贸易具体承诺减让表、产品特定原产地规则等 9 个附件。

在货物贸易领域，中马自贸协定实现了高水平关税减让，双方承诺的零关税产品税目数和贸易额比例均超过 95%。由于我国是第一个与马尔代夫签署双边自贸协定的国家，协定实施后，我国企业将获得比其他国家更优惠的市场准入待遇。

从马方看，其最终实现零关税的产品将达到全部税目数的 95.6%，覆盖自华进口额的 95.1%，降税期最长不超过 8 年。其中，其税目数比例 70.3%的产品将在协定生效后立即取消关税，另有 20.3%和 5%的产品将分别在 5 年内和 8 年内逐步取消关税。在具体产品方面，马方将对税目数 97.3%的工业品取消关税，同时，对花卉、蔬菜、加工鱼产品等我国出口优势农水产品取消关税。从我方看，我国最终实现零关税的产品将达到全部税目数的 95.4%，覆盖自马进口额的 96.4%，降税期最长不超过 5 年。其中，占我国税目数 91.1%的产品将在协定生效后立即取消关税，另有 4.3%的产品将在 5 年内逐步取消关税。在具体产品方面，我国将对税目数 95.8%的工业品和税目数 93.6%的农水产品取消关税，其中包含马方重点关注的绝大部分鱼和水产品。

二、中国—马尔代夫自由贸易协定原产地规则

中国—马尔代夫自贸协定原产地规则共有 12 条规则，为协定的第四章原产地规则与实施程序的第一节原产地规则第 16～27 条。第 16 条规定了有关原产地规则的相关定义；第 17 条规定能享受关税减让优惠待遇的原产产品的三种类型；第 18 条是对完全获得的原产品的定义；第 19 条对区域价值成分做了规定；第 20 条是关于原产地累积的规定；第 21 条是关于微小加工的规定；第 22 条是关于微小含量的规定；第 23 条是对可互换材料的规定；第 24 条是关于中性成分的规定；第 25 条是关于包装容器和材料的规定；第 26 条是关于附件、备件及工具的规定；第 27 条是关于直接运输的规定。

中国—马尔代夫自贸协定原产地规则实施程序共有 11 条规则，为协定第四章原产地规则与实施程序的第二节原产地实施程序的第 28～38 条。第 28 条是关于原产地证书的规定；第 29 条是关于原产地文件保存的要求；第 30 条是与进口相关的责任；第 31 条是关于进口关税或保证金退还的规定；第 32 条是关于免予提交原产地证书的规定；第 33 条是关于原产地核查的规定；第 34 条是关于拒绝给予优惠关税待遇情况的规定；第 35 条是关于原产地电子数据交换的规定；第 36 条是关于原产地自主声明的规定；第 37 条是关于联系点的规定；第 38 条是关于磋商的规定。

第十七节　中国—毛里求斯自贸区原产地规则研究

一、中国—毛里求斯自由贸易协定

毛里求斯是非洲大陆东南方印度洋上的岛国。中毛两国自 1972 年建交以来，双边经贸关系稳步发展。2017 年 12 月，中毛双方启动自由贸易协定谈判。经过四轮谈判，2019 年 10 月 17 日，中毛双方在北京签署《中华人民共和国政府和毛里求斯共和国政府自由贸易协定》（以下简称《协定》）。《协定》于 2021 年 1 月 1 日生效实施。

中毛自贸协定总体实现了全面、高水平、互惠。《协定》包括序言、17 个章节和 3 个附件，其中章节包括初始条款与定义、货物贸易、原产地规则和实施程序、卫生与植物卫生措施、技术性贸易壁垒、贸易救济、服务贸易、投资、竞争、知识产权、电子商务、经济合作、透明度、行政与机制条款、争端解决、例外、最终条款，附件包括货物贸易关税减让表、服务贸易具体承诺减让表、产品特定原产地规则。

货物贸易方面，毛里求斯将通过最长 5 年降税期，对税目比例 94.2%、占毛自我国

进口额 92.8%的产品逐步降税到零。我国目前对毛出口的主要产品，如钢铁制品、纺织品以及其他轻工产品等将从中获益。我国将通过最长 7 年降税期，对税目比例 96.3%、占我国自毛进口额 92.8%的产品逐步降税到零。毛里求斯的服装、海产品等对我国出口也将迎来增长。同时，双方在原产地规则和实施程序、卫生与植物卫生措施和技术性贸易壁垒等方面也达成了共识。

二、中国—毛里求斯自由贸易协定原产地规则与企业对策

中毛自贸协定对原产货物的判定标准主要包括三类，一是完全获得货物；二是全部使用原产材料生产的货物；三是使用非原材料生产的货物，采用区域价值成分 40%标准与产品特定原产地规则相结合的方式，对糖果、食品、饮料、皮革及纺织品、珠宝首饰等毛里求斯出口产品制定了相对灵活的原产地标准。此外，引入基于经核准出口商的自主声明制度，同意建立原产地电子信息交换系统，便利企业享惠。

第十八节　中国—柬埔寨自贸区原产地规则研究

一、中国—柬埔寨自由贸易协定

中柬双方于 2020 年 1 月启动了中柬自贸协定谈判。谈判历经 7 个月 3 轮正式谈判和多次首席谈判代表层面的磋商，2020 年 7 月 20 日完成谈判，2020 年 10 月 12 日，双方正式签署《中国—柬埔寨自由贸易协定》，2022 年 1 月 1 日正式生效实施。

协定包括序言、16 个章节和 5 个附件。在货物贸易及相关领域，包括货物贸易、原产地规则，海关程序与贸易便利化、技术性贸易壁垒、卫生与植物卫生措施 5 章，及关税减让表、产品特定规则、原产地证书等 3 个附件。在服务投资相关领域，包括服务贸易、投资合作、透明度 3 章，及服务贸易具体承诺减让表 1 个附件。在重点合作领域，包括“一带一路”倡议合作、电子商务、经济技术合作 3 章。此外，协定还包括初始条款与定义、管理和机制条款、争端解决、例外、最终条款 5 个常规章节，以及仲裁庭程序规则等附件。

在货物贸易方面，中柬自贸协定实现了高水平关税减让，为两国产品提供了更好的市场准入条件。中方最终实现零关税的产品达到全部税目数的 97.53%，其中 97.4%的产品将在协定生效后立即实现零关税。加上部分降税产品，中方参与降税产品比例达到 97.8%。在具体产品上，中方将服装、鞋类、皮革橡胶制品、机电零部件、农产品等柬方重点关注产品纳入关税减让。柬方最终实现零关税的产品达到全部税目数的 90%，其中 87.5%的产品将在协定生效后立即实现零关税。加上部分降税产品，柬方参与降税产品比

例达到 90.3%。在具体产品上，柬方将纺织材料及制品、机电产品、杂项制品、金属制品、交通工具等中方重点关注产品纳入关税减让。

二、中国—柬埔寨自由贸易协定原产地规则

在原产地规则方面，中柬以 2019 年实施的中国—东盟自贸协定升级《议定书》原产地规则为基础，结合近期签署的自贸协定原产地规则加以完善，重点突出通关便利，完善了微小加工条款强调双方实质性加工，同意接受电子签名和印章的原产地证书，同时双方将建设原产地电子联网系统实时传输原产地电子数据，便利企业享受协定优惠。

第十九节　RCEP 原产地规则研究

一、《区域全面经济伙伴关系协定》（RCEP）

《区域全面经济伙伴关系协定》（Regional Comprehensive Economic Partnership，简称 RCEP）是以发展中经济体为中心的区域自贸协定，也是全球规模最大的自贸协定，由东盟十国于 2012 年发起，成员包括东盟十国、中国、日本、韩国、澳大利亚、新西兰，于 2020 年 11 月 15 日正式签署，2022 年 1 月 1 日正式生效。

RCEP 是一个现代、全面、高质量、互惠的大型区域自贸协定。RCEP 协定由序言、20 个章节（包括：初始条款和一般定义，货物贸易，原产地规则，海关程序和贸易便利化，卫生和植物卫生措施，标准、技术法规和合格评定程序，贸易救济，服务贸易，自然人临时流动，投资，知识产权，电子商务，竞争，中小企业，经济技术合作，政府采购，一般条款和例外，机构条款，争端解决，最终条款）、4 个市场准入承诺表附件（包括：关税承诺表、服务具体承诺表、服务和投资保留及不符措施承诺表、自然人临时流动具体承诺表）组成。

货物贸易方面，十五个成员方之间采用双边两两出价的方式对货物贸易自由化作出安排，协定生效后区域内 90%以上的货物贸易将最终实现零关税，且主要是立刻降税到零和 10 年内降税到零，使 RCEP 自贸区有望在较短时间兑现所有货物贸易自由化承诺。随着原产地规则、海关程序、检验检疫、技术标准等统一规则落地，取消关税和非关税壁垒效应的叠加将逐步释放 RCEP 的贸易创造效应，显著降低区域内贸易成本和产品价格，提升本地区产品竞争力，惠及各方企业和消费者。

二、RCEP 原产地规则

在原产地规则方面，RCEP 在本地区使用区域累积原则，使得产品原产地价值成分可在 15 个成员国构成的区域内进行累积，来自 RCEP 任何一方的价值成分都会被考虑在内，这将显著提高协定优惠税率的利用率。例如，根据此前成员间双边自贸协定原产地规则不能算作某国原产的某一产品，经过区域价值累积后，将可能被认定为 RCEP 区域原产，享受 RCEP 优惠关税。这将有助于跨国公司更加灵活地进行产业布局，建立更精细更完善的产业链分工体系，降低最终产品的生产成本，不仅有助于扩大 RCEP 成员之间的贸易，还将极大地促进区域供应链、价值链的深度融合和发展。

同时，相较于以往的“10+1”协定，RCEP 进一步丰富了原产地证书的类型，在传统原产地证书之外，还将允许经核准的出口商声明以及出口商的自主声明。标志着原产地声明制度将由官方授权的签证机构签发模式转变为企业信用担保的自主声明模式，大大节省政府的行政管理成本和企业的经营成本，进一步提高货物的通关时效。

RCEP 原产地规则共有 15 条规则，为协定的第三章原产地规则的第一节原产地规则第 1～15 条。第 1 条规定了有关原产地规则的相关定义；第 2 条规定能享受关税减让优惠待遇的原产产品的三种类型；第 3 条是对完全获得的原产品的定义；第 4 条是关于原产地累积的规定；第 5 条对区域价值成分做了规定；第 6 条是关于微小加工的规定；第 7 条是关于微小含量的规定；第 8 条是关于包装容器和材料的规定；第 9 条是关于附件、备件及工具的规定；第 10 条是对间接材料的规定；第 11 条是对可互换材料的规定；第 12 条是对生产用材料的规定；第 13 条是对标准单元的规定；第 14 条是对特定货物的待遇的规定；第 15 条是关于直接运输的规定。

RCEP 原产地规则实施程序共有 20 条规则，为协定第三章原产地规则的第二节签证操作程序的第 16～35 条。第 16 条是关于原产地证明的规定；第 17 条是关于原产地证书的规定；第 18 条是关于原产地声明的规定；第 19 条是关于背对背原产地证明的规定；第 20 条是关于第三方发票的规定；第 21 条是关于经核准出口商的规定；第 22 条是关于申请享受优惠关税待遇的规定；第 23 条是关于进口后申请享受优惠关税待遇的规定；第 24 条是关于原产地核查的规定；第 25 条是关于拒绝给予优惠关税待遇情况的规定；第 26 条是关于微小差错的规定；第 27 条是关于原产地文件保存的要求；第 28 条是关于磋商的规定；第 29 条是关于原产地电子数据交换的规定；第 30 条是在途货物过渡性条款；第 31 条是对处罚的规定；第 32 条规定进口缔约方和出口缔约方应当使用英语开展交流；第 33 条是关于联系点的规定；第 34 条是关于产品特定原产地规则的转版的规定；第 35 条是对第三章附件一（产品特定原产地规则）和第三章附件二（最低信息要求）的修正规定。

第二十节　中国所涉自贸区原产地规则对比分析

一、中国自贸区原产地规则条款对比

总结上文中国所涉自贸区原产地规则，其内容主要涉及完全原产品（WO）、税则归类改变（CTC）、区域价值成分（RVC（VNM））、加工工序标准（TP）、产品特定原产地规则（PSR）、累积规则（ACU）、微量条款（DMI）、成套货物（SETS）、可互换材料（FG）、微小加工、中性成分、附件备件及工具、包装、容器及包装材料、直接运输规则、展览、原产地证书及其主要内容、原产地核查等条款。但不同的自贸区所涉及的条款不同，如中国—东盟自贸区原产地规则未对微量条款、成套货物和可互换材料等进行规定；《亚太贸易协定》和中国—巴基斯坦自贸区原产地规则未制定相应的产品特定原产地规则清单，未对微量条款、成套货物、可互换材料和中性成分进行规定；中国—新加坡自贸区原产地规则未对成套货物规定特定的原产地规则；中国—智利自贸区原产地规则未规定可互换材料的适用规则；中国—新西兰自贸区原产地规则未规定成套货物和展览的情况；中国—冰岛自贸区原产地规则未规定成套货物和可互换材料的适用规则；中国—瑞士自贸区原产地规则未规定微量条款的利用；CEPA 未对微量条款、成套货物、可互换材料和中性成分进行规定；ECFA 未对展览的情形进行规定；只有中国—秘鲁、中国—哥斯达黎加自贸区原产地规则条款完善。具体条款的对比参见表 6－18。

二、中国所涉自贸区原产地规则内容对比

中国所涉自贸区各原产地规则不仅条款不一，而且即使相同的条款其规定也因不同的自贸区而不同。

（一）完全原产品中的不同规定

1. 对动物产品的不同规定

动物产品是指从活动物获得的未经进一步加工的产品，包括乳、蛋、天然蜂蜜、毛发、羊毛、精液及粪便。中国—智利、中国—新西兰、中国—秘鲁和中国—哥斯达黎加自贸协定对动物产品的要求为“从一方饲养的活动物中获得的产品”，而其他自贸协定均规定为“从一方出生并饲养的活动物中获得的产品”。

2. 对捕捞和加工船只的不同规定

中国—东盟自贸区原产地规则完全原产品中规定为“（七）在该成员方注册或悬挂该成员方国旗的船只在公海捕捞获得的鱼类及其他海产品；（八）在该成员方注册或悬挂该成员方国旗的加工船上仅加工及/或制造上述第（七）项的产品所得的产品。”

表 6-18　中国所涉自贸区原产地规则对比表

自贸协定	中国－东盟	亚太贸易协定	中国－巴基斯坦	中国－新加坡	中国－智利	中国－新西兰	中国－秘鲁	ECFA	中国－冰岛	中国－瑞士	中国－哥斯达黎加	CEPA
WO 动物产品[①]	出生并饲养	出生并饲养	出生并饲养	出生并饲养	饲养	饲养	饲养	出生并饲养	出生并饲养	出生并饲养	饲养	出生并饲养
WO 船只	注册或悬挂国旗	本国船只[②]	注册或悬挂国旗	注册或悬挂国旗	悬挂国旗	注册或登记并悬挂或有权悬挂国旗	悬挂国旗	注册	注册且悬挂国旗	注册且悬挂国旗	注册或登记并悬挂或有权悬挂国旗	注册且悬挂国旗（区旗）
主要原产地标准	RVC40%	RVC45%（LDC：35%）	RVC40%	RVC40%	RVC40%	CTC 或 RVC	CTC 或 RVC	CTC 或 RVC	CTC 或 RVC	CTC 或 VNM	CTC 或 RVC	RVC30%
PSR	有	尚未公布	尚未公布	有	有	全税则	全税则	全税则	全税则（4HS）	全税则	全税则	有，逐批公布
PSR	CC；CTH；TP	—	—	CC；CTH；TP	CC；CTH；RVC50%	RVC30%、40%、45%、50%；章注；WO；CC；CTH；CTSH	RVC40%、45%、50%；章注；WO；CC；CTH；CTSH	RVC40%、50%；CC；CTH；CTSH	WO；CC；CTH；RVC40，50%；TP；	WO；CC；CTH；CTSH；章注；VNM30，40，50，55，60%；TP；	RVC35%、40%、45%、50%、60%；章注；WO；CC；CTH；CTSH	WO，TP，CTH，RVC30%
累计规则	完全累计40%，仅适用于 RVC 标准	完全累计60%（LDC：50%）	双边累计40%	双边累计	双边累计	双边累计	双边累计	双边累计	双边累计	双边累计	双边累计	单边累计，且只能够累计 RVC30% 中的 15%
微量条款	—	—	—	10%	8%	10%	10%	10%	10%	—	10%	—
成套货物	—	—	—	—	15%	—	15%	10%	—	视为标准单元[③]	15%	—

① 活动物和动物产品：第（二）及第（三）项所指的动物包含所有的动物，包括哺乳动物、鸟、鱼、甲壳动物、软体动物、爬行动物、细菌及病毒。动物产品是指从活动物获得的未经进一步加工的产品，包括乳、蛋、天然蜂蜜、毛发、羊毛、精液及粪便。

② "船只"是指从事商业捕捞作业的渔业船舶，在一成员方注册并由该成员方的一个或多个公民和/或政府经营，其法人或团体的合伙人也应于该成员方注册。该成员方内公民和/或政府所持的该船舶的资产净值至少应为该船舶的 60%；或者各成员方的公民和/或政府所持的该船舶的资产净值至少应为该船舶的 75%。

③ 视为标准单元的含义为：根据协调制度的归类总规则三可归到一个单一品目或子目项下的成套货品应视作一个标准单元；但也有如下规定：8206：成套货品里的每项产品都必须满足它不作为成套货品时所适用的规则。

续表

自贸协定	中国－东盟	亚太贸易协定	中国－巴基斯坦	中国－新加坡	中国－智利	中国－新西兰	中国－秘鲁	ECFA	中国－冰岛	中国－瑞士	中国－哥斯达黎加	CEPA
可互换材料	—	—	—	有	—	有	有	有	—	有	有	—
微小加工	微小加工	微小加工	微小加工	微小加工	微小加工	规则+注释	规则+注释	微小加工	微小加工	微小加工	规则+注释	微小加工
中性成分	不予考虑	—	不予考虑	不予考虑	不予考虑	不予考虑	不予考虑	不予考虑	不予考虑	不予考虑	不予考虑	不予考虑
零售包装	一并归类，忽略不计	包装和产品视为整体	一并归类，忽略不计	一并归类，忽略不计	CTC 忽略；RVC 计算价值	CTC 忽略；RVC 计算价值	CTC 忽略；RVC 计算价值	CTC 忽略；RVC 计算价值	CTC 忽略；RVC 计算价值	CTC 忽略；VNM 计算价值	CTC 忽略；RVC 计算价值	一并归类，忽略不计
附件、备件及工具	一并归类，忽略不计	—	一并归类，忽略不计	一并归类，忽略不计	一并归类，忽略不计	CTC 忽略；RVC 计算价值	CTC 忽略；RVC 计算价值	CTC 忽略；RVC 计算价值	一并归类，忽略不计	CTC 忽略；VNM 计算价值	CTC 忽略；RVC 计算价值	一并归类，忽略不计
直接运输	有	有	有	有	有	有	有	有	有	有	有	有
直运暂停	—	—	—	—	3 个月	6 个月	3 个月	60 天	—	—	3 个月	—
展览	成员方展览	成员方展览	成员方展览	—	非成员方	—	非成员方	—	—	—	—	—
证书有效期	1 年	1 年	6 月提交转运 8 月	1 年	1 年	1 年	1 年	1 年	1 年	1 年	1 年	4 个月
签证机构	官方	授权	政府	授权	授权	授权	授权	授权	授权	授权	授权	认可
免于 CO	200 美元	—	200 美元	600 美元	600 美元	1000 美元	600 美元	—	600 美元	600 美元	600 美元	—
货物项数	20	—	——	——	20	20	20	20	20	20	20	5
价格	FOB	—	FOB	FOB	INV.	INV.	INV.	INV.	—	—	INV.	FOB
HS	进口 6HS	4HS	进口 6HS	进口 6HS	6HS	6HS	6HS	进口 8HS	6HS	6HS	6HS	进口 8HS
生产商	—	—	有	—	有	有	有	有	——	—	有	—
第三方备注栏	第三方发票号	—	—	允许，不加注	生产商	—	第三方和生产商	—	—	—	第三方和生产商	—
原产地核查	有	有	有	有	有；联网核查	有	有	有	有	有；联网核查	有	有；联网核查

中国—巴基斯坦、中国—新加坡自贸区的规定与中国—东盟自贸区的规定相同。对船只的要求为注册或悬挂该方的国旗。对于如中国、韩国等实施第二船籍制度的国家，该规定有歧义。

中国—冰岛自贸区规定为："（六）在一方的领海捕捞获得的鱼类和其他产品；（七）在一方登记注册且悬挂该方国旗的船只在一方的领海以外，包括在该方的专属经济区内，捕捞获得的鱼类及其他产品；（八）在一方登记注册且悬挂该方国旗的加工船上仅由第（六）项和第（七）项的产品加工所得的产品。"中国—瑞士自贸区与中国—冰岛自贸区的规定相同。CEPA 与中国—冰岛自贸区的规定类似，但未对"在一方的领海捕捞获得的鱼类和其他产品"是否为完全原产进行规定。

中国—新西兰自贸区规定为："（七）在一方注册或登记并悬挂或有权悬挂其国旗的船只，在该方根据符合其缔结的相关国际协定可适用的国内法确定的领水、领海外的专属经济区或公海得到的货物（鱼类、甲壳类动物、植物及其他海洋生物）；（八）在一方注册或登记并悬挂或有权悬挂其国旗的加工船上，完全用上述第（七）项所述货物加工及/或制造的货物。"中国—哥斯达黎加自贸区与此规定类似。ECFA 规定为："（六）一方在相关的水域、海床或底土获得的产品；（七）在一方注册的加工船上，完全用上述（六）所述货物加工、制造的货物。"

中国—智利自贸区的规定为："（六）在中国或智利的领海或专属经济区捕捞获得的鱼类和其他产品①；（七）悬挂中国或智利国旗的船只在专属经济区以外的海域捕捞获得的鱼类及其他产品；（八）在悬挂中国或智利国旗的加工船上仅由第六项和第七项的产品加工所得的产品；"中国—秘鲁自贸区与中国—智利自贸区的规定一致，即产品的原产国均为所悬挂国旗的一方。

《亚太贸易协定》原产地规则则规定为"（六）由本国船只②和③在公海捕捞的鱼类和其他海产品；（七）由本国加工船④和⑤上加工或制造上述（六）所列产品获得的产品。"这是我国所涉自贸区中唯一对船只股权作出规定的标准。

---

① 由在一方注册或登记并悬挂该方国旗的船只在其专属经济区海域捕捞获得的渔产品和其他产品，应视为在该方完全获得。

② "船只"是指从事商业捕捞作业的渔业船舶，在一成员方注册并由该成员方的一个或多个公民和/或政府经营，其法人或团体的合伙人也应于该成员方注册。该成员国内公民和/或政府所持的该船舶的资产净值至少应为该船舶的 60%；或者各成员方的公民和/或政府所持的该船舶的资产净值至少应为该船舶的 75%。但根据成员方间租借船只或分享收获的双边协议在专业捕捞船只上获得的产品也应享受优惠待遇。

③ 由政府机构经营的船只或加工船不应执行悬挂成员国国旗的要求。

④ 由政府机构经营的船只或加工船不应执行悬挂成员国国旗的要求。

⑤ 本协定中，"加工船"是指特定用于在船上仅对上款（六）中的产品进行加工和/或生产的船只。

（二）含有非原产成分的原产品

1. 税则归类改变

除了《亚太贸易协定》和中国—巴基斯坦自贸区原产地规则未采用税则归类改变（CTC）之外，其他中国自贸区均采用了 CTC 标准。但其中中国—新西兰、秘鲁、哥斯达黎加、瑞士自贸区及 ECFA 采用了 2 位、4 位、6 位编码的改变作为判定标准，中国—东盟、中国—新加坡、中国—智利和中国—冰岛自贸区采用了 2 位、4 位编码的改变作为判定标准，而 CEPA 则只采用了其中 4 位编码的改变作为判定标准。

2. 区域价值成分

中国所涉自贸区对于区域价值成分的计算方法的原理大致相同。但计算公式的表达和要求均不相同。

（1）中国—新西兰、中国—秘鲁、中国—哥斯达黎加、中国—冰岛自贸区和 ECFA 原产地规则中规定的计算公式为：

$$RVC=\frac{\text{货物FOB价}-\text{非原产地材料价格}}{\text{货物FOB价}}\times 100\%$$

其中，新西兰：RVC≥30%、40%、45%、50%；

秘鲁：RVC≥40%、45%、50%；

哥斯达黎加：RVC≥35%、40%、45%、50%、60%；

ECFA：RVC≥40%、50%。

（2）中国—东盟、中国—新加坡、中国—巴基斯坦、中国—智利自贸区原产地规则中规定的计算公式为：

$$\frac{\text{非自贸区成员国的材料价格}+\text{不明原产地的材料价格}}{\text{货物FOB价}}\times 100\% < 60\%$$

即 RVC≥40%，此外，智利还规定某些产品要求 RVC≥50%。

（3）《亚太贸易协定》原产地规则中规定的计算公式为：

$$\frac{\text{非自贸区成员国的材料价格}+\text{不明原产地的材料价格}}{\text{货物FOB价}}\times 100\% < 55\%$$

即 RVC≥45%，但对于适用累计规则的则要求为 RVC≥60%，对于最不发达国家，上述两标准分别为 35%和 50%。

（4）CEPA 原产地规则中规定的计算公式为：

$$\frac{\text{材料价值}+\text{组合零件价值}+\text{劳工价值}+\text{产品开发支出价值}}{\text{货物FOB价}}\times 100\% \geqslant 30\%$$

（5）中国—瑞士自贸区原产地规则的计算公式为：

非原产材料价值（VNM）百分比是指，允许使用的非原产材料占产品出厂价的最大百分比。该百分比应当依据下列公式计算：

$$VNM\% = \frac{非原产地材料价值}{产品出厂价} \times 100$$

VNM%≤30%、40%、50%、55%、60%。

3. 加工工序标准

中国各自贸区对于加工工序标准的应用差异较大。中国—巴基斯坦、智利自贸区和《亚太贸易协定》、ECFA 的原产地规则未涉及加工工序标准。

中国—东盟、新加坡自贸区及 CEPA 均通过产品特定原产地标准清单规定某些特定的加工工序要求。

中国—新西兰、中国—秘鲁、中国—瑞士、中国—哥斯达黎加自贸区既有在产品特定原产地标准清单中制定某些特定的加工工序要求，同时也通过章注来明确定义一些加工工序，或对某些加工工序能否赋予产品原产资格作出规定，以便于这些规定适用于某一章或几章的产品。例如中国—新西兰自贸区对 HS6201 规定为“从任何其他章改变到品目 6201，但产品的裁剪（或缝制成形）及车缝或其他缝制工序需在一方或双方境内完成。”对于第二章的产品规定了“章注：屠宰不赋予品目 0201、0202、0204 及 0210 产品原产地。”例如中国—秘鲁自贸区通过章注规定：“任何经过化学反应得到的第 39 章至第 40 章的货物，品目 39.19 至 39.26 除外，如果该化学反应发生在中国或秘鲁境内，则该货物应视为原产。在第 39 章至第 40 章中，‘化学反应’是指通过分子键断裂并形成新的分子键，或者通过改变分子的空间排列而形成新结构分子的过程（包括生化过程）。下列过程不视为上述定义的化学反应：（一）溶解于水或其他溶剂；（二）去除溶剂，包括作为溶剂的水；或（三）添加或去除结晶水。”

通过上述分析可知中国各自贸区虽然综合运用了三种原产地标准，但在以下三方面存在不同。

（1）对三种标准适用的产品范围不同：中国—巴基斯坦自贸协定和《亚太贸易协定》只涉及 RVC 标准。中国—东盟、中国—新加坡自贸协定和 CEPA 以 RVC 为主要判定标准，CTC 和 TP 为辅。中国—智利自贸区没有采用 TP 标准；中国—瑞士自贸协定对于 HS 第 1～27 章产品以 CTC 标准为主，以 RVC 和 TP 为辅；28～97 章产品则对同一产品设定了 CTC 或 RVC 的两种可选标准。其他中国所涉自贸协定则均以 CTC 和 RVC 标准为主，以 TP 为辅，如中国—冰岛自贸区产品特定原产地规则，在全部 97 章产品中，共 42 章产品全部采用 RVC，44 章均采用 CTC，8 章产品则要求满足 CTC 与 RVC 的组合标准；而中国—新西兰自贸区产品特定原产地规则中，有 58 章全部采用 CTC 标准，36 章是涉及 RVC 标准。

（2）对于原产地标准适用的规定方式亦有所不同：CEPA 和 ECFA 采取逐批发布产

品特定原产地规则的方法，但仅制定了实施优惠关税清单内成品的产品特定原产地标准，而没有规定累积所针对的清单之外原材料的优惠性原产地标准，致使累积原产地规则不具有可操作性。中国—东盟、中国—巴基斯坦、中国—智利、中国—新加坡自贸协定及《亚太贸易协定》主要以 RVC 为主判定标准，单列出产品特定原产地规则清单（只涉及少部分商品）；中国—新西兰、中国—秘鲁、中国—瑞士、中国—冰岛和中国—哥斯达黎加自贸协定均采用全税则列表的方式按照《商品名称与协调制度》逐一说明应采用的原产地标准。

（3）对同一产品适用不同的原产地标准，从而造成标准高低不一。例如对于第 1～24 章的产品，中国—东盟、中国—巴基斯坦、中国—新加坡自贸协定均以 RVC40%为主要标准，而中国—智利自贸协定对第 1～19 章和第 22 章均使用 CTC 标准，其中第 17～19 章为品目改变，其余为章改变，而第 20～24 章以 RVC50%为标准。

4. 累积条款

中国—新加坡、中国—新西兰、中国—智利、中国—冰岛自贸协定及 ECFA 的累积条款均为：当一方原产货物或材料在另一方境内构成另一货物的组成部分时，该货物或材料应视为原产于后一方境内。

中国—哥斯达黎加、中国—秘鲁自贸协定的累积则为：缔约一方的原产货物或材料在另一方境内构成另一货物的组成部分时，该货物或材料应当视为原产于后一方境内。如果货物是由缔约一方境内的一家或多家生产商生产，在该缔约方境内生产该货物所用材料的过程，应当视为该货物生产过程的一部分。只要该货物满足原产货物和其所适用的本章所有其他规定，该货物应当视为原产货物。

中国—东盟自贸协定的累积条款为：除另有规定的以外，符合规则二原产地要求的产品在一成员方境内用作享受《协议》优惠待遇的制成品的材料，如最终产品的中国—东盟自白贸易协定累积成分（即所有成员方成分的完全累积）不低于 40%，则该产品应视为原产于制造或加工该制成品的成员方境内。

中国—巴基斯坦自贸协定的累积条款为：除另有规定外，符合规则二原产地要求的产品在一成员方境内被用于生产享受《协定》优惠待遇的制成品的原材料，如果该最终产品的中国—巴基斯坦自贸协定累积成分不低于 40%，则该产品应被视为原产于制造或加工该制成品的成员方境内。

《亚太贸易协定》的累积条款要求：符合第一条所述原产地要求的产品，且该产品在一参加国境内用作可享受另一参加国优惠待遇的最终产品的投入品，如果最终产品中该参加国成分合计不低于其 FOB 价的 60%，则该产品应视为最终产品制造或加工所在参加国的原产产品。

CEPA 的累积规则为：一方使用另一方原产的原料或组合零件在该方构成出口制成

品的组成部分的，在计算该出口制成品的从价百分比时，该原料或组合零件应当视为原产于该方；该出口制成品的从价百分比应大于或等于30%，且在不记入该另一方原产的原料或组合零件价值时的从价百分比应大于或等于15%。

中国—瑞士自贸协定的规定为：在不违背本协定第3.2条（原产产品）的情况下，如原产于缔约一方的产品在另一缔约方境内用作生产产品的材料，只要在该方进行的最后加工工序超出本协定第3.6条（微小加工）第一款的范畴，则应视为原产于该方。原产于缔约一方的产品出口到另一缔约方后，如果没有经过本协定第3.6条第一款所规定以外的生产或加工，其原产地应保持不变。

中国—东盟、中国—巴基斯坦自贸协定的累积仅在最终产品满足区域价值含量时适用累积；《亚太贸易协定》适用累积时所要求的区域价值成分比不适用累积时提高了15个百分点，即单一成员国时要求非原产成分不超过55%（对于最不发达国家为45%），而多个成员国累积时则要求区域价值成分不低于60%（对于最不发达国家为50%）；CEPA仅规定了适用从价百分比标准时允许累积，且要求用于累积的原料不得超过15%；中国—瑞士自贸协定则明确了一方产品在另一方用作原料时，必须经过最后的加工工序且需要超出微小加工的范围，才能用于累积。

5. 微小加工

一般来说，各自由贸易协定都会规定微小加工条款，通过微小加工不能使产品获得原产地资格。比较常见的微小加工的种类有运输、仓储、清洁、分类、喷漆、屠宰、包装、标签标记等。

中国—东盟、中国—新加坡自贸协定和CEPA中规定：凡进行下列目的的加工或处理，无论是单独完成还是相互结合完成，均视为微小加工及处理，在确定货物是否在一国完全获得时，应不予考虑：为运输或贮存货物使货物保持良好状态；为货物便于装运；为货物销售而进行包装或展示。此外，CEPA还规定：简单的稀释、混合、包装、装瓶、干燥、装配、分类或装饰不应视为实质性加工；企业生产或定价措施的目的在于规避本附件条款的，也不应视为实质性加工。

中国—巴基斯坦、中国—智利、中国—冰岛、中国—瑞士自贸协定和《亚太贸易协定》、ECFA的规定更为具体化，通过列明具体操作的方式。例如《亚太贸易协定》中规定下述加工或处理被视为不够授予原产产品资格：（一）为保证运输或贮存期间处于良好状态而进行的处理（通风、摊开、干燥、冷冻、加盐、用二氧化硫或其他水溶液处理、拆除损坏零件，以及其他类似处理）；（二）简单处理包括除尘、筛分或过滤、拣选、分类、匹配（包括物品部件的组拼）、清洗、油漆、切割；（三）改变包装、货物的拆散和组装；（四）简单切片、切割或再次包装或装瓶、装袋、装箱、在卡片或板上固定等；（五）在产品或其包装上粘贴标识、标签或其他区分性的标记；（六）简单混合；（七）对产品零件进行简单组装成为独立完整产品；（八）动物屠宰；（九）剥皮、谷物去壳、去骨；（十）上述两项或更多处理的组合。此外，中国—智利、中国—冰岛、中国—瑞士自贸协定还对上述处理中的“简单”明确了含义：“简单”通常用来描述既不需要专门的技能也不需要专门生产或装配机械、仪器或装备的行为。

除了条文规定之外，中国—新西兰、中国—秘鲁、中国—哥斯达黎加自贸协定还利用全税则的注释对微小加工做出进一步的规定，例如中国—新西兰自贸协定中通过第28章的“章注”规定了化学反应原产地规则：如经化学反应得到28至38章的产品（品目3823除外），且该化学反应发生在双方境内，则该产品应视为原产。除各税号对应的特定原产地标准外，“化学反应”规则也适用于归入上述章节的所有产品。注释：在本部分中，“化学反应”是指通过分子键断裂并形成新的分子键，或者通过改变分子的空间排列而形成新结构分子的过程（包括生化过程）。在确定产品是否原产时，下列过程不视为化学反应：（1）溶解于水或其他溶剂；（2）去除溶剂，包括作为溶剂的水；或（3）添加或去除结晶水。

6. 微量条款

微量条款也称微小含量标准或容忍原则，一般以税则归类改变标准作为主要的实质性改变标准的自由贸易区，用其作为主要标准的补充。即有时产品已经发生了很大的变化，但是其税则归类却未发生变化，微量条款的存在，对这种情况是一定的弥补，使得发生了很大变化但是按照税则归类改变标准无法获得原产地身份的产品也可以算作原产产品。

中国—东盟、中国—巴基斯坦、中国—新西兰、中国—瑞士自贸协定及《亚太贸易协定》、CEPA均未规定微量条款。除中国—智利自贸协定规定为8%以外，我国其他自贸协定的微量幅度均为10%。例如中国—智利自贸协定中的规定为：“不符合附件三规定的税则归类改变标准的货物，如果在未能满足税则归类改变标准要求生产过程中，所使用全部非原产材料，其按照第十七条确定的价值不超过该货物的8%，仍应当被视为原产。”

7. 其他条款

中国—东盟、中国—巴基斯坦、中国—新加坡、中国—新西兰、中国—冰岛自贸协定及《亚太贸易协定》和CEPA均未对成套货物进行规定。《亚太贸易协定》未规定中性成分和附件、备件及工具的情形。中国—东盟、中国—巴基斯坦、中国—新加坡、中国—冰岛、中国—瑞士自贸协定及《亚太贸易协定》和CEPA均未对货物在非缔约方暂存的情形进行规定。中国—新加坡、中国—新西兰、中国—冰岛、中国—瑞士、中国—哥斯达黎加自贸协定及ECFA和CEPA均未对展览进行规定。《亚太贸易协定》、ECFA和CEPA均未对免于原产地证明文件的情形进行规定。仅有中国—智利、中国—瑞士自贸协定和

CEPA 原产地规则规定了实施联网核查，其他自贸协定均未涉及。中国—巴基斯坦、中国—新加坡自贸协定和《亚太贸易协定》均未限制原产地证书中的货物项目，而其他自贸协定均有所限制。各自贸区对证书中生产商栏目的填制要求不一，如巴基斯坦："应要求向海关提供"（Availabie to Customs upon request）；智利："应要求提供给主管政府机构（Available to the competent governmental authority upon request）"；新西兰和秘鲁："应要求提供给授权机构（Available to the authorized body upon request）"；哥斯达黎加："应要求提供给主管机构或授权机构"（"Available to the competent authority or authorized body upon request"）；ECFA："签证机构或相关机关要求时提供"等。

第二十一节　企业相关对策研究

一、ISBP745 与原产地证书的缮制新规范

信用证是单据业务，《跟单信用证统一惯例（UCP600）》第 14 条"审核单据的标准"中规定："单据中内容的描述不必与信用证、信用证对该项单据的描述以及国际标准银行实务完全一致，但不得与该项单据中的内容、其他规定的单据或信用证相冲突。"为此，2003 年 1 月，《跟单信用证项下审核单据的国际标准银行实务》（简称 ISBP645）作为国际商会第 645 号出版物正式出版，用以指导 UCP500 下的银行审单工作以及 UCP 和信用证条款的解释与应用；随着 UCP600 于 2007 年的生效，ISBP 也于 2007 年更新为 ISBP681。

国际商会银行委员会 2013 年里斯本春季年会上通过了最新的 ISBP745 以取代 ISBP681。与先前的 ISBP681 版本相比，ISBP745 就若干审单标准作出了重大改变。鉴此，笔者就与原产地证书密切相关的若干重大变化予以分析，以便我国原产地签证机构和外贸企业做好应对准备。

（一）原产地证书的签发日期

ISBP681 第 181 段规定："如信用证要求原产地证明，则提交经过签署、注明日期的证明货物原产地的单据即满足要求。"据此，按照 ISBP681 的规定，原产地证书上必须有三要素，即：签署；日期；原产地。

【案例分析】

一份信用证要求原产地证书上表明皮棉的原产地是苏丹，而受益人在信用证下提交的原产地证书上载明的是"苏丹皮棉"（Sudan Raw Cotton）。此时开证行有权拒付。这是因为，"苏丹皮棉"既可能是皮棉的一个品牌，也可能是皮棉的一个通用品种，而不必然

意指皮棉的原产地是苏丹。因此，该原产地证书并没有清晰表明皮棉的原产地是苏丹。同样，在原产地证书中，也不能将“俄罗斯原产地烟煤”简写为“俄罗斯烟煤”。

与 ISBP681 不同，ISBP745 第 L1）段规定：原产地证书须签章但不必注明日期，而且原产地证书必须与发票货物相联系。据此，按照 ISBP745 的规定，原产地证书上必须有二要素：签署；原产地。因此，按照 ISBP745 的规定，对于银行来说，不仅原产地证书的签发日可以晚于装运日，而且没有签发日期的原产地证书也是可以接受的。

ISBP745 新增信用证未要求提交原产地证书时的情况，在第 L7）段规定如下：如果信用证规定了货物的原产地但并未要求提交相应的原产地证书，此时所提交的所有单据中都不得显示与信用证中所规定的原产地相矛盾的信息。例如，信用证注明货物的原产地是德国但并未要求提交相应的原产地证书，此时所提交的所有单据中注明其他产地的信息就将视为与信用证中所规定的原产地相矛盾。

（二）原产地证书的格式

ISBP745 新增第 L2)段规定：如果信用证要求特定格式的原产地证书(例如 Form A)，则必须提交此特定格式的原产地证书。因此，按照 ISBP745 的最新规定，如果信用证要求提交 Form A 原产地证书，此时在受益人公司的函头纸上出具的原产地证书是不可接受的。因为，Form A 原产地证书不仅有其特定的格式，而且按照规定，我国只有海关才有权签发 Form A 原产地证书。ISBP745 增加此规定的目的是确保进口商能够取得特定格式的优惠性原产地证书，以便能够依法享受各自贸区等优惠性关税安排。

（三）原产地证书的签发人

ISBP681 第 182 段规定：原产地证明必须由信用证规定的人出具。但是，如果信用证要求原产地证明由受益人、出口商或制造商出具，则由商会出具的单据可以接受，只要该单据根据不同情形相应地注明受益人、出口商或制造商。如果信用证没有规定由何人出具原产地证明，则由任何人包括受益人出具的单据均可接受。

与 ISBP681 相比，ISBP745 在第 L3）ci 段中增加了商会的类似机构对原产地证书的签发权：“但是，如果信用证要求原产地证明由受益人、出口商或制造商出具，则由商会出具或者其他类似机构出具的单据可以接受，例如包括但不局限于工业商会（chamber of industry）、工业协会（association of industry）、经济商会（economic chamber）、海关机构和贸易部门等类似机构。”必须指出的是，按照中国现行法律，只有海关和贸促会才有权签发原产地证书，其他类似机构一概无权签发原产地证书。其中，Form A 原产地证书唯有海关才有权签发。因此，ISBP745 的上述规定违背中国法律，在中国的出口贸易中也就不能适用。

（四）原产地证书与货物相联系的方式

原产地证书应该如何与货物相联系呢？对此 ISBP681 第 183 段规定：原产地证明必须看似与发票所指货物相关联。原产地证明中的货物描述可以使用与信用证所载不相矛盾的统称，或通过其他援引表明其与要求的单据中的货物相关联。

ISBP745 第 L4）段修改为：原产地证明必须看似与发票所指货物相关联，联系方式：注明信用证中的货物描述，或者使用与信用证所载货物描述不相矛盾的统称；引用信用证所规定单据中对货物的描述，或者引用随附原产地证书的单据或者构成原产地证书组成部分的单据中对货物的描述。

可见，ISBP745 删除了 ISBP681 所允许的与货物相联系的其他方式，即：不允许仅通过在原产地证书上注明发票号码或者提单号码或者注明唛头或者注明信用证号码等方式间接与货物相联系。笔者认为，如此规定的目的旨在保护消费者权益。这是因为，只有进口商才能够看到显示进口价格的发票等其他单据，而消费者是看不到包括发票在内的其他单据的，此时通过注明货物名称的原产地证书摆放在商场中可以使消费者清楚知晓进口货物的原产地。

【案例分析】一份编号 DC123 的信用证要求提交原产地证书，所提交的原产地证书上注明："We certify that the goods are of Germany origin." ISBP745 要求原产地证书与货物直接联系，而不能间接联系。因此，即便本案中的原产地证书其中援引了信用证编号，按照 ISBP745 规定也构成不符点交单。试想：如果该信用证所涉及的货物为德国汽车 3 辆和中国摩托车 3 辆，且允许分批装运，其中需要德国汽车的原产地证明。第一批发货为 2 辆德国汽车和 1 辆中国摩托车，显然此案中出口商提交的原产地证明是无法达到原产地证书的通常功能的。

但是我国出口企业在此应该注意的是，我国签发的各类优惠贸易原产地证书均要求：证书应详细列明每种货物的商品名称，以便于进口方海关关员查验时加以识别，并要求商品名称应与发票及商品编码协调制度上的描述相符。

（五）原产地证书上的收货人和发货人

关于原产地证书上收货人的填写方式，ISBP681 第 184 段规定：如果显示有收货人信息，则不得与运输单据中的收货人信息相矛盾。但是，如果信用证要求运输单据出具成空白指示、凭托运人指示、凭开证行指示或以开证行为收货人，则原产地证明可以显示信用证的申请人或信用证中指名的另外一人作为收货人。如果信用证已经转让，以第一受益人作为收货人也可接受。ISBP745 第 L5）段对此的修改是：在信用证未转让时，原产地证书不得显示收货人为信用证的受益人。

关于原产地证书上发货人的填写方式，ISBP681 第 185 段规定：原产地证明可以显示信用证受益人或“运输单据”上的托运人之外的另外一人为发货人或出口方。ISBP745 第 L5）段对此的修改之处是：原产地证明可以显示信用证受益人或“信用证下任何其他规定单据”上的托运人之外的另外一人为发货人或出口方。如此修改，使得 ISBP 的规定更为严谨。

但是我国出口企业在此应该注意的是：我国签发的各类自贸区原产地证书，除《亚太贸易协定》允许在第三方贸易时收货人为“TO ORDER”，其他均要求详细列明自贸协定进口国家的依法登记的收货人名称和地址。

（六）转口贸易下的原产地证书

为适用转口贸易的现实，ISBP745 新增 L8）条款：在原产地证书上显示的出口商或者发货人不是信用证受益人的前提下，此时原产地证书上可以注明与所提交的其他单据中不同的发票号码、发票日期和运输路线。

【案例分析】信用证受益人是 B 公司，要求发票编号是 123，结果受益人提交的原产地证明显示“consignor：M 公司”，发票号是 456，交单时是否会引起拒付？国际贸易中，中间商可以采取开立可转让信用证，通过替换最终供货商发票和汇票的方法切断其与最终用户之间的联系，以便保守商业机密。而原产地证书通常无法替换。因此，按照 ISBP745 的上述规定，在原产地证书上显示的出口商或者发货人不是信用证受益人的前提下，此时原产地证书上可以注明与所提交的其他单据中不同的发票号码、发票日期和运输路线。因此，本案中的原产地证书可接受。但是，如果此案中提交的原产地证书上显示的出口商或者发货人是信用证的受益人，此时原产地证书上显示的发票号码就必须是 123。另外，按照国际商会 R389 的观点，原产地证书上可以不显示运输细节。另外，按照国际商会 R489 案例的观点，在可转让信用证下，最终供货商提交的原产地证书上显示的货物价格也可以与中间商信用证下提交的发票和汇票显示的货物价格不一致，因为两者的差额就是中间商赚取的差价。

但是我国出口企业在此应该注意的是：根据《中国—东盟自贸协定》的规定，如 Form E 证书适用第三方发票条款，在第 7 栏货物描述栏目加注的公司名称及所在国家必须为中国以外的第三方的公司，不得加注国内的公司，且不得出现“O/B”字样。同时，须在证书第 10 栏中填写第三方发票的编号和日期，且货物的中国出口商和最终收货人必须驻在缔约各方。但其金额可以选择填写中国出口商或非缔约第三方的发票金额，同时在证书第 13 栏“第三方发票”字样前机打“√”。而中国—秘鲁和中国—哥斯达黎加自贸协定中则规定：如果发票是由非缔约方经营者开具且该商业发票价格、商业发票号码及开发票日期不知道，则可以在相应原产地证书上注明原始商业发票的信息。

二、直运规则案例研究

（一）案情概况

中国 A 公司出口一批货物至印度尼西亚，贸易术语为 FOB 中国任一港口，A 公司在出口时向原产地证书签证机构申请签发了中国—东盟自贸区原产地证书 Form E。

货物到港后，进口国海关通过函件将证书退给签证机构，来函指出：货物途经中国台湾高雄，停留并转船，但原产地证书未经加签“未再加工证明”，且未提供中转地海关证明，因此货物不符合直接运输条款，故退回 Form E 证书，不给予优惠关税待遇。

随函退回的还有货代提单，提单未显示中转港，表面看为直运提单，但根据船公司的网上行程查询，集装箱途经中国台湾高雄等非中国—东盟自贸协定成员方，并停留 3 天时间。

调查中 A 公司表示，由于贸易为 FOB 条款，且外商指定船公司和货代安排运输，货物中途是否转运，出口商一般不予关注。货代公司由于是外商指定，一般比较强势，仅提供给 A 公司货代提单。

（二）为什么不能享受优惠？

根据 A 公司出口时提供的信息及货代提单信息，货物出口时的目的地即为印度尼西亚泗水，途经高雄仅是运输的需要。对于交接方式为整箱交整箱接（FCL/FCL）的集装箱运输，提单上均表明集装箱箱号和印封号，承运人对整箱货，以箱为交接单位，只要集装箱外表与收箱时相似和箱号铅封完整一致，承运人就完成了承运责任。即使中途转船，只要集装箱箱号和印封号保持完整，应可以证明货物中途未经加工或换货，应视同直接运输。

依据中国—东盟自贸协定原产地规则直运条款，“视同直接运输”时应提交相应的证明文件，如转运地中检公司或海关签发的未再加工证明。但由于 A 公司认为是 FOB 贸易术语，且货代提供的为全程直运提单，因此在中转地没有申请“未再加工证明”。由此造成与原产地规则签证操作程序（OCP）第二十一条不符，使得进口商即使在进口报关时提交了有效的原产地证书，也不能享受相应的优惠关税。

（三）怎样才算“直运”？

直运规则是指对于依照自贸协定能够享受优惠关税待遇的原产货物，原则上应当在出口和进口的缔约方之间直接运输。

例外：由于地理的原因或运输的需要，经过非缔约方运输的原产产品仍可视为直接运输，不管是否在过境地转换运输工具或暂存于仓库，其条件是：

1. 货物一直处于过境地海关的监督之下；

2. 未投入当地市场销售或交付当地使用；

3. 除装卸和为使货物保持良好状态而作的必要处理外，未经任何再加工。

直运规则的立法目的在于防止获得原产资格的货物在运输途中与非原产货物发生混合、调换等意图规避或者滥用原产地规则的情况，从而确保货物中途没有发生任何改变，自始至终保持原产资格。

直运规则与产品原产地并无直接联系，但它是一个必要的技术手段。进口方海关对于途经第三方转运的货物非常关注，一般要求提供相应的证据证明。

（四）可能出现的问题及应对办法

原产地证书的签证机构根据出口商的申请签发原产地证书，一般情况下出口商应在货物出口前或出口时提出签证申请，其出口目的地为明确的自贸区成员方，签证时一般并不验证运输是否符合直运规则，而是由企业尽所知填写。对于申报在第三方转运的货物，签证机构一般会提醒出口商办理相应的转运未再加工证明。但出口商在完成原产地证书签证之后是否办理相应证明，并不反馈给签证机构。

上述案例即是进口海关针对中途转运但未办理未再加工证明的情况的核查。对于此类进口国有针对性的核查，我国签证机构和企业可以采取如下应对措施：

1. 签证机构应如实答复，货物在出口前申请签发原产地证书，签证时货物运输的目的地为进口国，且提单上的船名、航次、起运港、目的地等信息均与证书相符，至于中途在第三方停留并换船，一般是出于运输的需要，目前只有途经中国香港和澳门的货物可以在中检公司签发未再加工证明，其他地区没有该项证明。同时可以指出由于货物已抵达目的地，进口海关可以通过查验集装箱箱号和铅封号码的对应来判别产品是否符合直运规则。

2. 签证机构应加强对企业的培训，提醒出口商在第三方转运的货物应提前在转运地办理相关证明，必要时主动向进口海关提供能够证明产品符合要求的证据，如提单等合约性货运单据，或者基于唛头和箱号等的实物证据，或者任何与货物本身有关的证据。

3. 出口商对于中转货物，应提前安排在中转时办理未再加工证明。如未能及时办理转运证明，应主动和进口海关沟通并提交提单等合约性货运单据，或者基于唛头和箱号等的实物证据等证明货物途经第三方仅是运输的需求，中途未经任何加工或换货行为。

三、豆油豆粕原产地特殊计算法

单一原材料生成多种产品的增值比例如何计算，对企业产地证申报和签证最有利？

完善原产地规则，维护我国海洋权益

在原产地标准中产品是否发生“实质性改变”是判定其原产地的依据。实质性改变的具体标准有税号改变标准、增值标准、特定生产加工工序标准以及上述各项的组合。其中，由于增值标准制订比较容易，我国已签订的 12 个自贸协定中均涉及增值标准，其中《亚太贸易协定》和中巴自贸区全部产品为增值标准，中国—东盟自贸协定绝大部分产品适用增值标准。现以大豆产品为例，看看这种单一原材料生成多种产品的增值比例如何计算对企业产地证申报和签证最有利。

原产地标准怎么算？

例：某粮油公司进口美洲大豆价格 540 美元/吨，国际市场上豆油离岸价格 851 美元/吨，豆粕离岸价格 577 美元/吨。每吨大豆中出产 0.195 吨豆油和 0.78 吨豆粕，损耗和其他副产品价值忽略不计。该公司加工大豆后，出口豆油到越南，申请出具中国—东盟原产地证书 From E。

为此需要计算豆油的增值率，以判断豆油是否符合中国—东盟自贸区原产地标准——“原产于中国—东盟自贸区的成分占其总价值的比例不应少于 40%。”

其计算公式如下：

（非中国—东盟自由贸易区的原材料 + 不明原产地的材料价值）/离岸价格 × 100%＜60%

在实际工作中，不同人员使用不同的计算方式：

1. 简单套用多种原材料生成单一产品的常规计算方法：

（1）生产一吨豆油，使用的大豆数量为：1/0.195 吨 = 5.13 吨。

（2）豆油中含有的进口比例为：（5.13 × 540）/851 × 100% = 325%＞60%。

（3）根据上述计算，产品不符合原产地标准，不能办理中国—东盟自贸区原产地证书。

2. 粮油公司的计算方式：

（1）每吨大豆中含有 0.195 豆油和 0.78 吨粕，每吨大豆中豆油的价值是：540 × 0.195 美元 = 105 美元。

（2）豆油的离岸价格是 851 美元/吨，上述大豆中 19.5%的豆油如果在国际市场上销售，可以销售价值为：0.195 × 851 美元 = 166 美元。

（3）加工 1 吨大豆得到 0.195 吨豆油，如在国际市场上销售后，它的增值为：（166 − 105）美元 = 61 美元。

（4）上述大豆加工在中国境内完成，所以增值部分属于“中国—东盟自贸区成分”，它的增值率为：61/105 × 100% = 58%。

（5）根据“原产于中国—东盟自贸区的成分占其总价值的比例不应少于 40%”的规定，上述豆油增值 58%大于 40%，可以直接判定加工进口大豆得到的豆油原产于中国，因此可以办理中国—东盟自贸区原产地证书。

3. 根据收入比例分配成本的计算方式：

（1）总权数＝豆油 0.195 吨×其平均价格＋豆粕 0.78 吨×其平均价格＝（0.195×851＋0.78×577）美元＝（166＋450）美元＝616 美元

（2）豆油分配系数＝豆油 0.195 吨×其平均价格/总权数=166/616=27%

（3）1 吨进口大豆所产出豆油的原料成本＝大豆成本×豆油分配系数=540×27%美元＝145 美元

（4）上述豆油中含有的进口大豆比例为：145/166×100%＝87%＞60%

（5）根据上述计算，产品不符合原产地标准，不能办理中国—东盟自贸区原产地证书。

方式 1 中计算的进口价值比例居然超出了 100%，显然是没有考虑到在大豆加工成豆油时，豆油不是唯一产品。

方式 2 在计算原料价值的时候，不是算得大豆的价值，而是把豆油的价值从大豆里面分离出来作为原料价值，思路是对的，但是需要注意的是，大豆中 19.5%的豆油不是价值，而是数量。

方式 3 借鉴了产品成本核算的“按产品的销售收入所占的比重进行成本分摊”原则，首先计算收入总权数，然后计算豆油的分配系数，之后根据分配系数进行成本分摊，计算出豆油的原料成本，进而计算出成品的进口比例，判定产品是否符合增值标准。该方法计算出的不同成品中所含某种原料的价值比例是一个固定值，即总投入原料价值与总产出价值之比。

如果生产中使用来源不同的原料，只需计算进口原料价值与总产出价值之比。例如上述豆油的生产中使用 40%的国产大豆和 60%的进口大豆，价格分别为 560 美元/吨和 540 美元/吨，其他条件不变，则成品中进口比例为：（540×60%）/616=53%，进口比例小于 60%，此时即可以办理中国—东盟原产地证书。

根据上述分析，只有方式 3 是合理的计算方式。可见，针对单一原材料生成多种产品情形下，计算增值比例不能像方式 1 中简单地套用公式，而应该依据多种产品的销售收入或成本收入进行成本分摊，即某种原料的价值比例为该原料的投入价值与总产出价值之比。

企业能用哪些原产地标准？

大豆的 HS 编码为 1201，豆粕的 HS 编码为 2304，豆油的 HS 编码为 1507。根据豆油的生产工艺和流程，从大豆到豆油，需要专门的设备，经过一系列复杂工艺流程。与原材料“大豆”相比，制成品“豆油和豆粕”属于具有完全不同的名称、特征和用途的新产品。这样的加工在直观感觉上应该属于满足“实质性加工”，应该具有加工地的经济国籍。

但由于自贸区原产地规则中的“实质性加工”是为了享受双方相互的优惠关税而经

双方谈判而定的，并不能仅仅依据直观感觉。我国所涉自贸区原产地规则对于豆油和豆粕原产地标准具体对比如表 6－19 所示。

表 6－19　　我国所涉自贸区对于豆油和豆粕原产地标准对比表

自贸区名称	豆油原产地标准	豆粕原产地标准
中国—东盟	区域价值成分 40%	区域价值成分 40%
中国—巴基斯坦	区域价值成分 40%	区域价值成分 40%
中国—新加坡	区域价值成分 40%	区域价值成分 40%
亚太贸易协定	区域价值成分 45%	区域价值成分 45%
中国—秘鲁	章改变	从任何其他品目改变至此；或不要求税则归类改变，只要其区域价值成分不少于 50%。
中国—新西兰	章改变	品目改变
中国—智利	章改变	区域价值成分 50%
中国—哥斯达黎加	章改变，但 12 章除外	章改变
中国—瑞士	完全获得	品目改变
中国—冰岛	完全获得	章改变

从表 6－19 中可以看出，原产地标准分为三类。

一是完全获得，只允许使用国产大豆，如中国—瑞士、中国—冰岛自贸区，此类标准最为严格。作为全球最大的大豆进口国，我国每年从阿根廷和巴西进口大量的大豆，相比进口转基因大豆，国内非转基因大豆价格高，制油率还低，没有竞争优势，但由于农业生产涉及国家战略安全，我国应维护一定的非转基因大豆种植面积。值得注意的是，此类原产地标准要求在中国种植收获，并没有对种子来源的限制，一旦我国允许种植转基因大豆，该标准就失去了对我国非转基因大豆的支持。

二是章改变或品目改变，允许全部使用进口大豆，如中国—智利、中国—新西兰自贸区，此类标准最为宽松。

三是区域价值成分，一般根据案例中的价格体现，可以使用部分进口大豆，如中国—东盟自贸区，此类标准的严格度介于上述两类之间。但由于消费者对转基因食品的安全性的质疑，许多国家均要求在商品标签中注明转基因或非转基因产品，在工厂的实际加工中，混合用料的可能性很低，因此该标准也是限制进口大豆作为原料的。

通过对比分析不同自贸区的原产地标准，建议生产企业可以依据原产地标准，根据出口目标市场的不同，提前安排原材料的使用，从而享受进口的自贸区优惠关税。

四、变通物流运输模式，满足原产地标准

某公司生产并出口到智利的手机，该国际公司总部对核心物料实行集中采购并发往香港物流中心，然后再发给工厂生产。

这些原料中有的是来自日本和中国台湾，属于“进口原料”，但也有的是由中国内地的供货商，在中国境内某保税区生产加工的，其本地增值也已超过 40%，应被计算到最终产品的国内价值中去。但经中国香港物流中心再返回到中国内地之后无法认定其原产地而被视为“进口原料”。经分析出口手机的价值成分构成，在签证机构的建议下，该公司优先选用国产部件，改变原材料的物流运输模式，将国内生产的显示模组直接运输至本地的手机加工工厂，不仅使产品达到了原产地标准的要求，而且为企业节约了一批运费。

五、企业利用自贸区优惠原产地政策的建议

在日常工作中，我们发现部分企业对原产地政策了解不够，存在一些误区，比如：不清楚原产地证书与关税减免之间的联系，误以为含进口成分的产品就不能申请原产地证书，从国内采购的原材料就是国产原料、所有产品都可以申请优惠原产地证书，等等，使得一些企业不仅未能充分享受到优惠原产地证书带来的好处，反而还因理解有误、申报不符、单据差错等原因影响货物通关甚至遭到补收关税和罚款。

为此，建议广大出口企业注意以下几个方面。

（一）密切跟踪谈判进展，充分利用优惠条件

随着自由贸易区谈判逐渐深入，相关降税产品清单、原产地规则和签证操作程序会不断进行调整。企业主动了解谈判进展，是充分利用优惠条件的前提。

货物贸易自由化是自贸协定的首要领域，其最终目标是取消货物贸易中的关税壁垒和非关税壁垒，陆续开始的降税使贸易条件得到改善。企业作为市场主体，要从市场占有的角度，以及市场将催生一系列变化的角度来认识优惠待遇的作用。在出口贸易中，我方主动提供优惠原产地证，进口商是直接受益者，因为他在报关时可以少交关税，降低了进口商品的成本。这样，一方面可以扩大出口，另一方面我们作为出口商可以以税率的降低作为谈判的筹码，分享关税减免的好处，从而增加出口效益。在进口贸易中，我方企业主动要求对方提供优惠原产地证，以便进口报关时享受优惠关税，降低进口商品成本，节省外汇支出。随着谈判的不断推进，我国与东盟各国可享受优惠关税的产品范围及其优惠幅度不断增加。因此我国企业只要不断了解掌握新的动态，就能及时抓住商机，充分利用优惠政策。

（二）主动申请原产地证，确保享受优惠待遇

由于优惠原产地证书带来的关税优惠是进口商直接受惠，而不是出口商。因此不少出口企业管理人员对优惠原产地证了解甚少，甚至全然不知，更谈不上有开发意识。有的企业虽然知道客户索要原产地证明书是为了减免关税，但认为关税减免只是进口商单方面享受，如果客户没有提出签证要求便抱着“多一事不如少一事”的态度，不愿主动申办。也有的企业尽管了解优惠原产地证书能带来关税减免利益，但由于缺乏足够的经验或技巧，不懂得将关税优惠政策作为提高成交价格、共享贸易利润或扩大市场占有率的有力武器，影响了原产地证书作用的有效发挥。

其实，作为出口商，虽然不能因为产地证得到直接的关税优惠，间接的好处却是显而易见的。如果客户因为享受优惠的关税而获得了更高的利润，出口商势必就能接到更多的订单，商品销路就会更大，就能扩大出口，竞相获得更多的国际市场。因此，建议企业应树立主动利用原产地证书的意识，确保多途径享受优惠待遇。

（三）选好配强原产地证申领人员，提高实际利用效果

尽管多年来，原产地签证部门对优惠原产地证签证工作举办过各种类型的讲座及培训班，做了大量的知识普及工作，取得了一定的成效，但由于外贸发展迅速，人员更新变化快，同时参加培训以及日常办理业务的大多是企业普通办事员，一些原产地证书申领员由于存在怕麻烦、怕增加工作量的想法，不愿意向企业高层管理或销售人员传达原产地证的优惠政策。而进出口企业，特别是一些中小企业和边境贸易企业的管理或外销人员又很少主动参加签证机构组织的产地证业务知识培训，致使企业决策者对自由贸易区关税优惠政策不了解、不掌握，不能充分利用。

在日常签证中，部分企业原产地申报工作人员更换频繁，申报工作质量不稳定。据统计，因企业申报差错导致的签证退单率达 10%。不仅影响了企业产品在国外通关，还增加了滞港、重办证书或补税等费用。建议广大企业，重视产地证申领人员培养，按照自贸协定原产地规则申领证书，用足用好优惠原产地政策。

企业应配备具有一定外贸知识和外语水平的人员负责出口贸易，并积极参加政府有关部门的培训，及时掌握自由贸易区原产地关税优惠政策。在和外商谈判的过程中，主动提供符合要求的自由贸易区原产地证书，抓住机遇充分利用自由贸易区关税优惠政策，把自由贸易区的谈判成果及时转化为企业实实在在的利益。

（四）及时反映在国外通关遇到的问题

出口货物使用原产地证书在国外通关遇到质疑证书真伪、质疑原产地标准等情况时，

应及时向当地原产地证书签证机构反映情况，通过官方渠道协调解决。在遇到国外退证查询时，要积极配合签证机构的调查，以便签证机构准确答复进口国海关，争取获得关税的减免优惠。

（五）注意自由贸易区优惠是双向的

自贸协定是不同国家或地区之间的互惠协议，我国企业进口货物时也可使用原产地证书，享受进口关税优惠。因此建议广大企业在与国外客户签订进口货物合同时，应将取得自贸协定原产地证书作为重要条款，以便降低进口成本。

参 考 文 献

[1] Alberto Portugal-Perez. Assessing the Impact of Political Economy Factors on Rules of Origin under NAFTA[R]. Policy Research Working Paper WPS4848, February 2009.

[2] Aly K. Abu-Akeel. Definition of Trade in Services Under the GATS: Legal Implications[J]. Journal of International Law and Economics, 1999, 32: 206 – 210.

[3] Antoni Estevadeordal. Negotiating Preferential Market Access: The Case of the North American Free Trade Agreement[J]. Journal of World Trade, 2000, 34(1): 141 – 166.

[4] BEA. An Ownership-Based Framework of the U. S. Current Account, 1997~2006[R]. Survey Of Current Business, Jan, 2008.

[5] Bernard Hoekman. Rules of Origin for Goods and Services: Conceptual Issues and Economic Considerations[J]. Journal of World Trade. 1993, 27(81): 86 – 89.

[6] Bhagwati, J. N. Splintering and Disembodiment of Services and Developing Nations[J]. The World Economy. June 1984, 7(2): 133.

[7] Blyde, Faggioni. International supply chains and trade agreements[J]. Applied Economics Letters, 2018, 25(17).

[8] Bombarda P, Gamberoni E. FIRM HETEROGENEITY, RULES OF ORIGIN, AND RULES OF CUMULATION[J]. International Economic Review, 2013, 54(1): 307 – 328.

[9] Cadot O, De Melo J, Portugal-Pérez A. Rules of origin for preferential trading arrangements: implications for the ASEAN Free Trade Area of EU and US experience[R]. World Bank Policy Research Working Paper, 2006(4016).

[10] Choi W M. Defragmenting fragmented rules of origin of RTAs: a building block to global free trade[J]. Journal of International Economic Law, 2010, 13(1): 111 – 138.

[11] Christian Delev. Straining the Spaghetti Bowl: Re-Evaluating the Regulation of Preferential Rules of Origin[J]. Journal of International Economic Law, 2022, 25.

[12] D. Farrier. Access to Marine Bioresources: Hitching the Conservation Cart to the Bioresources Horse[J]. Ocean Development & International Law, 2001, 32.

[13] Deardorff. Rue the ROOs: Rules of origin and the gains(or losses)from trade agreements[J]. The International Trade Journal, 2018, 32(5).

[14] Edwin A. Vermulst, Paul Waer and Bourgeois, J. H. J. Rules of Origin in International

Trade: A Comparative Study[M]. University of Michigan Press, 1993: 19 – 21.
[15] Edwin A. Vermulst. Rules of Origin as Commercial Policy Instruments-Revisited[J]. Journal of World Trade, 1992, 26(61): 433.
[16] Emily Lydgate, L. Alan Winters. Deep and Not Comprehensive?What the WTO Rules Permit for a UK-EU FTA[J]. World Trade Review, 2019, 18.
[17] Estevadeordal, A. Negotiating Preferential Access: The Case of the North AmericanFree Trade Agreement[J]. Journal of World Trade. 2000, 34 (1): 141 – 166.
[18] Fink, Carsten, Molinuevo, Martín. East Asian Free Trade Agreements in Services: Roaring Tigers or Timid Pandas[R]. the World Bank, June 2007: 36 – 42.
[19] Fink, Carsten, Nikomborirak, Deunden. Rules of origin in services: a case study of five ASEAN Countries[R]. World Bank policy research paper working paper 4130, February 2007: 3 – 10.
[20] Florencio, Lopez, de Silanes, James, R. Markusen, Thomas, F. Rutherford. Anti-competitive and Rent-shifting Aspects of Domestic-content Provisions in Regional Trade Blocks[R]. NBER Working Paper, 1993, 10, No. 4512,.
[21] HanSung Kim, Mee Jin Cho. Impact of rules of origin on FTA utilization in Korea FTAs[J]. Korea Institute for International Economic Policy, 2010.
[22] Harris J T. Measurement and Determination of Rules of Origin in Preferential Trade Agreements(PTA's), ProQuest, 2007.
[23] Heng Wang. WTO Origin Rules for Services and the Defects: Substantial Input Test as One Way Out?[J]. Journal of World Trade, 2010, 44(5): 1097 – 1105.
[24] Heo Y, Kien N T. Vietnam's Intellectual Property Landscape from a Regional Perspective *[J]. International Area Studies Review, 2011, 14(1): 73 – 104.
[25] Inama. Rules of origin in ASEAN[M]. Cambridge University Press, 2015.
[26] Inama. Rules of origin in international trade[M]. Cambridge University Press, 2009.
[27] Jeremy Tyler Harris. Measurement and determination of rules of origin inpreferential trade agreements(PTAs)[M]. University of Maryland, College Park, 2007.
[28] José Manuel BARROSOEN. COMMISSION REGULATION(EU)No 1063/2010[J]. Official Journal of the European Union, 2010 – 11 – 23.
[29] Joseph A. LaNasa III. Rules of origin and the Uruguay round's effectiveness in harmonizing and regulating them[J]. The American Journal of International Law, 1996, 90: 625.
[30] K. C. Fung, Lawrence J. Lau, Yanyan Xiong. Adjusted Estimates of United States-China

Bilateral Trade Balances—An Update[R]. Stanford University, 2006, (4).
[31] Kala Krishna. Understanding Rules of Origin[R]. Pennsylvania State University and NBER, 2003.
[32] Karen Lapid. Outsourcing and Offshoring Under the GATS[J]. Journal of World Trade, June 2005, 40: 17 – 40.
[33] Kasturi Das. Unresolved issues on geographical indications in the WTO[R]. Research Handbook on the Protection of Intellectual Property under WTO Rules, P448 – 513.
[34] Kim J, Kim J B. RTAs for Development: Utilizing Territoriality Principle Exemptions under Preferential Rules of Origin[J]. Social Science Electronic Publishing, 2009, 43(1): 153 – 172.
[35] Kim, Jong Bum, Kim, Joongi. RTAs for Development: Utilizing Territoriality Principle Exemptions under Preferential Rules of Origin[J]. Journal of World Trade, 2009(43).
[36] Kiyoyasu Tanaka, Takahiro Fukunishi. Rules of origin and exports in developing economies: The case of garment products[J]. Journal of Asian Economics, 2022, 82.
[37] Kiyoyasu Tanaka. The European Union's reform in rules of origin and international trade: Evidence from Cambodia[J]. World Economy, 2021, 44.
[38] Lloyd. P. J. Tariff Substitute for Rules of Origin in Free Trade Area[J]. the World Econom, 1993(6).
[39] Manchin M, Pelkmans-Balaoing A. Rules of origin and the web of East Asian free trade agreements[R]. World Bank Policy Research Working Paper, 2007(4273).
[40] Mattoo, Aaditya, Fink, Carsten. Regional Agreements and Trade in Services: Policy Issues[R]. World Bank Policy Research Working Paper 2852, June 2002: 2 – 6.
[41] Medalla E. Rules of Origin: Regimes in East Asia and Recommendations for Best Practice[J]. Trade Working Papers, 2008, 67(11): 159 – 178.
[42] Miriam Manchin, Annette O. Pelkmans-Balaoing. Rules of Origin and the Web of East Asian Free Trade Agreements[R]. World Bank Policy Research Working Paper No 4273, July 2007.
[43] Mizuno, Takauchi. Rules of origin and uncertain compliance cost[J]. Asia-Pacific Journal of Accounting & Economics, 2018, 25(5).
[44] Nellie Munin. Legal Guide to GATS[M]. Kluwer Law International, 2010: 98 – 99.
[45] Nicolaides, Phedon. Economic Aspects of Services: Implications for a GATT Agreement[J]. Journal of World Trade, 1989, 23: 129.
[46] Norio Komuro. FTA Outward Processing at the Crossroads[J]. Journal of World Trade,

Aug 2009, 43. 4: 797－846.

［47］ OEF. The China Effect: Assessing the Impact on the US Economy of Trade and Investment with China[J]. The China Business Forum, Jan, 2006.

［48］ Olivier Cadot, Antoni Esteradeordal, Akiko Suwa Eisenmann, Thierry Verdier. The Origin of Goods—Rules of Origin in Region Trade Agreement[M]. Oxford University Press, 2004.

［49］ Olivier Cadot, Jaime de Melo, Alberto Portugal-Pérez. Rules of Origin for Preferential Trading Arrangements[R]. World Bank Policy Research Working Paper 4016, September 2006.

［50］ Olivier Cadot. The Origin of Goods: Rules of Origin in Regional Trade Agreements[M]. OxfordUniversity Press, 2006: 131－148.

［51］ Clivier, Cadot, de Melo, Jaime and Portugal-Pérez. Rules of Origin for Preferential Trading Arrangements: Implications for the ASEAN[J]. Journal of Economic Integration, 2007, 22(2): 289－290.

［52］ Patrick Georges. Liberalizing NAFTA Rules of Origin: A Dynamic CGE Analysis[J]. Review of International Economics, 2008, 16(4): 672－691.

［53］ Peter K. Morrison. WTO Dispute Settlement in Services: Procedural and Substantive Aspects, in Ernst-Ulrich Petersman ed. International Trade Law and the GATT/WTO Dispute System[M]. Kluwer Law International, 1997: 391.

［54］ Pierre Kobel, Pranvera Këllezi, Bruce Kilpatrick. Antitrust in pharmaceutical markets & geographical rules of origin[M]. Springer, 2017.

［55］ Pierre Sauve. Developing Countries and the GATS 2000 Round[J]. Journal of World Trade, 2000, 34(2): 87.

［56］ Productivity Commission. Rules of Origin under the Austria-New Zealand Closer Economic Relation Trade Agreement [R]Canberra: Productivity Commission. 2004.

［57］ Rachel McCulloch, Harry G. Johnson A. Note on Proportionally Distributed Quotas[J]. American Economic Review, 1973, 63(9): 726－732.

［58］ Richard Goe, W. The Growth of Producer Services Industries: Sorting Through the Externalization Debate[J]. Growth and Chang, October 1991, 22(4): 118－133.

［59］ Rod Falvey, Geoff Reed. Economic Effects of Rules of Origin [J]. Weltwirtschaftliches Archive, 1998, 134, (2): 209－227.

［60］ Rupa Duttagup ta, Arvind Panagariya. Free Trade Areas and Rules of Origin: Economics and Politics[R]. IMF Working Paper, 2003(11).

［61］Ruth Rikowski. TRIPS into the unknown: Libraries and the WTO Agreement on Trade-Related Aspects of Intellectual Property Rights[J]. IFLA Journal, 2003, 29(2).
［62］Sampson, G. P. and Snape, R. H. Identifying the Issues in Trade in Services[J]. The World Economy 1985, 8: 171.
［63］Stefano Inama. Rules of Origin in International Trade[M]. Cambridge University Press, 2009.
［64］Sung Hee Lee, Kun Soo Park, Yong Won Seo. Multinational Firm's Production Decisions under Overlapping Free Trade Agreements: Rule of Origin Requirements and Environmental Regulation[J]. Sustainability, 2016, 9(1).
［65］Won-Mog Choi. Defragmenting Fragmented Rules of Origin of RTAs: A Building Block to Global Free Trade[J]. Journal of International Economic Law, 2010, 13(1): 111 – 138.
［66］彭立春. 习近平新时代中国特色社会主义海洋思想探析［J］. 新西部，2018（12）: 7 – 8.
［67］〔美〕Jonas Ebbesson. 波罗的海地区海洋环境保护［M］. 傅崐成，等. 弗吉尼亚大学海洋法论文三十年精选集. 厦门：厦门大学出版社，2010.
［68］〔美〕K. L Cochrane. 作为管理手段的海洋保护区：工具或是玩具［M］. //傅崐成，等. 弗吉尼亚大学海洋法论文三十年精选集. 厦门：厦门大学出版社，2010.
［69］〔美〕Marjaret F. Hayes. 迷人的微型动物群》［M］. //傅崐成，等. 弗吉尼亚大学海洋法论文三十年精选集. 厦门：厦门大学出版社，2010.
［70］〔美〕Michael W. Lodge. 国际海底管理局［M］. //傅崐成，等. 弗吉尼亚大学海洋法论文三十年精选集. 厦门：厦门大学出版社，2010.
［71］〔美〕Tullio trevs. 海洋环境保护的区域性方法［M］. //傅崐成，等. 弗吉尼亚大学海洋法论文三十年精选集. 厦门：厦门大学出版社，2010.
［72］〔德〕沃尔夫冈・格拉夫・魏智通. 国际法［M］. 吴越，毛晓飞，译. 北京：法律出版社，2002.
［73］〔意〕斯特凡诺・伊那马. 国际贸易中的原产地规则［M］. 海关总署关税征管司，译. 北京：中国海关出版社，2012.
［74］蔡鹏鸿. 争议海域共同开发的管理模式：比较研究［M］. 上海：上海社会科学院出版社，1998.
［75］戴瑛，裴兆斌. 渔业法新论［M］. 南京：东南大学出版社，2017.
［76］丁长影，孟璇，徐进亮. 豆油豆粕原产地特殊计算法［J］. 中国海关，2014（12）.
［77］丁长影，孟璇. 不符合“直运”，怎么办？［J］. 中国海关，2015（9）.

[78] 冯江峰. 共同开发海域管辖权研究 [M]. //高之国，贾宇. 中国海洋法年刊（2017）. 北京：中国民主法制出版社，2018.
[79] 冯学智. 中国海洋权益争端的国际法分析[M]. 北京：中国政法大学出版社，2013.
[80] 傅崐成，宋玉祥. 水下文化遗产的国际法保护——2001 年联合国教科文组织《保护水下文化遗产公约》解析 [M]. 北京：法律出版社，2006.
[81] 高健军. 中国与国际海洋法：纪念《联合国海洋法公约》生效 10 周年 [M]. 北京：海洋出版社，2004.
[82] 苟海波，李虎. 斯匹茨卑尔根群岛条约 [M]. //高之国，张海文，贾宇. 国际海洋法问题研究. 北京：海洋出版社，2006.
[83] 郭冉. 海上丝绸之路建设与水下文化遗产保护 [M]. //庞从容，唐仲江. 中国海洋法年刊（2018）. 北京：知识产权出版社，2018.
[84] 郭文路，黄硕琳. 东海区渔业资源的区域合作管理与共同养护研究[M]. //高之国，张海文，贾宇. 国际海洋法的理论与实践. 北京：海洋出版社，2006.
[85] 郭燕. 北美自由贸易协定中的原产地规则 [J]. 国际贸易，1994（11）：15－16.
[86] 华敬炘. 渔业法学通论 [M]. 青岛：中国海洋大学出版社，2017.
[87] 黄硕琳，郭文路，Zhu Zhuanhua. 南中国海渔业资源的区域化共同管理 []. //傅崐成，等. 弗吉尼亚大学海洋法论文三十年精选集. 厦门：厦门大学出版社，2010.
[88] 江家栋，曹海宁，阮智刚. 中外海洋法律与政策比较研究 [M]. 北京：中国人民公安大学出版社，2014.
[89] 姜晓依，厉力. 原产地规则（第二版）[M]. 北京：中国海关出版社，2022.
[90] 蒋满元. 矿业权规范化管理问题研究 [M]. 长沙：中南大学出版社，2017.
[91] 李海莲，邢丽. 原产地规则视角下中国—韩国自由贸易协定建构的利益博弈[J]. 国际经贸探索，2018（11）：89－101.
[92] 李海莲. 自由贸易协定原产地规则研究：制度特征、影响效应与选择因素 [M]. 北京：中国商务出版社，2022.
[93] 李建勋. 南海低敏感领域区域合作法律机制研究 [M]. 南昌：江西人民出版社，2017.
[94] 厉力，刘平，郑冬阳. 原产地规则研究：原理与实践 [M]. 北京：法律出版社，2022.
[95] 厉力. 原产地规则及其在区域贸易协定中的适用问题研究 [M]. 北京：中国海关出版社，2009.
[96] 刘惠荣，董跃. 海洋法视角下的北极法律问题研究 [M]. 北京：中国政法大学出版社，2012.

[97] 刘惠荣，刘秀. 南极生物遗传资源利用与保护的国际法研究［M］. 北京：中国政法大学出版社，2013.
[98] 刘丽娟，徐进亮. 原产地规则：产生、运用及改革［M］. 北京：中国经济出版社，1998.
[99] 罗婷婷，万芳芳，范晓婷. 论公海保护区国际法律制度的现状及发展趋势［M］. //高之国，贾宇. 海洋法前沿问题研究. 北京：中国民主法制出版社，2014.
[100] 罗先云. 原产地规则的法律问题研究［M］. 北京：中国政法大学出版社，2014.
[101] 马连浩. RCEP 优惠性原产地规则对中国东盟双边贸易的影响研究与对策建议［D］. 北京：对外经济贸易大学，2022.
[102] 孟国碧. 论优惠性货物原产地规则的全球运用及其对中国的借鉴［J］. 国际经济法学刊，2009 ，16（2）：224－249.
[103] 慕亚平，郑艳. 《海洋法公约》生效后的新形势和我国面临的问题与挑战［J］. 法学评论，1999（3）：53－60.
[104] 庞淑芬. 跳出国家管辖范围外海洋基因资源法律地位分析之泥潭［M］. //高之国，贾宇. 中国海洋法年刊（2017）. 北京：中国民主法制出版社，2018.
[105] 沈满洪，余璇. 习近平建设海洋强国重要论述研究［J］. 浙江大学学报（人文社会科学版），2018（6）：5－17.
[106] 唐建业，黄硕琳. 《中日渔业协定》的回顾与分析［M］. //高之国，贾宇. 海洋法前沿问题研究. 北京：中国民主法制出版社，2014.
[107] 王秀卫. 南海低敏感领域合作机制初探［J］. 河南财经政法大学学报，2013（3）.
[108] 王印红，任青. 习近平海洋外交思想研究［J］. 山东行政学院学报，2017（6）.
[109] 吴穗珊. 外贸单证实务（第 3 版）［M］. 北京：电子工业出版社，2022.
[110] 项雪平. 一致与特色：比较法视野下的中国“区域”立法［M］. //高之国，贾宇. 中国海洋法年刊（2017）. 北京：中国民主法制出版社，2018.
[111] 徐进亮，丁长影. 中国所涉自贸区原产地规则与相关问题研究［M］. 北京，对外经济贸易大学出版社，2013.
[112] 薛桂芳. 〈联合国海洋法公约〉与国家实践［M］. 北京：海洋出版社，2011.
[113] 杨洁勉. 中国特色海洋外交的实践创新和理论探索［J］. 边界与海洋研究，2017，2（4）.
[114] 袁波，金波. “10＋6”与“10＋3”，孰难孰易——基于东盟 5 个“10＋1”FTA 的比较分析［J］. 国际贸易. 2010（12）：41－47.
[115] 詹媛. 南海资源知多少？［N］. 光明日报，2012－07－02（13）.
[116] 张蓓莉，陈华，丘志力. 联合国金伯利进程框架下的钻石原产地研究［M］. 北京：

地质出版社，2022.
［117］张干夫. 国际贸易商品的原产地及原产地规则［J］. 国际贸易，1987（5）：16－19+1.
［118］张海文，李红云. 世界各国海洋立法汇编：亚洲和大洋洲国家卷［M］. 北京：法律出版社，2012.
［119］张海文. 《联合国海洋法公约》释义集［M］. 北京：海洋出版社，2006.
［120］张小勇. 遗传资源国际法问题研究［M］. 北京：知识产权出版社，2017.
［121］赵亚娟. 联合国教科文组织《保护水下文化遗产公约》研究［M］. 厦门，厦门大学出版社，2007.
［122］中国大洋协会办公室. 国际海底区域资源探矿和勘探规章［M］. 北京：海洋出版社，2015.
［123］钟立国. 区域贸易协定原产地规则：标准，功能及其协调［J］. 世界贸易组织动态与研究，2008（2）：34－40+33.
［124］邹克渊. 中日在东中国海的联合渔业管理［J］. 海洋政策，2003（27）.
［125］邹克渊. 南极矿物资源与国际法［M］. 北京：北京大学出版社，1997.